JOHANNES VOM KREUZ

EMPOR DEN KARMELBERG

ÜBERTRAGEN VON ODA SCHNEIDER

JOHANNES VERLAG EINSIEDELN

7. Auflage 2026
Mit kirchlicher Druckerlaubnis
des Bischöflichen Ordinariates Chur

Lindenmattenstraße 29, D - 79117 Freiburg i. Br.
kontakt@johannes-verlag.de

Druck: Beltz, Bad Langensalza
ISBN 978 3 89411 010 9

ZUR EINFÜHRUNG

I DER HEILIGE KIRCHENLEHRER JOHANNES VOM KREUZ

Überschaut man, um sein Bildnis zu skizzieren, das Leben des Doctor mysticus in seiner Gesamtheit mit besinnlichem Blick, so findet man dessen wechselvollen Verlauf von da und dort erhellt. Es geht jeweils von einem Kreuzungspunkt das Licht einer gnadenvollen Entscheidung aus. Dadurch werden die Züge des Heiligen so gut sichtbar, daß es genügt, sie in diesem Lichte zu betrachten, auch ohne Eingehen auf die Vielfalt der Ereignisse[1].

I

Eine erste Entscheidung zugunsten der Liebe – wenn auch nur der natürlichen – fällt schon vor die Geburt des kleinen Juan; er verdankt ihr sein Leben. Der junge Gonzalo de Yepes, adelig, früh verwaist, unter der Vormundschaft gewichtiger Onkel stehend, entscheidet sich kühn, dem Zuge seines Herzens zu folgen und die Toledanerin Catalina Alvarez zu heiraten. Die Familie verfemt ihn darob. Catalinas Schönheit und Tugend zählen nicht. Sie ist nicht von Adel und arm. Gonzalo aber hat dennoch gut gewählt. Catalina erweist hohen Seelenadel im Ertragen harter Not. Nach kurzer, durch Armut und Krankheit belasteter Ehe gerät sie als Witwe mit drei kleinen Knaben in tiefstes Elend. Der mittlere erliegt dem Darben. Den ältesten, Francisco, und den jüngsten, Juan, bringt sie unsäglich mühsam durch. In der Hoffnung auf besseren Verdienst übersiedelt sie von Fontiveros nach Arévalo, von dort nach Medina del Campo. Überall aber herrscht in ihrem Heim die lauterste Liebe, nicht nur zu ihren Söhnen, sondern zu jedem, der ihrer Hilfe bedarf.

Francisco hat das Lesen und Schreiben nicht erlernt, eine Weile

[1] *Im Geschichtlichen halten wir uns an* P. CRISÓGONO DE JESÚS SACRAMENTADO O.C.D., Doctor Mysticus. Leben des hl. Johannes vom Kreuz. *Verlag Ferdinand Schöningh, Paderborn, 1961. Dem gleichen Werk entnehmen wir die «Zeittafel» und einige bibliographische Angaben.*

mit anderen Burschen Unfug getrieben und sich dann jäh zu Gott bekehrt. Seither bringt er der Mutter Bettler und Findelkinder heim, die immer freundliche Aufnahme finden. Er bleibt lebenslang ein armer Weber. Sein Beichtvater aber, aus der Gesellschaft Jesu, hält ihn zu einer Zeit, da der jüngere Bruder schon im Rufe der Heiligkeit steht, für ebenso heilig wie diesen.

Man kennt den hl. Johannes vom Kreuz nicht, ehe man seine herzliche Liebe zu diesem um zwölf Jahre älteren Bruder, der es in der Welt zu nichts brachte, richtig einschätzt. Sie ergänzt seine strenge Lehre vom «Nichts»; sie will uns zwar auch vom Liebsten auf Erden trennen, doch eben nur so lange, wie diese Liebe nicht in Gott geordnet und dadurch erst wahrhaft Liebe geworden ist. Fray Juan hat als Prior zu Granada seine Freude daran, vornehmen Besuchern Francisco, den er als Maurer im Kloster arbeiten läßt, als seinen leiblichen Bruder vorzustellen und zu sagen, er sei ihm das Liebste auf dieser Erde. Francisco ist dieser Liebe durchaus würdig. Würdig aber ist auch Catalina Alvarez, die tapfere Weberin und sanfte Dulderin, Mutter dieser schönen Liebe zu sein. Sie hat den beiden Brüdern nicht nur das Leben geschenkt und durch schwere Arbeit erhalten, sondern sie auch durch ihre Liebe der Heiligkeit bereitet.

II

Zu Medina del Campo gelingt es ihr, den kleinen Juan in einer Wohlfahrtsanstalt unterzubringen. Dieser Jüngste soll nicht auch nur ein darbender Weber sein, lieber Zimmermann, Schneider, Schnitzer oder Maler... Der Junge wird der Reihe nach in solche Werkstätten geschickt. Doch jeder Versuch endet immer, ohne sein Verschulden, mit der Einsicht, daß er für solche Arbeit nicht geschaffen ist. Endlich findet sich das Rechte für den körperlich zarten, doch geistig geweckten und gutwilligen Juan de Yepes. Wie ein Fisch im Wasser bewegt er sich als Chorknabe in der Kirche der Magdalenerinnen. Seine Anstelligkeit fällt dem Verwalter eines Armenspitals auf. Er nimmt den Jungen zu sich, der bei den Kranken bald ebenso munter am Werke ist wie zuvor am Altar. Gottes- und Nächstenliebe sind bei ihm schon aus einem Guß.

Doch etwas drängt noch nach Entfaltung. Als er, siebzehnjährig, von den Kursen im Kolleg der Gesellschaft Jesu hört, erbittet er von seinem Dienstherrn die Erlaubnis zum Studium. Er bekommt sie unter der Bedingung, daß er seine Pflichten im Spital nicht vernachlässige. Nun muß er jede freie Minute des Tages und einen guten Teil der Nacht den Büchern widmen. Wie Francisco sagt, wird er in wenigen Jahren «ein guter Lateiner und Rhetoriker». So legt er den Grund zu der Geistesbildung, die er auf der Universität in Salamanca so vollendet, wie es seine Sendung als Kirchenlehrer erfordert. Überdies bleibt die praktische Übung im Dichten, zu der er im Kolleg angeleitet wird, nicht ohne Erfolg. Heute wird er von den spanischen Dichtern als Patron verehrt.

III

Der Einundzwanzigjährige steht vor der Berufswahl. Sein Dienstherr bietet ihm die angesehene und einträgliche Stelle des Hauskaplans am Seuchenspital an. Er könnte gleich zum Priester geweiht werden. Auch religiöse Orden bewerben sich um seinen Eintritt. Er aber berät sich mit niemandem und schlüpft eines Tages ungesehen aus dem Krankenhaus, um an der Pforte des Klosters Santa Ana der Brüder Unserer Lieben Frau vom Berge Karmel anzuklopfen. Als im Seuchenspital seine Abwesenheit entdeckt wird, trägt er schon die Mönchstonsur, den braunen Habit und weißen Mantel der Karmeliten und den Namen Fray Juan de Santo Matía.

Maßgebend für diese Entscheidung ist offenbar seine Liebe zur allerseligsten Jungfrau. Der Novize dichtet alsbald – leider verschollene – Lieder «zum Dank für die Gnade, die der Herr ihm erwiesen hat, indem er ihn würdigte, in diesem Orden unter dem Schutze der Santísima Madre zu leben».

Die himmlische Mutter hat ihn zuerst geliebt, ihn als spielenden Knaben zweimal und als reisenden Provinzialvikar nochmals vor dem Ertrinken, wie auch vor Verschüttung gerettet. Tag und Stunde seines Hinscheidens teilt sie ihm acht Tage zuvor mit. Der Sterbende sagt «Gepriesen sei diese Herrin, die wünscht, daß ich an ihrem Tage, Samstag, aus diesem Leben scheide.» Diese Ankündi-

gung erfolgt Samstag, zur Vesper der Unbefleckten Empfängnis. Viele andere Gunsterweise verschweigt der Heilige aus Demut.

IV

Seiner Neigung zu beschaulichem Leben kommt das Kloster Santa Ana durchaus nicht entgegen. Hier widmet man sich intensiv der Wissenschaft. Das Kloster wurde gegründet und reichlich mit Gütern versehen, unter der Bedingung «beständig einen Lektor für Grammatik und einen anderen für Philosophie zu halten, die in dem genannten Kloster öffentlich lehren». Dies entspricht dem Bedürfnis der Zeit. Die Mönche von Santa Ana wahren das Ansehen der Wissenschaft in angemessener Weise. Sie tragen feines Tuch und fasten nicht viel.

Fray Juan wird an die Universität nach Salamanca geschickt. Das intensive Studium der von besten Lehrern tradierten Philosophie und Theologie bereichert seinen Geist. Doch es geht ihm stets einzig um die Beziehung seiner Seele zu Gott. Schließlich will er wahrhaft Mönch sein, in Schweigen und Einsamkeit Gott begegnen. Fast schon ist er entschieden, in die Kartause überzutreten. Die Entscheidung aber geht nach Gottes Plan in andere Richtung.

Im Herbst des Jahres 1567 steht Fray Juan, neugeweihter Priester, am Sprechgitter der Unbeschuhten Karmelitinnen der Madre Reformadora Teresa de Jesus gegenüber. Die Madre hat seinen Besuch erbeten, da sie die Reform auch bei den Mönchen anbahnen möchte. Bald entdeckt sie in dem schmächtigen Karmeliten eben die Größe an Geist und Herz, die sie sucht. Sie legt ihm offen ihre Pläne dar und eröffnet ihm dadurch die Möglichkeit, im Orden Unserer Lieben Frau das ersehnte beschauliche Leben zu führen. Die beiden Gottentflammten sind bald einig. Fray Juan stellt nur eine Bedingung: es dürfe bis zur Gründung nicht mehr lange währen. Sein Herz brennt, Madre Teresa aber eilt zu ihren Töchtern und sagt: «Helft mir, unserem Herrn zu danken! ...»

V

Das Licht aus dieser säkularen Entscheidung hat lange Wegstrecken zu beleuchten und tiefe Schluchten aufzuhellen.

Im ersten reformierten Mönchskloster zu Duruelo genießt Fray Juan – nun «de la Cruz» zubenannt – vorerst allein, dann mit einem Gefährten ein köstliches Eremitenleben. Sein Wesen verwurzelt sich im Orden Unserer Lieben Frau, so daß er fürder dessen Schicksal im Werden, Wachsen, Ringen, fast Erliegen und doch Bestehen untrennbar verbunden bleibt. Es scheint, als bliebe ihm nichts mehr zu entscheiden. Der Gehorsam treibt ihn von Ort zu Ort, von Amt zu Amt: Subprior, Novizenmeister, Rektor, Beichtvater der Nonnen. Er trägt und prägt den Geist des Ordens, für den er sich entschieden hat, in entscheidender Weise.

An den Zwischenfällen, die das Verhältnis zwischen Beschuhten und Unbeschuhten so gefährlich spannen, ist er ganz unbeteiligt. Und gerade ihn, der sich nur um die Heiligung der Seelen sorgt, «verschlingt der Walfisch», wie er selbst später das Ereignis bezeichnen wird, ohne je die geringste Anschuldigung jener, die ihn «verschlangen», zu dulden. Doch dieses «Verschlungensein» war grausam genug: in engem Verließ ohne Licht und Luft, kaum genährt, viel geschmäht und gegeißelt, fast zu Tode gebracht. So aber hat die Ewige Weisheit ihren Erwählten gleichsam in einer Hochschule der Dunklen Nacht *ausgebildet, deren mystische Theologie zu lehren er berufen ist. Alles äußere Geschehen ist auch hier nur Sinnbild oder Zeichen der inneren Gnade; denn diese* Dunkle Nacht *wirkt wie ein Sakramentale. Von ihrem düsteren Hintergrunde hebt sich das mystische Licht einer gnadenvollen* Entscheidung zur Flucht *ab, zunächst nicht äußerlich, leiblich, sondern innerlich seelisch.*

Im Äußeren lassen sich zwei einander entgegengesetzte Entscheidungen beobachten: auf der Reise nach Toledo bieten Maultiertreiber und Wirt, von Mitleid ergriffen, dem mißhandelten Mönch ihre Hilfe zur Flucht an. Sie wäre im Gebirge unschwer durchführbar gewesen. Fray Juan aber dankt und lehnt ab. Er entscheidet sich frei für das Eingehen in die Dunkle Nacht. *Neun Monate später entscheidet er sich für die Flucht aus dem Kerker; doch man kann hier fast nicht von* Entscheidung *sprechen. Aus übermächtigem*

Antrieb *vollführt der Todesmatte den tollkühnen Sprung hinab auf die Stadtmauer dicht an der Felsenschlucht. Diese Flucht gelingt fast ohne ihn. Ganz seine Tat aber, freilich getragen vom Strom der Gnade, ist die vorausgehende, innere Flucht aus den Ängsten der Seele. Von Hitze, Hunger und Läusen verzehrt, vernimmt er dauernd schwere Vorwürfe von den Vätern Alter Observanz. Unvermeidlich kommt ihm der Gedanke, ob sie nicht doch recht haben? Ob er nicht doch im Irrtum war, als er zu den Unbeschuhten überging? Freilich meint er, alles mit gültiger Erlaubnis getan zu haben. Doch im Tiefsten quälen ihn Zweifel, die ihn zu ersticken drohen. Anderseits schmerzt es ihn auch, daß Madre Teresa ihn für fahnenflüchtig halten könnte, da sie ja nichts von ihm weiß... Dunkelste Nacht umfängt seinen Geist, dunkler als die Nacht ohne Mond und Sterne, in der sein Leib dahinsiecht... Gott aber ist unsäglich nahe, und im wundersamen Ineinanderspielen von Gnade und Freiheit entscheidet sich das Herz des Heiligen zu der geheimen Flucht, durch die er unzähligen Seelen den Weg bahnt bis ans Ende der Zeiten. Aus der Tiefe seines Elends klingen die herrlichen Verse auf, die sein Erleben schildern:*

Es war in dunkler Nacht:
die Liebesglut – o glückliches Geschehen! –
zum Sehnsuchtsbrand entfacht,
entwich ich ungesehen
und ließ mein Haus schon tief in Ruhe stehen.

Dies ist nicht ersonnen, sondern erfahren. Von einem Tiefpunkt aus, den nur wenige erreichen, schwingt Fray Juan sich in gnadenvoller Entscheidung durch die Flucht empor in eine Höhe, die auch nur wenigen beschieden ist. Dies ist ein reiner Sieg der Liebe.

VI

Solche Befreiung der Seele dient auch der Genesung des zerrütteten Leibes. Fray Juan vermag allmählich die strenge Observanz wieder zu befolgen. Ebenso befähigt ihn die innere Freiheit dazu, den sich beständig vertiefenden Stand der Beschauung mit praktischer Tüchtig-

keit zu vereinen, wie ein Prior, ein Rektor, ein Provinzialvikar sie erweisen muß. Er ist allen nötigen Geschäften durchaus gewachsen. Allerdings schlägt er sich an der Wand des Klosterganges die Fingerknöchel wund, um der Ekstase zu widerstehen und auf das Reden des Besuchers achten zu können. Aus der Ekstase aber quillt ihm das Licht zu charismatischer Seelenführung, die ihn, wie schon zu Baeza und Granada, zuletzt in Segovia berühmt macht. Ein Segovianer beobachtet das Ausdringen eines Lichtes aus dem Beichtstuhl des Priors. Auf seine Frage erhält er die Antwort: «Schweig, du Narr, sprich nicht davon.» Licht aber läßt sich schwer verbergen.

Auf diesem Höhepunkt bietet Gott ihm eine neue Entscheidung an. Fray Juan hat ein Bildnis des kreuztragenden Herrn zur Verehrung aufgestellt. Eines Tages betet er davor. Da vernimmt er aus dem Munde des göttlichen Kreuzträgers die Worte «Fray Juan, bitte mich, um was du willst; ich werde es dir gewähren für den Dienst, den du mir erwiesen hast.» Der Heilige antwortet: «Herr, was ich möchte, daß du mir gibst, ist Mühsal, die ich für dich erleiden darf und daß ich geringgeschätzt und für nichts geachtet werde.»

Seine Demut leidet unter der Ehre, die ihm allseits erwiesen wird. Seine Liebe zum kreuztragenden Herrn begehrt nach Verähnlichung. Sie wird ihm gewährt.

Eine Weile steigt seine Ehre noch an. Fray Nicolás de Jesús María Doria, Generalvikar der Unbeschuhten, schätzt den Geist des ersten Jüngers der Reform. Er sagt: «Die Worte des Fray Juan de la Cruz sind wie Gewürzkörner, die den Appetit anregen und Wärme geben.»

Als dieser energische Obere sich eine sechsgliedrige «Consulta» zur Leitung des Ordens zugesellt, verlegt er deren Sitz nach Segovia, und Fray Juan hat als Prior des Hauses und erster Consiliarius eine gewichtige Stimme. In Abwesenheit des Generalvikars führt er den Vorsitz klar und fest. Er bleibt auch klar und fest, als er sich genötigt sieht, dem Generalvikar in zwei Belangen zu widersprechen. Vor allem tritt er für die Nonnen ein, die sich die volle Ungnade des Padre Doria zugezogen haben. Um der Leitung durch die schwer-

fällige und oftmals indiskrete Consulta zu entgehen, haben sie versucht, von Rom einen eigenen Kommissär zu erhalten. Nun will sich Padre Doria ganz von ihrer Leitung zurückziehen, was dem Heiligen zu hart und ungerecht erscheint. Ebenso ungerecht dünkt ihn das Verfahren, das Padre Doria gegen seinen Vorgänger im Amte, Padre Gracián, einleitet, um diesen aus dem Orden zu entfernen. Fray Juan schuldet diesem verfolgten Mitbruder persönlich durchaus keinen Dank. Da er aber die Gerechtigkeit verletzt sieht, schreibt er seinetwegen an das Definitorium zu Madrid Briefe von einer Kühnheit, die seinen Sekretär schaudern macht.

Beim folgenden Generalkapitel reckt sich die schmale Gestalt des Heiligen hoch auf, um das Recht auf Liebe zu vertreten, zu dem sich wohl auch andere bekennen möchten, ohne es jedoch zu wagen.

Sogar den Gegnern ist es peinlich, diesen vorbildlich tugendhaften Märtyrer der Reform aller Ämter entledigt zu sehen, und sie atmen auf, als er sich freiwillig anbietet, den von einer Neugründung in Mexiko angeforderten Trupp von zwölf Mönchen dorthin zu führen. So wäre der lästige Anwalt der Bedrohten in Ehren beseitigt. Von einem Kloster Andalusiens aus soll er das Missionsunternehmen betreiben. Bald aber zeigt es sich, daß seine Körperkraft zu Ende geht. Er führt im Kloster zu La Peñuela als einfacher Mönch das Leben, das er sich wünscht. «Padre Fray Gregorio – so schreibt er einem Mitbruder – es macht mir gar nichts, ohne Amt zu sein. Gott hat mir dadurch große Barmherzigkeit erwiesen, denn nun werde ich einzig für meine Seele sorgen.»

VII

Über dem letzten Lebensjahre des Heiligen leuchtet der schon jenseitige Glanz seiner vielleicht entscheidendsten Entscheidung.

Die fromme Mönchsgemeinde zu La Peñuela liebt ihn ob seines sanften, verklärten Lächelns. Durch Wunderkraft löscht er einen Brand, verscheucht er ein drohendes Ungewitter. Den Kranken erweist er, wie schon anderwärts, eine heilkräftige Zärtlichkeit. Indessen erhebt sich draußen, man möchte es nicht glauben, eine schwere Verfolgung gegen ihn, aufgerührt durch einen ungeratenen

Sohn, der ihm einen Tadel wegen zu ausgedehnter Predigttätigkeit nicht verzeihen kann. Dieser will, als neuerwählter Definitor, mit allen Mitteln seinen einstigen Vorgesetzten aus dem Orden stoßen. Um diese Zeit verbrennen die Nonnen, eingeschüchtert durch den wütenden Verfolger, viele Schriften des Heiligen. Gott aber entzieht ihn der Hand seines Feindes.

Im Herbst des Jahres 1591 muß sich Fray Juan in ärztliche Pflege begeben. Eine Entzündung am Bein verursacht anhaltendes Fieber. Man rät ihm die Stadt Baeza an, in der er aus der Zeit seines Rektorates am Studienkolleg viele Freunde hat. Eben deshalb aber will er nicht dorthin. Er entscheidet sich für Ubeda, wo der Prior des Klosters ihm aus dem gleichen Grunde wie jener Verfolger nicht wohl will. Diese letzte Entscheidung bietet Gott das Opfer an, die Schmerzen der Krankheit durch feindselige Behandlung verschärfen zu lassen. Zwar erfährt der Kranke bald, daß man ihn auch zu Ubeda kennt und liebt, doch gerade dies ärgert den Prior, der nun trachtet, die Liebeserweise so viel wie möglich zu verhindern. Er verbietet Besuche, und kommt er selbst zu ihm, so sagt er sicher etwas Verletzendes. Fray Juan erleidet alles in stiller Geduld. Als es zu Ende geht, läßt er den Prior rufen. Er bittet ihn um Verzeihung und um seinen Segen. So erringt die Liebe ihren Sieg. Der Prior weint und betet erschüttert am Lager des Sterbenden.

Stunde des Heimganges dieses Führers vom Dunkel zum Licht muß wohl die Mitternacht sein, doch eine wundersam erhellte Mitternacht. Noch ehe die Seele des Heiligen verscheidet, sieht ein Bruder vom Kopfende des Bettes aus eine leuchtende Kugel, die sich von der Decke der armen Zelle ablöst und bis zu den Füßen des Sterbenden niederschwebt, das Licht der zwanzig Kerzen, die im Raume brennen, bei weitem überstrahlend. Diese Kugel ist in ihrer geschlossenen und doch ausstrahlenden Einheit ein Zeichen dafür, daß all die großen Entscheidungen, die das Leben des heiligen Kirchenlehrers beleuchten, in gläubiger Sicht zu einer einzigen Gesamtentscheidung zusammenfließen: in das flammende Ja der lautersten Liebe zu Gott allein.

ZEITTAFEL ZUR LEBENSGESCHICHTE DES HL. JOHANNES VOM KREUZ

Geburt zu Fontiveros (Avila): 1542.
Einkleidung im Karmel zu Medina del Campo: 1563.
Theologische Studien zu Salamanca: 1564–1568.
Priesterweihe zu Salamanca: 1567.
Beginn der Reform zu Duruelo (Avila): 28. oder 30. November 1568.
Novizenmeister zu Duruelo, Mancera und Pastrana: 1568–1571.
Rector zu Alcalá: 1571.
Beichtvater im Kloster der Menschwerdung zu Avila: 1572–1577.
Gefangener zu Avila und Toledo: 1577–1578.
Prior zu Calvario: Oktober 1578–1579.
Stifter und Rector des Kollegs zu Baeza: Juni 1579–1582.
Prior zu Granada: Januar 1582–1585.
Provinzialdefinitor: 11. Mai 1585–1587.
Provinzialvikar von Andalusien: 17. Oktober 1585–18. April 1587.
Prior zu Granada (zum dritten Male): April 1587–1588.
Generalconsiliarius und Prior zu Segovia: 1588–1591.
Tod zu Ubeda (Jaén): 14. Dezember 1591.
Übertragung der Reliquien nach Segovia: Mai 1593.
Erste Ausgabe seiner Werke: 1618 zu Alcalá.
Seligsprechung durch Klemens X.: 25. Januar 1675.
Heiligsprechung durch Benedikt XIII.: 27. Dezember 1726.
Erhebung zum Kirchenlehrer durch Pius XI.: 24. August 1926.
Beisetzung im neuen Sarkophag: 11. Oktober 1927.
Erhebung zum Patron der spanischen Dichter: 21. März 1952.

II ZUM VORLIEGENDEN BANDE

DIE LEHRE VON DER NACHT

Einzigartig wertvoll ist die Lehre des hl. Johannes vom Kreuz durch das vorausgehende Erleben, das in ihr weiterpulst. Gott hat Seinen Auserwählten während seiner toledanischen Kerkerhaft dem Leibe und der Seele nach in Finsternis versetzt und ihn die äußerste Not der Verlassenheit durchleiden lassen. In dieser Erfahrung wurzelt das gesamte Schrifttum des heiligen Kirchenlehrers.

Sein geistiges Schaffen begann noch im Kerker bei todesschwachem Leibe. Verse entstanden, die schon ihrem künstlerischen Wert nach zum kostbaren Bestand spanischer Nationalliteratur gehören.

Die acht fünfzeiligen Strophen des Gedichtes In einer dunklen Nacht *sind vielleicht schon im Kerker entstanden; denn dies sein* Magnificat *bejubelt nicht eine äußere, sondern eine innere Befreiung und dankt für das Große, das ihm Gott mit dieser* Noche dichosa, *dieser* glückhaften Nacht, *geschenkt hat. Nicht nur die von lebendigem Atem und Herzschlag durchbebten Verse, auch der später dazu verfaßte wissenschaftliche Kommentar bezeugt das persönliche Erlebnis. Die strenge Systematik seines an der Universität zu Salamanca ausgebildeten scholastischen Stiles vermag es nicht ganz zu verbergen.*

Ja, der Doctor mysticus ist berufen, das Heil der Dunklen Nacht *zu lehren, denn er weiß, was es bedeutet, wenn* Gott einem die Gnade erwiesen hat, ihn zu läutern und zu heilen mit scharfer Lauge und bitterer Medizin, den Sinnen und dem Geiste nach von jedem unvollkommenen Hang und Gehaben in Zeitlichem und Natürlichem, Sinnlichem und Geistigem durch Verdunkelung der inneren Kräfte, sie von allem zu entleeren; durch Einengen und Austrocknen der sinnlichen und geistigen Neigungen; durch Schwächung und Verfeinerung der natürlichen Kräfte; durch deren Umgestaltung und Hinwendung zu Gott, bis die Seele celestial wird, mehr göttlich als menschlich[1]. Hombre celestial y

[1] *S = Subida del Monte Carmelo. N = Noche oscura. C = Cántico espiritual. Ll = Llama de Amor Viva. Zitiert nach Vida y Obras de San Juan de la Cruz. Biblioteca de Autores Cristianos, Cuarta Edición. Madrid MCMLX. – N II 13,11.*

divino *hat die hl. Theresia von Jesus ihren Mitarbeiter an der Reform des Ordens genannt. Er ist es geworden durch die unablässig in die mittels unermeßlicher Leiden weitgedehnten* tiefen Höhlen[1] *seines Innern einströmende und überfließende reine Liebe, deren* ein Weniges kostbarer vor Gott und den Seelen und der Kirche nützlicher ist, als alle äußeren Werke zusammengenommen[2].

Zu dieser mit Gott vereinigenden Liebe wollen seine Schriften den Weg weisen. Er ist nicht der Lehrer des Nichts; *er ist der* Lehrer der Liebesvereinigung. *In keinem der Titel seiner Werke scheint das Wörtchen* nada *auf, in jedem aber* unión *oder* amor *oder beides:* perfecta unión de amor con Dios[3]; amor entre la Esposa y el Esposo Christo[4], íntima unión de Dios su Esposo Amado[5]. *Das Stichwort des hl. Johannes vom Kreuz ist* unión. *Das* nada *ist nur der Weg dazu. Unter diesem Stichwort fügt sich sein gesamtes Schaffen zu geschlossener Einheit.*

Die Seele muß rein sein, um das erhabene Gut der Liebesvereinigung mit Gott zu erreichen. Diese Forderung ist so elementar, daß es im Bereich des Christentums keine geistliche Lehre geben kann, die sie nicht erhebt. Damit aber weist jede notwendig auf den Weg der Entsagung, der Loslösung von allen geschaffenen Gütern. Hierin folgt der hl. Johannes vom Kreuz einfach der unbestrittenen christlichen Tradition. Er hat sie nur neu belebt und vertieft durch die Anschaulichkeit der seiner dichterischen Intuition entsprungenen Metapher Nacht *und sie hochgespannt durch seine ins letzte gehende Konsequenz nach beiden Seiten: hinsichtlich der Entsagung einerseits und hinsichtlich des erstrebten Zieles der Gottvereinigung anderseits. Der Grad der Innigkeit, mit der die Seele Gott vereinigt werden soll, ist maßgebend für die Unbedingtheit ihres Ausgehens aus allen Dingen, die nicht Gott sind. Man kann die beiden Pole einander annähern und die Spannung lockern, man kann sie in ihrem wahren Ex-*

[1] *Ll 3. Str.*
[2] *C 29, 2.*
[3] *C und N.*
[4] *C.*
[5] *Ll.*

trem belassen und dadurch die Spannung steigern. Dies zweite hat der Doctor mysticus getan.

Sein Buch «Empor den Karmelberg», Subida del Monte Carmelo *lehrt das aktive Ausgehen in klarer Systematik und mit letzter Folgerichtigkeit: nicht nur an natürlichen Gütern, ebensowenig an übernatürlichen, weder an Gnaden, noch an Tugenden, auch nicht an mystischen Phänomenen darf die Seele hängen, da dies alles nicht Gott selbst ist.*

Man ist erstaunt zu erfahren, wie sehr die landläufige Frömmigkeit einer intensiven Läuterung bedarf, um Gott wohlzugefallen. Aus eigener Kraft vermag die Seele nicht dahin zu gelangen. Sie ist außerstande, sich des widerlichen Gezüchtes von Untugenden, ja Lastern zu entledigen, die sich bei selbstzufriedenen espirituales *einnisten. Das erste Buch der* Dunklen Nacht *schildert sie trefflich nach dem Schema der sieben Hauptsünden. Zwar machen, wie der Heilige sagt*, in Wahrheit die heiligen Dinge demütig[1]. *Doch der erbsündige Mensch bringt es fertig, in seiner Frömmigkeit eifersüchtig, hochmütig, neidisch, reizbar, genußsüchtig usw. zu sein. Mit allen Kräften muß er dagegen ankämpfen; doch er wird sich aus solchem Morast nicht herausarbeiten, ehe Gott diesen nicht trockenlegt. Dazu versetzt Gott die Seele in* dunkle Nacht[2]. *Just zu einer Zeit, da sie sich am frömmsten dünkt, weil sie Freude hat an geistlichen Übungen, sich im Licht göttlicher Gnade sieht*, verdunkelt Gott ihr dies alles; Er schließt die Pforte zum Quell des süßen geistigen Trankes, aus dem sie Gott genießen konnte, so oft und wann immer sie wollte. Nun läßt er sie im Dunkeln, so daß sie nicht weiß, wohin sie ihr Sinnen und Denken wenden soll. Sie kann nicht mehr betrachten wie zuvor; denn sie bleibt so trocken, daß sie nicht nur keinen Saft und Geschmack an den geistlichen Dingen und frommen Übungen findet, die ihr bisher Genuß und Freude boten, sondern sie scheinen ihr im Gegenteil fade und bitter[3]. *Zugleich nährt Gott sie insgeheim mit dem Manna Seiner Liebe, dessen zarten*

[1] *N I 2, 1.*
[2] *N I 6, 8.*
[3] *N I 8, 3.*

Wohlgeschmack die an derben Genuß gewöhnte Seele noch nicht wahrzunehmen vermag. Die Kräftigung aus dieser verborgenen Nahrung aber kommt ihr zugute, ihre Liebe wächst und damit auch das Leid. Sie grämt sich, weil sie Gott nicht in gewohnter Weise zu dienen vermag, und fürchtet Seine Gunst verloren zu haben[1].

In dieser strengen Kur erleidet sie die Reinigung ihrer Begierden durch Dunkelheit und Dürre, so daß viele Unarten und Kindereien ihr Ende finden[2]. *Tugenden blühen auf*[3]. *Die inneren Sinne werden zurechtgebogen und gezügelt. Zur vollen Läuterung genügt dies nicht. Denn die Wurzeln der Unordnung liegen nicht in den Sinnen, sondern im Geiste: und um diese tiefsitzenden Wurzeln auszurotten, bedarf es der nachhaltigen Anwendung eines außerordentlichen Mittels. Das Wort* dunkle Beschauung *deutet in seinem inneren Widerspruch das Geheimnis feierlich an.*

Tempestiva y horrenda Noche, terrible, espantable, horrible Noche[4]: *Der Heilige weiß um die Schrecken dieser Nacht, und er kämpft um den Ausdruck, sie zu schildern. Er vermag es, die schon bekannte Lehre von der inneren Läuterung in bisher unerforschte Tiefen hinabzuführen. Es kann sein, daß er die* Subida *nicht beendet hat, weil es ihm zu sehr auf der Seele brannte, weiterzugehen und noch nie Gesagtes mitzuteilen. So ließ er den ersten Plan unvollendet und begann die* Noche oscura. *Doch auch hier behandelt er die passive Nacht der Sinne mit Eile; denn* die sensitive (Läuterung) ist allgemein und geschieht an vielen ... Die geistige ist wenigen vorbehalten, die schon geübt und vorangekommen sind... und es verdienen, daß Gott sie mittels der Dunklen Nacht des Geistes in das klare reine Licht erhebe[5]. Davon gibt es noch wenig in Wort und Schrift und auch wenig Erfahrung[6].

Die passiv erlittene Nacht des Geistes *ist das ihm einzig-*

[1] *Vgl. N I 9, 5–8; 11, 2; 13, 10.*
[2] *Vgl. N I 7, 5.*
[3] *Vgl. N I 11, 2.*
[4] *Vgl. N I 8, 2; II 7, 3; 12 Titel.*
[5] *N I 8, 1; 10, 3.*
[6] *N I 8, 2.*

artig von Gott zugewiesene Gebiet geistlichen Lebens. Eine ganz neue Wirklichkeit tritt in Erscheinung. Bisher hat Gott die Seele durch Entzug geläutert, durch Verschließen der labenden Quelle, durch Verbitterung der Süßigkeit. Er ließ die Seele leiden an sich selber, da sie des gewohnten Genusses entbehrte. Dabei gerät sie unversehens mehr und mehr in die Gott so wohlgefällige Sorge, Ihm in ihrem Elend nicht dienen zu können[1]. *Dies ist der Übergang zu der viel höheren Art des Leidens, die ihr nun zukommt, des Leidens an Gott allein. Dahin bringt Gott sie auf Seine eigene Weise: Er entzieht nicht mehr, Er verschließt nicht mehr, im Gegenteil, Er gibt, Er strömt selbst als Liebe in die Seele ein. Eine außerordentliche Gnade beginnt: die Kontemplation.*

Sie ist ein geheimes, friedvolles und liebreiches Einströmen Gottes, das, wo es Raum findet, den Geist zur Liebe entflammt[2]. *Die Unfähigkeit, diskursiv zu betrachten, schafft in der Seele Ruhe, um das Einströmen in liebendem Aufmerken still und in sanfter Muße aufzunehmen*[3]. *Wo keine Begierde mehr drängt, löst sich alle Verwirrung im Gottesfrieden*[4].

Nun aber ist es höchst verwunderlich und beklagenswert, daß die Seele, in ihrer so großen Schwäche und Trübung, Gottes doch so milde und zarte Hand, die nicht auflastet noch anrechnet, sondern nur berührt, und dies aus Erbarmen, um die Seele zu begnaden und nicht, um sie zu strafen, als drückend und feindlich empfindet[5]! *Tatsächlich verursacht die ihr immer noch anhaftende Unreinheit* der Seele unermeßliche Qual, sobald das göttliche Licht wahrhaft in sie einfällt... Es scheint ihr, als stünde Gott gegen sie und sie gegen Gott... und sie meint, Gott habe sie verworfen... In dem reinen (wenn auch dunklen) Licht erkennt sich die Seele Gottes wie auch jeglichen Geschöpfes unwürdig. Und was sie zumeist quält, ist der Gedanke, daß sie nie würdig

[1] *Vgl. N I 13, 13.*
[2] *N I 10, 6.*
[3] *Vgl. N I 10, 4.*
[4] *Vgl. N I 13, 3.*
[5] *N II 5, 7.*

sein wird und daß alles Gute für sie zu Ende sei[1]. *Zunächst herrscht in ihr Finsternis wegen der Blendung ihrer siechen Augen durch das zu starke Licht; und es wird ihr zur Qual durch die Unvereinbarkeit der Helle göttlicher Weisheit einerseits und ihrer Niedrigkeit und Befleckung anderseits. So wird die einströmende göttliche Weisheit der noch nicht gereinigten Seele – nach Dionysius* – zum Strahl der Finsternis, *weil das zu helle übernatürliche Licht das natürliche Vermögen des Verstandes blendet und seiner Kraft beraubt.*

Diese Prüfung mißt Gott nach Seinem Willen zu, je nach dem Grade der zu läuternden Unreinheit, wie auch je nach dem Grade der Liebesvereinigung, zu der Er die Seele erheben will. Dementsprechend demütigt Er die Seele mehr oder minder intensiv durch längere oder kürzere Zeit[2].

Zur wahren Todesqual aber wächst dieses Leiden an durch die schon erwähnte Hoffnungslosigkeit, ja noch über Todesqual hinaus, denn das Sterben erschiene ihr, die sich, wie der Atemluft beraubt, von den Zähnen eines Untiers zermalmt, von dessen Rachen verschlungen und von dessen Eingeweiden verdaut fühlt, als Erleichterung[3]. *Sie wähnt sich ob ihrer Unwürdigkeit vom zürnenden Gott auf ewig verworfen. Sie würde tatsächlich*, wie lebendig zur Hölle gefahren[4], *an diesen intensivsten aller Schmerzen binnen weniger Tage sterben, wenn Gott sie nicht beruhigte und emporhöbe*[5].

Hier bietet sich ein Rätsel dar: die Unsicherheit hinsichtlich des eigenen Heiles sieht aus wie ein Versagen des Glaubens und der Hoffnung. Wie ist das möglich, da doch die dunkle Beschauung *durch das Einströmen Gottes die Liebe mächtig anwachsen läßt! Mag auch mit dem Eindringen der göttlichen Weisheit deren Hoheit und des Menschen Niedrigkeit klarer erkannt werden, so müßten sich doch Glaube und Hoffnung, wenn sie mit der Liebe Schritt halten, nun heroisch bewähren! Denn* bei Übung einer Tugend,

1 *N II 5, 5.*
2 *Vgl. N I 14, 5.*
3 *Vgl. N II 5, 6; 6, 1. 5.*
4 *N II 6, 6.*
5 *Ebenda.*

wachsen alle mit[1], wo eine ist, da sind alle[2], *und* wenn nur die Liebe einzig fest und gut gründet, so sind alle Tugenden vollkommen[3].

Hier ist die Nähe großer Geheimnisse zu spüren. Wir befinden uns im innersten Bereich echter Mystik. Sie beginnt mit der dunklen Beschauung. *Der Heilige nennt das, was hier vor sich geht,* mistica y amorosa teologia[4], «mystische Weisheit», *der Seele – nach dem hl. Thomas – durch die Liebe verborgen mitgeteilt und eingegossen*[5]. *Durch deren heimliches Wirken geht die Seele aus allen Dingen und aus sich selbst aus in Gott hinein*[6]. *Dies erscheint wie ein vorweggenommener Himmel. Der* Strahl der Finsternis *ist wohl die intensivste mystische Gotteserfahrung, die der Seele im sterblichen Leibe möglich ist. Nur noch* zartes Gewebe[7] *trennt sie von der seligen Schau, in der Glaube und Hoffnung enden und allein die Liebe bleibt. Und hier schon kann die Liebe es wagen, das Glauben und Hoffen in sich hineinzuziehen, so daß sie nicht mehr in gewohnter Weise die Seele stützen, die ihrer in diesem Stande nicht wie sonst bedarf. Die Seele vermag sich ihrer also nicht mehr zu bedienen, und doch waren Glaube und Hoffnung noch nie in der Wirkung so stark wie jetzt. Die Sehnsucht, an der die Seele leidet, bezeugt es, ebenso die Treue, mit der sie in solchem Leid ausharrt, ohne im geringsten daran zu denken, anderswo den Trost zu suchen, den Gott ihr nicht bietet. So in die Liebe hineingehoben, verlieren Glaube und Hoffnung den Boden unter den Füßen. Der Glaube geht über in die dunkle mystische Schau, die Hoffnung in den mystischen Besitz Gottes, doch über alledem liegt in dichten Falten noch das* zarte Gewebe, *die bergend verhüllende Nacht, in der die Seele einsam bangt und tödlich leidet, ein Martyrium für den Glauben. Sie ist ausgeliefert an das geheime Spiel göttlicher Liebe.*

Wenn Gott sie ein wenig aus dem engen Kerker ans Licht be-

[1] *S I 12, 5.*
[2] *C 31, 4.*
[3] *C 30, 9.*
[4] *N II 12, 5.*
[5] *Vgl. N II 17, 2; vgl. Summa Th. 2a 2ae, quaest 180, art. 1.*
[6] *Vgl. N II 20, 6.*
[7] *Ll 1. Str.*

freit und in Seine Vertraulichkeit zieht, meint sie sogleich, nun auf ewig erlöst zu sein; fällt aber das Dunkel wieder ein, so wähnt sie sich wieder rettungslos verloren. Sie kann nichts tun, als dies erleiden. Vernunftgründe helfen durchaus nicht: Mag sie sich auch auf vielen Wegen Trostgründe vorhalten..., sie kann daran nicht glauben..., ehe nicht der Herr die Prüfung beendet, so wie es Ihm gefällt, und sie aus dem finsteren Kerker hervorholt, in dem sie wie an Füßen und Händen gefesselt lag, ohne sich rühren zu können, noch etwas zu sehen, noch einen Trost zu fühlen...; dann ist sie, die gedemütigte, gesänftigte und geläuterte, so zart und einfach und fein, daß sie mit dem Geiste Gottes eines werden kann in dem Grade, in dem Er ihr die Liebesvereinigung gewähren will[1]». *Je inniger sie sein darf, um so heftiger und länger muß das Leid die Seele bereiten.*

Es liegt sehr nahe, in der dunklen Beschauung *zwei Elemente zu sehen: das Leid als negatives, peinlich unabdingbar ob des Elends gefallener Menschennatur. Man hört nicht gerne davon und trägt es dem Doctor mysticus nach, daß er es so ausführlich und schonungslos realistisch beschrieben hat. Ihm gegenüber möchte man das positive Element, die gnadenvolle Heiligung, die beseligende Liebesvereinigung, das beginnende ewige Leben in der beschauenden Seele mehr hervorheben und zur Geltung bringen. Eine solche Teilung aber schneidet durchs Lebendige. Was die Seele hier leidet, ist in keinem Punkt negativ; vielmehr ist dieses Leiden an Gott das Fruchtbarste, das es in dieser Welt gibt, und bei aller Qual eine* beata passio *und die Nacht eine* vere beata nox[2].

Luzifer war der erste, der an Gott gelitten hat; denn der Allmächtige war dem begehrten Gottsein des ersten Geschöpfes ein Hindernis. Die liebende Seele hingegen leidet an Gott, weil sie sich selbst als Hindernis für das Einswerden mit Ihm empfindet. Es gibt keine wirksamere Sühne für die Ursünde als solch mystisches Leiden. Wenn sich in der heiligen Kirche dann und wann Seelen finden, die bei lebendigem Leibe durch diese dunklen Flammen der Liebe gehen,

[1] *N II 7, 3.*

[2] *Vgl. Canon Missae und Exsultet des Karsamstags.*

so wiegt ihre Sühne die Kälte der Millionen Herzen auf, die nur an ihren eigenen Süchten leiden.

Das Stummsein während des schmerzlichen Gotterfahrens gehört zum heiligen Elend dieser Mystiker; sonst würden sie schon inmitten der Qual in der innersten Tiefe leise singen, dort, wo nur Gott sie hört, Sein Zürnen zu besänftigen; und wer weiß, ob sie es nicht wirklich tun?... Schon der alte Segen, mit dem der Stammvater Jakob den besten seiner Söhne, Joseph, segnet, erfleht ihm nicht nur, daß der Allmächtige ihn segne benedictionibus caeli desuper, *sondern auch* benedictionibus abyssi iacentis deorsum[1], *die Segnungen des* Abgrundes von unten, *das sind die in Schmerz gehüllten Gnaden der* Dunklen Nacht.

Als der hl. Johannes vom Kreuz sie pries als glückselige Nacht[2], *besang er nicht das Ende der Leiden, sondern das Durchleidendürfen der Nacht* – con ansias, en amores inflamada –; *denn* der Weg des Leidens ist süßer und auch förderlicher als der des Genießens und Handelns. Einmal, weil im Leiden Gottes Kraft hinzuwächst, im Handeln und Genießen aber die Seele ihre Schwächen und Mängel einsetzt; dann auch, weil im Leiden Tugenden erweckt werden, die Seele innen geläutert und weise und behutsam wird. Die Seele lernt es, um des Geliebten willen dauernd zu leiden, ohne zu ermüden; denn wie der hl. Augustinus sagt, «alles Große, Schwere, Bedrückende ist für die Liebe wie nichts»[3]. *Ja, im Durst nach Gott wächst der Durst nach Leiden*[4]. *In Unersättlichkeit hat sich der hl. Johannes vom Kreuz für seinen Lebensabend vom Herrn nichts anderes erbeten als* Leiden und Verachtetwerden für Ihn. *Und die Gott wohlgefällige Bitte ward in Fülle erhört.*

[1] *Gen. 49, 25.*
[2] *En una Noche oscura 1. u. 3. Str.*
[3] *N II 19, 4.*
[4] *Ebenda.*

Im Vorwort zur «Subida» *sagt der Doctor mysticus:* Um einiges über diese Dunkle Nacht zu sagen, werde ich mich nicht auf Erfahrung und Wissen verlassen; denn dieses wie jene kann irren und täuschen. Wohl werde ich mich so gut ich es kann, der beiden bedienen; mehr aber will ich in allem, was ich mit Gottes Gunst sagen möchte – zumindest in wichtigen und schwerer verständlichen Dingen –, die Heilige Schrift heranziehen, unter deren Führung wir nicht irren können; denn in ihr spricht der Heilige Geist. Sollte ich dennoch aus Mißverstehen irren in dem, was ich mit ihr oder ohne sie sage, so habe ich nicht im Sinn, mich von der gesunden Meinung und Lehre der katholischen Kirche, unserer heiligen Mutter, zu entfernen.

Der heilige Kirchenlehrer handhabt das inspirierte Schrifttum meisterhaft gleich einer Riesenorgel, deren Register er in kühnen Kombinationen zieht, um alle Klangfarben hervorzubringen, die er zur Stütze und Verdeutlichung seiner Lehre braucht. Ohne Unterlaß fließen die Zitate, sichernd und belebend, den Text entlang. Dem Heiligen untergebene Mönche sagten im kirchlichen Prozeß mehrfach aus, daß er eine eigene Gabe besaß, Stellen der Heiligen Schrift in ansprechender Weise immer neu zu beleben und zu deuten. Seine geistlichen Söhne werden in der Erholungsstunde nicht müde, ihm zu lauschen.

Die grandiose Einheit all seiner Werke tritt am klarsten hervor, wenn man sie als geschlossene Verbindungslinie zwischen zwei Worten unseres Herrn erfaßt. Unser Herr lehrt uns diesen Weg *(zur Vereinigung mit Gott durch Entblößung von allen natürlichen und übernatürlichen Dingen)*, da Er durch den hl. Lukas sagt: Wer nicht allem entsagt, was er besitzt, kann mein Jünger nicht sein[1]. Und dies ist klar; denn die Lehre des Sohnes Gottes unterweist die Seele in der Verachtung aller Dinge, damit sie den Reichtum des Geistes Gottes in sich aufneh-

[1] *Lk 14, 33.*

men könne... in reiner Umgestaltung[1]. *Dieser evangelische Satz stellt den Christen bedingungslos auf den Weg des Nichts. Die Forderung des Herrn nach Entblößung kann nicht übertroffen werden:* Wer nicht allem entsagt... *Dies ist das Anliegen der* «Subida».

Im praktischen Kommentar zu diesem Herrenwort ordnet der Heilige schon das primitive Aufgeben persönlicher Eigenheiten und sinnlicher Süchte auf ein anderes Wort hin, das erst in seinem letzten Werk offen zum Durchbruch kommt: Man halte es nicht für unglaublich, daß sich an einer schon geprüften und im Feuer der Trübsal und Mühsal und mannigfacher Versuchung geläuterten und in der Liebe treu befundenen Seele schon in diesem Leben vollendet, was der Sohn Gottes verspricht, nämlich: wenn einer Ihn liebt, sucht ihn die Heiligste Dreieinigkeit heim und nimmt Wohnung in ihm[2].

So fern die beiden angeführten Sätze einander scheinen, so sehr entsprechen sie doch einander und so klar verbindet sie die Lehre des hl. Johannes vom Kreuz. Der erste Satz leitet den Menschen an zur Suche nach Gott, der zweite zeigt Gott auf der Suche nach dem Menschen; denn sucht die Seele Gott, so sucht viel mehr noch der Geliebte die Seele[3]. *Und wieder kann das johanneische Herrenwort nicht durch die kühnsten Hoffnungen übertroffen werden. Gott erhebt nicht nur die Seele zu sich, Er läßt sich zu ihr herab und vereinigt sich ihr durch das Wohnen in ihrer Mitte.* Nur staunen kann man, daß Gott so hehre und seltsame Gnade denen erweist, die Er beschenken will. Bedenken wir, daß Er Gott ist und als Gott handelt in unendlicher Liebe und Güte; so erscheint es uns nicht widersinnig[4].

Über die thematische Einheit der beiden Werke Subida *und* Noche oscura *besteht heute wohl kein Zweifel mehr. Diese Zusammenschau fördert sehr das Verstehen, da sie einander ergänzen und beleuchten. Im weiteren Sinne aber könnte man gut die thematische*

[1] *S I 5, 2.*
[2] *Ll 1, 15. Vgl. Jo 14, 23.*
[3] *Ll 3, 28.*
[4] *Ll Prolog 2.*

Einheit des gesamten Schrifttums des hl. Johannes vom Kreuz nachweisen, und dies in einer überraschend gewinnreichen Weise. Wie schon angedeutet, könnte die Unvollständigkeit der Subida *damit erklärt werden, daß der heilige Verfasser sich innerlich zu sehr gedrängt fühlte, und wohl auch durch die Gnade gedrängt wurde, in die letzten Tiefen vorzustoßen durch Beschreibung der* passiv erlittenen Nacht des Geistes, *um das zu lehren, was bisher noch kaum angerührt worden war. Doch auch dieses zweite Werk, oder – besser gesagt – diesen zweiten Teil des Gesamtwerkes* Subida – Noche *hat er nicht vollendet. Nur zwei Strophen von acht sind ausgelegt, die Auslegung der dritten bricht nach wenigen Sätzen jäh ab. Dafür könnte man eine andere Vermutung wagen: für das hinreißend begeisternde Thema, das nun vor dem Heiligen lag, nach erfolgter Läuterung die umgestaltende Vereinigung, waren ihm vielleicht die noch übrigen sechs Strophen der* Noche oscura, *so schön und inhaltsreich sie sind, zu enge. Das Brautgeheimnis der Seele mußte viel weiter ausschwingen können! Überdies ließ es sich nicht in die exakte Methode scholastischen Stiles einfügen. Man hat festgestellt, daß die fehlenden Teile der Lehre sich in der Erklärung der vierzig Strophen des* Cántico Espiritual *finden,* wenn auch in anderem Stil[1]. *Sieht man genau hin, so beginnt der* andere Stil *schon im 21. Kapitel der* Noche. *Die Seele verläßt gottwärts sich selbst und alle Dinge auf der heimlichen Treppe der Liebesstufen. Die* Teologia mistica *erobert das Feld und sprengt die Systematik. Christus strahlt auf als Bräutigam*[2]. *Unter den Schriftstellen übernimmt schon das Hohelied die Führung*[3], *das dann im* Cántico *zu voller Herrschaft gelangt. Die kaum begonnene Erklärung der dritten Strophe*[4] *behandelt zuletzt das Erkennen der glücklich entflohenen, zurückblickenden Seele:* Nichts anderes führte mich, als nur mein Licht im Herzen innerlich: denn einzig die zu dieser Zeit entbrennende Liebe, die das Herz nach dem Geliebten suchen läßt, führt und bewegt die Seele nun und läßt

[1] *Vgl. Tercera Edición, p. 868 n. 3.*
[2] *N II 21, 3.*
[3] *N II 21, 8. 10 (zweimal); 23, 4, 5, 12 (zweimal); 24, 3.*
[4] *Kap. 25.*

sie ihrem Gott zufliegen auf dem Weg der Einsamkeit, ohne zu wissen, wie und auf welche Weise[1]. *Dann setzt der Heilige nochmals zur Entfaltung des ersten Verses der Strophe an:* In der glückseligen Nacht ... *Und er schweigt. Der überwältigende Gegenstand wächst ihm weit über den Rahmen des Buches hinaus. Er muß ein neues beginnen.*

In diesem neuen, dem Cántico espiritual, *begegnen wir sogleich der gottsuchenden, ja der Gott zufliegenden Seele. Die Erklärung der Verse ist Dichtung, so gut wie die Verse selbst. Fast wörtlich knüpft ein Satz an den Ausklang der* Noche oscura *an:* Der Glaube... gibt der Seele Füße für das Gehen zu Gott, und die Liebe ist die Führung, die ihr den Weg weist...[2]. *Es ist genau der gleiche Weg, der über die* Subida *und durch die* Noche oscura *ins paradiesische Gefilde christozentrischer Brautmystik führt und einmündet in die* Llama de Amor Viva, *Herzgeheimnis der heiligsten Dreifaltigkeit:*

> O strahlendes Gefunkel
> der Feuerblitze, klar
> bis in des Sinnes tiefste Höhlen scheinend,
> die, einstens blind und dunkel,
> nun leuchten, wunderbar,
> und wärmen, dem Geliebten sich vereinend[3].

Wir entsinnen uns, wie die Höhlen des Sinnes, *schmerzvoll entleert, erblindet ins Dunkel sanken...*

Die kostbare Verbindung der beiden polaren Sätze Lk 14, 33 und Jo 14, 23 zeigt die zu leistende und zu erleidende Aufgabe der Seele. Der Weg ihres Überganges von der Welt zu Gott ist dauernd markiert und beleuchtet durch wirksame Leitsätze. Der wesentlichsten einer: Wie eng ist die Pforte und wie schmal der Weg[4], der zur Liebe führt, und wie wenige gehen ihn! Wobei die Steige-

[1] *N II 25, 4.*
[2] *C I 11. Für das Fliegen vgl. 12. Str.*
[3] *Ll 3 Str.*
[4] *Mt 7, 14.*

rung der Betonung zu beachten ist, die das Wörtlein *wie* bewirkt, als sollte gesagt werden: sie ist in Wahrheit sehr eng, mehr als man denkt[1]. *Ferner:* Wer seine Seele retten will, wird sie verlieren[2]. Wer nämlich etwas für sich besitzen oder erstreben will, wird sie verlieren: wer seine Seele Meinetwegen verliert, wird sie gewinnen. Wer nämlich für Christus allem entsagt, was sein Wille begehren oder genießen könnte, und das wählt, was mehr dem Kreuz gleicht, der wird sie gewinnen[3].

Zu dieser knappen Auswahl fügen wir noch einen Satz aus der Mitte: Du sollst den Herrn, deinen Gott, lieben aus deinem ganzen Herzen und aus deiner ganzen Seele und aus deiner ganzen Kraft[4]. Darin ist alles enthalten, was der geistliche Mensch zu tun hat, und was ich hier zu lehren habe; damit er wahrhaftig durch Einigung des Willens mittels der Liebe zu Gott gelange[5].

DIE NACHT IM ALTEN BUND

Nach dieser kleinen Auswahl evangelischer Grundsätze des heiligen Verfassers seien noch aus großer Fülle zwei Beispiele herausgegriffen für die geistvolle Art, in der er seine Lehre mit Bildern aus dem Alten Testament zu illustrieren wußte. Da führt er etwa Gedeon mit seinen Mannen vor. «Sie trugen Fackeln in Händen, und sahen sie nicht; denn sie waren verborgen im Dunkel der Krüge. Als sie diese zerbrachen, erschien sogleich das Licht[6].» Diese Krüge stellen den Glauben dar, der das göttliche Licht in sich enthält. Ist er vollendet und zerbrochen durch den Bruch am Ende dieses sterblichen Lebens, so

[1] *S II 7, 2.*
[2] *Jo 12, 25.*
[3] *S II 7, 6.*
[4] *Deut 6, 5.*
[5] *S III 16, 1.*
[6] *Ri 17, 16.*

werden sogleich die Herrlichkeit und das Licht der Gottheit offenbar, die er in sich barg[1].

In der Festlichkeit, die Abraham zu Ehren der Entwöhnung seines Sohnes Isaak feiern läßt[2], *sieht er ein Bild für die Freude, die im Himmel herrscht, wenn Gott eine Seele aus den Windeln löst, von Seinen Armen zu Boden setzt, damit sie gehen lerne, ihr die Brust und die süße Kindernahrung entzieht und ihr in Dürre und Finsternis das Brot der Starken zu reichen beginnt*[3].

Mit Vorliebe beruft sich der Heilige auf die durch Gottes Geist selbst dargestellten großen Zeugen durchlittener Nächte. David *hat das erschütternde Erleben wie keiner auszusagen gewußt. Der Psalmverse, die der Doctor mysticus zur Bestätigung seiner Lehre anzuführen weiß, sind so viele, daß es einer eigenen Studie bedürfte, der mystischen Erfahrung des königlichen Sängers an Hand der sanjuanistischen Lehre nachzuspüren. Immer wieder finden sich unüberbietbare Zeugnisse des Heiligen Geistes. Wenn David sagt:* Todesstöhnen ringsumher, Qualen der Hölle umstricken mich[4], *so liegt eine Erfahrung zugrunde, die mit menschlichen Worten gar nicht übertrieben werden kann.*

Ein zweiter ausdrucksvoller Zeuge ist der Dulder Job; *noch tiefer ins Dunkelste der Nacht aber führt die ergreifende Klage des* Jeremias: Ich bin der Mann, der Leid erfuhr durch die Rute Seines Zornes. Mich hat Er gedrängt und gezogen in tiefste Finsternis. Gegen mich kehrt Er stets aufs neue immerdar Seine Hand... Ob ich auch schrie um Hilfe, Er hörte nicht mein Gebet. Er hat meinen Weg mit Quadern vermauert, zerstört meine Pfade. Du stießest aus dem Frieden meine Seele, ich vergaß des Glücks. Da sprach ich: Dahin ist meine Lebenskraft, meine Hoffnung auf den Herrn...[5]

Hier offenbart sich das Schwerste: Gott als Feind zu wähnen, so daß die Seele nicht Gemüt noch Geist zu Gott erheben und Ihn nicht bitten kann, da Er sich, wie dem Jeremias scheint,

[1] *S II 9, 3.*
[2] *Gen 21, 8.*
[3] *N I 12, 1.*
[4] *Vgl. Ps 17, 5–17; zit. N II 6, 2.*
[5] *Klg 3, 1–18; zit. N II 7, 2.*

in Wolken gehüllt hat, durch die das Gebet nicht dringt...[1] Dies ist auch in Wahrheit nicht die Zeit, mit Gott zu reden, sondern, wie Jeremias sagt, seinen Mund in den Staub zu beugen, ob vielleicht Hoffnung sei[2], und die Läuterung mit Geduld zu erleiden[3].

Was wäre hoffnungsvoller für die leidende Menschheit als das Zeugnis des Heiligen Geistes, daß Menschen bis zur Hoffnungslosigkeit an Gott leiden und Unerträgliches aus Liebe ertragen?...

DIE NACHT CHRISTI

Dieses Gefüge von Zeugnissen bedarf noch des Schlußsteines, lapis angularis, *in der Person des Gottmenschen, unseres Herrn Jesus Christus. All die geheime herrliche Wirkung der* Teologia mistica, *die* Dunkle Nacht, *das Einströmen Gottes, die umgestaltende Beschauung, alle Heiligungs- und Sühnekraft leuchtet ja einzigartig auf in der hypostatischen Vereinigung der Gottheit und Menschheit in der Person des ewigen Logos. Jesus Christus ist die Herzmitte aller Mystik. Vereinigung ist nur möglich, weil Er sie vollzogen hat. Leid ist nur heiligend, weil Er gelitten hat. Die* Dunkle Nacht *hat nur Wert als Teilnahme an der* dunkelsten Nacht, *die Er zur Sühne für unser Abweisen des Lichtes auf sich genommen hat, so als wenn Er der strengen Läuterung bedurft hätte; und Er wollte ihrer tatsächlich in höchstem Maße bedürfen, denn mit der freiwillig aufgeladenen Schuld hat sich der Allheilige auch die Unreinheit der gesamten Menschennatur zugezogen.*

Schon die Menschwerdung an sich ist für Ihn, der das Licht des Himmels ist, ein Abstieg in äußerste Finsternis. Nicht nur unser heller Mittag, sogar der Schoß der reinsten Jungfrau, vom hellsten Gnadenlicht durchflutet, ist für die göttliche Weisheit Dämmerung. Darum singen wir: non horruisti Virginis uterum[4]. *Die* Ke-

[1] *Klg 3, 44.*
[2] *Klg 3, 29.*
[3] *N II 8,1.*
[4] *Te Deum*

nosis *Dessen, der sich, da Ihm die Gottesgestalt ohne Raub zu eigen war, ihrer entäußerte, Knechtsgestalt annahm und als ein Mensch erfunden wurde*[1], *stellt das gewaltigste freiwillige Eingehen in Leere und Dunkelheit dar, weit über menschliche Möglichkeit hinaus. Es ist die größte Entäußerung, die je geleistet werden konnte, und dem Geschöpf schlechthin unnachahmbar. Doch überdies gibt der Herr in Seinem Erdenleben das klare Vorbild für das dem Geschöpf mögliche und von ihm geforderte Ausgehen aus sich selbst in Gott hinein. Der Geist treibt Ihn von Seiner Mutter hinweg zu vierzigtägigem Fasten in einsamer Wüste*[2].

Der hl. Johannes vom Kreuz zieht den Wüstenaufenthalt des Herrn nicht ausdrücklich zum Vergleich heran. Doch dieses Ausgehen ist als typisch eingeschlossen in die Lehre, daß Christus der Weg ist, und dieser Weg ist ein Sterben der sinnlichen und geistigen Natur nach. Nun möchte ich erklären – so fährt der Heilige fort –, wie dies nach dem Vorbilde Christi geschieht, denn Er ist unser Vorbild und Licht. Was das erste anlangt, so ist es sicher, daß Er der Sinnlichkeit erstarb, und dies während seines Lebens geistigerweise und in seinem Tode natürlicherweise. Er hatte ja, wie Er sagt, im Leben nichts, sein Haupt hinzulegen, und im Tode noch viel weniger. Was das zweite anlangt, so war Er gewiß im Augenblick Seines Todes auch der Seele nach vernichtet, ganz ohne Trost und Hilfe, da der Vater Ihn dem niederen Bereich nach innerster Trockenheit überließ. Dies drängte Ihn zu dem Schrei: *Mein Gott, mein Gott, warum hast du mich verlassen?*[3] Es war die tiefste fühlbare Verlassenheit Seines Lebens. Und in ihr wirkte Er das größte Werk, das Er in Seinem gesamten Leben mit Wundern und Taten sowohl auf Erden wie auch im Himmel je vollbrachte, nämlich die Versöhnung und Vereinigung des Menschengeschlechtes durch die Gnade mit Gott. Und solches geschah, wie gesagt, in dem Zeitpunkt, als dieser Herr zumeist in allem vernichtet

[1] *Vgl. Phil 2, 6.*
[2] *Vgl. Mt 4, 1. 2.*
[3] *Mt 27, 46.*

war; nämlich hinsichtlich seines Rufes bei den Menschen; denn da sie Ihn sterben sahen, spotteten sie Seiner, ohne Ihn im geringsten zu achten; und hinsichtlich der Natur, die ja durch den Tod dem Nichts verfiel; und hinsichtlich des Schutzes und der Tröstung des Geistes durch den Vater, der Ihn zu dieser Stunde verließ, damit Er, zunichte geworden und wie aufgelöst, voll die Schuld bezahle und den Menschen mit Gott vereinige. Darum sagt David: Ad nihilum redactus sum et nescivi. – Ich bin zunichte geworden und weiß nicht wie (Ps 72, 22). – Dem möge der gut im Geiste Strebende das Geheimnis der *Türe* und *des Weges* Christi zur Vereinigung mit Gott entnehmen und erkennen, daß er sich um so inniger mit Gott vereint und um so Größeres wirkt, je mehr er sich in beiden Bereichen, dem sinnlichen und dem geistigen, vernichtet. Und gelangte er zur Auflösung in nichts, was höchste Demut wäre, so wäre die geistige Vereinigung der Seele mit Gott vollendet. Dies ist der erhabenste Stand, den die Seele in diesem Leben erreichen kann[1].

Diese dichteste aller Finsternisse, die Nacht *der aus dem gottmenschlichen Leibe scheidenden gottmenschlichen Seele, vom Heiligen Geiste bezeugt, ist nicht auszudenken. Sie mußte wirken wie der gewaltige Sog eines unermeßlichen Vakuums, die Menschheit in das gottmenschliche Läuterungsleid sühnend hineinzusaugen und heilig zu machen; denn diese Gottesnacht gewährt ja die neue Möglichkeit, nicht nur aus Liebe um Gott zu leiden, sondern das Leiden Gottes selbst mitzuleiden…* Stabat autem iuxta crucem Jesu mater eius…[2]

DIE NACHT DER JUNGFRAU

Mitleid *ist eine ungeheure Möglichkeit. Es hat Maria in die Nacht Gottes hineingezogen und zur Miterlöserin gemacht.*

Nur selten spricht der hl. Johannes vom Kreuz ausdrücklich von

[1] *S II 7, 9–11.*
[2] *Vgl. Jo 19, 25.*

Maria; wohl, weil Gott und die Jungfrau es so wollten; denn er lebte in zartester Vertrautheit mit ihr. Darum auch sagen die wenigen Sätze viel über sie aus und lassen ihren einzigartigen Anteil an der Dunklen Nacht *gut spüren.*

Zunächst sei eine Stelle herangezogen, die ohne Nennung ihres Namens, demnach nur indirekt und einschließlich, aber doch sehr deutlich das Erfahren der Nacht für Maria bestätigt und kennzeichnet. Die Dunkle Nacht *geht ihrem Ende zu, und der Heilige erklärt den Vers:* «Mein Haus lag schon in Ruhe. Diese sanfte Ruhe des geistigen Hauses erreicht die Seele habituell und vollkommen (soweit dieses Leben es zuläßt) durch die substantiellen, vereinigenden Berührungen, die sie, verborgen vor dem Teufel, den Sinnen und den Leidenschaften, von der Gottheit empfangen hat zu ihrer Beruhigung und Stärkung für die Aufnahme der Vereinigung durch Einwohnung. Dies ist das geistliche Verlöbnis zwischen der Seele und dem Sohne Gottes.» *Sobald die Ruhe hergestellt ist*, vereinigt sich unmittelbar die göttliche Weisheit mit der Seele auf eine neue Weise liebenden Besitzens. Dies vollzieht sich, wie er selbst sagt, nach dem Worte des Buches der Weisheit: Als Ruhe des Schweigens alles umfing und die Nacht in ihres Laufes Mitte stand, kam Dein allmächtiges Wort, Herr, vom königlichen Throne hernieder[1].

Der Heilige folgt dem Gebrauch der Liturgie, den in anderem Zusammenhang geschriebenen Satz auf das Ereignis der Menschwerdung Gottes anzuwenden[2]. Die astronomische Mitternacht ist Zeichen für das ruhig schweigende, tiefe Dunkel der gottempfangenden Seele. Genaugenommen gilt der Vergleich dem Festgeheimnis an Mariä Verkündigung. Wenn göttliche Beruhigung irgendeine Seele in Ruhe versetzt, um ihr in neuer Weise einwohnen zu können, wie mag die reinste Seele der Jungfrau einer allen anderen Gnaden übertreffenden Gottesempfängnis und Einwohnung – Herzstück und Quellgrund jeder mystischen Begnadung – durch eine tiefe Mitternacht beruhigt worden sein? Der Läuterung bedurfte die Unbe-

[1] *Weish 18, 14; N II 24, 3.*

[2] *Vgl. Intr. des Sonntags in der Weihnachtsoktav.*

fleckte nicht, wohl aber des Brautgeschmeides. Die Ewige Weisheit hat ihr die Kleinodien unter dem Schleier der Nacht, ihr selbst unwahrnehmbar, angelegt. So gewann sich Gott mit Hilfe der Nacht den unvergleichlichen Reiz unbewußter bräutlicher Schönheit. In solcher Sicht war diese Nacht der Jungfrau also keine Leidensnacht, vielmehr durchweht von Süßigkeit der Liebe. Auch die Überschattung sieht der hl. Johannes vom Kreuz nicht als Verdunkelung, sondern als Erhellung dieser göttlichen Brautnacht: Beschatten heißt nämlich so viel wie schirmen und begünstigen und Gnade erweisen; denn der einfallende Schatten bezeugt, daß die Person, der er zugehört, nahe ist, um zu helfen und zu schirmen... Darum nennt der heilige Engel Gabriel die Gnade, die Gott der Jungfrau Maria durch die Empfängnis Seines Sohnes erwies, Beschattung vom Heiligen Geist, indem er sagt: Der Heilige Geist wird über dich kommen, und die Kraft des Allerhöchsten dich überschatten[1]. Um dieses Schattenwerfen Gottes oder Beschattung durch starken Widerschein (was ein und dasselbe ist) gut zu verstehen, ist zu beachten, daß jedes Ding Schatten wirft, je nach seiner Form und Eigenart. Ist es dicht und dunkel, so wirft es dunklen Schatten; ist es durchsichtig und zart, so ist auch der Schatten durchsichtig und zart. Demnach ist der Schatten der Finsternis wieder Finsternis nach Art dieser Finsternis, und der Schatten des Lichtes wieder Licht nach Art dieses Lichtes[2].

Ein wundersames Bild: die Seele der Jungfrau in sanftem Dunkel, in das der Schatten Gottes fällt als zartes Licht, Zeichen Seiner Nähe: und welcher Nähe!

Nicht zu übertreffen in ihrer klaren Kürze und unerschöpflichen Bedeutung ist eine Aussage des Heiligen über Unsere Liebe Frau bei Schilderung einer Seele, die sich schon so an Gott hingegeben hat, daß Er allein ihre Kräfte bewegt, damit sie das tun, was dem Willen und der Anordnung Gottes angemessen ist. Und anderes vermögen sie nicht. Daher sind die Werke und Gebete

[1] *Lk 1, 35.*
[2] *Ll 3, 12.*

solcher Seelen stets wirksam. So waren die der glorreichen Jungfrau, unserer Herrin. Von Anbeginn zu diesem erhabenen Stand erhöht, trug sie in ihrer Seele nie das Bild eines Geschöpfes eingeprägt, noch wurde sie je dadurch bewegt, sondern die Bewegung ging stets vom Heiligen Geiste aus[1].

Demnach konnte auch kein Geschöpf als solches ihr Leiden verursachen, außer – und hier führt uns der Heilige mit wenigen Worten an den Abgrund ihres Mitleids heran –, außer Gott wollte, *daß sie daran leide:* Die Weise der Engel, die Schmerzliches wohl einzuschätzen wissen, ohne Schmerz zu fühlen, und Werke der Barmherzigkeit und des Mitleides tun, ohne es zu empfinden, kommt auch der Seele in der Liebesumgestaltung zu. Doch manchmal und zeitweilig gibt Gott sie frei, so daß sie fühle, und Er läßt sie daran leiden, damit sie mehr verdiene und an Liebe wachse und aus anderen Gründen, wie Er es in der Jungfrau Mutter fügt..., doch ihrem Stande entspricht dies nicht[2].

Das Erschreckende einer Aufhebung des Empfindens, die Möglichkeit ungefühlten Mitleids, *löst sich im Hinweis auf eine* Dispens, *die Gott gewähren kann;* dispensa Dios con ella.

Ja, Gott, der die Liebe ist, hat sich selbst von Seiner wesenhaften Leidlosigkeit auf höchst erfinderische Weise zu dispensieren *gewußt. Und wenn Maria auf Grund der* Erhabenheit *und* Unbeirrbarkeit *ihres Standes nie* um eines Geschöpfes, *sondern stets nur um Gottes willen gelitten hat, so vermag sie doch* mit dem Geschöpf *zu leiden, und dies nicht mehr in menschlichen, sondern in göttlichen Maßen!* Ihr alle, die ihr vorübergeht, seht, ob ein Schmerz gleich ist meinem Schmerze[3]! *Ihrer bedingten Leidlosigkeit enthoben, wird sie zum feinsten Instrument des Zartgefühls Gottes, das unser stumpfes menschliches Mitleid bei weitem überbietet. Hat sie nicht gar Mitleid mit den Brautleuten zu Kana, nur weil diese – nicht in Not, sondern des mangelnden Weines wegen – in Verlegenheit waren?*

[1] *S III 2, 10.*
[2] *C 20–21, 10.*
[3] *Klg 1, 12.*

In der Dunklen Nacht *ihres Geistes hat Maria freilich einzig in sehnender und sühnender Weise um Gott gelitten; denn ihr Sohn, mit Dessen Menschheit sie das Schwerste litt, war ja zugleich ihr Gott.*

Es fehlt nicht an ihrer aktiven Bereitung auf diese Nacht. *Ihr Entschluß zu immerwährender Jungfräulichkeit krönt das freie Ausgehen aus allem Geschaffenen, das Verzichten und Entsagen nach Gottes Willen. Einer* passiv zu erleidenden Nacht der Sinne *bedurfte sie danach nicht mehr. Ihre* passiv zu erleidende Nacht des Geistes, *oder sagen wir, um ihr gesamtes Sein zu erfassen,* Nacht des Herzens, *begann mit dem Erwachen der Vernunft, mit der Erfahrung, daß es Sünde gibt. Das unsagbare Leid über die Abkehr ihres Volkes von Gott wird zur Qual dunkelster Nacht durch ihre Ohnmacht, dem Bösen zu wehren und das Elend zu lindern. Diese wahre Schmerzensnacht ihrer noch jungen Seele bezeugt sie selbst durch das Singen des* Magnificat; *so könnten wir nun das* Magnificat *der seligsten Jungfrau ihr Lied von der* Dunklen Nacht *nennen. Sie jubelt auf, da sie ihr durch die lichte* Beschattung *entronnen ist und nun erkennt, welche herrliche Frucht ihr das Sehnen und Sühnen gebracht hat. Finden sich in diesem* Canticum *nicht deutlich die Grundelemente nächtlichen Leidens? Ihre tiefste* Niedrigkeit, *auf die Gott aus Seiner höchsten Höhe* herabgesehen *hat, ihre Ohnmacht vor Dem,* der da mächtig ist, *war Ansatzpunkt für die Vereinigung. Ob der* Erhöhung der Niedrigen und Sättigung der Hungrigen *konnte sie nur jubeln, weil sie die äußerste Ohnmacht vor Gott und den qualvollsten Hunger nach Seiner Hilfe erlitten hat. Ihr Lied schwingt auf den Flügeln ausgeglichener Spannungen. O ja, Gott hat sie sehr viel leiden lassen wollen, noch ehe sie gewürdigt wurde, Sein Leid in unerhörter Nähe mitzuleiden. Durch ihre göttliche Mutterschaft bekam ihr Herz in einer wahrhaftig neuen Weise Gott selbst zum Besitz und zum Beweger ihres Gemütes in Freude und Leid. So aber lebt und wirkt in ihr das unvergleichlich zarte Mitleid Gottes mit Seiner Kreatur! Maria behindert es nie, stört es durch keinen Eigenwunsch, und so kann es sich ihrer wohlgeordneten Sinne und Seelenkräfte frei bedienen.*

Ihr ganzes Mutterleben entlang führt Gott sie von Dunkel zu Dunkel bis unters Kreuz. Ihr Leidensweg von Bethlehem bis Golgotha ist offenbar. Ein Tiefpunkt war wohl der Verlust des Knaben zu Jerusalem. Endlich steht sie, vom Heiligen Geist dahin bewegt, unter dem Kreuz, und die Nacht Gottes *umfängt vom Sohn her auch die Mutter. Was sie hier im Mittagsdunkel erträgt, ist nichts Geringeres als das von göttlicher Leidlosigkeit dispensierte Mitleid des Vaters mit Seinem Vielgeliebten; schlechthin göttliches Mitleid. Sie kommt dadurch nicht von Sinnen. Alle ihre Sinne dürfen daran teilnehmen. Sie hört, sieht, fühlt die Marter ihres Kindes wie am eigenen Leibe:* Felices sensus beatae Mariae Virginis, qui sine morte meruerunt martyrii palmam sub Cruce Domini[1].

Gehilfin des Erlösers ist sie durch Mitleid; doch nicht durch Mitleid allein: das Schwert schneidet durch ihre eigene Seele. In der tiefsten Not wagen es die beiden Gemarterten, ihren Leidenswillen zu bezeugen, indem sie das verhängte Leiden gleichsam überholen und entsagend voneinander lassen: Frau, sieh deinen Sohn ... Wer nicht allem entsagt... *Gebenedeite äußerste Entsagung! Denn nur dieser gegenseitige Verzicht konnte erweisen, daß eine Scheidung in keiner Weise möglich ist:* Der Geliebte lebt im Liebenden und der Liebende im Geliebten. Und die umgestaltete Liebe schafft in den Liebenden solche Ähnlichkeit, daß man von einem sagen kann, er sei der andere, und beide sind eins[2].

O Nacht, die holder scheint
als Morgenrot; in ihrem dunklen Falten
so führt und so vereint,
daß himmlische Gewalten
die Liebste in den Liebsten umgestalten[3].

[1] *Communio in festo Septem Dolorum B.M.V.*
[2] *C 12, 7.*
[3] *S 5. Str.*

Die Nacht der Jungfrau ist die bräutliche Teilnahme der Menschheit an der erlösenden Nacht des gekreuzigten Bräutigams. Alle Nächte einzelner Erwählter – und welcher Begnadete ist nicht erwählt, um am Erlösungsgeheimnis Teil zu erhalten – gewinnen ihren letzten lichten Sinn vom umgreifenden Leiden der Braut-Kirche her. Wäre der Einzelne allein, wäre er nicht umfangen vom dunklen Gnadenmantel der Jungfrau und der Gemeinschaft der Heiligen, so könnte es scheinen, als sei sein Leiden vor allem individuell, pädagogisch gemeint, beschränkt in seiner Wirkung auf ihn selber. Im Gnadenmantel der Braut aber öffnet sich der Sinn seiner Prüfung universal, katholisch.

Und wer lebt auf Erden und hat nicht Anteil am Geheimnis der Dunklen Nacht? *Wen streift nicht zumindest ihr Schatten?... Nicht genug daran: Wenn auch nur wenige Seelen die Mystik der* passiven Nacht des Geistes *so intensiv erleiden, wie etwa der hl. Johannes vom Kreuz sie erlitten und beschrieben hat*[1], *so erleidet doch jede dieser erlesenen Seelen sie kraft ihrer Gliedschaft am mystischen Leibe, dessen Haupt Christus ist, und leitet so einen Strom jener reinen Liebe in den Kreislauf der Gnade, von der* ein Weniges alle äußeren Werke insgesamt an Wert überwiegt[2]. *Für diese Liebe wurden wir erschaffen*[3].

Wohlan also, geistliche Seele! Siehst du deine Freude verdämmert, dein Empfinden dürre und bedrückt, deine Kräfte untüchtig zu jeder inneren Übung, so kränke dich nicht darob; halte dich vielmehr für gut und glücklich; denn Gott will dich von dir selbst befreien, indem Er dir die Habe aus den Händen nimmt, mit denen du, so gut es auch ging, doch wegen ihrer Unreinheit und Schwere niemals so richtig, vollkommen und sicher hättest wirken können wie nun, da Gott dich an der Hand nimmt und dich als einen Blinden durchs Dunkle führt, in dem du nicht weißt, woher und wo-

[1] *Vgl. N I 14, 1.*
[2] *C 29, 2.*
[3] *Ebenda.*

hin und niemals mit deinen Augen und Füßen, so gut diese auch auszuschreiten vermögen, vorankämest[1].

Erst wenn die Nacht einfällt, gibt der Glaube im Dunkeln der Seele Licht, und es wird wahr, was David gesagt: Nox illuminatio mea in deliciis meis[2]. Dies gibt klar zu verstehen, daß die Seele in Finsternis geraten muß, um Licht zu haben auf diesem Wege[3].

Die Lehre des Doctor mysticus von der Dunklen Nacht *beschränkt sich keineswegs auf ein Spezialgebiet, an dem nur Seelen Interesse fänden, die das Geheimnisvolle anzieht. Sie beleuchtet einen wesentlichen Faktor im Plan der Welterlösung. Johannes vom Kreuz wäre sonst nicht Kirchenlehrer. Er wurde es, weil er in unvergleichlicher Weise Gegebenheiten und Vorgänge aufhellt, die für die Heilsökonomie der Gnaden und Kräfte im Gesamtleibe der Kirche wie auch im geistigen Werdegang des Einzelmenschen von größter Bedeutung sind. Daß er zunächst als Dichter die Gedanken formte, ist kein Nachteil. Auch der inspirierten Schrift liegt das Dichten nicht fern. Und vielleicht gibt es kein wirksameres Mittel, die Menschen der Gegenwart und Zukunft aus ihren gefährlichen Angstpsychosen zu befreien, als die Lehre von der* glückseligen Nacht, *von der* gottbezogenen Liebesangst, *damit auch sie sich aufmachen* – con ansias, en amores inflamada – *und den dunklen sicheren Weg zum Ziel der Liebe gehen.* O vere beata nox!

Oda Schneider

[1] *N II 16, 7.*
[2] *Ps 138, 11.*
[3] *S II 3, 6.*

III ZUR GESCHICHTE DES TEXTES

Vermutlich durch Kopisten verschuldet, hat sich durch Jahrhunderte der Brauch festgefahren, «Subida» und «Noche oscura» als zwei selbständige Werke darzubieten. Seltsam spät enthüllte sich dem Blick der Forscher die überaus gewinnreiche Zusammenschau. Erst in dieser Sicht offenbart sich die grandiose Spannweite des Überganges von einem Extrem zum andern, von äußerster Gottesferne zur innigsten Gottvereinigung, durch die läuternden Nächte *hindurch.*

Die dritte Auflage der kritischen Ausgabe von R.P. Lucinio del SS. Sacramento O.C.D. (1955) verficht in der Introducción *die Einheit der* Noche oscura de la Subida del Monte Carmelo *mit einer Fülle von Zeugen und Beweisen. Die vierte Auflage (1960), die wir unserer Übersetzung zugrunde legen, darf sich, da die Einheit kaum mehr bestritten wird, mit einigen klaren Feststellungen begnügen, die ohne weiteres einleuchten. Wir bringen sie im Folgenden samt den Angaben über die Entstehung des Werkes und die Überlieferung des Textes.*

Vier Dinge fügen dieses zweigliedrige Werk des hl. Johannes vom Kreuz zu einem Ganzen: a) Die Skizze des Berges; b) ein Gedicht von acht Strophen; c) die erste (teilweise) Erklärung der zwei ersten Strophen in drei Büchern mit dem Titel Subida del Monte Carmelo; *d) die zweite (auch teilweise) Erklärung der ersten drei Strophen in zwei Büchern, benannt* Noche oscura.

Diese beiden Kommentare nennt Andrés de la Concepción «integrierende Teile des gleichen Körpers[1]». Jene Codices, die beide enthalten, bringen sie in einem Zuge als einheitliche Abhandlung, entsprechend dem vom hl. Johannes vom Kreuz für beide Teile gemeinsam vorgezeichneten Plan. P. Silverio spielt öfters auf diese Einheit an und schlägt sogar einen zusammenfassenden Titel vor[2].

[1] *Biblioteca Nacional, Ms. 3180, fol. 115. – P. Andrés de la Concepción wurde 1754 von seinen Oberen mit der Vorbereitung einer Ausgabe der Werke des Heiligen betraut und hat wertvolle Forschungsarbeit geleistet.*

[2] *Bei Erklärung des vierten Verses der ersten Strophe der* Lebendigen Liebesflamme *vollzieht der Heilige selbst diese Zusammenfassung, indem er sagt: «denn davon handeln wir in der* dunklen Nacht des Aufstieges zum Gipfel des Karmel».

A) Die Skizze des Berges. – *Der Doctor mysticus zeichnete ihn mehrmals eigenhändig mit kleinen Unterschieden; zuerst auf El Calvario für die Karmelitinnen von Beas (1578–1579), später zu Baeza und Granada für seine Mönche (1579). Er selbst bestimmte diese Zeichnung für zwei unterschiedliche Verwendungen: als loses Blatt und als Titelzeichnung zur* Subida *und zur* Noche oscura. *In beiden Teilen spielt er auf die Skizze an.*

In eigenhändiger Ausführung ist sie nicht auf uns gekommen, doch in einer Kopie (Biblioteca Nacional, Ms. 6296) und in der fantasievollen Ausgestaltung des Greco-Schülers Diego de Astor für die Edición principe *(Erstausgabe der Werke des Heiligen durch P. Diego de Jesús (Salablanca), Alcalá 1618, ohne* Cántico espiritual.)

B) Das Gedicht. – *Zeit und Ort der Abfassung sind ungewiß. Man hat vermutet, daß es im Kerker von Toledo entstanden ist, doch die wenigen Zeugnisse stimmen nicht ganz überein und sind nicht aus erster Hand. Da der Heilige die Erklärung zu Beas begann und diese sich an das Gedicht von der* dunklen Nacht *anschließt, darf man wohl annehmen, daß es spätestens zwischen 1577 und 1579 entstanden ist. Dem Text nach stimmen die Handschriften fast ganz überein.*

C) Der Kommentar zur «Subida». – *Er bildet den ersten Teil der großen Abhandlung des hl. Johannes vom Kreuz über die Läuterung der Seele. Dieser schrieb die drei Bücher (die unvollständig auf uns gekommen sind) mit Annahme äußerster Grenzen, zwischen den Jahren 1578 und 1585. Begonnen hat er sie zu El Calvario, fortgesetzt zu Baeza und beendet wohl während seiner ersten Amtszeit als Prior zu Granada, die 1582 ihren Anfang nahm. Juan Evangelista, der durch neun Jahre an der Seite des Heiligen lebte und von dessen Hand wir, mangels eines Originals, die gültigste Niederschrift des Werkes besitzen, macht ziemlich genaue Zeitangaben über den Abschluß, während Magdalena del Espíritu Santo durch ihre Aussage über das Entstehen einiger Erklärungen zu Beas einen Anhaltspunkt für den Beginn gibt. Nicht wenige der*

Avisos, *die gewiß zu Beas und El Calvario entstanden sind, stimmen fast wörtlich mit Sätzen überein, die sich in der* «Subida» *finden. Dies ist eine Bekräftigung für die Angabe jener Nonne, die den größten Gewinn aus den Mitteilungen des Heiligen zog.*

Die drei Bücher der «Subida» *deuten die zehn ersten Verse von der* Noche oscura *im Sinne der* erstrebten *Läuterung der Seele. (Erstes Buch, von den Sinnen; zweites Buch, vom Verstande, drittes Buch, von Gedächtnis und Willen, unvollendet). Das Bild der* Nacht *ist die originellste und fruchtbarste Gedankenschöpfung des Doctor mysticus.*

Der von uns gebotene Text gründet auf sorgfältigster Lesung der Abschrift, die Fray Juan Evangelista zu Granada herstellte. Sie wird im Archivo Silveriano *zu Burgos aufbewahrt. Sie war, nachdem Andrés de la Encarnación sie als Hauptcodex für diesen Teil eingeschätzt und mit vielen Zeichen zur Vergleichung mit anderen Codices versehen hatte, verschollen. P. Silverio sah seine vielen und wertvollen Arbeiten für den hl. Johannes vom Kreuz reich belohnt durch ihre Auffindung. Ihm kommt das Verdienst zu, sie zu dem Range erhoben zu haben, den sie heute einnimmt.*

Als ergänzende Texte ziehen wir die Manuscripte von Alba de Tormes und 6624 der Biblioteca Nacional heran, *beide verläßlich und sehr ähnlich dem von* Alcaudete, *wie die Abschrift des Juan Evangelista auch genannt wird, da sie eine Zeitlang im Konvent der Karmeliten in dieser Stadt des Königreiches Jaén aufbewahrt wurde. In einzelnen Fällen halten wir uns an die* Edición principe. *Diese Quellen führen sehr nahe an das heran, was der Heilige schrieb.*

In der Numerierung der Absätze folgen wir P. Silverio mit Übernahme einiger Verbesserungen späterer Ausgaben.

D) Kommentar zur Dunklen Nacht. – *Er gibt die zweite Deutung, die der hl. Johannes vom Kreuz den drei ersten Strophen des Gedichtes beilegte: passiv erlittene Läuterung der Seele. (Erstes Buch, Leidensnacht der Sinne, zweites Buch, Leidensnacht des Geistes, auch unvollendet). Inocencio de San Andrés, ein anderer Mitbruder des Heiligen, bezeugt, dieser habe, als sie zusammen lebten, auf seine Bitten hin das Buch geschrieben, das beginnt:* In einer dunklen Nacht[1]. *Gewisse lange Gebete im Gerundium lassen eher an ein Diktat denken als an die Abschrift eines Autogramms. Einiges klingt nach Improvisation, findet sich aber in allen Codices getreulich wiedergegeben, auch auf Kosten der Klarheit.*

Andrés de la Encarnación schätzte unter allen Handschriften, die ihm vorlagen, zuhöchst das Manuscript 3446, damals im Generalarchiv des Ordens, heute in der Biblioteca Nacional. Sein Urteil übernahmen alle späteren Herausgeber, außer, in jüngster Zeit und ohne Erfolg, José Vicente. Wegen ihres Alters, ihrer Vollständigkeit, ihrer volkstümlich andalusischen (wenn auch eleganten) Sprache und überdies wegen ihres inneren Wertes, verdient die Handschrift zweifellos den Vorrang. Ob ihrer Herkunft von den Karmeliten Sevillas führt sie den Namen Hispalense.

Als Hilfstexte verwendeten wir vor allem das Ms. 12658 der Biblioteca Nacional. *Es ist eine sehr gute und vollständige Kopie. In ganz seltenen Fällen haben wir auch die* Edición principe *und Manuscripte aus* Baeza *(NB, 8795)*, Calatayud *(NB, 13498) und* Valladolid *herangezogen.*

[1] *Ms. 13482, fol. 20, n. 3; Ms. 12738, fol. 231. – Mit gutem Grunde zweifelt P. Silverio, ob hier die* «Subida» *oder die* «Noche» *gemeint sei und fügt hinzu:* «*Leicht konnten die beiden als Einheit gesehen werden, die sie ja tatsächlich sind.*»

EMPOR DEN KARMELBERG

Das Buch handelt davon, wie die Seele sich bereiten kann, um bald mit Gott vereinigt zu werden. Es gibt Weisung und Lehre, sowohl für Anfänger wie auch für Fortgeschrittene sehr fördernd, sich alles Zeitlichen zu entlasten, doch sich auch nicht mit Geistlichem zu belasten, sondern in der vollen Entblößung und Freiheit des Geistes zu verharren, wie die Vereinigung mit Gott sie voraussetzt. Verfaßt ist es von P. Johannes vom Kreuz, Unbeschuhter Karmelit.

Die gesamte Lehre, die ich als *Aufstieg zum Karmelberg* darlegen möchte, ist in den Strophen des nachfolgenden Liedes enthalten. Sie beschreiben die Weise, zum Gipfel des Berges aufzusteigen, nämlich zum erhabenen Stande der Vollkommenheit, die wir Vereinigung der Seele mit Gott nennen. Da ich nun meine Ausführungen auf dieses Lied gründen möchte, bringe ich es zunächst ganz, um alles, was darzulegen ist, in einem erfassen und überschauen zu lassen. Zur Erklärung ist dann jede Strophe einzeln vorzunehmen, ebenso jeder Vers, so wie Gegenstand und Erklärung es eben verlangen.

Nun folgt

DER GESANG DER SEELE

Sie preist ihr glückliches Geschick, im Durchleiden der *dunklen Nacht des Glaubens* entblößt und geläutert worden zu sein für die Vereinigung mit dem Geliebten.

1 *In einer dunklen Nacht,*
die Liebesglut – o glückliches Geschehen! –
zum Sehnsuchtsbrand entfacht,
entfloh ich ungesehen
und ließ mein Haus schon tief in Ruhe stehen.

2 *Ich konnt' in Heimlichkeit,*
vermummt, auf schmaler Treppe sicher gehen,
gedeckt von Dunkelheit
– o glückliches Geschehen! –
und ließ mein Haus schon tief in Ruhe stehen.

3 *Sollt' niemand meiner achten*
in dieser Segensnacht; auch wollte ich
mir selbst kein Ding betrachten;
nichts andres führte mich,
als nur mein Licht im Herzen innerlich.

4 *Dies hat mich hingeleitet,*
viel sich'rer als das volle Licht am Tage,
wo Er sich mir bereitet,
zu dem ich Liebe trage;
und kein Geschöpf uns dort zu stören wage.

5 *O Nacht, die holder scheint*
als Morgenrot, in ihren dunklen Falten
die Liebenden vereint,
bis göttliche Gewalten
die Liebste in den Liebsten umgestalten!

6 *An meiner Brust, allein*
für Ihn erblüht, genoß Er traute Rast;
hier schlief er friedlich ein;
ich labte meinen Gast,
und Kühlung fächelte ein Zedernast.

7 *Als schon der Morgenwind*
Sein Haar umspielte, fühlt' am Nacken streichen
ich Seine Hand, so lind;
dies traf mich ohnegleichen
und ließ mir alle Sinne süß entweichen.

8 *Vergessen sog mich ein.*
Ich blieb, das Haupt dem Liebsten angeschmiegt,
und ließ mein ganzes Sein
entschwinden. Eingewiegt,
ist unter Lilien mein Gram versiegt.

VORREDE

1 Um zu erklären und verständlich zu machen, durch welche *dunkle Nacht* die Seele geht, um zum göttlichen Licht vollkommener Liebesvereinigung mit Gott zu gelangen, so

weit es in diesem Leben möglich ist, bedürfte es eines helleren Lichtes der Wissenschaft und Erfahrung als das meine es ist; denn für gewöhnlich müssen die glücklichen Seelen so viele und so tiefe Finsternisse und Mühen durchschreiten, um diesen hohen Stand der Vollkommenheit zu erreichen, daß weder menschliche Wissenschaft zureicht, sie zu verstehen, noch Erfahrung, sie zu beschreiben. Nur wer solches durchlitten hat, kann es nachfühlen, nicht aber ausdrücken.

2 Demnach will ich, um etwas über diese *dunkle Nacht* zu sagen, weder der Erfahrung, noch der Wissenschaft trauen; denn die eine wie die andere kann unzulänglich sein und täuschen. Wohl werde ich mich, so gut ich es kann, der beiden bedienen; mehr aber will ich in allem, was ich mit Gottes Gunst sagen möchte – zumindest in wichtigen und schwer verständlichen Dingen –, die Heilige Schrift heranziehen, unter deren Führung wir nicht irren können; denn aus ihr spricht der Heilige Geist. Sollte ich dennoch aus Mißverstehen irren in dem, was ich mit ihr oder ohne sie sage, so habe ich nicht die Absicht, mich von der gesunden Meinung und Lehre der katholischen Kirche, unserer heiligen Mutter, zu entfernen. Ich unterwerfe und ergebe mich ganz und gar, nicht nur ihren Geboten, sondern jedem ihrer Urteile, die besser begründet sind als die meinen.

3 Antrieb zu einem so schwierigen Unternehmen ist mir nicht die Meinung, ich sei dazu fähig, sondern das Vertrauen auf den Herrn, der mir helfen wird, etwas von dem zu sagen, was vielen Seelen überaus nötig ist. Beginnen sie nämlich den Weg der Tugend, so will unser Herr sie durch diese *dunkle Nacht* zur göttlichen Vereinigung führen; sie aber schreiten nicht voran. Manchmal wollen sie nicht ins Dunkel eintreten, noch sich hineinziehen lassen. Manchmal verstehen sie es nicht, und es mangelt ihnen an geeigneten und erfahrenen Führern, sie auf den Gipfel zu geleiten. Es ist beklagenswert, so viele Seelen zu sehen, denen Gott Ga-

ben und Gnaden verleiht, damit sie vorankommen, und faßten sie Mut, so erreichten sie diesen hohen Stand; sie aber bleiben bei ihrer niedrigen Weise, mit Gott zu verkehren, weil sie es nicht anders wollen oder wissen oder niemand da ist, sie auf den Weg des Lassens jener Anfänge zu führen. Begnadet unser Herr sie endlich so sehr, daß sie ohne dieses und jenes hindurchkommen, so gelangen sie doch viel später und mühseliger und weniger verdienstvoll ans Ziel, weil sie sich Gott nicht fügten, sich nicht freiwillig auf den lauteren und sicheren Weg der Vereinigung bringen ließen. Wohl ist es in Wahrheit Gott, der sie trägt – und er kann sie tragen ohne ihr Zutun –, sie aber lassen sich nicht tragen. Da sie nun seinem Griff widerstehen, kommen sie wenig voran und verdienen nicht so viel, da sie den Willen nicht einsetzen; dadurch aber leiden sie noch mehr. Es gibt Seelen, die, statt sich Gott zu überlassen und mitzuwirken, ihn vielmehr behindern durch ihr unkluges Handeln und ihren Widerstand. Sie gleichen kleinen Kindern: wenn ihre Mütter sie auf den Arm nehmen wollen, strampeln und weinen sie, weil sie durchaus selber gehen wollen, obwohl sie es nicht können oder doch nur mit Kinderschritten.

4 Damit sie es also lernen, sich von Gott tragen zu lassen, wenn Seine Majestät sie voranbringen will, seien sie nun Anfänger oder Fortgeschrittene, geben wir hier dazu Lehre und Weisung, so daß sie verstehen, um was es geht, oder zumindest sich Gott überlassen.

Es gibt Seelenführer und Beichtväter, denen Licht und Erfahrung auf diesen Wegen mangelt. Sie pflegen daher solche Seelen mehr zu behindern und zu schädigen, als ihnen voranzuhelfen. Sie gleichen den Erbauern Babylons, die, weil sie einander nicht verstanden, nicht geeignetes, sondern ungeeignetes Material herbeitrugen, und so kam nichts zustande. Es ist hart und mühsam, wenn eine Seele in solcher Verfassung sich selbst nicht begreift und niemanden findet, der sie verstünde. So kann es geschehen, daß Gott eine Seele den Höhenpfad dunkler Beschauung und Trokkenheit führt, sie aber wähnt sich verloren. Und da sie so voll Dunkelheit und Schwierigkeiten, Widerwillen und Versuchungen ist, kommt noch jemand gleich den Tröstern des Job und sagt, dies sei Melancholie, Schwermut oder Anlage; es könnte sogar irgendeine ihr eigene versteckte Bosheit daran schuld tragen, daß Gott sie verlassen habe. Daraus schließen sie dann, diese Seele müsse arg böse gewesen sein, da ihr solches zustoße.

5 Vielleicht sagt ihr auch jemand, sie wende sich zurück, da sie an den Dingen Gottes keinen Geschmack und Trost finde wie ehedem. So verdoppeln sie der armen Seele die Pein; denn sie leidet ja ohnedies zutiefst an der Erkenntnis ihres eigenen Elends. Klarer als im Tageslicht erkennt sie sich voll Bosheit und Sünde; denn Gott verleiht ihr in dieser Nacht der Beschauung besonderes Licht der Erkenntnis, wie wir noch sagen werden. Findet sich nun jemand, der ihr darin zustimmt und gleich ihr meint, sie habe diesen Zustand wohl verschuldet, so wachsen Qual und Bitterkeit in der Seele grenzenlos und sie leidet mehr als Todespein. Damit geben sich solche Beichtväter nicht zufrieden. Da sie Sünden als Ursache wähnen, lassen sie die Seelen sich um und um drehen und immer wieder Generalbeichte ablegen, was sie stets neu kreuzigt. Sie begreifen nicht, daß vielleicht zur Zeit nichts anderes angemessen ist, als sich einzig der Läuterung zu überlassen, die Gott vornimmt. Trösten und ermutigen sollte man sie, damit sie solange einwilligen, wie Gott es will. Solange nämlich gibt es kein Heilmittel dagegen, mag man noch so viel tun und reden.

6 Davon also wollen wir mit Gottes Gnade im Folgenden handeln und sagen, wie Seele und Beichtvater sich gegeneinander zu verhalten haben, und welche Anzeichen erkennen lassen, ob die Seele sich in Läuterung befinde. Ferner, ob diesenfalls die Sinne oder der Geist geläutert werden (dies

nämlich nennen wir *dunkle Nacht*), und wie man erkennen kann, ob es sich um Melancholie oder einen anderen Schaden an Sinn oder Geist handelt.

Es könnte nämlich auch sein, daß manche Seelen oder deren Beichtväter meinen, Gott führe sie auf diesem Wege *dunkler Nacht* geistlicher Läuterung, und es ist vielleicht nicht dies, sondern die Folge einer der genannten Mängel. Andere Seelen wiederum wähnen, sie könnten nicht innerlich beten und beten doch gar gut; andere hingegen halten viel auf ihr Gebet, und es ist kaum mehr als nichts.

7 Bei manchen ist es ein Jammer, wie sehr sie sich plagen und abmühen, und doch geht es mit ihnen abwärts. Sie suchen die Frucht in dem, was nicht fruchtet, sondern vielmehr behindert. Andere wieder kommen in gelassener Ruhe weit voran.

Es gibt solche, die sich von eben den Gaben und Gnaden, die Gott ihnen zum Fortschritt verleiht, hemmen und hindern lassen, so daß sie nicht vorankommen. Gar vieles an Freuden und Leiden, an Hoffnung und Schmerz, begegnet den Wanderern auf diesem Wege Gottes. Manches davon entspringt dem Geiste der Vollkommenheit, manches dem der Unvollkommenheit.

Von alledem wollen wir, mit Gottes Gunst, etwas sagen, damit jede Seele beim Lesen irgendwie dahin komme, den Weg zu sehen, den sie wandelt oder wandeln sollte, wenn sie den Gipfel dieses Berges zu erreichen strebt.

8 Da dies nun eine Lehre von der *dunklen Nacht* ist, durch die hindurch die Seele zu Gott gehen muß, so wundere sich der Leser nicht, wenn ihm zu Beginn des Lesens manches dunkel erscheint. Fährt er fort, so wird er das Frühere besser verstehen; denn eines erklärt das andere. Und liest er es gar ein zweites Mal, so wird ihm, meine ich, die Lehre klarer werden und vernünftiger erscheinen. Gefällt sie aber manchen nicht, so tragen mein geringes Wissen und mein unge-

lenker Stil die Schuld; denn der Gegenstand an sich ist gut und sehr wichtig. Doch ich meine, auch wenn ich feiner und vollendeter zu schreiben verstünde, als es hier der Fall ist, würden nur wenige Nutzen daraus ziehen. Es handelt sich ja nicht um hochmoralische und reizvolle Dinge für alle jene geistlichen Personen, die es lieben, sanft und angenehm zu Gott zu gehen, sondern um eine gehaltvolle und wohlgegründete Lehre, die für die einen wie für die andern taugen würde, sofern sie zu der Entblößung des Geistes gelangen wollen, die hier beschrieben wird.

9 Es ist auch nicht mein erstes Anliegen, alle anzusprechen, sondern, auf ihre Bitten hin, einige nach der ursprünglichen Regel lebende Mitglieder unseres heiligen Ordens vom Berge Karmel, sowohl Mönche wie Nonnen, denen Gott die Gnade erweist, sie auf den Pfad zum Gipfel zu versetzen. Da sie der zeitlichen Güter dieser Welt schon entblößt sind, werden sie die Lehre von der Entblößung des Geistes besser verstehen.

ERSTES BUCH

AKTIV ERSTREBTE NACHT DER SINNE

Wesen der dunklen Nacht, *notwendiger Durchgang zur göttlichen Vereinigung. Näheres über die* dunkle Nacht der Sinne. *Das Begehren und dessen Gefahr für die Seele.*

ERSTES KAPITEL

Die erste Strophe des Liedes. – Geistlich Strebende haben, entsprechend ihren beiden Wesensteilen, dem niederen und dem höheren, zwei unterschiedliche *Nächte* zu durchleiden. Erklärung der Strophe.

In einer dunklen Nacht,
die Liebesglut – o glückliches Geschehen! –
zum Sehnsuchtsbrand entfacht,
entfloh ich ungesehen
und ließ mein Haus schon tief in Ruhe stehen.

1 In dieser ersten Strophe besingt die Seele das Glück, das ihr durch das Ausgehen aus allen äußeren Dingen, wie auch aus den Begierden und Unvollkommenheiten, die sich durch Unordnung der Vernunft in ihrem sinnlichen Teile regen, zufiel. Um dies zu verstehen, muß man wissen, daß eine Seele, um zum Stande der Vollkommenheit zu gelangen, für gewöhnlich zwei hauptsächliche Arten von *Nacht* zu durchleiden hat. Die Geisteslehrer nennen sie Läuterungen oder Reinigungen der Seele. Wir nennen sie hier *Nächte*; denn die Seele wandelt in der einen wie in der andern durch Dunkelheit, als wäre es Nacht.

2 Die *erste Nacht* oder Läuterung gilt dem sinnlichen Teil der Seele. Davon soll, im Anschluß an die erste Strophe, der erste Teil des Buches handeln. Die *zweite* betrifft den geistigen Teil und ist Gegenstand der zweiten Strophe, die wir im

zweiten und dritten Teil der aktiven, im vierten der passiven Weise nach erklären wollen.

3 Die *erste Nacht* betrifft die Anfänger, sobald Gott beginnt, sie in den Zustand der Beschauung zu versetzen, woran auch der Geist teilhat, wie wir dann ausführen werden.

Die *zweite Nacht* oder Läuterung betrifft die Fortgeschrittenen, sobald Gott beginnen will, sie in den Stand der Gottvereinigung zu erheben. Diese Läuterung ist dunkler, finsterer, schrecklicher, wie nachher gesagt werden soll.

Erklärung der Strophe

4 Die Seele will also insgesamt in dieser Strophe sagen, sie sei, von Gott ergriffen, ausgegangen, einzig aus Liebe zu Ihm, entbrannt an seiner Liebe

in einer dunklen Nacht,

nämlich beraubt und entledigt all ihrer sinnlichen Begierden nach den äußeren Dingen der Welt sowie nach dem, was ihren Leib ergötzt und dem Geschmack ihres Willens behagt. All dies geschieht in der Läuterung der Sinne. Darum sagt sie von ihrem Ausgehen: *und ließ mein Haus schon tief in Ruhe stehen* – das Haus ist der sinnliche Teil –, sofern die Begierden in ihr ruhen und schlafen und sie in ihnen. Nicht eher wird sie den Peinen und Ängsten verborgener Begierden entrinnen, als bis diese beschwichtigt und eingeschläfert sind.

Dies aber nennt sie ein *glückliches Geschehen;* denn sie *entschlüpfte ungesehen*, so zwar, daß kein Begehren ihres Fleisches oder sonst etwas sie behindern konnte. Sie entfloh ja des Nachts, nämlich als Gott sie all dessen beraubte, wodurch es Nacht um sie wurde.

5 Dies eben war das *glückliche Geschehen*, daß Gott sie in solche *Nacht* versetzte, aus der ihr soviel Gutes erwuchs. Sie hätte es nicht vermocht, in sie einzugehen, denn nie-

mand vermag sich selber aller Begierden zu entledigen, um zu Gott zu gelangen.

6 Dies ist eine kurze Erklärung der Strophe. Nun müssen wir noch jeden Vers durchgehen und ihn im Hinblick auf unser Vorhaben erklären. In gleicher Weise werden wir mit den übrigen Strophen verfahren, wie wir es im Prolog angekündigt haben: zuerst soll jede Strophe erklärt werden, dann jeder Vers.

ZWEITES KAPITEL

Erklärung der Bezeichnung *dunkle Nacht*. Warum die Seele sie vor der Vereinigung durchleiden muß.

In einer dunklen Nacht

1 Dreifach läßt sich die Bezeichnung *Nacht* für diesen Übergang der Seele zur Vereinigung mit Gott begründen.

Erstens vom Ausgangspunkt der Seele her. Sie muß ja ihre Neigung von allen Dingen der Welt, die sie besaß, abwenden und sie verneinen. Dieses Verneinen und Entbehren ist wie Nacht für alle Sinne des Menschen.

Zweitens vom Mittel oder vom Wege her, den die Seele zu dieser Vereinigung gehen muß; dies ist der Glaube, der dem Verstande so dunkel ist wie Nacht.

Drittens vom Ziele her, dem sie zustrebt, und dies ist Gott, der für die Seele in diesem Leben nicht mehr und nicht weniger ist als dunkle Nacht. Diese drei *Nächte* müssen durch die Seele ziehen oder, besser gesagt, die Seele muß durch diese Nächte ziehen, um zur Vereinigung mit Gott zu gelangen.

2 Im Buche Tobias (6, 18–22) finden sich diese drei Weisen der Nacht im Sinnbild der drei Nächte, die der junge Tobias auf Befehl des Engels durchharren muß, ehe er sich seiner Braut vermählt.

In der *ersten Nacht* sollte er *das Herz des Fisches verbrennen*, nämlich das den Dingen der Welt zugeneigte und anhangende Herz. Ehe es sich aufmacht zu Gott, muß es mit dem Feuer der Gottesliebe alles Geschaffene ausbrennen und sich läutern. Diese Reinigung verjagt den Teufel, der Macht hat in der Seele, wenn sie an materiellen und vergänglichen Dingen hängt.

3 In der *zweiten Nacht*, so sagt er ihm, würde er *zugelassen werden zur Gemeinschaft der heiligen Patriarchen* als den Vätern des Glaubens. Kaum nämlich hat die Seele sich in der ersten Nacht alles Sinnenhaften entledigt, geht sie in die zweite Nacht ein, wo sie einzig im Glauben verharrt, der nicht in die Sinne fällt; doch nicht so, als wäre die Liebe ausgeschlossen; es versagt nur die Verstandeserkenntnis, wie wir noch ausführen werden.

4 Für die *dritte Nacht* verhieß der Engel ihm den *Segen*, das ist Gott. Mittels der zweiten Nacht, der des Glaubens, teilt er sich der Seele so heimlich und innig mit, daß es um sie wieder Nacht wird, und zwar während der Mitteilung dunkler denn je, worauf wir noch zurückkommen. Ist diese dritte Nacht überstanden, nämlich die Mitteilung Gottes an den Geist vollzogen, die für gewöhnlich in großer Finsternis vor sich geht, dann folgt sofort die Vereinigung mit der Braut, das ist mit der Weisheit Gottes. Wie auch der Engel dem Tobias sagte, *nach dem Überstehen der dritten Nacht werde er sich seiner Braut in der Furcht des Herrn verbinden*. Ist die Furcht Gottes vollkommen, dann ist es auch die Liebe, und so vollzieht sich aus Liebe die Umgestaltung der Seele in Gott.

5 Diese drei Teile der Nacht sind zusammen eine *Nacht*, die eben, gleich der Nacht, drei Teile hat. Der *erste*, hinsichtlich der Sinne, läßt sich dem Anbruch der Nacht vergleichen, wenn das Entschwinden der Dinge sich vollendet; der *zweite*, als Nacht des *Glaubens*, der ganz dunklen Mitter-

nacht; der *dritte*, das ist *Gott*, der Dämmerung, die dem Tageslicht unmittelbar vorangeht. Um dies besser zu verstehen, wollen wir jede dieser Ursachen für sich und gesondert behandeln.

DRITTES KAPITEL

Erste Ursache der *Nacht*: dem Begehren wird jeder Gegenstand genommen.

1 Wir nennen es hier *Nacht*, wenn dem Begehren die Lust an den Dingen entzogen wird; denn wie die Nacht nichts anderes ist als der Entzug des Lichts und damit aller Dinge, die mittels des Lichtes gesehen werden können, so daß die Sehkraft im Dunkeln bleibt und ohne Gegenstand, so kann auch das Ertöten des Begehrens eine Nacht für die Seele genannt werden, da die Seele, die sich die Lust im Begehren nach den Dingen versagt, wie im Dunkeln bleibt und ohne Gegenstand. Gleich wie die Sehkraft sich mittels des Lichtes an den sichtbaren Gegenständen weidete und nach dem Schwinden des Lichtes nichts mehr sieht, so weidet und nährt sich die Seele mittels des Begehrens an allen Dingen, die sie mit ihren Fähigkeiten genießen kann. Ist das Begehren beruhigt oder, besser gesagt, ertötet, so weidet sich die Seele nicht mehr am Genusse der Dinge, sie bleibt dem Begehren nach im Dunkeln und leer.

2 Wenden wir dies auf alle Fähigkeiten an. Versagt sich die Seele das *Begehren* nach allem, was dem *Gehörsinn* schmeichelt, so bleibt sie dieser Fähigkeit nach im Dunkeln und leer. Versagt sie sich alle Freude an dem, was ihrem *Auge* gefallen könnte, so bleibt die Seele auch hinsichtlich dieser Fähigkeit im Dunkeln und leer. Versagt sie sich den Genuß köstlichen Duftes, der den *Geruchsinn* erfreuen könnte, so bleibt sie ebenso dieser Fähigkeit nach im Dunkeln und leer. Verweigert sie sich ferner den Genuß aller Speisen, die ihrem *Gaumen* angenehm wären, so bleibt sie auch darin im

Dunkeln und leer. Kasteit sich die Seele endlich in allem, was den *Tastsinn* erfreut und vergnügt, so bleibt sie in gleicher Weise dieser Fähigkeit nach im Dunkeln und leer. Hätte sich die Seele demnach durch Verzicht jeglichem Genuß entzogen, und ihr Begehren ertötet, so können wir von ihr sagen, sie weile wie zur Nachtzeit im Dunkeln. Dies ist nichts anderes als ein inneres Leersein von allen Dingen.

3 Dies hat seinen Grund darin, daß die Seele – wie die Philosophen sagen – sobald Gott sie dem Körper einhaucht, wie eine leere, glatte Tafel ist, ganz unbeschrieben. Nur durch die Sinne kommt sie zu Kenntnissen. Auf anderem Wege erfährt sie auf natürliche Weise nichts. Demnach ist sie, solange sie im Leibe verbleibt, wie in einem dunklen Kerker und weiß nichts außer dem, was sie durch die Fenster dieses Kerkers wahrzunehmen vermag. Was sie von hier aus nicht erschaut, wird sie von nirgendher erschauen. Was also der Seele nicht durch die Sinne, als Fenster ihres Kerkers, mitgeteilt wird, das wird sie auf natürliche Weise durch kein anderes Mittel erfahren.

4 Wenn sie demnach das, was sie durch die Sinne zu erfahren vermag, von sich weist und verneint, so können wir wohl sagen, sie sei im Dunkeln und leer. Es scheint doch, nach dem Gesagten, daß natürlicherweise nur durch die erwähnten Fenster Licht in sie einfallen kann. Denn ist es auch wahr, daß sie nicht ablassen kann, zu hören, zu sehen, zu riechen, zu schmecken und zu fühlen, so berührt und hindert dies die Seele nicht mehr, sofern sie darauf verzichtet und es von sich weist, als sähe und hörte sie nicht usw. Einer, der die Augen schließt, ist so im Dunkeln wie ein Blinder, der keine Sehkraft hat.

In diesem Sinne sagt David: *Pauper sum ego et in laboribus a iuventute mea. – Arm bin ich und in Mühsal von Jugend auf* (Ps 87, 16). Er nennt sich arm – obwohl er offenbar reich war –; denn sein Wille hing nicht am Reichtum, und so war er wirklich so gut wie arm. Wäre er hingegen tatsächlich arm gewesen, doch nicht dem Willen nach, so wäre er nicht wahrhaft arm; denn der Begierde nach wäre seine Seele reich und voll. Darum bezeichnen wir diese Entblößung als *Nacht* für die Seele. Wir handeln hier ja nicht vom Entbehren der Dinge – denn dies entblößt die Seele nicht, solange sie nach ihnen verlangt – sondern von der Entblößung von der Lust und dem Verlangen darnach; dies ist es, was die Seele frei und leer macht, auch wenn sie etwas besitzt. Nicht die Dinge dieser Welt bemächtigen sich der Seele und schädigen sie, da sie ja nicht in sie eindringen, sondern der Wille, der nach ihnen verlangt und in der Seele wohnt.

5 Diese erste Weise der *Nacht* umfängt, wie wir später zeigen werden, die Seele ihrem *sinnlichen* Teile nach. Sie ist eine von den beiden, die, wie oben gesagt, die Seele zu durchleiden hat, um zur Vereinigung mit Gott zu gelangen.

Nun wollen wir sagen, wie sehr es der Seele frommt, in dieser *dunklen Nacht der Sinne* aus ihrem Hause auszugehen, um sich auf den Weg zu machen, der zur Vereinigung mit Gott führt.

VIERTES KAPITEL

Es ist der Seele wahrhaft vonnöten, durch Abtötung des Begehrens in diese *dunkle Nacht der Sinne* einzugehen, um durch sie hindurch zur Vereinigung mit Gott zu gelangen.

1 Das Durchleiden dieser *dunklen Nacht* der Abtötung des Begehrens und das Abweisen des Genießens aller Dinge sind der Seele notwendig, weil jedes Hängen an Geschöpfen vor Gott lauter Finsternis ist, und eine damit bedeckte Seele ist unfähig, vom reinen und einfachen Lichte Gottes durchstrahlt und ergriffen zu werden, ehe sie dies nicht abgelegt hat. Denn Licht und Finsternis gehen nicht zusammen. Der hl. Johannes sagt: *Tenebrae eam non comprehenderunt – Die Finsternis kann das Licht nicht aufnehmen* (1, 5).

2 Dies hat, wie die Philosophie lehrt, seine Ursache in der Unmöglichkeit, zwei Gegensätze in einem Subjekt zu vereinigen. Die Finsternis, nämlich das Hangen an den Geschöpfen, und das Licht, das ist Gott, stehen einander entgegen und haben keine Ähnlichkeit oder Gemeinschaft miteinander, wie der hl. Paulus es im Korintherbrief (II, 6, 14) lehrt: *Quae conventio lucis ad tenebras? – Was haben Licht und Finsternis gemein?* Darum kann das Licht der Gottvereinigung die Seele nicht einnehmen, ehe die Anhänglichkeiten aus ihr verscheucht sind.

3 Um das Gesagte besser zu erweisen, geben wir zu wissen, daß Zuneigung zu einem Geschöpfe und das Hängen an ihm die Seele ihm angleicht, und je größer die Zuneigung, um so mehr gleicht sie an und verähnlicht sie; die Liebe schafft ja Ähnlichkeit zwischen dem Liebenden und dem Geliebten. Darum sagt David von jenen, die ihre Neigung Götzenbildern zuwenden: *Similes illis fiant qui faciunt ea et omnes qui confidunt in eis – Ihnen mögen gleich werden, die sie machen und die ihnen vertrauen* (Ps 113, 8). Wer also ein Geschöpf liebt, bleibt so niedrig wie dieses Geschöpf und gewissermaßen noch niedriger; denn die Liebe gleicht nicht nur an, sondern unterwirft sogar den Liebenden dem Geliebten. Demnach macht sich die Seele durch die Tatsache selbst, daß sie etwas liebt, unfähig zu reiner Vereinigung mit Gott und zur Umgestaltung in ihn; denn die Niedrigkeit des Geschöpfes vermag die Erhabenheit des Schöpfers noch viel weniger zu fassen, als Finsternis das Licht. Alle Dinge der Erde und des Himmels sind ja, mit Gott verglichen, nichts, was Jeremias mit diesen Worten sagt: *Aspexi terram, et ecce vacua erat et nihil; et caelos, et non erat lux in eis. – Ich schaute zur Erde: nur Leere, sonst nichts; zum Himmel: und sah kein Licht* (4, 23). Mit dem Worte, er sah die Erde leer, gibt er die Nichtigkeit aller irdischen Geschöpfe und die Nichtigkeit der Erde selbst zu verstehen. Mit dem Worte aber, daß er die Himmel schaute und kein Licht in ihnen, sagt er, alle Himmels-

leuchten seien, mit Gott verglichen, lauter Finsternis. Demnach sind in dieser Sicht alle Geschöpfe nichts, und das Hängen an ihnen können wir weniger als nichts nennen, da es die Umgestaltung in Gott behindert und vereitelt. So ist auch die Finsternis nichts und weniger als nichts, denn sie ist Entzug des Lichtes. Wie also einer, in dem es finster ist, das Licht nicht erfaßt, so kann eine Seele, die an Geschöpfen hängt, Gott nicht erfassen. Ehe sie dessen ledig ist, kann sie ihn weder diesseits durch reine Liebesumgestaltung noch jenseits durch klare Schau besitzen. Der größeren Deutlichkeit wegen wollen wir mehr ins Einzelne gehen.

4 Das gesamte Sein der Geschöpfe ist demnach, mit Gottes unendlichem Sein verglichen, so gut wie nichts. Darum aber ist eine Seele, die an ihnen hängt, vor Gott ebenso nichts und weniger als nichts; denn, wie gesagt, die Liebe schafft Gleichheit und Ähnlichkeit und erniedrigt sogar unter das, was man liebt. Darum vermag sich eine Seele dieser Art in keiner Weise dem menschlichen Sein Gottes zu vereinigen; denn was nicht ist, paßt nicht zu dem, der ist. Wir bringen einige Beispiele:

a) *Alle Schönheit der Geschöpfe* ist im Vergleich mit der unendlichen Schönheit Gottes überaus häßlich, wie Salomon in seinen Sprüchen sagt: *Fallax gratia, et vana est pulchritudo. – Anmut täuscht, und flüchtig ist Schönheit* (31, 30). Darum ist eine Seele, die an der Schönheit eines Geschöpfes hängt, vor Gott überaus häßlich. Eine häßliche Seele aber kann nicht in die Schönheit Gottes umgestaltet werden; denn die Mißgestalt erschwingt sich nicht zur Schönheit.

b) *Und alle Huld und Anmut der Geschöpfe* ist im Vergleich mit Gottes Huld höchst widerlich und abstoßend. Darum ist die Seele, die sich verliebt in Huld und Anmut der Geschöpfe ganz reizlos und abstoßend in Gottes Augen; denn so ist sie der unendlichen Huld Gottes und seiner Lieblichkeit nicht fähig, weil das Unholde weit entfernt ist vom Huldvollen.

c) *Und alles Gutsein der Geschöpfe* dieser Welt kann, mit dem Gutsein Gottes verglichen, Bosheit genannt werden; denn niemand ist gut außer Gott (Lk 18, 19). Darum ist die Seele, die ihr Herz an das Gute dieser Welt hängt, äußerst böse vor Gott. Da nun Bosheit nicht Raum hat für Güte, vermag eine solche Seele sich Gott nicht zu vereinigen, der die höchste Güte ist.

d) *Und alle Weisheit der Welt* samt menschlicher Tüchtigkeit ist verglichen mit der unendlichen Weisheit Gottes abgründige Unwissenheit, wie es der hl. Paulus auch an die Korinther schreibt mit den Worten: *Sapientia huius mundi stultitia est apud Deum. – Die Weisheit dieser Welt ist Torheit vor Gott* (I, 3, 19).

5 Darum ist jede Seele, die auf ihre Weisheit und Tüchtigkeit zählt, um zur Vereinigung mit Gottes Weisheit zu gelangen, äußerst töricht vor Gott und weit von ihr entfernt. Die Torheit weiß ja gar nicht, was Weisheit ist; und der hl. Paulus sagt, solche Weisheit sei Torheit vor Gott. Vor Gott sind nämlich jene, die etwas zu wissen meinen, sehr unwissend. Von ihnen schreibt der Apostel an die Römer: *Dicentes enim se esse sapientes, stulti facti sunt. – Da sie sich für Weise hielten, wurden sie zu Toren* (1, 22). Nur jene werden die Weisheit Gottes umfangen, die ihr Wissen dahingeben und gleich unwissenden Kindern in Liebe dienen. Diese Art von Weisheit lehrt auch der hl. Paulus die Korinther: *Si quis videtur inter vos sapiens esse in hoc saeculo, stultus fiat ut sit sapiens. Sapientia enim huius mundi stultitia est apud Deum. – Scheint einer unter euch weise zu sein, mache er sich zum Toren, um weise zu werden; denn die Weisheit dieser Welt ist Torheit vor Gott* (I, 3, 18 bis 19). Will also eine Seele sich der Weisheit Gottes vereinigen, so wandle sie eher im Nichtwissen als im Wissen.

e) *Und alle Herrschaft und Freiheit* der Welt ist im Vergleich zur Freiheit und Herrschaft des Gottesgeistes tiefste Knechtschaft und Enge und Kerker.

6 Darum wird eine Seele, die hohe Würden und Ämter und Freiheit für ihr Begehren liebt, von Gott nicht wie ein freies Kind angesehen, sondern wie ein gemeiner Sklave und Häftling; denn sie hat nicht seine heilige Lehre annehmen wollen, die besagt, wer der Größte sein will, sei der Geringste, und wer der Geringste sein will, sei der Größte (Lk 22, 26). So kann die Seele nicht zur Freiheit des Geistes gelangen, die mit der Gottvereinigung gegeben ist; denn Knechtschaft und Freiheit sind durchaus unvereinbar. Freiheit kann nicht in einem Liebhabereien unterworfenen Herzen wohnen, denn dies ist ein Sklavenherz, sondern nur in einem freien Herzen, denn dies ist ein Kindesherz. Darum sagt Sarah ihrem Gatten Abraham, er möge die Magd mit dem Sohne fortjagen; der Sohn der Sklavin dürfe nicht Erbe sein mit dem Sohn der Freien (Gn 21, 10).

7 f) Und *alle Wonnen und Genüsse an sämtlichen Dingen der Welt, mit dem Willen verkostet*, sind im Vergleich zum Genusse Gottes die ärgste Pein und Qual und Bitterkeit. Darum ist auch einer, der sein Herz daran hängt, vor Gott der ärgsten Pein und Qual und Bitterkeit würdig. Wer aber der Pein und Bitterkeit würdig ist, kann zur wonnevollen Umarmung der Gottvereinigung nicht gelangen.

g) *Aller Reichtum und Glanz der gesamten Schöpfung* ist, mit Gottes Reichtum verglichen, nichts als Armut und tiefstes Elend. Darum ist die Seele, die solches besitzt, ganz arm und elend vor Gott, und so kann sie nicht zum herrlichen Reichtum des Standes der Umgestaltung in Gott gelangen. Dieser Elende und Ärmste ist ja äußerst ferne vom Reichsten und Herrlichsten.

8 Die göttliche Weisheit hat Mitleid mit solchen, die sich häßlich, gemein, elend und arm machen, weil sie an der Welt lieben, was ihnen schön und reich erscheint, und ruft in den Sprichwörtern aus: *O viri, ad vos clamito, et vox mea ad filios hominum. Intellegite, parvuli, astutiam, et insipientes, animadvertite. Audite quia de rebus magnis locutura sum*. Und weiterhin:

Mecum sunt divitiae et gloria, opes superbae et iustitia. Melior est fructus meus auro et lapide pretioso, et genimina mea argento electo. In viis iustitiae ambulo, in medio semitarum iudicii, ut ditem diligentes me, et thesauros eorum repleam. – O Männer, euch ruf' ich zu, und meine Stimme tönt den Menschenkindern! Werdet klug ihr Kleinen, ihr Einfältigen, habet acht! Horchet auf, denn ich will von großen Dingen reden... Bei mir sind Reichtum und Ruhm, kostbare Schätze und Gerechtigkeit. Besser ist meine Frucht als Gold und Edelgestein, und was ich zeuge – nämlich: was ich in euren Seelen hervorbringe – *ist erlesen wie Silber. Ich wandle die Wege der Gerechtigkeit, mitten auf den Pfaden der Urteilskraft, um zu bereichern, die mich lieben und ihre Schatzkammern zu füllen* (Spr 8, 4–6; 18–21). Diese Worte richtet die göttliche Weisheit an alle jene, die ihres Herzens Neigung an irgendein Ding der Welt hängen (auf die beschriebene Weise). Sie nennt solche klein, denn sie verähnlichen sich dem Gegenstand ihrer Liebe, und der ist klein. Darum rät sie ihnen, klug zu sein und zu beachten, daß sie von großen Dingen rede und nicht von kleinen gleich ihnen. Der große Reichtum und Ruhm, den sie lieben, ist bei ihr und in ihr und nicht dort, wo sie meinen; erhabene Schätze und Gerechtigkeit wohnen in ihr. Erscheinen den Menschen auch die Dinge der Welt als kostbar, so mögen sie doch innewerden, daß die göttliche Weisheit viel Besseres birgt. Ihre Früchte gehen über Gold und Edelgestein. Und was sie in den Seelen hervorbringt, ist besser als erlesenes Silber, das sie so sehr lieben, womit jede Art der Zuneigung gemeint ist, die sie in diesem Leben hegen können.

FÜNFTES KAPITEL

Weiterführung des Gesagten. Beweise aus der Heiligen Schrift für die Notwendigkeit seelischen Durchleidens der *dunklen Nacht* des Ersterbens jeglicher Begierde nach irgendeinem Ding.

1 Aus dem Gesagten ist einigermaßen die Entfernung zwischen allem Geschaffenen, so wie es in sich ist, und Gott, so

wie er in sich ist, zu ersehen, und wie die Seelen, die sich einem Geschöpfe zuneigen, in dieselbe Entfernung zu Gott geraten; denn, wie gesagt, Liebe gleicht an und verähnlicht. Der hl. Augustinus hat diese Entfernung gut erschaut und sagt zu Gott in seinen *Soliloquia: Ich Unseliger! Wann darf sich meine Unzulänglichkeit und Unvollkommenheit heranwagen an deine Gerechtigkeit? Du bist wahrhaft gut, ich bin böse; du gütig und ich ungut; du heilig und ich elend; du gerecht, ich ungerecht; du leuchtend, ich blind; du Leben, ich Tod; du heilend, ich siech; du reinste Wahrheit, ich lauter Eitelkeit.* Soweit der Heilige[1].

2 Sehr unwissend ist also die Seele, wenn sie meint, in den erhabenen Stand der Vereinigung mit Gott eingehen zu können, ohne sich zuvor ihres gesamten hinderlichen Begehrens nach Natürlichem und Übernatürlichem entledigt zu haben, wie wir noch erklären werden; denn es besteht eine äußerste Entfernung zwischen diesen Dingen und dem, was dieser Stand gewährt, nämlich der lauteren Umgestaltung in Gott. Darum sagt unser Herr, da er uns diesen Weg lehrt, durch den hl. Lukas: *Qui non renuntiat omnibus quae possidet, non potest meus esse discipulus. – Wer nicht allem entsagt, was er besitzt, kann mein Jünger nicht sein* (14, 33). Dies ist klar. Der Sohn Gottes kam, um die Geringschätzung aller wertlosen Dinge zu lehren, damit man den Wert des Gottesgeistes in sich aufnehmen könne. Solange die Seele sich nicht von allem losmacht, mangelt ihr die Fähigkeit, den Geist Gottes in reiner Umgestaltung aufzunehmen.

3 Im Buche Exodus (Kap. 16) findet sich dafür ein Bild; da steht zu lesen, daß Gott den Söhnen Israels das Brot vom Himmel, nämlich das Manna, nicht gab, ehe sie das aus Ägypten mitgeführte Mehl aufgezehrt hatten. Das besagt, es gezieme sich, vorerst auf alles zu verzichten; denn Engelspeise ist nicht für Gaumen, die an Menschenkost Ge-

[1] Migne, tom. XL, p. 866. Moderne Kritik schreibt dieses Werk nicht mehr dem hl. Augustinus zu.

schmack finden. Und die Seele, die bei gottfremden Genüssen verweilt und sich an ihnen weidet, macht sich nicht nur unfähig, den göttlichen Geist zu erfassen, sie erzürnt sogar die göttliche Majestät gar sehr, da sie Geistesnahrung beansprucht, sich aber nicht mit Gott allein zufrieden gibt, sondern auch Trieb und Neigung zu anderen Dingen mitspielen läßt. Dies ist aus dem gleichen Buche der Heiligen Schrift ersichtlich (V. 8–13), in dem auch erzählt wird, daß die Israeliten, unzufrieden mit jener so einfachen Speise, verlangten und erbaten, Fleisch zu essen. Darob wurde der Herr ernstlich böse, weil sie ein so gemeines und grobes Gericht der so erhabenen und einfachen Speise beimengen wollten, die, wenn auch einfach, doch Wohlgeschmack und Nährgehalt aller Speisen in sich enthielt. Darum kam, als sie den Bissen noch im Munde hatten, wie David sagt, *der Zorn Gottes auf sie herab – ira Dei descendit super eos* (Ps 77, 31); er warf Feuer vom Himmel, das viele Tausende von ihnen verzehrte, denn er hielt ihre Gier nach anderer Speise für unwürdig, da er ihnen Himmelsbrot gegeben hatte.

4 O wüßten die Geistesmenschen, welches Gut und welche Fülle des Geistes ihnen entgeht, weil sie das Verlangen nach Kindereien nicht aufgeben wollen! Wie würden sie in dieser einfachen geistigen Speise den Wohlgeschmack sämtlicher Dinge finden, sobald sie ihn nicht mehr zu verkosten begehrten! Doch sie verspüren ihn nicht. Jene wurden des Wohlgeschmackes aller Speisen, den das Manna enthielt, nicht inne, weil sie ihr Begehren nicht allein auf dieses richteten. Sie vermißten also den erwünschten Wohlgeschmack und Nährgehalt im Manna nicht, weil er diesem mangelte, sondern weil es sie nach anderem gelüstete. Ebenso schätzt einer Gott gering, der zugleich mit Gott etwas anderes lieben will; denn er legt ja mit Gott zugleich, wie gesagt, etwas von Gott äußerst Entferntes auf dieselbe Waage.

5 Man weiß es gut aus Erfahrung: neigt der Wille sich einer Sache zu, so schätzt er sie höher als eine andere, mag

diese auch besser sein, doch nicht nach seinem Geschmack. und will er beide verkosten, so tut er der höheren notwendig Schmach an; denn er stellt ja die beiden einander gleich. Da nun kein Ding Gott gleichkommt, so fügt die Seele Gott schwere Unbill zu, wenn sie mit Ihm zugleich etwas anderes liebt und sich daran hängt. Und ist dem so, was wäre erst, wenn sie es mehr liebte als Gott?

6 So darf man es auch deuten, daß Gott dem Moses befahl, den Berg zu besteigen, um mit ihm zu reden. Er gebot ihm nicht nur, allein aufzusteigen und die Söhne Israels unten zu lassen, sondern es durfte nicht einmal das Vieh im Umkreis des Berges weiden: *Nullus ascendat tecum, nec videat quispiam per totum montem, boves quoque et oves non pascant e contra* (Ex 34, 3)[1].

Dies gibt zu verstehen, daß die Seele, um zum Berg der Vollkommenheit aufsteigen und mit Gott verkehren zu können, nicht nur auf alle Dinge verzichten und sie unten lassen muß, sondern auch die Begierden, dies sind die Tiere, dürfen nicht im Umkreis des Berges weiden, nämlich nichts genießen, was nicht rein Gott ist, in dem jedes Begehren vergeht. Dies ist der Stand der Vollkommenheit. Darum ist Weg und Aufstieg zu Gott notwendig die dauernde Sorge um das Schwinden und Ersterben der Begierden. Die Seele kommt um so früher ans Ziel, je mehr sie sich damit beeilt. Doch ehe die Begierden vergehen, erreicht sie das Ziel nicht, mag sie noch so viele Tugenden üben. Sie vermag diese ja nicht zur Vollendung zu bringen, die eben darin besteht, die Seele leer und bloß und aller Begierden ledig zu halten. Davon gibt uns das Buch Genesis ein sehr lebendiges Bild. Da steht zu lesen, daß der Patriarch Jakob, als er den Berg Bethel besteigen wollte, um dort Gott einen Altar zu erbauen und Opfer darzubringen, seinem Volk drei Dinge gebot: erstens, alle fremden Götter auszurotten; zweitens, sich zu reinigen; drittens, die Kleidung zu wechseln: *Abicite deos alienos qui*

[1] Der lateinische Text steht am Rande vermerkt.

in medio vestri sunt, et mundamini ac mutate vestimenta[1] (Gen 35, 2).

7 Diese *drei Dinge* geben zu verstehen: jede Seele, die diesen Berg ersteigen will, um sich oben selber zum Altar zu machen, auf dem sie Gott ein Opfer reiner Liebe und Ehrfurcht und reinen Lobes darbringt, hat vor dem Aufstieg zum Gipfel des Berges eben die drei angeführten Dinge genau zu vollziehen: *erstens* alle fremden Götter zu entfernen, nämlich die sonderbaren Neigungen und Anhänglichkeiten; *zweitens*, sich durch die erwähnte *dunkle Nacht der Sinne* zu reinigen vom Nachgeschmack der Begierden durch deren beständiges Verleugnen und Bereuen; *drittens*, um zu diesem hohen Gipfel zu gelangen, muß sie das Gewand wechseln. Gott wird ihr mittels der beiden ersten Bedingungen das alte in ein neues wandeln, er wird in die Seele ein neues Verstehen Gottes in Gott senken, wenn das alte, menschliche Verstehen gelassen ist; und ein neues Lieben Gottes in Gott, wenn der Wille all seiner alten, menschlichen Wünsche und Gelüste entblößt ist; und er wird der Seele ein neues Erkennen und abgrundtiefe Wonne mitteilen, wenn alle anderen alten Erkenntnisse und Vorstellungen beseitigt sind; er wird alles dem alten Menschen Eigene, nämlich die natürliche Tüchtigkeit, ausschalten, und die Seele mit neuen, übernatürlichen Fähigkeiten und in all ihren Kräften bekleiden. So wandelt sich ihre menschliche Wirkweise in eine göttliche. Dies erreicht sie durch den Stand der Vereinigung, in dem die Seele nur noch als Altar dient, auf dem Gott angebetet wird in Lob und Liebe, und Gott allein in ihr weilt. Darum ordnete Gott an, daß der Altar, auf dem die Bundeslade stehen sollte, innen hohl sei (Ex 27, 8). Die Seele möge daraus schließen, wie leer von allen Dingen Gott sie haben wolle, damit sie der göttlichen Majestät ein würdiger Altar sei. Auf diesem Altar durfte einerseits kein fremdes Feuer brennen, anderseits das eigene nie

[1] Der lateinische Text steht am Rande vermerkt.

verlöschen. So zwar, daß Unser Herr, erzürnt ob der beiden Söhne des Hohenpriesters Aaron, Nadab und Abiud, die fremdes Feuer auf Gottes Altar brachten, sie allhier vor dem Altar tötete (Lev 10, 1). Dies gibt uns zu verstehen, daß auf einem würdigen Altar nie das Feuer der Gottesliebe mangeln, noch auch eine fremde Liebe sich einmengen darf.

8 Gott läßt nicht zu, daß etwas anderes mit ihm zugleich verbleibe. Darum steht im ersten Buch der Könige zu lesen: als die Philister die Bundeslade in den Tempel ihres Götzen gebracht hatten, fand man diesen jeden Morgen zu Boden geworfen und in Stücke zerbrochen (1 Sm 5, 2–4). Nur ein Begehren duldet Er und wünscht Er dort zu finden, wo Er ist: das Begehren, Gottes Gesetz vollkommen zu halten und das Kreuz auf sich zu nehmen. Darum vermeldet die Heilige Schrift nichts davon, daß Gott in die Bundeslade zum Manna noch etwas anderes hätte legen lassen, als nur das Gesetzbuch und den Stab des Moses (Dt 31, 26; Num 17, 10; Hebr 9, 4), der das Kreuz bedeutet. Eine Seele, die nichts anderes erstrebte, als das Gesetz des Herrn vollkommen zu erfüllen und das Kreuz Christi zu tragen, wäre eine wahre Bundeslade und enthielte das wahre Manna, nämlich Gott, wenn sie dahin käme, einzig dieses Gesetz und diesen Stab vollkommen in sich zu bewahren und sonst durchaus nichts.

SECHSTES KAPITEL

Von den wichtigsten, durch die Begierden in der Seele verursachten Schäden: was sie ihr entziehen und was sie ihr zufügen.

1 Zum besseren und umfassenderen Verständnis des Gesagten wäre es gut, hier die *zwei wichtigsten Schäden* darzulegen, die in der Seele durch die Begierden verursacht werden. *Der eine:* sie *entziehen* der Seele den Geist Gottes; *der andere:* sie *ermüden, quälen, verdunkeln, beflecken und schwächen* die Seele[1]. Jeremias sagt davon: *Duo mala fecit populus meus: de-*

[1] Das Ms von Alcaudete fügt am Rande bei: *und verwunden.*

reliquerunt fontem aquae vivae, et foderunt sibi cisternas dissipatas, quae continere non valent aquas. – Zwei Übel hat mein Volk sich angetan: sie haben den Quell lebendigen Wassers verlassen und sich undichte Zisternen gegraben, die das Wasser nicht zu halten vermögen (Jer 2, 13).

Diese beiden Übel, nämlich das negative Entziehen und das positive Zufügen werden durch eine ungeordnete Regung des Begehrens verursacht.

Wir befassen uns zunächst mit dem *Entzuge.* Die Sache ist klar. So wie die Seele sich an etwas hängt, das als Geschöpf zu bezeichnen ist, hat sie, je mehr Raum die Begierde in ihr einnimmt, um so weniger Fassungskraft für Gott; denn zwei Gegensätze vertragen sich – wie die Philosophen sagen[1] und wir schon im vierten Kapitel erwähnten – nicht in einem Subjekt. Neigung zu Gott und Neigung zu den Geschöpfen sind Gegensätze, folglich finden in einem Willen Neigung zu den Geschöpfen und Neigung zu Gott nicht Raum. Denn was hat das Geschöpf mit dem Schöpfer gemein, was das Sinnenhafte mit dem Geistigen, das Sichtbare mit dem Unsichtbaren, das Zeitliche mit dem Ewigen, rein geistige Himmelsnahrung mit bloß sinnlicher Speise, die Blöße Christi mit dem Hängen an einem Ding?

2 Auch bei natürlichem Schaffen kann keine Form eingeprägt werden, ehe dem Material die gegensätzliche Form, die es zuvor hatte, genommen wurde, die ja wegen des Widerstreites der beiden gegeneinander hinderlich ist. Ebensowenig kann in eine Seele, deren Geist den Sinnen untertan ist, ein Geist von lauterer Geistigkeit eingehen. Darum sagt unser Heiland durch den hl. Matthäus: *Non est bonum sumere panem filiorum et mittere canibus. – Es geziemt sich nicht, den Kindern das Brot zu nehmen und es den Hunden hinzuwerfen* (15, 26). Und an anderer Stelle sagt er durch den gleichen Evangelisten: *Nolite sanctum dare canibus. – Gebet das Heilige*

[1] Andrés de la Encarnación (Ms 3653) verweist auf den Kommentar des hl. Thomas zu Aristoteles *De Anima* 3, lect. 4.

nicht den Hunden preis! (7, 6). An diesen beiden Stellen vergleicht unser Herr jene, die sich durch Verneinung der geschöpflichen Gelüste dem Empfange des Geistes Gottes rein bereiten, mit Kindern Gottes; jene aber, die ihre Gier an Geschöpfen stillen wollen, mit Hunden; denn die Kinder dürfen an des Vaters Tisch und von seiner Schüssel essen, nämlich ihren Geist weiden, für die Hunde sind die Abfälle vom Tische.

3 Sämtliche Geschöpfe sind Krumen, die vom Tische Gottes fallen. Darum wird jener mit Recht Hund genannt, der hingeht, sich an Geschöpfen zu weiden. Solchen aber wird das Brot der Kinder genommen; sie wollen sich ja nicht von den Abfällen zum Tisch des unerschaffenen Geistes ihres Vaters erheben. Und eben deshalb leiden sie, gerechterweise, den Hunden gleich, immer Hunger. Abfälle reizen ja mehr den Appetit, als daß sie den Hunger stillen. Von solchen sagt David: *Famem patientur ut canes, et circuibunt civitatem. Si vero non fuerint saturati, et murmurabunt. – Sie werden Hunger leiden wie Hunde und die Stadt durchstreifen. Werden sie nicht satt, so knurren sie* (Ps 58, 15–16).

Dies ist die Art eines triebhaften Menschen: immer unzufrieden und mürrisch zu sein wie ein Hungriger. Was aber ist der Hunger, den alle Geschöpfe nicht stillen können, der Sättigung gegenüber, die Gottes Geist bewirkt? Diese unerschaffene Sättigung aber kann in die Seele nicht eindringen, ehe nicht der erschaffene Hunger des Begehrens aus ihr vertrieben ist; denn, wie wir schon sagten, zwei Gegensätze können nicht in einem Subjekt verbleiben; in diesem Falle wären es Hunger und Sättigung.

4 Aus dem Gesagten ist zu ersehen, um wieviel mehr Gott tut, wenn er eine Seele reinigt und von solchen Hindernissen befreit, als wenn er sie aus dem Nichts erschafft; denn diese Hindernisse entgegengesetzter Neigungen und Begierden widerstehen Gott viel feindlicher als das Nichts, das ihm ja nicht widersteht.

Dies genügt zur Darlegung des ersten Hauptschadens, den die Begierden der Seele zufügen durch Widerstand gegen den Geist Gottes. Wir haben ja zuvor schon viel darüber gesagt.

5 Nun sprechen wir von der *zweiten Wirkung*, die sie in ihr hervorbringen. Sie hat mancherlei Weisen, denn die Begierden *ermüden*, *quälen*, *verdunkeln*, *beflecken und schwächen* die Seele. Jede dieser fünf Wirkungen wollen wir für sich besprechen.

6 Was die *erste* anlangt, so ist es klar, daß *die Begierden die Seele ermüden und erschöpfen*. Sie sind ja gleich unruhigen, unzufriedenen Kleinkindern, die ihre Mutter dauernd um dies oder jenes anbetteln und sich nie zufrieden geben. So wie ein habgieriger Schatzgräber sich abmüht und erschöpft, so bemüht und erschöpft sich die Seele, um alles zu erlangen, was ihre Begierden von ihr fordern. Und erlangt sie es endlich, so plagt sie sich weiter; denn sie hat nie genug. Sie gräbt ja im Grunde *undichte Zisternen*, die *das Wasser nicht halten können*, den Durst zu stillen, gleich wie Isaias sagt: *Lassus adhuc sitit, et anima eius vacua est. – Noch dürstet der Müde, und seine Seele ist unerfüllt* (29, 8). Dies will besagen, sein Begehren ist unerfüllt, und die begierige Seele ermüdet und erschöpft sich gleich einem Fieberkranken, dem nicht wohl ist, ehe das Fieber ihn verläßt; denn sein Durst wächst unablässig. Darum heißt es im Buche Job: *Cum satiatus fuerit, arctabitur, aestuabit, et omnis dolor irruet super eum. – Nach Stillung seines Begehrens ward er noch mehr bedrängt und belastet: in seiner Seele wuchs die Glut des Triebes und der ganze Schmerz überfiel ihn* (20, 22).

Die Seele ermüdet und erschöpft sich mit ihren Begierden, denn sie ist von ihnen befallen, aufgewühlt und gepeitscht wie das Wasser vom Sturm. Sie lärmen in ihr und gönnen ihr nirgendwo und in keinem Dinge Rast. Von einer solchen Seele sagt Isaias: *Cor impii quasi mare fervens.* –

Das Herz des Bösen ist wie ein brandendes Meer (57, 20). Böse ist, wer seiner Begierden nicht Herr wird.

Müde und erschöpft wird die Seele, die ihre Begierden stillen will. Sie ist ja wie ein Hungriger, der den Mund auftut, um sich mit Wind zu sättigen, aber nicht satt wird, sondern noch mehr ausgedörrt; denn dies ist keine Nahrung für ihn. Hiezu sagt Jeremias: *In desiderio animae suae attraxit ventum amoris sui. – In ihres Willens Gier schnappt sie nach Luft für ihr Lieben* (2, 24). Gleich darauf deutet er die Trockenheit an, in die eine solche Seele gerät und warnt sie: *Prohibe pedem tuum a nuditate, et guttur tuum a siti. – Hüte deinen Fuß* – nämlich deine Überlegung – *vor Blöße und deine Kehle vor Durst* (2, 25); dies bedeutet: dein Streben nach Befriedigung der Begierden vermehrt die Trockenheit. Wie ein Verliebter sich abmüht und erschöpft am Tage, da er hofft und sein Wurf ins Leere fällt, so ermüdet und erschöpft sich die Seele mit all ihren Wünschen und deren Erfüllung; denn sie alle machen sie hohler und hungriger. Man sagt oft, das Begehren ist wie ein Feuer: legt man Holz zu, so lodert die Flamme auf; ist es verzehrt, so muß sie wohl zusammensinken.

7 Mit dem Begehren steht es in dieser Sicht sogar schlimmer; denn das Feuer erlischt, sobald das Holz verzehrt ist; das Begehren aber erlischt nicht, so wie es anwuchs, da es zur Tat trieb; ist das Material aufgezehrt, so erlischt das Begehren nicht gleich dem Feuer, das keinen Brennstoff mehr hat. Es verfällt in Müdigkeit, da der Hunger zu und die Nahrung abnimmt. Dies meint Isaias mit den Worten: *Declinabit ad dexteram, et esuriet; et comedet ad sinistram, et non saturabitur. – Man wendet sich rechts und bleibt hungrig; man ißt von links und wird nicht satt* (9, 20). Mit Recht leiden jene Hunger, die ihre Begierden nicht ertöten. Geht es mit ihnen zu Ende, dann sehen sie jene, die zur Rechten Gottes stehen, mit süßem Geiste gesättigt, ihnen aber wird er nicht gewährt. Und laufen sie nach links, um nämlich ihr Begehren an irgendeinem Geschöpf zu stillen, so werden sie mit

Recht nicht satt. Sie haben ja verlassen, was einzig sättigen kann und weiden sich an Dingen, die den Hunger mehren.

So ist es klar, daß die Begierden die Seele ermüden und erschöpfen.

SIEBENTES KAPITEL

Begierden *quälen* die Seele. Beweise durch Vergleiche und Stellen der Heiligen Schrift.

1 Das *zweite Übel positiver Art*, das die Begierden der Seele zufügen, besteht im *Quälen und Betrüben*, so, als wäre einer zur Folter mit Stricken irgendwo festgebunden und fände keine Ruhe ehe er sich befreit hat. David sagt deswegen: *Funes peccatorum circumplexi sunt me. – Die Stricke meiner Sünden* – nämlich meine Begierden – *umschlingen mich* (Ps 118, 61).

Gleich wie einer sich peinigt und quält, der sich nackt auf spitze Dornen legt, so peinigt und quält sich die Seele, die auf ihren Begierden lagert; denn sie verwunden, ritzen, dringen ein und hinterlassen Schmerz gleich wie Dornen. Auch davon spricht David: *Circumdederunt me sicut apes, et exarserunt sicut ignis in spinis. – Sie umschwärmten mich wie Bienen, versehrten mich mit ihren Stacheln und entbrannten wider mich wie Feuer im Gedörn* (Ps 117, 12); denn an den Begierden, dies sind die Dornen, nährt sich das Feuer der Angst und Qual.

So wie der Ackersmann den Ochsen am Pfluge antreibt und peinigt, begierig auf die erhoffte Ernte, so treibt die Lüsternheit eine dem Begehren unterjochte Seele, um das Ersehnte zu erlangen. Dies läßt sich gut am Begehren der Dalila erkennen, die durchaus wissen wollte, was es mit der Kraft Samsons auf sich habe. Die Heilige Schrift sagt, sie bedrängte und quälte ihn so sehr, daß er fast zu Tode kam: *Defecit anima eius, et ad mortem usque lassata est. – Da ward sein Geist sterbensmatt* (Richt 16, 16).

2 Das Begehren martert die Seele um so mehr, je heftiger es ist. Die Qual ist demnach so groß wie das Begehren; und je mehr Begierden sie beherrschen, um so mehr Qualen

leidet sie; denn es erfüllt sich an dieser Seele schon in diesem Leben, was in der Offenbarung von Babylon geschrieben steht; *Quantum glorificavit se, et in deliciis fuit, tantum date illi tormentum et luctum. – Soviel sie sich rühmte und schwelgte, soviel gebt ihr Qual und Trauer* (18, 7). Gleich wie einer gequält und gepeinigt wird, der seinen Feinden in die Hände fällt, ebenso wird die Seele gequält und gepeinigt, die sich von ihren Begierden treiben läßt.

Dafür findet sich ein Bild im Buche der Richter (16, 21), wo von jenem Riesen Samson zu lesen ist, der, zuvor stark und frei und Richter Israels, in die Macht seiner Feinde geriet, die ihn seiner Stärke beraubten, ihm die Augen ausstachen und ihn zum Drehen an eine Mühle banden, wobei sie ihn überaus quälten und bedrängten. Ebenso ergeht es der Seele, in der ihre Feinde, die Begierden, leben und herrschen. Vor allem schwächen und blenden sie die Seele, um sie dann – wie wir noch sagen werden –, an die Mühle der Begierlichkeit gefesselt, zu bedrängen und zu quälen. Die Schlingen, die sie festhalten, sind ihre eigenen Begierden.

3 Gott hat Mitleid mit solchen, die unter so viel Mühsal und auf Kosten ihrer selbst daran sind, das Dürsten und Hungern ihres Begehrens an den Geschöpfen zu stillen. Darum sagt er durch Isaias: *Omnes sitientes, venite ad aquas; et qui non habetis argentum, properate, emite et comedite: venite, emite absque argento vinum et lac. Quare appenditis argentum non in panibus, et laborem vestrum non in saturitate? – Ihr alle, die ihr begierig dürstet, kommt zum Wasser! Und ihr ohne Geld* des Eigenwillens und Strebens, *eilet, kaufet von mir und esset; kommt, und kaufet von mir Wein und Milch* – nämlich Frieden und geistige Süßigkeit –, *ohne das Geld* des Eigenwillens und ohne Zins oder irgendwelchen Frondienst, wie ihr ihn den Begierden zollt. *Warum gebt ihr das Geld* eures Willens *für etwas, das nicht Brot ist*, nämlich nicht göttlicher Geist, *und wendet die Arbeit* eurer Begierden *an etwas, das nicht zu sättigen vermag?* Kommt doch und hört auf mich, und ihr werdet das

Gut genießen, das ihr ersehnt, und eure Seele wird in Üppigkeit schwelgen.

4 Zur Üppigkeit gelangt, wer aus allen Begierden nach Geschöpfen ausgeht; denn die Geschöpfe quälen, Gottes Geist aber erquickt. Darum ruft Er uns durch den hl. Matthäus die Worte zu: *Venite ad me omnes qui laboratis et onerati estis, et ego reficiam vos, et invenietis requiem animabus vestris* (11, 28–29). Dies will besagen: Ihr alle, die ihr gequält, bedrängt und beladen seid mit euren Sorgen und Begierden, entrinnet ihnen, kommt zu mir, und ich will euch erquicken, und ihr werdet für eure Seelen die Ruhe finden, die eure Begierden euch rauben.

Sie sind ja eine schwere Last, weshalb auch David sagt: *Sicut onus grave gravatae sunt super me. – Wie schwere Last, so lasten sie auf mir* (37, 5).

ACHTES KAPITEL

Die Begierden *verdunkeln* und *blenden* die Seele

1 *Als Drittes* fügen die Begierden der Seele *Blendung* und *Verdunkelung* des Verstandes zu. Wie Dünste die Luft verdunkeln und die Sonne nicht hell leuchten lassen; oder wie ein getrübter Spiegel das Antlitz nicht rein aufzunehmen vermag; oder wie sich in schlammigem Wasser die Züge des Hineinblickenden nicht unterscheiden lassen, so ist die von Begierden eingenommene Seele im Verstande derart verfinstert, daß weder die Sonne der natürlichen Vernunft, noch die der übernatürlichen Weisheit Gottes Raum finden, um einzudringen und sie hell zu erleuchten. David sagt zu diesem Gegenstande: *Comprehenderunt me iniquitates meae, et non potui, ut viderem. – Meine Missetaten haben mich überwältigt, und ich kann nichts mehr sehen* (Ps 39, 13).

2 Und ebenso wie im Verstande *verdunkelt* wird sie auch im Willen *gehemmt*, im Gedächtnis *abgestumpft* und unver-

läßlich in ihrer Pflichterfüllung. Da nämlich die Betätigung dieser Fähigkeiten vom Verstande abhängt, so sind sie, wenn er behindert ist, erklärlicherweise zerrüttet und gestört. Darum sagt auch David: *Anima mea turbata est valde. – Meine Seele ist ganz verstört* (Ps 6, 4), was besagt, in ihren Kräften zerrüttet. Denn, wie erwähnt, der Verstand mag ebensowenig die Erleuchtung durch die Weisheit Gottes aufzunehmen, wie vernebelte Luft das Sonnenlicht, noch ist der Wille fähig, in sich Gott mit reiner Liebe zu umfangen gleich wie ein angelaufener Spiegel das gegenwärtige Antlitz nicht klar darzustellen und ebensowenig ein vom Dunkel des Begehrens umwölktes Gedächtnis sich ein klares Bild von Gott zu machen vermag, gleich wie trübes Wasser die Züge des Beschauers nicht deutlich wiedergeben kann.

3 Der Trieb blendet und verdunkelt die Seele, da der Trieb an sich blind ist. Er hat ja aus sich selbst keine Einsicht und die Vernunft ist immer sein Blindenführer. So oft die Seele dem Triebe folgt, blendet sie sich; denn sie läßt sich als Sehende von einem Nichtsehenden leiten; dies ist soviel, als wären beide blind. Daraus ergibt sich, was unser Herr durch den heiligen Matthäus sagt: *Si caecus caeco ducatum praestet, ambo in foveam cadunt. – Wenn ein Blinder einen Blinden führt, fallen beide in die Grube* (15, 14).

Wenig nützen dem Schmetterling die Augen, wenn ihn das Begehren nach der Schönheit des Lichtes geblendet ins Feuer treibt. So können wir sagen: wer seinen Trieben lebt, ist wie ein geblendeter Fisch, dem das Licht zur Finsternis wird, so daß er nicht wahrnimmt, welches Verderben die Fischer ihm bereiten. Dies gibt David sehr gut zu verstehen, da er von solchen sagt: *Supercecidit ignis, et non viderunt solem* (Ps 57, 9). Damit ist gemeint: Licht überfiel ihre Augen und blendete sie; denn der Trieb ist wie Feuer, dessen Glut erhitzt und dessen Grellheit blendet. So wirkt der Trieb in der Seele, da er die Begierlichkeit entfacht und den Verstand blendet, so daß er sein Licht nicht wahrnehmen kann. Ursache der Blendung ist, daß die Seele, weil sie ein andersartiges Licht ins Blickfeld einläßt, an diesem Zwischenlicht die Sehkraft einbüßt und so das andere nicht mehr sieht. Da der Trieb der Seele so nahe ist, ja in ihr selbst, begegnet sie zuerst seinem Licht und weidet sich an ihm; dieses aber läßt sie das klare Licht des Verstandes nicht schauen, und sie wird es nicht schauen, ehe sie dieses Blendwerk der Triebe in ihrer Mitte verlöscht hat.

4 Darum ist die Torheit mancher Menschen sehr zu beklagen, die sich mit außerordentlichen Bußwerken und anderen freiwilligen Übungen beladen und meinen, dieses und jenes genüge, um zur Vereinigung mit der göttlichen Weisheit zu gelangen; und es genügt keineswegs, wenn sie nicht eifrig streben, ihren Begierden zu entsagen. Wenn sie dafür sorgten, die Hälfte jener Mühen an dieses Entsagen zu wenden, sie kämen in einem Monat weiter voran als mit all den anderen Übungen in vielen Jahren. So wie das Erdreich bearbeitet werden muß, um Frucht zu tragen, und ohne Bearbeitung nur Unkraut hervorbringt, so ist die Ertötung der Begierden für den Fortschritt der Seele unerläßlich. Ich wage zu sagen: will sie ohne dieses Ertöten in der Vollkommenheit und in der Erkenntnis Gottes vorankommen, so wird sie nicht mehr erzielen als ein auf ungepflügtes Erdreich ausgestreuter Same. Nie werden Finsternis und Stumpfheit aus der Seele weichen, ehe die Begierden erlöschen. Sie sind wie grauer Star oder wie Flecken im Auge, die das Sehen verhindern, bis sie entfernt sind.

5 Sobald David solcher Verblendung inne wird und wie sehr die Seelen sich dem Licht der Wahrheit verschließen und Gott erzürnen, redet er sie an und sagt: *Priusquam intellegerent spinae vestrae rhamnum: sicut viventes, sic in ira absorbet eos* (Ps 57, 10). Das will besagen: *Ehe eure Dornen* – nämlich eure Begierden – *es meinen, gleichsam noch lebendig, wird Gott sie in seinem Grimme hinwegraffen.* Denn sicherlich: ehe die in

der Seele lebenden Begierden Gott zu verstehen vermögen, wird er ihrer in diesem oder im anderen Leben habhaft werden, sie mit der Zuchtrute zu bessern und zu läutern. Und grimmig, so heißt es, wird er sie anpacken; denn was man bei Ertötung der Begierden erleidet, ist Strafe für die Verheerung, die sie in der Seele angerichtet haben.

6 O wüßten doch die Menschen, welcher Wohltat göttlichen Lichtes diese Verblendung durch ihre Leidenschaften und Begierden sie beraubt, und wie diese, werden sie nicht ertötet, sie täglich in Unheil und Schaden stürzen! Sie mögen sich nicht auf ihren guten Verstand und andere von Gott empfangene Gaben verlassen und meinen, diese würden sie davor bewahren, durch eine Leidenschaft oder Begierde verblendet oder vernebelt allmählich in Schlimmeres zu fallen. Wer hätte etwa gedacht, daß ein in Gottes Weisheit und Gnade so vollendeter Mann wie Salomon in seinem Alter so verblendet und willensschwach werden könnte, etlichen Götzen Altäre zu bauen und dort gar selbst anzubeten? (3 Kg 11, 4.) Und dazu genügte seine Liebe zu den Frauen und daß er nicht darauf bedacht war, seinem Herzen die Begierden und Wonnen zu verwehren. Er selbst sagt ja von sich im Buche des Predigers (2, 10), er habe seinem Herzen keinen Wunsch versagt. Soviel vermochte dieses Sichverlieren an die Triebe, obwohl er zu Beginn tatsächlich noch den Anstand wahrte. Weil er sich aber nichts versagte, verblendeten die Leidenschaften ihn allmählich, sie verfinsterten seinen Verstand und es kam so weit, daß ihm das helle Licht gottgeschenkter Weisheit erlosch. So fiel er im Alter ab von Gott.

7 Wenn aber die ungezügelten Begierden über einen Mann mit so einsichtiger Unterscheidung von Gut und Böse soviel vermochten, was werden sie dann nicht über unsere Torheit vermögen? Wir wissen ja – nach dem Worte Gottes an Jonas über die Niniviten (4, 11) – nicht zwischen

links und rechts zu unterscheiden und halten nach eigenem Urteil bei jedem Schritt das Böse für gut und das Gute für böse; kommt nun zu dieser natürlichen Finsternis noch der Trieb hinzu, was dann? Es erginge uns nach dem Worte des Isaias: *Palpavimus sicut caeci parietem, et quasi absque oculis attrectavimus: impegimus meridie, quasi tenebris* (59, 10). Der Prophet spricht hier zu jenen, die ihren Trieben folgen und will damit sagen: *Wir tappen wie Blinde die Wand entlang, wir gehen tastend wie Augenlose. So blind sind wir, daß wir am hellen Mittag straucheln wie im Finstern.* Dies widerfährt dem durch Begierden Verblendeten: mitten im Wahren und Geziemenden wird er dessen nicht inne, so als stünde er in Finsternis.

NEUNTES KAPITEL

Die Begierden *beflecken* die Seele. – Verdeutlichung durch Gleichnisse und Beglaubigung durch die Heilige Schrift.

1 Als *vierten Schaden* erleidet die Seele durch die Begierden *Besudelung und Befleckung*, wie das Buch Jesus Sirach es lehrt: *Qui tetigit picem, inquinabitur ab ea. – Wer Pech anrührt, besudelt sich* (13, 1). Pech aber rührt an, wer das Begehren seines Willens an einem Geschöpfe stillt. Der Weise vergleicht die Geschöpfe dem Pech, weil der Unterschied zwischen der Erlesenheit der Seele und selbst dem Besten aus der Schöpfung größer ist, als zwischen einem hellen Diamanten oder Feingold und dem Pech. Hält man nämlich Gold oder Diamanten erhitzt über Pech, so werden sie davon häßlich geschwärzt, denn die Glut erweicht das Pech und zieht es an sich. Ebenso zieht die einem Geschöpfe brünstig zugeneigte Seele durch die Glut ihrer Leidenschaft Makel und Flecken an sich.

Auch unterscheidet sich die Seele von körperlichen Geschöpfen mehr als eine ganz geklärte Flüssigkeit von einem überaus schmutzigen Schlamm. Gleich wie eine solche Flüssigkeit sich trüben würde, wenn man sie mit dem Schlamm vermengte, so trübt sich die Seele, die sich an Geschaffenes hängt, denn sie wird ihm ähnlich. Und wie Rußstriche ein vollendet schönes Antlitz verunstalten, so verderben und beschmutzen ungeordnete Begierden die ihnen verfallene Seele, die an sich ein vollendet schönes Ebenbild Gottes ist.

2 Darum beklagt Jeremias die durch solche ungeordnete Neigungen der Seele zugefügte Verwüstung und Entstellung. Zunächst schildert er ihre Schönheit, dann ihre Häßlichkeit mit den Worten: *Candidiores sunt Nazaraei eius nive, nitidiores lacte, rubicundiores ebore antiquo, saphiro pulchriores. Denigrata est super carbones facies eorum, et non sunt cogniti in plateis.* Das will besagen: (Ihre Seelen sind) *an Haupthaar weißer als Schnee, schimmernder als Milch, dazu edler gerötet als altes Elfenbein und schöner als Saphir. Nun aber ist ihr Antlitz schwärzer als Kohle; unkenntlich sind sie auf den Straßen* (Klg 4, 7–8). Das Haupthaar bedeutet hier das Sehnen und Denken der Seele. Sind sie dorthin gerichtet, wohin Gott sie richten wollte, nämlich auf ihn selbst, so erscheinen sie weißer als Schnee und reiner als Milch, rötlicher als Elfenbein und schöner als Saphir. In diesen vier Dingen sind alle Weisen der Schönheit und Vorzüglichkeit sichtbarer Schöpfung zusammengefaßt. Als ihnen übergeordnet nennt er die Seele samt ihren Tätigkeiten, nämlich die erwähnten Nazaräer oder deren Haar. Ist es ungeordnet und gegen Gottes Weisung den Geschöpfen zugewandt, so zeichnet dies ihr Antlitz und es wird schwärzer als Kohle.

3 Solches Übel und noch mehr fügen die ungeordneten Begierden nach den Dingen dieser Welt der Seelenschönheit zu. Wollten wir eine durch Begierden verunstaltete und besudelte Gestalt schildern, wir fänden nichts Vergleichbares unter all dem Unreinen und Schmutzigen, das in diesem Leben gedacht werden kann, und wäre es voll Spinngeweb und Ungeziefer, häßlich wie eine verwesende Leiche. Wohl ist die zerrüttete Seele ihrem natürlichen Sein nach so vollkommen, wie Gott sie erschuf; doch als vernünftiges

Wesen ist sie häßlich, abscheulich, beschmutzt, verfinstert, mit allen hier beschriebenen und noch viel mehr Übeln behaftet. Es genügt ja schon, wie wir noch ausführen werden, ein einziges ungeordnetes Begehren, und führte es auch nicht zur Todsünde, um die Seele so zu versklaven, zu besudeln und zu entstellen, daß sie auf keine Weise zur Gottvereinigung gelangen kann, ehe sie ihr Begehren reinigt. Wie häßlich muß nun eine Seele sein, die in ihren Leidenschaften ganz zerrüttet und an ihre Triebe ausgeliefert ist, wie weit entfernt von Gott und seiner Reinheit!

4 Es läßt sich nicht mit Worten erklären, ja nicht einmal mit dem Verstande erfassen, wie vielerlei Unreinheit die vielerlei Begierden der Seele zufügen. Könnte man es ausdrücken und begreiflich machen, es würde Staunen und großes Mitleid erregen, zu sehen, wie jedes Begehren, seiner Stärke und Art nach mehr oder minder, seine Spur an Unreinheit und Mißgestalt in der Seele zurückläßt, und wie sie auf Grund einer einzigen Unordnung der Vernunft unzählige verschiedene größere und kleinere Befleckungen aufweisen kann, jede von besonderer Art; denn gleich wie die Seele des Gerechten durch ein einziges Vollkommensein gerecht ist, doch unzählbare Gaben in Fülle und viele überaus schöne Tugenden besitzt, jede anders und lieblich in ihrer Art gemäß der Menge und Vielfalt ihrer Liebesbindungen an Gott, ebenso hat die zerrüttete Seele gemäß der Vielfalt ihrer Gier nach Erschaffenem eine erbarmungswürdige Vielfalt von Unreinheit und Gemeinheit, so wie eben die erwähnten Begierden sie bemalen.

5 Diese Vielfalt der Begierden ist gut dargestellt bei Ezechiel (8, 10–16). Gott zeigte diesem Propheten im Innern des Tempels rings an den Wänden gemalt alle Arten von Gewürm, das auf Erden kriecht und dazu alle Abscheulichkeit unreinen Getiers. Dann sprach Gott zum Propheten: *Menschensohn, siehst du die Greuel, die sie treiben, ein jeder*

geheim in seiner Kammer? Und Gott befahl dem Propheten, noch tiefer einzudringen, um noch ärgere Greuel zu schauen. Da sah er, nach seinem Bericht, Weiber sitzen und Adonis, den Liebesgott, beweinen. Abermals befahl Gott ihm noch weiter ins Innere hineinzugehen, um noch ärgere Greuel zu schauen. Wie er sagt, erblickte er nun fünfundzwanzig Älteste, die dem Tempel den Rücken zukehrten.

6 Das mannigfache unreine *Gewürm und Getier*, in der ersten Tempelkammer dargestellt, bedeutet die Gedanken und Begriffe, die sich der Verstand über gemeine Erdendinge und alles Geschaffene bildet. Wenn der Verstand sich mit ihnen belastet, malen sie sich, so wie sie sind, im Tempel der Seele ab; denn der Verstand ist der Seele erstes Gemach.

Die um den Gott Adonis weinenden *Weiber* tiefer innen, im zweiten Gemach, sind die dem zweiten Seelenvermögen, dem Willen, eigenen Begierden. Sie weinen gleichsam im Verlangen nach dem, woran der Wille hängt, nämlich nach dem im Verstande abgemalten Gewürm.

Die im dritten Gemache weilenden *Männer* sind die Bilder und Vorstellungen, die das dritte Seelenvermögen, das Gedächtnis, in sich bewahrt und aufrührt. Von ihnen wird gesagt, sie kehrten dem Tempel den Rücken. Umfängt nämlich eine Seele mit allen drei Vermögen ein Erdending endgültig und vollends, so kann man sagen, sie habe dem Tempel Gottes den Rücken gekehrt, nämlich der rechten Vernünftigkeit der Seele, die keinem geschaffenen Ding in sich Raum gibt.

7 Zu einigem Verständnis der schändlichen Zerrüttung einer Seele durch ihre Süchte genüge für jetzt das Gesagte. Wollten wir uns nämlich eingehend mit der geringeren Verunstaltung durch Unvollkommenheiten und deren Vielfalt befassen; ferner mit den durch läßliche Sünden verursachten, die ärger sind als Spuren der Unvollkommenheiten und mit deren Vielfalt; endlich mit der durch schwer sündhafte

Begierden bewirkten totalen Schändung der Seele und mit deren Vielfalt, wir kämen ob der Vielfalt und Menge all dieser drei Gegebenheiten an kein Ende. Eines Engels Verstand würde nicht hinreichen, sie zu erfassen.

Was ich behaupte, und worauf es mir ankommt, ist dies: jede auch nur im geringsten unvollkommene Begierde *befleckt* und *besudelt* die Seele.

ZEHNTES KAPITEL

Die Begierden machen die Seele *lau* und *schwächen* ihre Tugendkraft.

1 *Zum fünften* schädigen die Begierden die Seele durch *Abkühlung* und *Schwächung*, so daß ihr keine Kraft bleibt, nach Tugend zu streben und in ihr zu beharren.

So wie die Triebkraft sich aufteilt, ist sie minder stark, als wenn sie geschlossen auf ein Ziel gerichtet bliebe; und an je mehr Dinge sie sich aufteilt, um so weniger bleibt für jedes einzelne. Darum sagen die Philosophen, geeinte Kraft sei stärker als geteilte. Daraus ergibt sich klar, daß der Willenstrieb, der sich auf andere Dinge außer der Tugend verteilt, für die Tugend geschwächt wird. So gleicht die Seele, die ihren Willen an Kleinigkeiten ausgibt, dem Wasser, das ausläuft; es steigt nicht an und bringt so keinen Nutzen. Darum verglich der Patriarch Jakob seinen Sohn Ruben dem ausgegossenen Wasser; denn dieser hatte zu einer gewissen Sünde seinen Trieben die Zügel überlassen. Jakob sprach zu ihm: *Du bist wie ausgegossenes Wasser; du sollst nicht wachsen* (Gen 49, 4). Dies will besagen: Weil du triebhaft ausgegossen bist wie Wasser, wirst du nicht an Tugend wachsen. So wie heißes Wasser unbedeckt schnell seine Wärme abgibt und unverschlossene aromatische Gewürze Feinheit und Kraft ihres Duftes bald verlieren, so büßt auch die nicht einzig im Streben nach Gott gesammelte Seele an Wärme und Kraft der Tugend ein. Dies erfaßt David gut, da er zu Gott spricht: *Fortitudinem meam ad te custodiam. – Meine Kraft will ich für dich bewahren* (Ps 58, 10).

2 Die Begierden *schwächen* auch die Tugendkraft der Seele gleich Wassertrieben und Schößlingen, die rings aus dem Baume sprießen und ihm die Kraft zu reicher Frucht entziehen. Von solchen Seelen sagt der Herr: *Vae praegnantibus et nutrientibus in illis diebus! – Wehe den Schwangeren und Säugenden in diesen Tagen!* (Mt 24, 19.) Dieses Getragen- und Gesäugtwerden gilt von den Begierden. Wenn man sie nicht entwöhnt, so entziehen sie der Seele immer mehr Kraft zu deren Schaden, gleich wie Wassertriebe dem Baum. Darum gibt unser Herr den Rat: *Umgürtet eure Lenden!* (Lk 12, 35.) Damit meint er hier die Begierden. Tatsächlich sind sie auch den Blutegeln gleich, die beständig Blut aus den Adern saugen. Im Buch der Sprüche heißt es: *Blutsaugerinnen sind die Töchter*, nämlich die Begierden; sie sagen immer: *Gib*, *gib* (30, 15).

3 Daraus geht klar hervor, daß die Begierden der Seele nichts Gutes zubringen, ihr vielmehr das nehmen, was sie hat. Ertötet man sie nicht, so ruhen sie nicht, ehe sie mit der Seele so verfahren sind, wie man sagt, daß junge Vipern mit ihrer Mutter verfahren. So wie diese nämlich im Mutterschoß wachsen, nähren sie sich von ihrer Mutter und töten sie, bleiben also auf Kosten ihrer Mutter am Leben. So weit kommen auch die unertöteten Begierden: sie töten das In-Gott-Sein der Seele, weil die Seele nicht zuvor die Begierden ertötet hat; nun bleiben diese allein in ihr am Leben. Und darum sagt Jesus Sirach: *Aufer a me, Domine, ventris concupiscentias et concubitus concupiscentiae ne apprehendant me. – Verhüte, Herr, daß Fleischeslust und Sinnenlust mich packen!* (23, 6); und diese allein leben noch in ihr.

4 Kommt es auch nicht so weit, es ist doch ein Jammer zu sehen, wie das Begehren die arme Seele, in der es lebt, gefangen hält. Wie zuwider ist sie sich selbst, wie trocken gegen den Nächsten, wie schwerfällig und träge im Dienste Gottes! Denn es gibt keine bösen Säfte, die einem Kranken

das Gehen und sogar das Essen so mühsam und schwierig machen, wie das Verlangen nach Geschöpfen der Seele die Tugendübung erschwert und verleidet. Und so ist dies für gewöhnlich der Grund, warum die Seelen nicht mit Eifer und Freude nach Tugend streben: ihre Begierden und Neigungen richten sich nicht rein auf Gott.

ELFTES KAPITEL

Um zur Vereinigung mit Gott zu gelangen, muß die Seele notwendig aller, auch der geringsten Begierden ledig sein.

1 Es scheint, als drängten sich hier dem Leser viele Fragen auf: ob es denn zur Erreichung dieses hohen Standes der Vollendung durchaus nötig sei, zuvor sämtliche Begierden, ob klein oder groß, gänzlich zu ertöten? Genügt es nicht, einige von ihnen zu ertöten und andere bestehen zu lassen, zumindest solche, die geringfügig erscheinen? Denn es dürfte doch ein hartes Ansinnen und ein sehr schwieriges Unternehmen sein, die Seele zu solcher Reinheit und Entblößung zu führen, daß sie nichts mehr begehrt und an nichts mehr hängt.

2 Darauf antworte ich zunächst: wohl ist es wahr, daß nicht alle Begierden, eine wie die andere, gleich schädlich sind und die Seele gleicherweise hemmen. Ich spreche von den freiwilligen Begierden; denn die natürlichen Begierden hindern wenig oder gar nicht die Vereinigung, wenn man ihnen nicht zustimmt und sie nicht über jene ersten Regungen hinausgehen läßt, an denen der überlegte Wille weder vorher noch nachher teilnimmt. Von solchen in diesem Leben durch Ertöten gänzlich frei zu werden ist unmöglich. Sie hindern auch nicht in einer Weise, die von der göttlichen Vereinigung ausschlösse, wären sie auch, wie gesagt, nicht ganz ertötet. Denn sie können sehr wohl der Natur anhaften, während die Seele ihrem vernünftigen Geiste nach davon durchaus frei ist. Es kann sogar bisweilen geschehen, daß die Seele dem Willen nach gesättigt in der Vereinigung

des Gebetes der Ruhe weilt und zugleich im sinnlichen Bereich des Menschen sich ein Begehren regt, mit dem der höhere, ins Gebet versenkte Teil nichts zu tun hat.

Was jedoch die anderen, *freiwilligen Begierden* anlangt, gehen sie nun auf *schwer Sündhaftes*, was am gefährlichsten ist, oder auf *läßlich Sündhaftes*, was weniger gefährlich ist, oder nur auf *Unvollkommenheiten*, die am wenigsten wiegen: alles insgesamt muß ausgetrieben werden und die Seele muß sich alles dessen entledigen, auch des Geringsten, um zur vollen Vereinigung zu gelangen. Der Grund ist dieser: der Zustand göttlicher Vereinigung besteht in der Einfügung der Seele *dem Willen nach* durch Umgestaltung in den Willen Gottes. Demnach darf in ihr nichts dem Willen Gottes entgegenstehen, sondern sie bewege sich in allem und zu allem nur nach dem Willen Gottes[1].

3 Darum sagen wir von diesem Stande, daß er aus zwei Willen einen macht, nämlich den Willen Gottes; und dieser Wille Gottes ist auch der Wille der Seele. Wollte also diese Seele etwas Unvollkommenes, das Gott nicht will, so wäre sie nicht eines Willens mit Gott; es beliebte ihr ja etwas, das Gott nicht beliebt. Daraus ergibt sich klar, daß die Seele sich vor allem jeder Willensneigung entäußern muß, so gering sie sei, um sich Gott durch Lieben und Wollen vollkommen vereinigen zu können. Sie darf also bei wachem Bewußtsein niemals in eine Unvollkommenheit einwilligen und muß dahin kommen, ihrer selbst mächtig und frei zu sein, um so handeln zu können, sobald sie etwas bemerkt.

Ich sage *bewußt;* denn unbemerkt und unbewußt und insofern es nicht in ihrer Hand liegt, mag sie wohl Unvollkommenheiten und läßlichen Sünden und den genannten *natürlichen Regungen* verfallen. Eben von solchen nicht ganz freiwilligen und Überraschungssünden steht ja geschrieben: *Der Gerechte fällt siebenmal* des Tages *und steht wieder auf* (Spr 24,

[1] Das Ms von Alcaudete vermerkt hier am Rande: Darin besteht die vollkommene Vereinigung.

16). Doch von den *freiwilligen Begierden*, die zu bewußten läßlichen Sünden führen, möge es sich auch um Kleinigkeiten handeln, genügt, wie gesagt, eine nicht überwundene als Hindernis.

Ich rede von einer solchen nicht bekämpften *Gewohnheit;* denn *fallweise Akte*, dann und wann, auf Grund unterschiedlicher Begierden, richten nicht so viel Schaden an, wenn nur die *Gewohnheiten* ausgerottet sind. Man muß freilich auch dahin kommen, die *Akte* zu meiden; denn sie entspringen ja den unvollkommenen *Gewohnheiten.* Und einige gewohnheitsmäßige freiwillige Unvollkommenheiten, die zu überwinden man nicht fertigbringt, verhindern nicht nur die göttliche Vereinigung, sondern das Voranschreiten in der Vervollkommnung.

4 Solche gewohnheitsmäßige Unvollkommenheiten sind etwa: der Hang, viel zu reden; irgendeine Anhänglichkeit, die man nicht aufzugeben vermag, an eine Person, ein Gewand, ein Buch, eine Zelle, eine Art von Speisen, kleine Schwätzereien und Liebhabereien hinsichtlich des Geschmackes, des Wissens, Hörens und ähnlicher Dinge.

Jegliche dieser Unvollkommenheiten, an denen die Seele gewohnheitsmäßig hängt, ist schädlicher für ihr Wachstum und Fortkommen in der Tugend, als wenn sie täglich in viele andere vereinzelte Unvollkommenheiten und läßliche Sünden fiele, die nicht dem gewohnheitsmäßigen Hängen an irgendeiner bösen Eigenschaft entstammen. Sie würden die Seele nicht so sehr hemmen wie das Hängen an irgendeinem Ding. Solange die Seele hängt, kann sie unmöglich in der Vervollkommnung voranschreiten, und wäre die Unvollkommenheit auch ganz gering. Dies erscheint mir so, als wäre ein Vogel mit einem feinen statt mit einem groben Faden angebunden; auch der feine Faden hält ihn so fest wie ein grober, solange er ihn nicht zerreißt, um aufzufliegen. Wohl ist der feine leichter zu zerreißen; doch so leicht es auch ist, zerreißt man ihn nicht, so wird man nicht fliegen.

Ebenso ergeht es auch der Seele, die an irgend etwas hängt. Mag sie noch so tugendhaft sein, sie wird zur Freiheit der göttlichen Vereinigung nicht gelangen.

Begehren und Anhangen üben an der Seele eine Wirkung aus wie der sagenhafte Saugfisch an einem Schiff. Er ist ein sehr kleiner Fisch; gelingt es ihm aber, sich am Schiffe festzusaugen, so hält er es auf, so daß es weder in den Hafen einfahren, noch weitersegeln kann. Es ist schmerzlich, manche Seelen zu sehen, gleich reichbefrachteten Schiffen mit Schätzen und Werken und geistlichen Übungen und Tugenden und gottgeschenkten Gnaden beladen; und weil sie nicht den Mut haben, mit irgendeiner Liebhaberei oder Anhänglichkeit oder Zuneigung – dies ist alles eins – zu brechen, kommen sie nicht voran und laufen nicht in den Hafen der Vollendung ein. Und es bedürfte nur mehr eines guten Aufschwunges, um den Faden der Anhänglichkeit endlich zu zerreißen oder jenen anhaftenden Saugfisch des Begehrens abzuschütteln.

5 Wie sehr ist es zu beklagen, wenn manche nach dem Zerreißen anderer, viel stärkerer Stricke sündhafter Neigungen und Eitelkeiten mit Gottes Hilfe, nun nicht imstande sind, sich von einer Kinderei loszumachen, die Gott ihnen beließ, damit sie überwunden werde aus Liebe zu ihm. Sie ist nicht stärker als ein Faden, ja als ein Haar, und sie lassen doch dafür ein so großes Gut fahren. Und das Schlimmste ist, daß sie nicht nur keinen Fortschritt machen, sondern um dieser Anhänglichkeit willen umkehren, wodurch sie alles verlieren, was sie in so langer Zeit und mit so großer Mühe erwandert und erworben haben. Dies wollte unser Herr uns zu verstehen geben, als er sprach: *Wer nicht mit mir ist, der ist wider mich; und wer nicht mit mir sammelt, zerstreut* (Mt 12, 30).

Wer nicht Sorge trägt, das Gefäß auszubessern, dem wird durch einen kleinen Sprung, den es aufweist und der genügt, der ganze Inhalt an Flüssigkeit ausrinnen. Das Buch Ekklesiastikus lehrt uns dies gut mit den Worten: *Wer die kleinen Dinge mißachtet, kommt nach und nach zu Fall* (Sir 19, 1). Und derselbe Weise sagt: *Ein einziger Funke entfacht den Brand* (11, 32). Eine Unvollkommenheit genügt, andere nach sich zu ziehen, und diese wieder andere. So wird man kaum je eine in der Bekämpfung eines Begehrens nachlässige Seele sehen, der nicht aus eben dieser Schwäche und Unvollkommenheit noch viele andere anhaften. Und so geht es mit ihnen stets bergab. Wir haben schon viele beobachtet, die Gott mit seiner Gnade weit vorangebracht hat zu großer Entsagung und Freiheit; und nur weil sie den Hauch einer Anhänglichkeit unter dem Scheine des Guten, der Anregung, der Freundschaft im Gemüte aufkommen ließen, entwich ihnen dadurch der Geist und die Lust an Gott und der heiligen Einsamkeit. Sie ließen nach in der Freude und Sammlung bei geistlichen Übungen und hielten nicht inne, ehe alles dahin war. Und dies nur, weil sie nicht gleich zu Beginn das sinnliche Gelüsten und Begehren mit einem Schnitt beendeten, um sich in Einsamkeit für Gott zu bewahren.

6 Dieser Weg ist immer einzuhalten, um ans Ziel zu kommen; er führt stets über das Abweisen, nicht über das Nähren der Wünsche. Und kommt man nicht dahin, sie alle loszuwerden, so kommt man nicht ans Ziel. Denn so wie das Holz nicht in Feuer umgestaltet wird, wenn nur ein Wärmegrad fehlt, es dafür zu bereiten, so wird auch die Seele nicht in Gott umgestaltet, solange ihr noch *eine* Unvollkommenheit anhaftet, und wäre sie auch weniger als ein freiwilliges Begehren; denn die Seele hat, wie später in der *Nacht des Glaubens* gezeigt werden soll, nur *einen* Willen; ist dieser durch irgend etwas behindert und in Anspruch genommen, so ist er nicht mehr frei, einsam und lauter, wie die Umgestaltung in Gott es verlangt.

7 Dies findet sich im Buche der Richter vorgebildet (2, 3). Dort wird erzählt, der Engel sei zu den Söhnen Israels gekommen und habe ihnen gesagt, weil sie jenes gegnerische

Volk nicht vernichtet, sondern vielmehr sich mit einigen aus ihm verbündet hätten, würden diese nun als Feinde unter ihnen bleiben und ihnen zu Fall und Verderben gereichen. Genau so verfährt Gott mit einigen Seelen. Er hat sie aus der Welt geholt, hat die Giganten ihrer Sünden für sie getötet, die Menge der Feinde erledigt, nämlich die Gelegenheiten, die sich in der Welt ihnen boten – nur um ihnen größere Freiheit zum Einzug ins Gelobte Land der göttlichen Vereinigung zu verleihen –, sie aber schließen dennoch Freundschaft und Bündnis mit dem Zwergenvolk der Unvollkommenheiten, die sie nicht zu ertöten vermögen. Dies erzürnt unsern Herrn, und Er läßt sie mehr und mehr ihren Begierden verfallen.

8 Auch das Buch Josue gibt uns ein Bild zum Gesagten (6, 21). Gott befahl dem Josue zur Zeit, da er begann, das Gelobte Land in Besitz zu nehmen, alles, was die Stadt Jericho barg, so zu vernichten, daß nichts am Leben bleibe, weder Mann noch Weib, weder Kind noch Greis, noch irgendein Getier, und von der gesamten Beute sollten sie nichts nehmen oder auch nur begehren. Dies gibt uns zu verstehen, wie gründlich alles ersterben muß, was in der Seele lebt, sei es wenig oder viel, klein oder groß, wenn sie in die göttliche Vereinigung eingehen will. Auch darf es die Seele nach alledem nicht gelüsten, und sie muß so gelassen sein, als wäre dergleichen nicht für sie und sie nicht für dergleichen.

Gut lehrt uns dies der hl. Paulus im Korinterbriefe mit den Worten: *Das sage ich euch, meine Brüder: Die Zeit ist kurz bemessen! So mögen künftighin die Verheirateten so leben, als wären sie nicht verheiratet; die Trauernden* (um Dinge dieser Welt), *als trauerten sie nicht; die Fröhlichen, als wären sie nicht fröhlich; die Kaufenden, als besäßen sie nichts; und die Benützer dieser Welt, als nützte sie ihnen nichts* (1 Kor 7, 29–31). Mit diesen Worten unterweist uns der Apostel, welche Losschälung von allen Dingen der Seele geziemt, um zu Gott zu gehen.

ZWÖLFTES KAPITEL

Antwort auf die Frage: Welche Begierden reichen hin zu der besagten Schädigung der Seele?

1 Wir könnten uns über diesen Gegenstand, die *Nacht der Sinne*, verbreiten und noch Vieles ausführen von dem, was zu sagen wäre über die durch die Begierden verursachten Schäden, nicht nur in den genannten, sondern in manchen anderen Weisen. Doch für unser Vorhaben genügt das Gesagte. Denn es dürfte verständlich geworden sein, warum die Ertötung der Begierden *Nacht* genannt wird, und wie sehr das Eingehen in diese *Nacht* geziemt, wenn man zu Gott gelangen will. Nur bietet sich noch, ehe wir von der Weise des Eingehens reden, zum Abschluß dieses Teiles ein Zweifel dar, der dem Leser ob des Gesagten aufsteigen könnte.

2 Und zwar erstens: reicht jegliche Begierde hin, um in der Seele die beiden angeführten Schäden zu bewirken, nämlich das *Entziehen*, da sie die Seele der Gnade Gottes berauben, und das positive *Zufügen*, nämlich das Verursachen der fünf angeführten Hauptschäden?

Zweitens: reicht jegliche Begierde hin, so gering sie sei und von welcher Art sie sei, um alle diese fünf Schäden insgesamt zu bewirken, oder verursachen die einen diesen, die andern jenen Schaden, so daß etwa die einen quälen, die andern ermüden, die andern verfinstern usw.?

3 Um darauf zu antworten, sage ich zur ersten Frage: Die Schädigung durch das Entziehen, wodurch die Seele Gottes beraubt wird, können nur die freiwillig auf einen schwer sündhaften Gegenstand gerichteten Begierden bewirken, diese aber gänzlich, denn sie entziehen der Seele in diesem Leben die Gnade, und im andern die Glorie, nämlich den Besitz Gottes.

Zur zweiten Frage sage ich: Gleich wie die auf schwer Sündhaftes bezogenen Begierden so reicht auch jede einzelne freiwillig auf läßlich Sündhaftes oder auf Unvollkommenes bezogene Begierde hin, um der Seele alle diese Schäden *insgesamt zuzufügen.* Obwohl sie in gewisser Weise entziehend wirken, nennen wir sie doch *zufügend*, insofern sie der Hinwendung zu Geschaffenem entsprechen, während der Entzug die Abwendung von Gott bedeutet. Doch es besteht ein Unterschied: das Begehren nach schwer Sündhaftem bewirkt totale Blendung, Qual, Unreinheit, Schwächung usw.; geht es aber auf Läßliches oder Unvollkommenes, so bewirkt es diese Übel nicht zur Gänze und in höchstem Grade, denn es entzieht nicht die Gnade, und davon hängt seine Macht ab; denn der Tod der Gnade ist das Leben der Begierden. Diese erwecken in der Seele Nachlässigkeit, entsprechend dem durch die Begierden bewirkten Nachlassen der Gnade. Demnach wird ein Begehren in um so größerem Maße quälen, blenden und schänden, je mehr es die Gnade abflauen läßt.

4 Doch es ist zu beachten, daß zwar jedwede Begierde diese Schäden zufügt, die wir hier positiv nennen, daß es jedoch unter ihnen solche gibt, die vorwiegend und unmittelbar den einen Schaden zufügen, und andere den andern, woraus dann die übrigen erfließen.

Denn obwohl es wahr ist, daß ein sinnlicher Trieb alle diese Schäden bewirkt, so ist es ihm doch vorwiegend und besonders eigentümlich, Seele und Leib zu besudeln.

Und obwohl die Habgier ebenso alle verursacht, so doch vorwiegend und unmittelbar Betrübnis.

Und obwohl die Ruhmsucht in gleicher Weise alle zufügt, so doch vorwiegend und unmittelbar Verfinsterung und Verblendung.

Und obwohl Gefräßigkeit sie alle bewirkt, so doch vorwiegend Lauheit im Tugendstreben. Ähnlich geht es mit den übrigen Begierden.

5 Der Grund, warum jedweder Akt freiwilligen Begehrens der Seele alle diese Wirkungen insgesamt zufügt, liegt

in seinem unmittelbaren Widerstand gegen alle jene Tugendakte, die in der Seele das Gegenteil bewirken. Denn so wie durch einen Tugendakt in der Seele Milde, Friede, Trost, Lauterkeit und Kraft werden und wachsen, so verursacht eine ungeordnete Begierde Qual, Unlust, Ermüdung, Blindheit und Schlaffheit. In der Seele wachsen alle Tugenden durch Übung von einer und alle Laster durch Wirkung und Nachwirkung von einem. Zwar gewahrt man all diese Übel zur Zeit der Stillung des Begehrens nicht; denn der Genuß läßt dies jetzt nicht zu. Doch früher oder später fühlt man wohl die bösen Auswirkungen. Dies ist sehr gut angedeutet durch das Buch, das der Engel der Apokalypse den hl. Johannes verschlingen hieß. Im Munde war es süß, im Leibe bitter (10, 9). Wird nämlich das Begehren ausgeführt, so ist es süß und erscheint gut; doch nachher empfindet man den bitteren Nachgeschmack. Wer sich hinreißen läßt, weiß das sehr wohl. Es ist mir jedoch nicht unbekannt, daß etliche so verblendet und unempfindlich sind, daß sie es nicht mehr fühlen. Da sie nicht in Gott wandeln, nehmen sie nicht wahr, was sie von Gott trennt.

6 Von den übrigen natürlichen Begierden, die nicht freiwillig sind, und von Gedanken, die erste Regungen nicht überschreiten, wie auch von anderen Versuchungen, denen man nicht zustimmt, rede ich hier nicht; denn diese fügen der Seele keine der genannten Übel zu. Zwar scheint es dem, der sie aussteht, er sei durch die dabei auftretende leidenschaftliche Erregung befleckt und verblendet; doch dem ist nicht so. Sie gereichen ihm vielmehr zu entgegengesetztem Fortschritt; denn wer ihnen widersteht, gewinnt an Kraft, Reinheit, Licht und Trost und mancherlei Gut. In diesem Sinne sagte unser Herr zum hl. Paulus, *die Kraft kommt in der Schwachheit zur Vollendung* (2 Kor 12, 9).

Doch die freiwilligen Begierden fügen die genannten und noch andere Übel zu. Darum wenden die Geisteslehrer die größte Sorgfalt daran, in ihren Schülern jegliches Begehren zu ertöten, sie leer zu machen von allem, wonach sie gelüstete, um sie aus solchem Elend zu befreien.

DREIZEHNTES KAPITEL

Wie man sich zu verhalten hat, um in die *Nacht der Sinne* einzugehen.

1 Nun wären noch einige Weisungen zu geben, damit man in diese *Nacht der Sinne* einzugehen wisse und es auch vermöge. Dazu sei gesagt, daß die Seele gewöhnlich auf zweierlei Weise in sie eingeht: die eine ist *aktiv*, die andere *passiv*.

Aktiv ist sie, wenn die Seele ihrerseits tut, was sie tun kann, um in die Nacht einzugehen. Wir geben dafür im Folgenden Anweisungen.

Passiv ist sie, wenn die Seele nichts tut, sondern Gott in ihr wirkt und sie sich leidend verhält. Davon wollen wir im *vierten Buche* sprechen, wenn wir uns mit den Anfängern befassen. Und da wir ihnen dort, mit Gottes Gunst, viele Ratschläge geben wollen, entsprechend den vielen Unvollkommenheiten, die ihnen auf diesem Wege anhaften, so werde ich mich hier darüber nicht weiter verbreiten, denn hier ist nicht der rechte Ort, sie zu erteilen. Vorläufig wollen wir nur begründen, warum dieser Übergang *Nacht* genannt wird, und sagen, was sie sei und wie sie eingeteilt wird.

Da es jedoch scheint, es fiele zu kurz aus und brächte wenig Nutzen, wenn ich nicht schon hier einige Mittel und Weisungen gäbe, diese *Nacht* des Begehrens einzuüben, so lasse ich hier ein schnelles Verfahren folgen. Das gleiche möchte ich zum Abschluß jedes der *beiden Teile* oder *Ursachen* dieser *Nacht* tun, von denen ich, mit Gottes Hilfe, dann zu sprechen gedenke.

2 Sind die nachstehenden Richtlinien zur Überwindung der Begierden auch kurz gefaßt und gering an Zahl, so halte ich sie doch in ihrer gedrängten Fülle für so fördernd und wirksam, daß jemand, der sie ehrlich durchführen will, keiner anderen mehr bedarf, da er durch diese alle umfängt.

3 *Erstens:* man trage beständig Verlangen, Christus in allen Dingen nachzuahmen, gleiche sich seinem Leben an, betrachte es, um es nachahmen und sich in allen Dingen so verhalten zu können, wie Er sich verhalten würde.

4 *Zweitens:* um dies gut vollbringen zu können, entsage man jedem Genuß, der sich den Sinnen darbietet, wenn er nicht rein der Ehre und Verherrlichung Gottes dient, und bleibe des Genusses bar aus Liebe zu Jesus Christus, der in seinem Leben keine andere Freude hatte noch wollte, als den Willen seines Vaters zu tun. Dies nannte er seine Speise und Nahrung (Jo 4, 34).

Ich bringe ein Beispiel. Böte sich etwa das Vergnügen dar, Dinge zu hören, die für den Dienst an Gottes Ehre belanglos sind, so wünsche man nicht, sie zu genießen, noch überhaupt anzuhören. Oder fände man Freude am Betrachten von Dingen, die nicht zu größerer Gottesliebe verhelfen, so verlange man nicht nach dieser Freude und sehe dergleichen nicht an. Und verlockte ein Gespräch oder etwas anderes, so verhalte man sich desgleichen. In dieser Weise entziehe man sich allem Sinnenhaften, wo dies gut geschehen kann. Vermag man nicht auszuweichen, so genügt es, nicht genießen zu wollen, mögen auch die Dinge vorüberziehen.

So trachte man die Lust der Sinne zu ertöten, damit sie leer seien und wie im Dunkeln. Diese Sorgfalt bringt in Kürze weit voran.

5 Es folgt ein Allheilmittel, die vier natürlichen Leidenschaften, als da sind: *Freude*, *Hoffnung*, *Furcht* und *Schmerz*, zu kasteien und zu besänftigen. Aus ihrer friedlichen Eintracht erfließen mit den genannten auch die übrigen Güter, reiches Verdienst und große Tugenden:

6 Man trachte allezeit, sich zu neigen:
nicht zum Leichteren, sondern zum Schwierigeren;
nicht zum Schmackhafteren, sondern zum Unschmackhafteren;

nicht zum Erfreulicheren, sondern zum Unerfreulicheren;
nicht zum Ruhsameren, sondern zum Mühsameren;
nicht zum Tröstlichen, sondern vielmehr zum Betrüblichen;
nicht zum Mehr, sondern zum Weniger;
nicht zum Höheren und Wertvolleren, sondern zum Minderen und Wertloseren;
nicht dahin, etwas zu lieben, sondern dahin, nichts zu lieben;
man strebe nicht nach dem Besten an zeitlichen Dingen, sondern nach dem Schlechteren;
und verlange um Christi willen, in volle Blöße und Leere und Armut an allem, was es in der Welt gibt, einzugehen.

7 Und man muß dieses Werk von Herzen umfangen und trachten, den Willen daran hinzugeben. Tut man es nämlich von Herzen, so wird man bald viel Freude und Trost dabei finden, insofern man geordnet und klug vorangeht.

8 Wird das Gesagte gut ausgeführt, so genügt es zum Eingehen in die *Nacht der Sinne*. Doch zu reicherer Fülle geben wir noch eine andere Übungsweise an, die uns lehrt, *die Fleischeslust, die Augenlust und die Hoffart des Lebens* zu zähmen, von denen der hl. Johannes sagt (1 Jo 2, 16), sie beherrschten die Welt und seien die Quelle aller übrigen Begierden.

9 *Zum ersten:* man trachte, sich herabzusetzen, und wünsche, daß alle es tun; dies richtet sich gegen die Fleischeslust.

Zum zweiten: man trachte, verächtlich von sich zu reden, und wünsche, daß alle es tun; dies richtet sich gegen die Augenlust.

Zum dritten: man trachte, in Selbstverachtung gering von sich zu denken und wünsche auch, alle gegen sich zu haben; und dies ist gegen die Hoffart des Lebens.

10 Zum Abschluß dieser Weisungen und Regeln seien noch die für den *Aufstieg zum Gipfel* geschriebenen Verse hergesetzt, wie das Bild zu Beginn des Buches ihn darstellt. Sie enthalten die Lehre, ihn, als die Höhe der Vereinigung, zu ersteigen. Wohl geht es hier um Geistiges und Innerliches; doch es muß auch vom Geiste der Unvollkommenheit, dem Sinnlichen und Äußeren nach die Rede sein. Dies ist zu ersehen aus den beiden Wegen zu Seiten des Pfades der Vollkommenheit. In diesem Sinne sind sie hier zu verstehen, nämlich *dem Sinnlichen nach*. Im *zweiten Teile dieser Nacht* werden sie *dem Geistigen nach* zu verstehen sein.

11 Die Verse lauten so:

Um zu erlangen, alles zu genießen,
suche in nichts Genuß.
Um zu erlangen, alles zu besitzen,
suche in nichts etwas zu besitzen.
Um zu erlangen, alles zu sein,
suche in nichts etwas zu sein.
Um zu erlangen, alles zu wissen,
suche in nichts etwas zu wissen.
Um zu erlangen, was du nicht verkostest,
geh dorthin, wo du nichts verkostest,
Um zu erlangen, was du nicht weißt,
geh dorthin, wo du nichts weißt.
Um zu erlangen, was du nicht besitzest,
geh dorthin, wo du nichts besitzest.
Um zu werden, was du nicht bist,
geh hin, wo du nichts bist.

Wie man das Ganze nicht hindert

Sowie du bei etwas verweilst,
eroberst du nimmer das Ganze.
Um ganz zum Ganzen zu kommen,
ist ganz das Ganze zu lassen.

Und kommst du dahin, das Ganze zu fassen,
so habe es, ohne es haben zu wollen.
Denn hältst du vom Ganzen nur etwas fest,
so hast du nicht einzig in Gott deinen Schatz.

13 In dieser Blöße findet der Geist seine Ruhe und Labung; begehrt er nichts, so treibt ihn nichts aufwärts und drückt ihn nichts abwärts, denn er ruht in der Mitte seiner Demut. Denn das Gelüsten nach etwas, dies macht ihn müde.

VIERZEHNTES KAPITEL

Erklärung der nächsten Verse der Strophe

Die Liebesglut ... zum Sehnsuchtsbrand entfacht.

1 Wir haben den ersten Vers dieser Strophe erklärt, der von *der Nacht der Sinne* handelt, und dargelegt, daß sie *den Sinnen* gilt und warum sie *Nacht* genannt wird. Wir haben auch die Ordnung und Weise angegeben, die einzuhalten sind, um aktiv in sie einzugehen. Es folgt nun der Reihe nach die Behandlung ihrer wunderbaren Eigenschaften und Wirkungen, die in den folgenden Versen enthalten sind. Ich will sie nun, wie ich es im Vorwort ansagte, kurz ausführen, um diese Verse zu erklären, dann aber übergehen zum *zweiten Buch*, das vom anderen Teil dieser *Nacht* handelt, nämlich vom *geistigen*.

2 Die Seele sagt also,

in *Liebesglut, zum Sehnsuchtsbrand entfacht*,

habe sie diese *dunkle Nacht der Sinne* durchlitten und sei daraus hervorgegangen zur Vereinigung mit dem Geliebten. Da nämlich der Wille seine Liebe und Zuneigung an den Begierden und Gelüsten nach allerlei Dingen zu entflammen pflegt, um sich durch sie zu erfreuen, war zu deren Überwindung und Verleugnung eine andere, heftigere Entflammung durch eine bessere Liebe vonnöten, der Liebe zu ihrem Bräutigam, damit sie Freude und Kraft in dieser finde und so Mut und Ausdauer gewinne, um allem anderen zu entsagen. Und es genügte nicht, daß sie ihren Bräutigam liebe, um die sinnlichen Begierden zu bezwingen; es mußte die Liebesglut zum Sehnsuchtsbrand angefacht sein. Da es vorkommen kann und vorkommt, daß die Sinnlichkeit von flammenden Begierden zu den sinnlichen Dingen bewegt und hingerissen wird, vermag der geistige Teil, wenn er nicht seinerseits von heftigerem Verlangen nach Geistigem entflammt ist, das natürliche Joch nicht zu zerbrechen, noch in die *Nacht der Sinne* einzugehen, noch Mut zu fassen, um allen Dingen gegenüber im Dunkeln zu verharren, und dem Begehren alles zu verweigern.

3 Auf welche Weise aber und wie vielfach diese Flammen der Liebessehnsucht die Seelen zu Beginn des Vereinigungsweges antreiben, wie eifrig und findig sie sind, ihrem Hause, nämlich dem Eigenwillen, in der *Nacht* des Abtötens ihrer Sinne zu entrinnen, wie leicht und sogar süß und köstlich ihnen die Sehnsucht nach dem Bräutigam alle Mühen und Gefahren dieser *Nacht* erscheinen lassen, dies zu sagen ist hier weder Ort noch Möglichkeit; denn es läßt sich besser erleben und erwägen als beschreiben. Und so gehen wir daran, im nächsten Kapitel die übrigen Verse zu erklären.

FÜNFZEHNTES KAPITEL

Erklärung der übrigen Verse dieser Strophe

O glückliches Geschehen! –
Ich floh ganz ungesehen
und ließ mein Haus schon tief in Ruhe stehen.

1 Als Bild dient hier das Elend der Gefangenschaft. Wer ihr entrinnt, ohne daß einer der Wächter es hindert, hält dies für ein *glückliches Geschehen*. Die Seele ist ja seit dem

ersten Sündenfall tatsächlich wie eine Gefangene in diesem sterblichen Leibe, den natürlichen Leidenschaften und Trieben unterworfen. Gelingt es ihr, der Umzingelung und Knechtung *ungesehen*, nämlich von keinem Begehren behindert oder festgehalten, zu entkommen, so hält sie dies für ein *glückliches Geschehen*.

2 Dazu verhalf ihr das Entweichen in *dunkler Nacht*, nämlich im Verzicht auf jeden Genuß und in Ertötung aller Begierden auf die beschriebene Weise. Dabei ließ sie *ihr Haus schon tief in Ruhe stehen*, nämlich den sinnlichen Teil als Gehäuse aller Begierden schon beruhigt durch deren Bezwingung und Einschläferung. Denn ehe die Begierden nicht durch Ertötung der Sinnlichkeit schlummern und die Sinnlichkeit selbst so beruhigt ist, daß sie in keiner Weise mehr gegen den Geist streitet, gelangt die Seele nicht zur wahren Freiheit des Genusses ihres Geliebten.

Ende des ersten Buches

ZWEITES BUCH

AKTIV ERSTREBTE NACHT DES GEISTES

VERSTAND

Die Zweite Strophe handelt vom zweiten, dem Geiste geltenden Teil dieser Nacht. – *Der Glaube ist nächstes Mittel zur Vereinigung mit Gott.*

Zweite Strophe

ERSTES KAPITEL

Ich konnt' in Heimlichkeit,
vermummt, auf schmaler Treppe sicher gehen,
gedeckt von Dunkelheit
o glückliches Geschehen!
und ließ mein Haus schon tief in Ruhe stehen.

1 In dieser zweiten Strophe besingt die Seele das *glückliche Geschehen*, das sie in der Entblößung des *Geistes* von allen geistigen Unvollkommenheiten und allem Besitzstreben im Geistigen erlebte. Dies ist für sie ein viel größeres Glück ob der größeren Schwierigkeit, dieses Haus des geistigen Teiles zu beruhigen, um ins innere Dunkel der geistigen Entblößung von allen Dingen, den sinnlichen wie geistigen, einzugehen, nur gestützt auf den reinen Glauben und durch ihn aufsteigend zu Gott.

Darum spricht sie von *Treppe* und *Heimlichkeit;* denn alle ihre Stufen und Stützen sind geheim und sowohl den Sinnen wie dem Verstande verborgen. Und so verbleibt sie im Dunkeln, ohne Licht vom Fühlen und Verstehen her, überschreitet alle Schranken der Natur und Vernunft, um aufzusteigen, die göttliche Treppe des Glaubens hinan, die emporjdringt bis in die Tiefen Gottes.

Darum sagt sie auch, sie gehe *vermummt;* denn im Glauben aufsteigend wandelt sie ihre natürliche Tracht und Gewandung und ihr natürliches Gebaren ins Göttliche. Und so war diese Vermummung der Grund, daß sie weder vom Zeitlichen, noch vom Vernunftgemäßen, noch vom Teufel erkannt und aufgehalten wurde; denn nichts von alledem kann dem schaden, der den Weg des Glaubens wandelt.

Und nicht nur dies, sondern die Seele wandelt so verdeckt und verborgen und fern aller List des Teufels, daß sie wahrhaft (wie sie hier sagt) *gedeckt von Dunkelheit* schreitet, und zwar gedeckt gegen den Teufel, für den das Licht des Glaubens mehr als Finsternis ist. So dürfen wir von der Seele, die im Glauben wandelt, sagen, sie gehe *in Heimlichkeit* und *gedeckt* gegen den Teufel, wie es später noch deutlicher werden soll.

2 Darum sagt sie, sie konnte *im Dunkeln sicher gehen.* Wer nämlich das Glück hat, im Dunkel des Glaubens zu wandeln, und ihn zum Blindenführer wählt, der entrinnt allen natürlichen Einbildungen und geistigen Spekulationen und geht, wie gesagt, ganz sicher dahin.

Sie sagt ferner, beim Entweichen in diese geistige *Nacht* ließ sie *ihr Haus schon tief in Ruhe stehen*, nämlich den geistigen und vernünftigen Bereich; denn so wie die Seele zur Vereinigung mit Gott gelangt, ruhen im geistigen Bereich ihre natürlichen Vermögen, Antriebe und Wünsche. Darum spricht sie hier nicht mehr vom *Sehnsuchtsbrand*, der sie austrieb in die erste *Nacht der Sinne.* Um nämlich in die *Nacht der Sinne* einzugehen und sich alles Sinnenhaften zu entblößen, bedurfte es der fühlbaren Liebessehnsucht zum Vollbringen der Flucht. Um aber das *Haus des Geistes* völlig zu beruhigen, ist nur die Verneinung aller geistigen Vermögen und Begehren im reinen Glauben erfordert. Ist dies geschehen, so vereinigt sich die Seele dem Geliebten in Einfalt und Lauterkeit und Liebe und Ähnlichkeit.

3 Es ist auch zu beachten, daß die Seele in der *ersten Strophe*, als vom *sinnlichen* Bereich die Rede war, sagt, sie sei in *dunkler Nacht* entflohen; nun aber, da sie vom *geistigen* Bereich spricht, setzt sie dafür *Dunkelheit:* denn die Finsternis ist im geistigen Bereich viel dichter. Die *Dunkelheit* an sich ist finsterer als eine *dunkle Nacht*. So dunkel eine Nacht auch sei, man sieht doch ein wenig; in der Dunkelheit aber sieht man nichts. So blieb der *Nacht der Sinne* immerhin noch etwas Licht, denn Erkennen und Überlegen blieben ihr ungeblendet. Doch die *Nacht des Geistes*, das ist der Glaube, entzieht ihr alles, das Verstehen wie das Fühlen. Darum sagt die Seele nun, sie gehe *sicher*, *gedeckt von Dunkelheit*, was sie zuvor nicht sagte. Je weniger nämlich eine Seele aus eigener Fähigkeit wirkt, um so sicherer geht sie, denn um so mehr wandelt sie im Glauben.

Dies soll nun im *zweiten Buche* ausführlicher erklärt werden. Der fromme Leser möge aufmerksam folgen; denn es sind Dinge zu sagen, die dem wahrhaftigen Geiste sehr wichtig sind. Und, obwohl etwas dunkel, bahnt doch das eine dem anderen so den Weg, daß ich meine, man wird alles sehr gut verstehen.

ZWEITES KAPITEL

Beginn der Abhandlung über die zweite Phase oder Ursache dieser «Nacht», nämlich über den Glauben. – Aus zwei Gründen ist dieser Teil dunkler als der erste und der dritte.

1 Im Folgenden ist von der zweiten Phase dieser *Nacht*, vom Glauben, die Rede. Er ist das erwähnte wunderbare Mittel zum Ziel, zu Gott, zu gelangen. Gott aber ist, wie wir sagten, naturgemäß die *dritte Ursache* oder Phase dieser *Nacht*.

Der Glaube gleicht als Mitte der Mitternacht. Darum können wir sagen, er sei für die Seele dunkler als die erste und, in gewisser Hinsicht, auch als die dritte Phase. Denn die *erste*, von den *Sinnen* her, gleicht dem Anbruch der Nacht, wenn alle wahrnehmbaren Dinge dem Blick entschwinden. Sie ist dem Licht nicht so ferne wie die Mitternacht.

Die *dritte Phase* ist das Morgengrauen, das dem Tageslicht schon nahe kommt und nicht so dunkel ist wie die Mitternacht. Sie steht ja unmittelbar vor der Erleuchtung und Gestaltung durch das Tageslicht und dieses ist Gleichnis für *Gott*. Wohl ist Gott, natürlich gesprochen, für die Seele eine so dunkle Nacht wie der Glaube. Doch nach Ablauf der drei Phasen, die für die Seele naturgemäß *Nacht* sind, ist Gott schon daran, die Seele mit dem Strahlen seines göttlichen Lichtes übernatürlich zu erleuchten (und dies ist der Beginn der vollkommenen Vereinigung nach dem Überstehen der dritten *Nacht*), weshalb sie schon minder dunkel genannt werden kann.

2 Doch sie ist dunkler als die erste *Nacht*, die dem niederen Bereich des Menschen zugehört, dem sinnlichen, und daher mehr äußerlich ist. Die zweite *Nacht*, die des Glaubens, gehört dem höheren, vernünftigen Bereich des Menschen zu und ist daher innerlicher und dunkler; denn sie entzieht oder, besser gesagt, blendet ihm das Licht der Vernunft. Darum ist sie gut der Mitternacht vergleichbar, der innersten und dunkelsten Mitte der Nacht.

3 Nun ist zu erweisen, wie diese zweite Phase, der Wandel im Glauben, *Nacht* ist für den Geist, gleich wie die erste es für die Sinne ist. Dann wollen wir sagen, was ihr entgegensteht, und was die Seele selbst tun kann, sich für das Eingehen in diese *Nacht* bereitzuhalten. Von der über sie verhängten Nacht, in die Gott sie ohne ihr Zutun versetzt, werden wir an geeigneter Stelle sprechen, ich meine im *Dritten Buche*[1].

[1] Unter dem Titel *Dunkle Nacht*.

Der Glaube eine *dunkle Nacht* für die Seele. – Mit guten Gründen erwiesen und durch die Heilige Schrift beglaubigt.

1 Die Theologen sagen, der Glaube sei ein sicheres und dunkles Gehaben der Seele. Und der Grund, warum er ein dunkles Gehaben ist, liegt darin, daß er uns Wahrheiten zu glauben vorstellt, die Gott selbst geoffenbart hat; erhaben über jedes natürliche Licht, überragen sie unverhältnismäßig jedes menschliche Verstehen.

Daher ist das überhelle Licht, das der Glaube verleiht, für die Seele dunkle Finsternis. Das Stärkere überwältigt und besiegt das Schwächere. Das Licht der Sonne überstrahlt alle anderen Leuchten so, daß sie im Sonnenglanz kein Licht mehr geben, denn unsere Sehkraft ist geblendet. Die Sonne gibt also im Hinblick auf die anderen Leuchten keine Sicht, sondern nimmt sie vielmehr und macht blind, weil ihr Licht unsere Sehkraft unverhältnismäßig übersteigt. Ebenso überwältigt und besiegt das Licht des Glaubens durch sein Übermaß das Licht des Verstandes, das ja an sich nur für das natürliche Erkennen hinreicht, obwohl es auch für das Übernatürliche befähigt ist, wenn unser Herr es zu übernatürlicher Tätigkeit erheben will.

2 Aus sich vermag der Verstand nur auf natürlichem Wege zu erkennen, was ihm mittels der Sinne zukommt. Durch sie besitzt er Vorstellungen und Bilder von Gegenständen, die entweder selbst oder in Abbildern gegenwärtig sind. Auf andere Weise kommt er zu keinem Erkennen. Die Philosophen sagen: *Ab obiecto et potentia paritur notitia.* – Durch den Gegenstand und durch ihr Vermögen kommt die Seele zum Erkennen[1].

[1] Andrés de la Encarnación verweist irrtümlich auf Buch 4, Kap. 12 des Werkes *De Trinitate* des hl. Augustinus. Tatsächlich behandelt fast das ganze 9. Buch diesen Grundsatz, der etwa im 18. Kap. so formuliert ist: *Ab utroque enim notitia paritur, a cognoscente et cognito.*

Würde man also jemandem von Dingen sprechen, die ihm nie untergekommen sind, auch nicht durch Vergleichbares, so wird ihm dies nicht mehr einleuchten, als hätte man ihm nichts gesagt.

Zum Beispiel: sagte man jemandem, auf einer gewissen Insel gebe es ein Lebewesen, das er nie gesehen habe, und vergliche man es nicht mit anderen, die er gesehen hat, so kann er sich davon kein Bild machen und weiß von diesem Lebewesen nicht mehr als zuvor, mögen sie ihm auch noch so viel davon erzählen.

Anhand eines deutlicheren Beispiels mag man es besser verstehen: Erklärte man einem Blindgeborenen, der nie eine Farbe gesehen hat, was weiß oder gelb sei, man könnte noch so viel sagen, er würde nach wie vor nichts verstehen, weil er eben niemals solche Farben oder Vergleichbares wahrgenommen hat und es nicht beurteilen kann. Nur den Namen könnte er behalten, den er mit dem Gehör aufzunehmen vermag, doch ohne Gestalt und Bild, da er sie niemals sah.

3 In solcher Weise wirkt der Glaube auf die Seele. Er spricht uns von Dingen, die wir niemals sahen, noch hörten, auch nicht vergleichsweise, da ihnen nichts vergleichbar ist. Natürliches Erkennen gibt uns kein Licht darüber, denn was der Glaube uns sagt, ist keinem unserer Sinne faßbar. Zwar wissen wir es durch das Gehör und wir glauben dem, der uns unterweist, doch mit Unterwerfung und Blendung unseres natürlichen Lichtes. Wenn der hl. Paulus sagt: *Fides ex auditu* (Röm 10, 17), so meint er: der Glaube ist kein Wissen, das durch irgendeinen Sinn Eingang findet, sondern nur die Zustimmung der Seele zu dem, was sie mit dem Ohre vernimmt.

4 Ja der Glaube übertrifft bei weitem, was die angeführten Beispiele zu verstehen geben, denn er vermittelt nicht bloß keine Evidenz und kein Wissen, sondern entzieht und blendet auch jegliches übrige Erkennen und Wissen, damit er

richtig beurteilt zu werden vermag. Alles übrige Wissen wird mit dem Licht des Verstandes erworben: das des Glaubens aber erwirbt sich nicht mit Verstandeslicht, das auf den Glauben hin verneint wird; im eigenen Licht entschwindet der Glaube, sofern dieses nicht verdunkelt wird. Darum sagte Isaias: *Si non credideritis, non intelligetis. – Wenn ihr nicht glaubt, könnt ihr nicht verstehen* (7, 9).

Es ist also klar, daß der Glaube für die Seele *dunkle Nacht* ist und ihr gerade dadurch Licht gibt. Und je mehr er sie verdunkelt, um so heller leuchtet ihr sein Licht; denn indem er sie blendet, gibt er ihr Licht, wie auch Isaias sagt. *Wenn ihr nicht glaubt, werdet ihr nicht verstehen*, d.h., werdet ihr kein Licht erhalten.

So hat der Glaube ein Sinnbild in jener Wolke, die die Kinder Israels von den Ägyptern trennte, als jene sich anschickten, das Rote Meer zu durchschreiten. Die Heilige Schrift nennt sie *nubes tenebrosa, et illuminans noctem, eine dunkle, die Nacht erleuchtende Wolke* (Ex 14, 20).

5 Wunderbar ist es, daß sie, dunkel wie sie war, die Nacht erleuchtete. Dies deutet an, daß der Glaube, der eine dunkle und finstere Wolke für die Seele ist – und zugleich Nacht, denn in Gegenwart des Glaubens ist die Seele ihres natürlichen Lichtes beraubt und erblindet –, mit seiner Finsternis leuchtet und der Finsternis der Seele Licht spendet; denn der Schüler soll ja seinem Meister gleichen. Ein Mensch in Finsternis kann nur von einer anderen Finsternis her entsprechend erleuchtet werden, wie auch David es lehrt mit den Worten: *Dies diei eructat verbum, et nox nocti indicat scientiam – Der Tag dem Tage raunt das Wort, die Nacht der Nacht das Wissen kündet* (Ps 18, 3). Um es deutlicher zu sagen: Der *Tag*, das ist Gott in der Seligkeit, wo es schon Tag ist, teilt den seligen Engeln und Seelen, die auch schon Tag sind, das *Wort* mit, nämlich seinen Sohn; er spricht es aus, auf daß sie ihn erkennen und genießen. Und die *Nacht*, das ist der Glaube der streitenden Kirche, in der es noch Nacht ist,

kündet der Kirche *das Wissen*, somit jeder Seele, in der es ja Nacht ist, da ihr die beseligende lichte Weisheit mangelt, der Glaube aber ihr natürliches Licht blendet.

6 Dem ist zu entnehmen, daß der Glaube, weil er *dunkle Nacht* ist, der Seele, die im Dunkel weilt, Licht spendet, damit an ihr wahr werde, was David darüber sagt: *Nox illuminatio mea in deliciis meis. – Die Nacht wird mir zur Leuchte in meinen Wonnen* (Ps 138, 11). Damit ist gesagt: in den Wonnen meiner reinen Beschauung und Vereinigung mit Gott wird die *Nacht des Glaubens* mir Führung sein. Dies gibt deutlich zu verstehen, daß die Seele in Finsternis sein muß, um Licht für diesen Weg zu empfangen.

VIERTES KAPITEL

Ein allgemeiner Grundsatz: Auch die Seele muß, soweit es an ihr liegt, im Dunkeln sein, um durch den Glauben gut zur höchsten Beschauung geleitet zu werden.

1 Ich meine, es ist schon ein wenig verständlich geworden, wie der Glaube *dunkle Nacht* für die Seele ist und wie die Seele auch ihrerseits dunkel oder gegen ihr Licht abgedunkelt sein muß, um sich durch den Glauben zu diesem hohen Ziel der Vereinigung geleiten zu lassen. Damit die Seele sich jedoch zu verhalten wisse, wird es nun gut sein, etwas eingehender die Dunkelheit zu erklären, die sie erwirken muß, um in den Abgrund des Glaubens einzugehen. Darum will ich in diesem Kapitel im allgemeinen darüber sprechen, um dann später, mit Gottes Gunst, im einzelnen von der Weise zu reden, die einzuhalten ist, um nicht zu irren und einen solchen Führer nicht zu behindern.

2 Ich sage also: um sich durch den Glauben gut zu diesem Stande führen zu lassen, muß die Seele das *Dunkel* wahren, nicht nur im Bereich ihrer Beziehungen zu den Geschöpfen und zeitlichen Dingen, nämlich im *sinnlichen und niedrigen*

Teil, (wovon wir schon sprachen), sondern sie muß sich auch blenden und abdunkeln im Bereich ihrer Beziehungen zu Gott und zum Geistigen, nämlich im *vernünftigen und höheren* Teil. Davon wollen wir nun sprechen. Denn dies ist klar: will eine Seele zur übernatürlichen Umgestaltung gelangen, so muß sie alles, was ihrer Natur eignet, das Sensitive wie das Rationale, verdunkeln und übersteigen. Denn übernatürlich heißt ja, was über die Natur hinaus geht; das Natürliche bleibt dann unten.

Da nämlich diese Umgestaltung und Vereinigung nicht dem menschlichen Sinnen und Trachten zugehört, muß sich die Seele, soweit es an ihr liegt, im Gemüt, sage ich, und im Willen, leer halten von allem was deutlich und gewollt in sie eindringen könnte, sei es von oben oder von unten. Was aber an Gott liegt – wer wollte Ihn hindern, in der gelassenen, vernichteten, entblößten Seele zu wirken, was Er will?

Die Seele hat sich also leer zu halten, als wäre sie dazu imstande, so zwar, daß sie auch im Besitze vieler übernatürlicher Güter wie ihrer entblößt und im Dunkel sei – gleich einem Blinden –, gestützt auf den dunklen Glauben, durch ihn geführt und erleuchtet, nicht aber auf etwas gestützt, das sie begreift, verkostet, fühlt und ersinnt. Denn all dies ist Finsternis, die irreführt, und der Glaube ist über allem Verstehen und Verkosten und Empfinden und Sichvorstellen.

Und wenn sie sich nicht gegen all dies blind macht, um völlig im Dunkeln zu bleiben, so kommt sie nicht zum Höheren, das der Glaube lehrt.

3 Ein Blinder, der nicht ganz blind ist, läßt sich vom Blindenführer nicht gern leiten; vielmehr meint er, so wie er nur ein wenig sieht, der Pfad, den er eben sieht, sei der beste; er sieht ja die anderen, besseren nicht; und so kann er seinen Führer, der mehr sieht, irremachen; denn schließlich hat er mehr zu sagen als der Junge, der ihn führt. Stützt sich daher eine Seele, um diesen Weg zu gehen, auf irgendein eigenes

Erkennen oder Verkosten oder Fühlen Gottes, das vielleicht, mag es auch groß scheinen, doch sehr gering und Gott unähnlich ist, so verirrt sie sich leicht oder hält sich auf, weil sie sich nicht ganz blind dem Glauben überläßt, der ihr wahrer Führer ist.

4 Dies wollte auch der hl. Paulus sagen mit den Worten: *Accedentem ad Deum oportet credere quod est. – Wer Gott naht, muß glauben, daß Er ist* (Hebr 11, 6). Dies soll besagen: wer dahin kommen will, sich mit Gott zur Einheit zu verbinden, darf nicht verstandesmäßig vorangehen, noch sich auf sein Genießen oder sein Fühlen oder seine Phantasie stützen, sondern nur an Gottes Wesen glauben. Dieses aber ist nicht mit dem Verstande, noch mit dem Begehren, noch mit der Phantasie zu fassen, noch mit irgendeinem Sinn. Es kann überhaupt in diesem Leben nicht begriffen werden. Vielmehr ist das Erhabenste, das man fühlen und verkosten oder sonst wahrnehmen kann, unendlich von Gott und dem reinen Besitz Gottes entfernt. Isaias (64, 3) und der hl. Paulus (1 Kor 2, 9) sagen: *Nec oculus vidit, nec auris audivit, nec in cor hominis ascendit, quae praeparavit Deus iis, qui diligunt illum. – Kein Auge hat es gesehen, und kein Ohr hat es gehört, und in keines Menschen Herz ist es gedrungen, was Gott denen bereitet hat, die ihn lieben.* Die Seele möchte sich in diesem Leben durch die Gnade vollkommen mit dem vereinigen, dem sie im anderen durch die Glorie vereint sein soll; da die Glorie aber, wie der hl. Paulus hier sagt, von keinem Auge geschaut, von keinem Ohr gehört und in kein Herz eines noch im Leibe lebenden Menschen gedrungen ist, so ergibt sich klar, daß die Seele, um in diesem Leben vollkommen zur Vereinigung durch Gnade und Liebe zu gelangen, sich gegen alles abdunkeln muß, was durch das Auge eindringen oder durch das Ohr aufgenommen werden oder mit der Phantasie ausgesonnen oder mit dem Herzen, das bedeutet hier die Seele, erfaßt werden könnte.

Eine Seele behindert also ihren Aufstieg zu diesem erhabenen Stande der Vereinigung mit Gott gar sehr, wenn sie an irgendeinem Verstehen oder Fühlen oder Vorstellen oder Meinen oder Wollen nach ihrer Weise festhält oder an irgendeinem anderen ihr eigenen Werk oder Ding, weil sie sich dessen nicht ganz zu entledigen und zu entblößen vermag. Denn, wie gesagt, das, wonach sie strebt, ist über all dies erhaben, auch über das Höchste, das erkannt oder verkostet werden kann. Darum muß sie über all dies hinaus zum Nichtwissen gelangen.

5 Auf diesem Wege ist demnach das Verlassen des Weges das Betreten des Weges; oder, besser gesagt, der Hindurchgang zum Ziele. Und das Lassen der eigenen Weise ist das Eingehen ins Ziel, das keine Weise hat, es ist ja Gott. Die Seele, die diesen Stand erreicht, hat keine eigenen Weisen mehr, sie hängt nicht daran und kann nicht daran hängen, ich meine an der Eigenart ihres Verstehens, Verkostens, Empfindens. Dennoch schließt sie alle diese Weisen in sich ein, wie jemand, der nichts besitzt und alles besitzt. Denn so wie sie Mut hat, sich über ihre begrenzte innere und äußere Natur hinauszuschwingen, geht sie ein in den übernatürlichen Bereich, der keine Weisen hat, weil er dem Wesen nach alle in sich enthält. Dahin gelangen, heißt ausgehen von hüben und drüben durch das Ausgehen aus sich und dadurch weit hinweg von dieser Niederung, hoch empor über alles.

6 Ja mit all ihrer Sehnsucht muß die Seele sich hinaussehnen über alles, was sie natürlicherweise geistig wissen und begreifen kann, um das zu erreichen, was sie in diesem Leben nicht zu wissen noch mit dem Herzen zu fassen vermag. Sie lasse alles zurück, was sie an Zeitlichem oder Geistigem in diesem Leben verkostet und fühlt oder verkosten und fühlen könnte, und sehne sich mit aller Sehnsucht nach dem, was jedwedes Fühlen und Verkosten übersteigt.

Und um dafür frei und leer zu bleiben, eigne sie sich in keiner Weise an, was ihr geistig oder sinnlich zuteil wird (worauf wir näher eingehen wollen, wenn wir es im besonderen behandeln), sondern schätze dies alles gering. Denn je höher sie von dem denkt, was sie begreift, verkostet und sich vorstellt, und je höher sie es schätzt, sei es nun geistig oder nicht, um so mehr behindert sie das höchste Gut und verzögert ihr Schreiten zu ihm. Und wäre das, was sie zu erfahren vermag, auch groß: je geringer es sie dünkt, verglichen mit dem höchsten Gute, um so mehr wird sie dieses zu schätzen und folglich um so besser zu erlangen wissen.

Auf diese Weise nähert sich die Seele im Dunkeln großzügig der Vereinigung mittels des Glaubens, der auch dunkel ist und ihr eben dadurch das wunderbare Licht des Glaubens spendet. Dies ist sicher: wollte die Seele sehen, sie würde schneller Gott gegenüber erblinden als einer, der die Augen auftut, ins volle Sonnenlicht zu schauen.

7 Wer also auf diesem Wege seine Fähigkeiten blind macht, wird das Licht schauen, wie es der Heiland im Evangelium in folgender Weise sagt: *In iudicium veni in hunc mundum: ut qui non vident, videant, et qui vident, caeci fiant. – Zum Gericht bin ich in diese Welt gekommen; die Blinden sollen sehend, die Sehenden blind werden* (Jo 9, 39). Dies ist wörtlich von diesem geistigen Wege zu verstehen, nämlich in dem Sinne, daß die Seele, die sich im Dunkeln hält und blind macht gegen jedes eigene und natürliche Licht, übernatürlich sehen wird; jene hingegen, die sich auf irgendein Eigenlicht verläßt, blendet sich in diesem Maße und bleibt zurück auf dem Wege zur Vereinigung.

8 Um weniger unklar voranzugehen, erscheint es mir nötig, im folgenden Kapitel zu erklären, was wir unter der Vereinigung der Seele mit Gott verstehen. Wird dies begriffen, so fällt davon viel Licht auf das fürder zu Sagende.

Und so meine ich, hier sei der rechte Ort, davon zu handeln. Zwar wird der eben laufende Faden durchschnitten, doch dies geschieht nicht ohne Absicht, denn es dient der Beleuchtung des Gegenstandes. Das folgende Kapitel ist also gleichsam in Klammern dem gleichen Thema eingefügt. Danach kommen wir zur Behandlung der drei Seelenkräfte im besonderen, bezogen auf die drei theologischen Tugenden im Hinblick auf diese *zweite Nacht*.

FÜNFTES KAPITEL

Das Wesen der Vereinigung der Seele mit Gott. – Ein Vergleich.

1 Dem zuvor Gesagten ist einigermaßen zu entnehmen, was wir hier unter der *Vereinigung der Seele mit Gott* verstehen; so wird das noch zu Sagende besser begreiflich. Es ist nun nicht meine Absicht, ihre unterschiedlichen Weisen und Teile zu behandeln; ich käme an kein Ende, wenn ich nun erklären wollte, worin die *Vereinigung des Verstandes* besteht und worin die des *Willens* und ebenso des *Gedächtnisses*, ferner wie sie diesen Kräften nach *vorübergehend* oder *dauernd* sein kann und schließlich *vollständig* – *vorübergehend* oder *dauernd* – durch Zusammenschluß der genannten Kräfte. Im Laufe der Ausführungen werden wir oft davon sprechen, bald in dieser, bald in jener Hinsicht. Hier dient es noch nicht zum Verständnis dessen, was wir zunächst sagen wollen, und am jeweils entsprechenden Ort wird es dem Verständnis besser dargeboten. Bei Fortführung des gleichen Gegenstandes verbindet sich das lebendige Beispiel dem gegenwärtigen Verstande und so kann jeder Umstand besser erfaßt, verstanden und beurteilt werden.

2 Hier geht es nur um die *vollständige* und *dauernde Vereinigung* der Seelensubstanz samt ihren Kräften als *dunklen Zustand* der Vereinigung. Was den *Akt* anlangt, wollen wir nachher, mit Gottes Gunst, ausführen, daß eine dauernde

Vereinigung der Kräfte in diesem Leben nicht möglich ist, sondern nur eine vorübergehende.

3 Zum Verständnis der Vereinigung, von der wir sprechen wollen, ist zu beachten, daß Gott in jeder Seele, auch in der des größten Sünders der Welt, substantiell wohnt und wirkt. Diese Art der Vereinigung zwischen Gott und allen Geschöpfen besteht immer. Dadurch erhält er sie in dem ihnen eigenen Sein. Würde dies fehlen, so wären sie sofort vernichtet und hörten auf zu sein.

Wenn wir nun von der Vereinigung der Seele mit Gott sprechen, so meinen wir nicht diese substantielle, die immer gegeben ist, sondern die Liebesvereinigung und Umgestaltung in Gott, die nicht immer gegeben ist, sondern nur mit der Ähnlichkeit aus Liebe. Darum heißt sie *Vereinigung in Ähnlichkeit*, so wie jene *wesenhafte* oder *substantielle Vereinigung* heißt. Diese ist *natürlich*, jene *übernatürlich*. Sie kommt zustande, wenn beide Willen, nämlich der Seele und Gottes, einander gleichförmig sind, so daß es in dem einen nichts gibt, was dem andern widersteht. Wenn also die Seele restlos ausscheidet, was dem göttlichen Willen widerstrebt oder ihm nicht eingefügt ist, findet sie sich durch Liebe umgestaltet in Gott.

4 Dies ist nicht nur von einem Widerstand *in der Tat*, sondern auch *im Zustand* zu verstehen. Es sind also nicht nur freiwillige Akte der Unvollkommenheit zu vermeiden, sondern die Zuständlichkeiten jedweder Unvollkommenheit sind zu vernichten. Da nun keinerlei Geschöpf und nichts von dessen Tätigkeiten und Fähigkeiten dem Göttlichen gleichkommt, so hat sich die Seele jeglichen Geschöpfes und all ihrer Tätigkeiten und Fähigkeiten zu entblößen, nämlich ihres Verstehens, Verkostens und Empfindens, um nach Beseitigung alles dessen, was Gott unähnlich und unangeglichen ist, das Ähnlichsein von Gott zu empfangen, so daß in ihr nichts verbleibt, was nicht Gottes Wille ist, wodurch sie sich in Gott umgestaltet.

Wohl ist es wahr, wie gesagt, daß Gott stets in der Seele zugegen ist und ihr durch sein Wirken das natürliche Sein gibt und erhält; nicht aber verleiht Er ihr stets das übernatürliche Sein; denn dies teilt sich nur durch Liebe und Gnade mit, in der nicht alle Seelen stehen. Und stehen sie in der Gnade, so doch nicht im gleichen Grade; denn manche sind auf einer höheren, manche auf einer weniger hohen Stufe der Liebe. Gott teilt sich jener Seele mehr mit, die in der Liebe weiter voran ist, deren Wille sich nämlich dem Willen Gottes mehr angleicht. Und hat eine ihren Willen ganz angeglichen und verähnlicht, so ist sie in übernatürlicher Weise gänzlich mit Gott vereinigt und in ihn umgestaltet.

Aus dem Angedeuteten geht also hervor: je mehr eine Seele, der Neigung und dem Gehaben nach, von den Geschöpfen und ihrer eigenen Tüchtigkeit eingenommen ist, um so weniger ist sie für die Vereinigung bereit; sie gibt ja Gott nicht restlos Raum, damit er sie ins Übernatürliche umgestalte. Die Seele hat also nichts weiter zu tun, als sich der natürlichen Widersetzlichkeiten und Unähnlichkeiten zu entblößen, auf daß Gott, der sich natürlich durch Natur mitteilt, auch übernatürlich durch Gnade mitteile.

5 Dies wollte auch der hl. Johannes zu verstehen geben, als er sagte: *Qui non ex sanguinibus, neque ex voluntate carnis, neque ex voluntate viri, sed ex Deo nati sunt* (Jo 1, 13). Mit anderen Worten: Gott gab die Macht, Kinder Gottes zu sein – durch Umgestaltung in Gott – nur jenen, die nicht aus dem Geblüte, nämlich nicht aus der natürlichen Beschaffenheit und Veranlagung geboren sind, auch nicht aus dem Willen des Fleisches, also nicht aus der Willkür natürlicher Tüchtigkeit und Fähigkeit, ebensowenig aus dem Willen des Mannes. Damit ist jede Art und Weise des Urteilens und Begreifens mittels des Verstandes gemeint. Keinem von diesen gab er die Macht, Kind Gottes zu sein, sondern nur den aus Gott Geborenen. Aus der Gnade wiedergeboren, sterben

sie zunächst alledem ab, was des alten Menschen ist, erheben sich über sich selbst zur Übernatur und empfangen von Gott jene Wiedergeburt und Kindschaft, die alles Denken übersteigt. Denn, wie der hl. Johannes an anderer Stelle schreibt: *nisi quis renatus fuerit ex aqua et Spiritu Sancto, non potest videre regnum Dei* (3, 5). – *Wer nicht wiedergeboren wird im Heiligen Geist, kann das Reich Gottes* – den Stand der Vollkommenheit – *nicht schauen.* In diesem Leben jedoch bedeutet Wiedergeburt im Heiligen Geist den Besitz einer Gott an Reinheit überaus ähnlichen Seele, an der keine Spur von Unvollkommenheit ist, so daß die lautere Umgestaltung durch teilnehmende Vereinigung, wenn auch nicht wesenhaft, erfolgen kann.

6 Zum besseren Verständnis des einen wie des anderen bringen wir einen Vergleich. Ein Sonnenstrahl fällt auf ein Glasfenster. Ist das Fenster nun durch Flecken getrübt oder angelaufen, so kann der Strahl es nicht so erhellen und ganz in sein Licht umgestalten, wie wenn es frei von diesen Trübungen und durchsichtig wäre; vielmehr wird er es um so weniger erhellen, je weniger es von Trübungen und Flecken frei ist, und um so besser, je reiner es ist. Das liegt nicht am Strahl, sondern am Fenster. Wäre es ganz klar und rein, der Strahl würde es so umbilden und erhellen, daß es selbst wie ein Strahl erschiene und ebenso Licht ausstrahlte wie er, obwohl die Glasscheibe in Wahrheit ihre vom Strahl verschiedene Natur beibehält. Wir dürfen jedoch sagen, sie sei Strahl oder Licht durch Teilnahme.

Die Seele nun gleicht diesem Fenster, da sie dauernd bestrahlt oder, besser gesagt, wesenhaft bewohnt ist von diesem Lichte des Daseins Gottes, wie wir schon sagten.

7 Gibt die Seele Raum, befreit sie sich nämlich von aller Trübung und Befleckung durch Geschöpfe, wodurch sie den Willen vollkommen dem Willen Gottes vereint – lieben heißt ja danach streben, Gott zuliebe von allem frei und bloß

zu werden, was nicht Gott ist –, so wird sie alsbald hell und umgebildet in Gott, und Gott teilt ihr sein übernatürliches Wesen so mit, daß sie selbst wie Gott erscheint und das umfängt, was Gott umfängt.

Diese Vereinigung vollzieht sich, wenn Gott der Seele diese übernatürliche Gnade verleiht, daß die Dinge Gottes und der Seele eins sind in *teilnehmender Umgestaltung*. Die Seele scheint mehr Gott zu sein als Seele, und sie ist es auch durch Teilnahme. Freilich bleibt ihr Wesen, wenn auch umgestaltet, vom Wesen Gottes so unterschieden wie zuvor, gleichwie die Glasscheibe sich vom Strahl unterscheidet, der sie erhellt.

8 Nun ist es klarer, daß die Seele, wie gesagt, nicht durch Verstehen, noch durch Verkosten, noch durch Fühlen, noch durch eine bildhafte Vorstellung Gottes dieser Vereinigung bereitet wird, sondern durch Reinheit und Liebe, die sich alles dessen in vollkommener Gelassenheit Gott zuliebe entblößt; auch daß vollkommene Umgestaltung nicht sein kann, wo nicht vollkommene Reinheit ist; und daß im Verhältnis zur Reinheit die Erhellung, Durchleuchtung und Vereinigung der Seele mit Gott größer oder geringer sein wird. Vollkommen aber, sage ich, wird sie nicht sein, wenn nicht alles vollkommen und klar und rein ist.

9 Auch folgender Vergleich mag es verständlich machen: Da ist ein vollendet schönes Bild in erhabenster Kunst mit erlesensten Farben in zartestem Schmelz gemalt, in manchen Tönungen von so künstlerisch höchster Feinheit, daß man sie ob ihrer subtilen Werte kaum zu bestimmen vermag. Wer nun einen minder hellen und geklärten Blick hat, wird weniger Kunst und Feinheit in diesem Bilde entdecken, wer aber einen reineren Blick hat, wird mehr Kunst und Vollendung erschauen; hätte dann einer noch hellere Augen, er nähme noch mehr Vollkommenes wahr; endlich käme der mit reinster Sehkraft begabte zur Sicht noch weiterer

künstlerischer Meisterschaft. Denn an diesem Bilde ist soviel zu sehen, daß man, wieviel man auch schon entdeckt hat, immer noch mehr zu entdecken vermag.

10 In gleicher Weise, so dürfen wir sagen, ergeht es den Seelen mit Gott hinsichtlich dieser Erleuchtung und Umgestaltung. Sicherlich kann jede Seele, je nach ihrer geringeren oder größeren Fassungskraft, zur Vereinigung gelangen, doch nicht allen wird sie in gleichem Maße zuteil, sondern je nachdem der Herr sie einer jeden gewähren will. So ist es ja auch mit der Schau im Himmel: die einen sehen mehr, die anderen weniger; doch alle schauen Gott, und alle sind zufrieden, denn ihre Fassungskraft ist ausgefüllt.

11 Obwohl wir nun auch in diesem Leben schon manche Seelen gleich fried- und ruhevoll im Stande der Vollkommenheit finden und jede einzelne zufrieden ist, so könnte doch die eine viele Stufen höher stehen als die andere, und beide wären gleich gesättigt, denn ihre Fassungskraft ist ausgefüllt. Wer aber nicht die Reinheit erreicht, die seiner Fassungskraft entspricht, kommt nie zum wahren Frieden und Genügen, weil seine Kräfte nicht entblößt und leer sind; dies aber ist nötig für die reine Vereinigung mit Gott.

SECHSTES KAPITEL

Die drei theologischen Tugenden sollen die drei Seelenkräfte vervollkommnen und sie in Leere und Dunkelheit versetzen.

1 Da es sich nun darum handelt, die drei Seelenkräfte, Verstand, Gedächtnis und Willen, dieser geistigen *Nacht*, die das Mittel zur göttlichen Vereinigung ist, einzufügen, so ist es zunächst nötig, in diesem Kapitel zu erklären, wie die drei theologischen Tugenden zu den drei Seelenkräften in Beziehung stehen als deren übernatürliches Objekt, so daß die Seele sich mittels ihrer Kräfte mit Gott vereinigt, und wie die Tugenden Leere und Dunkelheit schaffen, jede in

der ihr zugehörenden Fähigkeit: der Glaube im Verstand, die Hoffnung im Gedächtnis und die Liebe im Willen.

Dann wollen wir zeigen, wie der Verstand sich in der Finsternis des Glaubens, wie das Gedächtnis sich in der Leere der Hoffnung zu vollenden hat, und wie auch der Wille in das Darben des ganz entblößten Gemütes eingehen muß, um zu Gott zu gelangen.

Dies wird klar machen, daß die Seele, die in Sicherheit den geistigen Weg wandeln will, notwendig die *dunkle Nacht* durchschreiten muß, gestützt auf die drei Tugenden, die der Seele alles nehmen und sie im Dunkeln lassen. Denn, wie schon gesagt: die Seele vereinigt sich mit Gott in diesem Leben nicht durch Verstehen, noch durch Genießen, noch durch Vorstellungen, noch durch irgend etwas Sinnenhaftes, sondern nur verstandesmäßig durch den Glauben, gedächtnismäßig durch die Hoffnung und willensmäßig durch die Liebe.

2 Alle drei Tugenden schaffen, wie wir sagten, Leere in den Fähigkeiten: der Glaube versetzt im Verstande das Verstehen in Leere und Dunkelheit; die Hoffnung macht das Gedächtnis leer von allem Besitz, und die Liebe entleert den Willen und entblößt das Gemüt von jeder Freude an etwas, das nicht Gott ist.

Denn der *Glaube* sagt uns, wie wir schon sahen, was mit dem Verstande nicht zu verstehen ist. Dies lehrt der hl. Paulus die Hebräer mit den Worten: *Fides est sperandarum substantia rerum, argumentum non apparentium* (11, 1). Er nennt in unserem Sinne den Glauben die *Substanz des Erhofften*. Wohl stimmt der Verstand ihm fest und sicher zu; doch die Dinge enthüllen sich dem Verstande nicht; enthüllten sie sich, so wäre es nicht mehr Glaube. Der macht sie zwar dem Verstande sicher, aber nicht klar, sondern läßt sie im Dunkeln.

3 Was nun die *Hoffnung* angeht, so versetzt sie zweifellos das Gedächtnis in Leere und Finsternis hinsichtlich des Dies-

seits wie des Jenseits. Hoffnung richtet sich ja stets auf das, was man nicht besitzt; besäße man es, so wäre es nicht mehr Hoffnung. Darum sagt der hl. Paulus den Römern: *Spes, quae videtur, non est spes; nam quod videt quis, quid sperat? – Hoffnung, durch die man sieht, ist keine Hoffnung mehr. Wie könnte man erhoffen, was man schon sieht,* also besitzt? (8, 24.) Folglich schafft auch diese Tugend Leere; denn sie gilt dem, was man nicht hat, und nicht dem, was man hat.

4 Ebenso macht die *Liebe* den Willen leer von allen Dingen, denn sie verpflichtet uns, Gott über alles zu lieben. Dies ist nicht möglich ohne Abkehr unserer Neigung von jeglichem Geschöpf, um sie ganz Gott zuzuwenden. Darum sagt Christus durch den hl. Lukas: *Qui non renuntiat omnibus quae possidet, non potest meus esse discipulus. – Wer nicht allem* mit dem Willen *entsagt*, was er hat, *kann mein Jünger nicht sein* (14, 33). So bewirken alle drei Tugenden Dunkelheit und Leere von allen Dingen in der Seele.

5 Hier möchten wir jenes Gleichnis erwähnen, das unser Erlöser durch den hl. Lukas (11, 5) vorlegt. Er spricht von einem Freund, der um Mitternacht drei Brote von seinem Freunde erbitten mußte. Diese Brote bedeuten die drei Tugenden. Es heißt, daß er *mitten in der Nacht* um sie bat. Dies besagt, daß die Seele ihre Kräfte allen Dingen gegenüber abdunkeln muß, um die drei Tugenden zu erlangen und in dieser *Nacht* zu vervollkommnen.

Im sechsten Kapitel des Buches Isaias lesen wir (V. 2) von den beiden Seraphim, die der Prophet zu seiten Gottes schaute. Jeder hatte sechs Flügel. Mit zweien bedeckten sie die Füße zum Zeichen des Blendens und Verlöschens der Neigungen des *Willens* hinsichtlich aller Dinge Gottes wegen; und mit zwei bedeckten sie ihr Antlitz zum Zeichen der Verfinsterung des *Verstandes* vor Gott; und mit den übrigen flogen sie zum Zeichen, daß der Flug der *Hoffnung* sich zu den nicht erlangten Dingen erhebt, weit über alles hinaus, was man hier oder dort außer Gott zu besitzen vermöchte.

6 In diese drei Tugenden haben wir nun die drei Seelenkräfte einzuführen, indem wir sie einzeln einander zuweisen zur Entblößung und Abdunkelung der Kräfte gegen alles, was nicht diese drei Tugenden betrifft. Dies ist die *geistige Nacht*, die wir oben *aktiv* nannten, weil die Seele tut, was an ihr liegt, um in diese *Nacht* einzugehen. Gleich wie wir zur *Nacht der Sinne* Anweisungen gaben für die Befreiung der sinnlichen Kräfte von den Begierden nach sichtbaren Dingen, damit die Seele jenseits ihrer Grenzen das Mittel ergreife, nämlich den Glauben, so werden wir, mit Gottes Gunst, für diese *Nacht des Geistes* die Weise angeben, wie die geistigen Kräfte leer gemacht und gereinigt werden können von allem, was nicht Gott ist, um in der Dunkelheit dieser drei Tugenden zu verharren, die, wie gesagt, das Mittel sind zur Bereitung der Seele für die Vereinigung mit Gott.

7 In diesem Verfahren findet sich alle Sicherheit gegen die List des Teufels und die Machenschaften der Eigenliebe mit ihren Verzweigungen, wodurch geistlich Strebende auf ihrem Pfade oftmals in raffiniertester Weise irregeführt und gehemmt werden, da sie sich nicht zu entblößen und nach diesen drei Tugenden zu richten wissen. So kommen sie nie zur Wesenheit und Lauterkeit des geistigen Gutes und wandeln nicht, wie sie es könnten, den geraden und kurzen Weg.

8 Man beachte, daß ich mich nun eigens an jene wende, die den Beginn des Eingehens in den Stand der Beschauung schon hinter sich haben. Mit den erst Beginnenden muß dies eingehender besprochen werden, wie wir es im zweiten Buche tun wollen, wenn wir, mit Gottes Hilfe, ihre Eigenheiten behandeln.

Wie schmal ist der Pfad, der zum ewigen Leben führt, und wie entblößt und frei müssen die sein, die ihn gehen wollen! – Beginn der Lehre von der Entblößung des Verstandes.

1 Um nun die Blöße und Lauterkeit der drei Seelenkräfte darzulegen, wäre ein anderes Wissen und ein größerer Geist nötig als der meine, der den geistlich Strebenden gut verständlich machen könnte, wie schmal, nach dem Worte unseres Heilandes, der Weg ist, der zum Leben führt, damit sie, davon überzeugt, sich nicht wunderten ob der Leere und Blöße, in die wir die Seelenkräfte in dieser *Nacht* versetzen müssen.

2 Hiezu sind die Worte aufmerksam zu beachten, die unser Heiland durch Matthäus im siebenten Kapitel (V. 14) über diesen Weg sagt: *Quam angusta porta, et arcta via est, quae ducit ad vitam, et pauci sunt qui inveniunt eam! – Wie eng ist die Pforte und wie schmal der Weg, der zum Leben führt, und nur wenige finden ihn!* Bemerkenswert an dieser Schriftstelle ist die Steigerung und Betonung durch das Wörtlein *quam, wie eng!* Dies will besagen: wahrhaftig sehr eng, enger als man meint!

Auch ist zu beachten, daß es zuerst heißt, *die Pforte* sei eng, um anzudeuten, daß die Seele zum Eingehen durch diese Pforte Christi, der der Anfang des Weges ist, sich zunächst einengen und den Willen von allen sinnlichen und zeitlichen Dingen entblößen muß, indem sie Gott über alles liebt. Dies gehört der schon besprochenen *Nacht der Sinne* zu.

3 Dann heißt es, *der Weg* sei *schmal*, nämlich der Weg zur Vollkommenheit. Dies bedeutet: um den Weg zur Vollkommenheit zu gehen, muß man nicht nur durch die enge Pforte gehen, indem man sich abwendet von allem Sinnenhaften, sondern man muß sich auch schmal machen, indem man ehrlich verzichtet und den Ballast auch im geistigen Bereich abwirft. So können wir das über die *enge Pforte* Gesagte auf den sinnlichen Bereich des Menschen anwenden

und das über den *schmalen Weg* auf den geistigen oder vernünftigen. Weil nämlich dieser Pfad auf den Berg der Vollkommenheit ansteigt und schmal ist, verlangt er nach Wanderern, die durch keine Last abwärtsgezogen und durch nichts am Aufstieg behindert werden. Da es nur darum geht, Gott zu suchen und zu gewinnen, so ist auch nur Gott zu suchen und zu gewinnen.

4 Daraus geht klar hervor, daß die Seele nicht nur von seiten der Geschöpfe frei dahinschreiten muß, sondern auch von seiten ihres Geistes enteignet und vernichtet. Unser Herr lehrt uns diesen Weg und führt uns auf ihn, da er durch Markus im achten Kapitel (34–35) jene wunderbare Lehre kündet, die von den geistlich Strebenden, ich weiß nicht, ob ich es sagen soll, um so weniger geübt wird, je nötiger sie es hätten. Da sie so gut zu unserem Gegenstande paßt, will ich sie hier ganz bringen und sowohl ihrem wörtlichen wie auch nach ihrem geistigen Sinne nach erklären. Sie lautet so: *Si quis vult me sequi, deneget semetipsum, et tollat crucem suam, et sequatur me. Qui enim voluerit animam suam salvam facere, perdet eam: qui autem perdiderit animam suam propter me ... salvam faciet eam. – Wer mir nachfolgen will, verleugne sich selbst, nehme sein Kreuz auf sich und folge mir nach. Denn wer sein Leben retten will, wird es verlieren; wer aber sein Leben um meinetwillen ... verliert, wird es retten.*

5 O wer vermöchte es nun, diesen Rat unseres Heilandes, *uns selbst zu verleugnen*, recht verstehen und befolgen und verkosten zu lassen, damit die geistlich Strebenden einsehen, wie anders sie zu wandeln hätten, als viele von ihnen es meinen! Sie halten eine gewisse Zurückgezogenheit und Erneuerung in einigen Belangen für genügend. Andere geben sich zufrieden mit einiger Tugendübung, Ausdauer im Gebete und Pflege der Abtötung; doch sie kommen nicht zu der geistlichen Blöße, Armut, Trennung und Reinheit (all dies ist ein und dasselbe), die der Herr uns hier anrät. Viel-

mehr gehen sie eher darauf aus, ihre Natur mit Tröstungen und geistigen Gefühlen zu nähren und zu kleiden, als sie Gottes wegen in dem und jenem zu entblößen und zu verleugnen. Sie meinen, es genüge, sich in weltlichen Dingen zu verleugnen, ohne die geistige Eigenart zu vernichten und zu läutern. Daraus ergibt sich, daß sie wie vor dem Tode fliehen, wenn sich etwas Gediegenes, Vollwertiges darbietet, wie der Verlust aller Süßigkeit in Gott durch Trockenheit, durch Überdruß, durch Mühsal. Dies ist das rein geistige Kreuz, die Entblößung der geistigen Armut Christi. Sie aber suchen in Gott nur Süßigkeiten und köstlichen Austausch. Dies ist keine Selbstverleugnung, keine Geistesentblößung, sondern geistige Naschhaftigkeit. So werden sie geistigerweise zu Feinden des Kreuzes Christi; denn der wahrhaftige Geist sucht in Gott eher das Herbe als das Liebliche, und er neigt sich mehr dem Leiden als dem Troste zu und will lieber jegliches Gut um Gottes willen entbehren, als es besitzen, und Trockenheit und Trübsal sind ihm lieber als süßer Austausch. Er weiß ja, daß dies Nachfolge Christi und Selbstverleugnung ist. Das andere aber ist vielleicht nur ein Suchen seiner selbst in Gott und somit der Liebe ganz entgegen. Sich selbst sucht in Gott, wer Gaben und Vergnügen in Gott sucht. Doch Gott um seinetwillen suchen, bedeutet nicht nur die Bereitschaft, all dies aus Liebe zu Gott zu entbehren, sondern die Geneigtheit, um Christi willen das Herbere zu wählen, sowohl von seiten Gottes wie von seiten der Welt. Dies erst ist Gottesliebe.

6 O wer könnte begreiflich machen, wie weit nach dem Wunsche unseres Herrn diese Verleugnung gehen soll! Sicher soll sie einem gänzlichen Sterben und Untergehen in zeitlicher und natürlicher und geistiger Hinsicht nach Absicht des Willens gleichkommen; denn im Willen vollzieht sich der gesamte Verzicht.

Dies will unser Heiland sagen mit den Worten: *wer seine Seele retten will, wird sie verlieren* (Jo 12, 25). Dies bedeutet:

Wer irgend etwas besitzen oder für sich erstreben wollte, würde die Seele verlieren. Und *wer die Seele um meinetwillen verliert, wird sie gewinnen.* Dies bedeutet: Wer um Christi willen allem entsagt, was sein Wille anstreben und verkosten könnte, und das erwählt, was mehr dem Kreuze gleicht – dies nennt unser Herr durch den hl. Johannes *seine Seele hassen* –, der wird sie gewinnen.

Und eben dies lehrte unser Herr auch jene beiden Jünger, die das Sitzen zu seiner Rechten und Linken erbitten wollten. Ohne das Ansuchen um solche Herrlichkeit zu beachten, bot er ihnen den Kelch an, den er selbst trinken sollte, wie etwas, das auf Erden kostbarer und sicherer ist als der Genuß (Mt 20, 22).

7 Dieser *Kelch* bedeutet, seiner eigenen Natur absterben, sie entblößen und vernichten, um den schmalen Pfad wandeln zu können in allem, was den Sinnen zugehört, wovon wir schon sprachen, wie auch im Seelischen, wovon wir nun sprechen wollen, nämlich in ihrem Verstehen, ihrem Genießen und ihrem Empfinden. So zwar, daß sie sich nicht nur im Sinnlichen und Geistigen entäußert, sondern in diesem zweiten, Geistigen, für den schmalen Pfad in keiner Weise behindert ist; denn hier gilt nur noch die Entsagung (wie der Heiland es lehrt) und das Kreuz. Dies ist der Wanderstab, der das Vorankommen sehr beschleunigt und erleichtert. Darum sagt unser Herr durch den hl. Matthäus: *Mein Joch ist süß und meine Bürde leicht* (11, 30), nämlich das Kreuz. Beschließt der Mensch, sich dem Kreuztragen zu unterwerfen, also ehrlich in allen Dingen um Gottes willen Mühsal zu suchen und auf sich zu nehmen, so wird er viel Erleichterung und Linderung finden, um diesen Weg zu wandeln, von allem entblößt und ohne etwas zu erstreben. Sowie er indessen irgend etwas zu eigen beansprucht, sei es von Gott oder einem anderen Wesen, so wandelt er nicht mehr entblößt in vollem Entsagen und vermag diesen schmalen Pfad aufwärts nicht zu bewältigen.

8 Darum möchte ich die geistlich Strebenden davon überzeugen, daß dieser Weg zu Gott nicht in der Vielfalt der Erwägungen besteht, noch in Methoden und Übungsweisen oder Genüssen (wenn diese auch gewissermaßen den Beginnenden nötig sind), sondern nur in dem einzig Notwendigen: im Verstehen, sich wahrhaft zu verleugnen, im Äußeren und Inneren, sich um Christi willen dem Leiden zu überlassen und sich in allem zu vernichten. Übt man sich darin, so ist alles übrige und noch mehr mitgetan und mitgefunden. Und fehlt es an dieser Übung, die Inbegriff und Wurzel aller Tugenden ist, so sind alle anderen Weisen nur wie das Aufschießen von unnützen Wassertrieben, möge man auch an erhabenen Erwägungen und Eingebungen den Engeln gleichen. Denn nichts anderes bringt voran als nur die Nachfolge Christi. Er ist *der Weg, die Wahrheit und das Leben*, und *niemand kommt zum Vater als nur durch ihn*, wie er selbst durch den hl. Johannes sagt (14, 6). Und an anderer Stelle sagt er: *Ich bin die Tür. Wer durch mich eingeht, wird gerettet* (10, 9). Darum würde ich einen Geist, der im Genusse unbeschwert dahingehen wollte und die Nachfolge Christi vermiede, nicht für gut halten.

9 Ich habe gesagt, Christus ist der *Weg* und dieser Weg ist ein Sterben der sinnlichen und geistigen Natur nach. Nun möchte ich erklären, wie dies nach dem Vorbilde Christi geschieht; denn er ist unser Vorbild und Licht.

10 a) *Was das erste anlangt*, so ist es sicher, daß er der Sinnlichkeit erstarb, und dies während seines Lebens geistigerweise und in seinem Tode natürlicherweise. Er hatte ja, wie er sagt, im Leben nichts, sein Haupt hinzulegen (Mt 8, 20) und im Tode noch viel weniger.

11 b) *Was das zweite anlangt*, so war er gewiß im Augenblicke seines Todes auch der Seele nach vernichtet, ganz ohne Trost und Hilfe, da der Vater ihn dem niederen Be-

reich nach innerster Trockenheit überließ. Dies drängte ihn zu dem Schrei: *Mein Gott, mein Gott, warum hast du mich verlassen?* (Mt 27, 46.) Es war die tiefste fühlbare Verlassenheit seines Lebens. Und in ihr wirkte er das größte Werk, das er in seinem gesamten Leben mit Wundern und Taten sowohl auf Erden wie auch im Himmel je vollbrachte, nämlich die Versöhnung und Vereinigung des Menschengeschlechtes durch die Gnade mit Gott. Und solches geschah, wie gesagt, in dem Zeitpunkt, als unser Herr zumeist in allem vernichtet war; nämlich hinsichtlich seines Rufes bei den Menschen: denn da sie ihn sterben sahen, spotteten sie seiner, ohne ihn im geringsten zu achten; und hinsichtlich der Natur, die ja durch den Tod dem Nichts verfiel; und hinsichtlich des Schutzes und der Tröstung des Geistes durch den Vater, der ihn zu dieser Stunde verließ, damit er, zunichte geworden und wie aufgelöst, voll die Schuld bezahle und den Menschen mit Gott vereinige. Darum sagt David: *Ad nihilum redactus sum et nescivi. – Ich bin zunichte geworden und weiß nicht wie* (Ps 72, 22).

Dem möge der gut im Geiste Strebende das Geheimnis der *Türe* und des *Weges* Christi zur Vereinigung mit Gott entnehmen und erkennen, daß er sich um so inniger mit Gott vereint und um so Größeres wirkt, je mehr er sich in beiden Bereichen, im sinnlichen und im geistigen, vernichtet. Und gelangte er zur Auflösung in nichts, was höchste Demut wäre, so wäre die geistige Vereinigung der Seele mit Gott vollendet. Dies ist der erhabenste Stand, den die Seele in diesem Leben erreichen kann.

Er besteht also nicht in geistiger Lust und Freude und Empfindung, sondern im erlebten Kreuzestod, sinnlich und geistig, nämlich innerlich und äußerlich.

12 Ich will mich darüber nicht mehr verbreiten, obwohl ich gar nicht aufhören möchte, davon zu sprechen; denn ich sehe, daß Christus von jenen, die sich für seine Freunde halten, sehr wenig gekannt wird. Sehen wir doch, wie sie in

ihm Freude und Trost suchen aus großer Liebe zu sich selbst, nicht aber seine Bitterkeiten und Todesnöte aus großer Liebe zu ihm.

Ich spreche von jenen, die sich für seine Freunde halten, nicht von den anderen, die fern und getrennt von ihm leben, den großen Gelehrten und Machthabern und ihresgleichen, die da mit der Welt leben, auf ihre Ansprüche und Vorrechte bedacht, so daß wir von ihnen sagen können, sie kennen Christus nicht, und so gut sie enden mögen, es wird ihnen doch bitter ergehen; von diesen ist hier nicht die Rede; beim Gericht aber wird von ihnen die Rede sein. Solchen Leuten hätte es ja vor allem geziemt, das Wort Gottes zu künden, da Gott sie durch Gelehrsamkeit und hohen Stand zu Ansehen erhoben hat.

13 Doch wir wenden uns nun an das Verständnis der geistlich Strebenden und besonders jener, denen Gott die Gnade erwiesen hat, sie in den Stand der Beschauung zu versetzen. Ich sagte ja schon, daß ich nun besonders zu diesen spreche, um ihnen zu sagen, wie sie sich im Glauben zu Gott hinwenden, von allen Widerständen reinigen und sich schmal machen sollen, um den *schmalen Pfad* der dunklen Beschauung zu betreten.

ACHTES KAPITEL

Kein Geschöpf und kein Wissen, das der Verstand erfaßt, kann als nächstes Mittel der göttlichen Vereinigung mit Gott dienen.

1 Ehe wir vom geeigneten und angemessenen Mittel zur Vereinigung mit Gott, das ist vom Glauben, sprechen, wollen wir erweisen, wie kein erschaffenes oder erdachtes Ding dem Verstande als geeignetes Mittel zur Vereinigung mit Gott dienen kann und wie alles, was dem Verstande erreichbar ist, eher als Hindernis denn als Mittel dient, wenn man sich daran festhalten will.

In diesem Kapitel wollen wir es im allgemeinen nachweisen, um dann im einzelnen davon zu sprechen, indem wir sämtliche Erkenntnisse, die der Verstand durch irgendeinen äußeren oder inneren Sinn aufzunehmen vermag, absteigend durchgehen samt den Nachteilen und Schäden, die alle diese inneren und äußeren Erkenntnisse verursachen können, wenn man sich nicht an das geeignete Mittel, den Glauben hält.

2 Es ist zu beachten, daß, nach einem Grundsatz der Philosophie, alle Mittel dem Ziele angemessen sein, nämlich eine gewisse Verwandtschaft und Ähnlichkeit mit ihm aufweisen müssen[1], um zu genügen und hinzureichen zur Erlangung des erstrebten Zieles.

Ich bringe ein Beispiel. Jemand will sich in eine Stadt begeben. Da wird er wohl den verbindenden Weg gehen müssen, der zu dieser Stadt führt.

Ein anderes Beispiel. Feuer soll ein Holz ergreifen und entflammen. Da muß notwendig die Hitze als das Mittel zunächst das Holz zu so viel Wärmegraden erhitzen, daß es dem Feuer sehr ähnlich und angepaßt ist. Wollte man nun das Holz anders als durch die Hitze, die das geeignete Mittel ist, zubereiten, etwa durch Luft, Wasser oder Erde, so könnte sich das Holz unmöglich mit dem Feuer verbinden, wie man auch nicht in die Stadt kommen würde, wenn man nicht den entsprechenden Weg einschlägt, der mit ihr verbindet.

Soll sich also der Verstand in diesem Leben mit Gott vereinigen, so weit er es vermag, so muß er notwendig das Mittel anwenden, das zu Gott hinführt und die nächste Ähnlichkeit mit Ihm aufweist.

3 Dabei wird uns bewußt, daß es unter allen hohen und niederen Geschöpfen keines gibt, das Gott nahe käme oder seinem Wesen ähnlich wäre. Wohl ist es wahr, daß sie alle, wie die Theologen sagen, in einer gewissen Beziehung zu Gott stehen und eine Spur Gottes an sich tragen – die einen

[1] Andrés de la Encarnación verweist auf den hl. Thomas, IV Sent. d. 16 q. 3 a. I.

mehr, die anderen weniger, je nach ihrem mehr oder minder edlen Sein –, doch in einer wesenhaften Beziehung oder Ähnlichkeit zu Gott stehen sie nicht. Vielmehr ist die Entfernung zwischen seinem göttlichen Sein und dem ihren unendlich. Deshalb ist es dem Verstande unmöglich, durch Vermittlung eines Geschöpfes, sei es himmlisch oder irdisch, in Gott einzudringen; denn es besteht kein Verhältnis auf Grund von Ähnlichkeit.

Darum sagt David von den himmlischen Wesen: *Keiner von den Göttern kommt dir gleich, o Herr* (Ps 85, 8), wobei er die Engel und die heiligen Seelen *Götter* nennt. Und an anderer Stelle: *O Gott, in Heiligkeit ist dein Weg. Wo ist ein Gott, so groß wie unser Gott?* (Ps 76, 14.) Dies will besagen: der Weg zu dir, o Gott, ist ein heiliger Weg, nämlich Reinheit des Glaubens. Und die Frage: wo wäre ein so großer Gott, ist so zu verstehen: welcher Engel noch so erhaben an Wesen und welcher Heilige noch so erhaben an Glorie, wäre groß genug, ein angemessener und zulänglicher Weg zu dir zu sein? David spricht auch von den irdischen und himmlischen Geschöpfen gemeinsam und sagt: *Erhaben ist der Herr. Er schaut auf das Niedere herab und das Hohe erkennt er von ferne* (Ps 137, 6). Damit meint er: Da Gott sehr erhaben ist, sieht Er die Dinge hienieden im Vergleich zu seinem hohen Wesen als sehr gering; und die hohen Dinge, nämlich die himmlischen Wesen, schaut und erkennt Er doch als sich sehr ferne.

Folglich kann keines aus allen Geschöpfen dem Verstand als angemessenes Mittel zum Erfassen Gottes dienen.

4 Ebensowenig ist alles, was die Einbildungskraft zu gestalten und der Verstand in diesem Leben aufzunehmen und zu begreifen vermag, ein entsprechendes Mittel für die Vereinigung mit Gott, und kann es nicht sein. Da nämlich, natürlich gesprochen, der Verstand nur erfaßt, was ihm unter den Formen und Bildern jener Dinge eingeht, die er mit leiblichen Sinnen wahrnimmt und die, wie gesagt, nicht als Vermittlung zu Gott dienen können, so kann man sich des

natürlichen Verstandes nicht bedienen. Sprechen wir dann vom Übernatürlichen, soweit es in diesem Leben sein kann, so hat die gewöhnliche Verstandeskraft im Kerker dieses Leibes weder die Anlage noch den Raum zum Empfang einer klaren Gotteserkenntnis; denn nur durch Sterben ist sie zu empfangen.

Als Moses Gott um diese klare Erkenntnis bat, antwortete Gott, man könne ihn nicht schauen, indem er sprach: *Kein Mensch schaut mich und lebt* (Ex 33, 20). Der hl. Johannes sagt: *Noch nie hat jemand Gott geschaut* (1, 18). Und der hl. Paulus sagt (1 Kor 2, 9) mit Isaias (64, 4): *Kein Auge hat ihn gesehen, kein Ohr hat ihn gehört, und keines Menschen Herz hat ihn erfaßt.* Dies ist auch der Grund, warum Moses nach dem Bericht der Apostelgeschichte (7, 32) am Dornbusch in Gottes Gegenwart nicht aufzuschauen wagte; denn er erkannte, daß sein Verstand nicht imstande sei, Gott geziemend so zu begreifen, wie er ihn empfand. Und von Elias, unserem Vater, wird erzählt, daß er sich auf dem Berge in Gottes Gegenwart das Antlitz verhüllte (3 Kg 19, 13) zum Zeichen der Blendung des Verstandes. Dies tat er hier, weil er nicht wagte, mit so gemeiner Hand nach einem so erhabenen Gegenstand zu greifen in der klaren Einsicht, daß alles, was er wahrnehmen und im einzelnen verstehen könnte, Gott sehr ferne und unähnlich wäre.

5 Es kann also in diesem Stande der Sterblichkeit kein Erkennen und keine übernatürliche Wahrnehmung als entsprechendes Mittel der erhabenen Liebesvereinigung mit Gott dienen. Denn was immer der Verstand verstehen, der Wille verkosten und die Einbildungskraft hervorbringen mag, ist (wie gesagt) Gott sehr unähnlich und unangemessen.

Dies gibt Isaias an einer bemerkenswerten Stelle wunderbar zu verstehen, da er sagt: *Wem wolltet ihr Gott nachbilden? Oder unter welcher Gestalt wollt ihr ihn darstellen? Kann etwa der Erzgießer ein künstliches Bild von ihm schaffen oder der Gold-*

schmied ihn aus Gold, der Silberschmied auf Silberplatten formen? (40, 18–19.)

Mit dem *Erzgießer* ist der *Verstand* gemeint, der die Begriffe gießt und aus der Gußform der Unterscheidungen und Erdichtungen herauslöst.

Mit dem *Goldschmied* ist der *Wille* gemeint, der fähig ist, sich durch die Wonne gestalten und bilden zu lassen, die das Gold der Liebe ihm verleiht.

Mit dem *Silberschmied* – von dem es heißt, er könne Gott nicht auf Silberplatten formen – ist das *Gedächtnis* samt der Einbildungskraft gemeint, von denen man gut sagen kann, die Begriffe und Bilder, die sie erdichten und gestalten, sind wie Silberplatten.

Damit ist gesagt: weder kann der Verstand mit seiner Klugheit etwas erdenken, was Gott ähnlich ist, noch kann der Wille süße Wonne genießen, die Gott gleichkäme, noch das Gedächtnis die Einbildungskraft zu Begriffen und Bildern anregen, die ihn darstellen.

So ist es also klar, daß keine dieser Erkenntnisse den Verstand unmittelbar auf den Weg zu Gott bringen kann. Vielmehr muß man, um zu Ihm zu gelangen im Nichtwissen wandeln und nicht im Wissenwollen, und um sich dem göttlichen Strahl zu nähern, sich eher in Blindheit und Finsternis versetzen, als die Augen zu öffnen.

6 Darum wird die Beschauung, durch die der Verstand zu höherer Gotteserkenntnis gelangt, *mystische Theologie* genannt, nämlich geheime Gottesweisheit, denn sie bleibt dem Verstande, der sie empfängt, geheim. Aus diesem Grunde nennt der hl. Dionysius sie *Strahl der Finsternis*[1]. Der Prophet Baruch sagt von ihr (3, 23): *Keiner ist, der ihren Weg wüßte, keiner, der ihre Pfade erforscht.* So ist es klar, daß der Verstand für alle Pfade, die ihm offenstehen, blind sein muß, um sich mit Gott zu vereinigen. Aristoteles sagt, unser Verstand werde vom überhellen Lichte Gottes so völlig ver-

[1] De Mystica Theologia c. 1 § 1. PG 3. 999.

finstert, wie das Auge der Fledermaus von der Sonne völlig verfinstert wird. Und er sagt weiter: Je erhabener und heller das Göttliche in sich ist, um so unfaßbarer und dunkler ist es für uns. Auch der Apostel bestätigt dies mit den Worten: *Das Erhabene in Gott ist den Menschen minder bewußt* (vgl. 1 Kor 1, 21).

7 Wir kämen an kein Ende, wollten wir mit Beweisstellen und -gründen darlegen, daß die geschaffenen Dinge, die der Verstand erfassen kann, ihm niemals als Treppe dienen können, zu diesem erhabenen Herrn aufzusteigen. Man sei vielmehr überzeugt: wollte der Verstand sich all dieser Dinge oder einiger aus ihnen bedienen als des entsprechenden Mittels zu jener Vereinigung, sie wären ihm nicht nur ein Hindernis beim Besteigen dieses Berges, sondern Anlaß zu argen Irrwegen und Täuschungen.

NEUNTES KAPITEL

Der Glaube dient dem Verstande als nächstes und angemessenes Mittel, die Seele zur göttlichen Liebesvereinigung zu führen. – Beweise aus der Heiligen Schrift.

1 Aus dem Gesagten ergibt sich: zur Bereitung auf die göttliche Vereinigung halte sich der Verstand lauter und leer von allem Sinnenfälligen, sowie entblößt und entleert von allem, was dem Verstande deutlich einleuchten kann, so daß er zuinnerst beruhigt und schweigend im Glauben verharrt als im nächsten und angemessenen Mittel zur Vereinigung der Seele mit Gott; es besteht ja zwischen dem Glauben und Gott so große Ähnlichkeit, daß es keine andere Unterscheidung gibt als Gott schauen oder glauben. Denn so wie Gott unendlich ist, stellt ihn der Glaube unendlich vor; und wie Er dreifach und einfach ist, stellt der Glaube ihn dreifach und einfach vor; und da Gott für unseren Verstand Finsternis ist, blendet und verdunkelt der Glaube unseren Verstand. Und so offenbart Gott sich der

Seele einzig durch dieses Mittel in göttlichem Licht, das jedes Verstehen übersteigt. Je mehr Glauben also die Seele hat, um so inniger ist sie mit Gott vereint.

Dies wollte der hl. Paulus in der oben angeführten Stelle mit den Worten sagen: *Wer Gott naht, muß glauben* (Hebr 11, 6), also im Glauben auf Ihn zugehen, mit blindem Verstand blind, im Dunkel des bloßen Glaubens; denn in dieser Finsternis vereinigt sich Gott dem Verstande, ja Er selbst ist in ihr verborgen, wie David es sagt mit den Worten: *Dunkelheit unter den Füßen, stieg Er auf Cherubim, flog auf den Flügeln des Windes. Er barg sich in Finsternis und finsterem Regengewölk* (17, 10).

2 Wenn er von der *Dunkelheit unter seinen Füßen* spricht und vom *Sichbergen in Finsternis* und vom *Gezelt ringsum aus finsterem Regengewölk*, so bedeutet dies das Dunkel des Glaubens, in das Gott sich hüllt. Und wird gesagt, Er stieg auf Cherubim und flog auf den Flügeln des Windes, so ist dies zu verstehen von seinem Flug hoch über allem Begreifen. Denn mit *Cherubim* sind die Einsichtigen oder Beschauenden gemeint; mit den *Flügeln* der Winde aber die subtilen und erhabenen Kenntnisse und Begriffe der Geister. Über alledem ist sein Wesen und niemand kann es aus sich erreichen.

3 Ein Gleichnis dafür lesen wir in der Heiligen Schrift. Als Salomon den Tempelbau beendete, senkte sich Gott in Finsternis herab und erfüllte den Tempel derart, daß die Söhne Israels nichts sehen konnten. Da sprach Salomon: *Verheißen hat es der Herr, zu wohnen im Wolkendunkel* (3 Kg 8, 12). Auch dem Moses erschien der Herr auf dem Berge eingehüllt in Finsternis (Ex 24, 15–18). Immer erschien Gott in Finsternis, wenn Er sich reichlich mitteilte. Dies findet sich auch bei Job (38, 1 und 40, 1), wo geschrieben steht, daß Gott aus *finsterer Luft* zu ihm sprach. Alle diese Finsternisse bedeuten das Dunkel des Glaubens, das die sich der Seele mitteilende Gottheit umhüllt. Dies wird ein Ende haben,

wie der hl. Paulus es sagt: *Einst hört das Stückwerk auf* (1 Kor 13, 10), nämlich das Dunkel des Glaubens, und *das Vollendete erscheint*, nämlich das göttliche Licht. Dafür gibt uns auch der Kriegszug Gedeons ein gutes Bild. Alle Soldaten hatten, so heißt es, Fackeln in Händen und sahen sie nicht; denn sie waren verborgen im Dunkel der Krüge. Als sie diese zerbrachen, erschien sogleich das Licht (Ri 7, 16). Und so enthält der Glaube, durch die Krüge dargestellt, in sich das göttliche Licht. Ist er vollendet und zerbrochen durch den Bruch am Ende dieses sterblichen Lebens, so werden sogleich die Herrlichkeit und das Licht der Gottheit offenbar, die er in sich verbarg.

4 Es ist also klar: will eine Seele in diesem Leben zur Vereinigung mit Gott und zu unmittelbarem Austausch mit Ihm gelangen, so muß sie notwendig sich dem *Wolkendunkel* vereinen, in dem zu wohnen Gott verheißen hat, wie Salomon sagt; sie muß sich in der *finsteren Luft* aufhalten, deren sich Gott bediente zur Offenbarung seiner Geheimnisse an Job, und sie muß die *dunklen Krüge Gedeons* in Händen halten, um mit diesen ihren Händen (nämlich mit dem Wirken ihres Willens) das Licht der Liebesvereinigung zu fassen, wenn auch nur im Dunkel des Glaubens, damit dann, wenn das Gefäß dieses Lebens, das einzig das Licht des Glaubens verdeckte, zerbricht, Gott geschaut werde in der Herrlichkeit von Angesicht zu Angesicht.

5 Es bleibt nun noch im einzelnen zu erklären, wie jede Einsicht oder Wahrnehmung, die der Verstand aufnimmt, seinen Wandel im Glauben behindern kann und wie die Seele sich verhalten soll, damit sie ihr sogar eher nütze als schade, und dies sowohl im sinnlichen wie im geistigen Bereich.

ZEHNTES KAPITEL

Einteilung der Wahrnehmungen und Einsichten, die dem Verstande zukommen können.

1 Um nun im einzelnen – im Hinblick auf den Glauben, den wir als Mittel zur göttlichen Vereinigung bezeichneten – vom Nutzen und Schaden zu sprechen, die der Seele durch Erkenntnisse und Wahrnehmungen des Verstandes zukommen können, nehmen wir hier die notwendige Einteilung aller Wahrnehmungen vor, die sie aufnehmen kann, sowohl der natürlichen wie der übernatürlichen, um in solcher Ordnung den Verstand deutlicher in die *Nacht* des Glaubensdunkels zu geleiten. Dies soll so kurz wie möglich geschehen.

2 Es ist nun zu beachten, daß der Verstand auf zwei Wegen Kenntnis und Einsicht gewinnen kann: natürlich und übernatürlich. *Natürlich* ist alles, was der Verstand durch die leiblichen Sinne oder aus sich selbst zu begreifen vermag, *übernatürlich*, was dem Verstande über seine natürliche Fassungskraft und Fähigkeit hinaus eingegeben wird.

3 Von diesen *übernatürlichen Erkenntnissen* sind einige *körperlich*, andere *geistig*.

Die *körperlichen* haben zwei Weisen: sie werden entweder von den *äußeren Sinnen* oder von den *inneren Sinnen* des Leibes aufgenommen, worin alles inbegriffen ist, was die Einbildungskraft erfassen, ausdenken und hervorbringen kann.

4 Auch die *geistigen* haben zwei Weisen: einige sind *deutlich* und *abgegrenzt*, andere *undeutlich*, *dunkel* und *allgemein*.

Unter den *deutlichen* und *abgegrenzten* finden sich vier Weisen besonderer Wahrnehmungen, die sich dem Geiste ohne Vermittlung durch leibliche Sinne darbieten, nämlich: *Visionen*, *Offenbarungen*, *Ansprachen* und *geistige Empfindungen*.

Die *dunkle und allgemeine Einsicht* hat nur eine einzige Weise, nämlich die *im Glauben* empfangene *Beschauung*. In diese ist die Seele einzuführen, durch alle anderen hindurch und ihrer entblößt, von den ersten angefangen.

ELFTES KAPITEL

Wahrnehmungen, die dem Verstande auf übernatürlichem Wege durch die äußeren leiblichen Sinne zukommen, sind hinderlich und schädlich. – Wie die Seele sich in solchen Fällen zu verhalten hat.

1 Die ersten Erkenntnisse, die wir im vorigen Kapitel anführten, sind solche, die dem Verstande auf natürlichem Wege zukommen. Wir haben sie schon im ersten Buche besprochen, als wir die Seele in die *Nacht der Sinne* einführten; wir kommen hier nicht mehr darauf zurück, da wir die Seele dort ihretwegen schon hinreichend belehrt haben.

In diesem Kapitel sind jene Erkenntnisse und Wahrnehmungen zu behandeln, die dem Verstande übernatürlich durch die äußeren leiblichen Sinne zukommen, als da sind: Gesicht, Gehör, Geruch, Geschmack, Gefühl. Durch alle diese können religiösen Menschen übernatürliche Vorgänge und Dinge aufscheinen, und solches pflegt tatsächlich zu geschehen.

Dem *Gesicht* zeigen sich oftmals Bilder und Personen aus dem Jenseits, Heilige und Engelsgestalten, gute und böse, und außergewöhnliche Lichterscheinungen.

Das *Gehör* vernimmt außergewöhnliche Worte, bisweilen von den geschauten Gestalten, bisweilen von unsichtbaren gesprochen.

Der *Geruchsinn* verspürt manchmal deutlich lieblichsten Wohlgeruch, ohne zu wissen, von wo er ausgeht.

Auch dem *Geschmacksinn* geschieht es, Köstliches zu schmecken, und dem *Tastsinn*, große Wonnen zu fühlen, und dies zuweilen so stark, daß es scheint, Mark und Bein schwelgen und erblühen und schwimmen in Wonne. Man pflegt dies Salbung des Geistes zu nennen, von dem aus die Wonne in die Gliedmaßen reiner Seelen überströmt. Solche

Sinnenfreude ist bei religiösen Menschen sehr häufig. Sie geht spürbar von der liebenden Andacht des Geistes aus und wird mehr oder weniger empfunden, von jedem auf seine eigene Weise.

2 Nun muß man wissen, daß all dies wohl den leiblichen Sinnen von Gott her zukommen kann, dennoch darf man sich dessen nie sicher wähnen, noch dergleichen zulassen, vielmehr muß man es unbedingt fliehen, ohne erforschen zu wollen, ob es gut oder böse sei. Je mehr es sich um Äußerliches und Körperliches handelt, um so unsicherer ist die Herkunft von Gott. Es ist mehr nach Gottes Eigenart und Gewohnheit, sich dem Geiste mitzuteilen, in dem der Seele größere Sicherheit und Förderung geboten ist als im Sinnenhaften. Dieses birgt zumeist viel Gefahr und Täuschung, da sich nämlich der leibliche Sinn anmaßt, geistige Dinge zu beurteilen und abzuschätzen, in der Meinung, sie seien so, wie er sie empfindet, während er doch von ihnen so unterschieden ist wie der Leib von der Seele und das Sinnliche vom Vernünftigen; denn der leibliche Sinn ist den vernünftigen und gar den geistigen Dingen gegenüber so unwissend wie ein Esel, ja noch mehr.

3 Es irrt also sehr, wer auf solche Dinge etwas gibt, und er kommt arg in Gefahr, sich zu täuschen oder zumindest den Aufstieg ins Geistige durchaus zu behindern. Denn all diese körperlichen Dinge stehen, wie gesagt, in keinem Verhältnis zu den geistigen. Darum halte man eher dafür sie seien vom Teufel als von Gott. Der Teufel hat ja im mehr Äußerlichen und Körperlichen größere Macht und kann hier leichter täuschen als im mehr Innerlichen und Geistigen.

4 Auch bringen solche Dinge und Gestalten dem Inneren und dem Geistigen um so weniger Gewinn, je mehr sie äußerlicher Art sind, wegen des großen Abstandes und der geringen Entsprechung zwischen Körperlichem und Geistigem. Und wenn sie auch dem Geiste etwas mitteilen – was

stets der Fall ist bei dem, was Gott verursacht – so doch viel weniger, als dieselben Vorgänge mehr vergeistigt und verinnerlicht bewirken würden. Und sehr leicht werden sie der Seele Anlaß zu Irrtum, Anmaßung und Eitelkeit. Da sie nämlich so greifbar und stofflich sind, bewegen sie stark das Gemüt, und die Seele hält das mehr Fühlbare für größer, hält sich daran und vernachlässigt den Glauben in der Meinung, dieses Licht sei Führung und Mittel zum Erstrebten, nämlich zur Gottvereinigung. Indessen kommt man immer mehr vom Glauben als Weg und Mittel ab, je mehr man auf solche Dinge etwas hält.

5 Überdies schleicht sich in die Seele, der Außerordentliches widerfährt, oftmals unversehens ein gewisses Selbstgefühl ein, als gälte sie schon etwas bei Gott; dies aber ist gegen die Demut.

Auch der Teufel weiß der Seele geheime, manchmal sogar offenkundige Selbstzufriedenheit einzuflößen. Deshalb stellt er den Sinnen oftmals dergleichen Dinge vor: den Augen zeigt er Heiligengestalten und wundersames Leuchten, die Ohren läßt er gut verstellte Worte vernehmen, dazu kommt sehr feiner Wohlgeruch, im Munde Süßigkeit, im Tastsinn Wonneschauer. Dadurch lockt er sie an und verführt sie zu viel Bösem.

Darum sind solche Erscheinungen und Empfindungen stets abzuweisen; denn gesetzt den Fall, einige wären von Gott, so wird doch Gott nicht beleidigt und Wirkung und Frucht, die Gott durch sie in der Seele hervorbringen wollte, gehen nicht verloren, wenn die Seele sie abweist und nicht will.

6 Der Grund hiefür ist folgender: entstammen körperliche Visionen oder Empfindungen eines der übrigen Sinnesorgane oder auch irgendeine mehr innerlicher Mitteilung von Gott, so bringen sie im Geiste sofort beim Erscheinen oder Fühlbarwerden ihre Wirkung hervor, ohne der Seele Zeit zu lassen

für die Überlegung, ob sie solches wolle oder nicht. Da nämlich Gott jene Dinge übernatürlich ohne die zureichende Bemühung und Fähigkeit der Seele gewährt, so bringt er auch ohne ihre Bemühung und Fähigkeit die durch solche Dinge von ihm beabsichtigten Wirkungen in ihr hervor; denn all dies vollzieht sich im Geiste ohne dessen Zutun. Es beruht also nicht auf dem Wollen oder Nichtwollen, ob es geschieht oder nicht. Wird einer schutzlos dem Feuer preisgegeben, so hilft es ihm wenig, daß er nicht verbrennen will, denn das Feuer tut notwendig seine Wirkung. So ist es auch mit den guten Visionen und Darstellungen. Obgleich die Seele sie nicht will, tun sie doch ihre Wirkung in ihr eher und entscheidender als im Leibe.

Ebenso verursachen die von seiten des Teufels (ohne daß die Seele es will) in ihr Unruhe oder Trockenheit oder Eitelkeit oder den Geist der Anmaßung. Doch sie wirken in der Seele nicht so stark, wie die von seiten Gottes Gutes bewirken. Die von seiten des Teufels können ja nur erste Regungen im Willen hervorrufen – ihn aber nicht bewegen, wenn er es nicht will –, dazu einige Unruhe, die aber nicht lange währt, wenn die Seele sie nicht aus Mangel an Mut und Vorsicht andauern läßt.

Jene hingegen, die von Gott kommen, durchdringen die Seele, bewegen den Willen zur Liebe und hinterlassen ihre Wirkung, der die Seele, auch wenn sie wollte, noch weniger widerstehen kann als eine Glasscheibe dem Sonnenstrahl, der auf sie fällt.

7 Demnach darf die Seele sich nie erkühnen, sie gerne zuzulassen, und wären sie, wie gesagt, auch von Gott. Solche Zulassung hat *sechs* Übelstände zur Folge.

Der erste: Ihr Glaube nimmt ab; denn mit den Sinnen erfahrbare Dinge mindern den Glauben sehr. Der Glaube ist ja, wie wir sagten, über allem Sinnenhaften. So begibt sie sich des Mittels zur Vereinigung mit Gott, da sie die Augen der Seele nicht gegen alles Sinnenhafte verschließt.

Der zweite: Verachtet man sie nicht, so behindern sie den Geist; denn die Seele hält sich dabei auf und der Geist fliegt nicht zum Unsichtbaren. Dies ist einer der Gründe, die den Herrn zu den Jüngern sagen ließen, es sei gut, wenn er hingehe, auf daß der Heilige Geist komme (Jo 16, 7). Ebenso beließ er als Auferstandener Maria Magdalena nicht zu seinen Füßen (Jo 20, 17), auf daß sie im Glauben gründe.

Der dritte: Die Seele eignet sich diese Dinge an und wandelt nicht in wahrer Gelassenheit und Entblößung des Geistes.

Der vierte: Sie geht deren Wirkungen und des Geistes verlustig, den sie innerlich mitteilen, weil sie den Blick auf das Sinnenfällige an den Dingen heftet, die minder wichtig sind. Dadurch empfängt sie den Geist, den sie spenden, weniger reichlich; denn dieser senkt sich tiefer ein und bewahrt sich besser durch die Abkehr von allem Sinnenhaften, das vom reinen Geiste sehr verschieden ist.

Der fünfte: Sie geht der Gnaden Gottes verlustig, weil sie diese in Besitz nimmt und nicht gut auswertet. Durch dieses Besitzergreifen ohne Auswertung will sie die Gnaden festhalten. Gott aber gibt die Gnaden nicht, damit die Seele sie festhalte; sie darf ja niemals mit Bestimmtheit glauben, sie seien von Gott.

Der sechste: Durch das bereitwillige Zulassen öffnet sie dem Teufel die Türe, damit er sie mit ähnlichen Erscheinungen betrüge. Er weiß sie ja so fein zu beschönigen und zu verschleiern, daß sie den guten gleichen, da er sich, wie der Apostel sagt, *in einen Engel des Lichtes verwandeln* kann (2 Kor 11, 14). Davon wollen wir nachher, mit Gottes Gunst, im dritten Buche im Kapitel über die geistliche Gier sprechen.

8 Darum geziemt es der Seele, sie mit geschlossenen Augen von sich zu weisen, seien sie woher immer. Täte sie dies nicht, so gäbe sie den Einwirkungen des Teufels so viel

Raum und dem Teufel selbst so viel Macht, daß sie nicht nur abwechselnd bald die einen, bald die andern erführe, sondern die teuflischen würden sich so vermehren und die göttlichen so ausbleiben, daß endlich dem Teufel alles verbliebe und Gott nichts. In dieser Weise ist es vielen unvorsichtigen und unwissenden Seelen ergangen, die sich beim Erleben solcher Dinge derartig sicher fühlten, daß sie große Mühe hatten, im reinen Glauben zu Gott zurückzukehren. Viele vermochten es nicht mehr, da der Teufel schon zu sehr in ihnen Wurzel gefaßt hatte. Darum ist es gut, sich gegen sie zu verschließen und sie alle abzuweisen. So entgeht man bei den bösen dem Trug des Teufels und bei den guten der Beeinträchtigung des Glaubens, und der Geist zieht aus ihnen Gewinn. Jenen, die sie zulassen, wird Gott sie entziehen, denn sie hängen daran und werten sie nicht richtig aus. Der Teufel aber wird die seinen einmengen und vermehren, da er Raum und Anlaß dazu findet. Wenn die Seele jedoch gelassen widersteht, so gibt der Teufel es auf, da er sieht, daß er nicht schaden kann. Gott hingegen wird seine Gnaden in dieser demütigen und selbstlosen Seele vermehren und übertreffen, sie *über Vieles setzen*, gleich jenem Knechte, der *über Weniges getreu war* (Mt 25, 21).

9 Mit solchen Gnaden wird der Herr, wenn nur die Seele getreu und gesammelt ist, nicht innehalten, bis er sie von Stufe zu Stufe zur göttlichen Vereinigung und Umgestaltung emporgeführt hat. Denn unser Herr erprobt und erhebt die Seele dadurch, daß er ihr zunächst mehr Äußerliches und Niedriges, das die Sinne anspricht, verabreicht, ihrer geringen Fassungskraft entsprechend. Nimmt sie diese ersten Bissen mit geziemender Genügsamkeit, auf Stärkung und Ernährung bedacht, so reicht Gott ihr bald mehr und bessere Speise. Besiegt sie also den Teufel auf der ersten Stufe, so steigt sie zur zweiten auf; und ebenso nach Überwindung der zweiten zur dritten, und so fort durch die *sieben Wohnungen*, die sieben Stufen der Liebe bedeuten, bis der

Bräutigam sie in den Weinkeller (Hoheslied 2, 4) seiner vollkommenen Liebe einführt.

10 Glücklich die Seele, wenn sie gegen jenes apokalyptische Untier (Offb 12, 3) zu streiten weiß, das sieben Köpfe hat wider die sieben Grade der Liebe, die es einzeln bekämpft. Um jeden einzelnen ringt es mit der Seele in jeder dieser Wohnungen. So übt sie sich und erringt Stufe um Stufe die Gottesliebe. Wenn sie nämlich in jeder treulich kämpft und siegt, so verdient sie ohne Zweifel den Aufstieg von Stufe zu Stufe, von Wohnung zu Wohnung bis zur letzten, bis daß dem Untier die sieben Köpfe, die ihr so wütend zusetzten, abgehauen sind. Es ist ihm ja, wie der hl. Johannes hier sagt, Macht gegeben, gegen die Heiligen zu kämpfen und es könnte sie auf jeder dieser Liebesstufen besiegen durch reichlichen Einsatz von Waffen und Wehr.

Darum ist es sehr bedauerlich, daß viele, die den geistigen Kampf gegen das Untier aufnehmen, nicht einmal dazu taugen, den ersten Kopf abzuhauen durch Abweisen der Sinnenwelt. Und überwinden einige sich so weit, ihn abzuhauen, so hauen sie doch den zweiten nicht ab, nämlich die besprochenen sinnenhaften Visionen. Doch am schmerzlichsten ist es, daß einige, die nicht nur die ersten zwei Köpfe, sondern auch den dritten abgehauen haben – der die inneren Sinnesempfindungen bedeutet beim Überschreiten des Standes der Meditation und sogar noch weiter voran –, eben beim Eintritt in die Lauterkeit des Geistes von jenem geistigen Untier besiegt werden, das sich neuerdings gegen sie erhebt und sogar den ersten Kopf wieder aufleben läßt, und in diesem Rückfall werden *die letzten Dinge dieses Menschen ärger als die ersten; denn der Böse nimmt sieben andere Geister mit sich, die schlimmer sind als er* (Lk 11, 26).

11 Der geistlich Strebende hat also alle mit den äußeren Sinnen wahrnehmbaren zeitlichen Wonnen abzuweisen, wenn er jenem Untier den ersten und den zweiten Kopf ab-

hauen will. So geht er ein in das erste Gemach der Liebe und das zweite lebendigen Glaubens, ohne etwas festhalten oder sich mit dem belasten zu wollen, was den Sinnen zufällt; denn dies schwächt zumeist den Glauben.

12 Es ist also klar, daß solche Visionen und sinnliche Wahrnehmungen kein Mittel zur Vereinigung sein können, denn sie stehen in keinem Verhältnis zu Gott. Dies ist einer der Gründe, warum Christus nicht wollte, daß Magdalena (Jo 20, 17) und Thomas (Jo 20, 29) ihn berührten.

Der Teufel aber freut sich sehr, wenn er sieht, daß eine Seele Offenbarungen annehmen will und ihnen zugeneigt ist; denn so hat er reichlich Gelegenheit und Macht, ihr Täuschungen einzugeben und den Glauben zu schwächen, so viel er nur vermag. Die Seele, die Offenbarungen wünscht, wird, wie ich schon sagte, sehr vergröbert, oftmals schwer versucht und ungehörig in ihrem Verhalten.

13 Ich habe mich über diese äußeren Wahrnehmungen etwas verbreitet, um das Weitere, das wir nun behandeln wollen, besser zu beleuchten. Freilich wäre auf diesem Gebiete noch so viel zu sagen, daß man an kein Ende käme. Es scheint mir fast, als hätte ich zuviel gekürzt, da ich nur sagte, man möge darauf achten, dergleichen nie zuzulassen, außer in einem ganz seltenen, wohlgeprüften Falle, und dann ohne irgendeine Lust daran zu finden. Doch hier scheint das Gesagte zu genügen.

ZWÖLFTES KAPITEL

Von den natürlichen Wahrnehmungen der Einbildungskraft. – Ihr Wesen. – Sie sind kein angemessenes Mittel zur Vereinigung mit Gott und richten Schaden an, wenn man sie nicht zu lassen weiß.

1 Ehe wir von den bildhaften Visionen reden, die dem inneren Sinn, nämlich der Einbildungskraft und Phantasie, übernatürlich zukommen können, scheint es uns hier gut, um

geordnet vorzugehen, von den natürlichen Wahrnehmungen eben dieses inneren körperlichen Sinnes zu sprechen, um so vom Geringeren zum Größeren, auch vom mehr Äußerlichen zum mehr Innerlichen fortzuschreiten, bis wir zur innersten Zelle vordringen, in der die Seele sich mit Gott vereinigt. Es ist dies die gleiche Ordnung, die wir bis jetzt beobachtet haben; denn wir besprachen zuerst die Entblößung der äußeren Sinne von den natürlichen Wahrnehmungen der Gegenstände – und folgerichtig auch von den natürlichen Kräften des Begehrens, als wir im ersten Buch die *Nacht der Sinne* behandelten –; sodann begannen wir, die gleichen Sinne der äußeren übernatürlichen Wahrnehmungen zu entblößen, wie sie den äußeren Sinnen zuteil werden (was wir im vorhergehenden Kapitel beendeten), um so die Seele auf den Weg in die *Nacht des Geistes* zu führen.

2 Was uns nun in diesem zweiten Buche als nächstes begegnet, ist der *innere körperliche Sinn*, nämlich *Einbildungskraft* sowie *Phantasie*; auch sie müssen aller Formen und bildhaften Wahrnehmungen entleert werden, die ihnen auf natürlichem Wege zukommen können. Es ist nachweisbar unmöglich, daß die Seele zur Vereinigung mit Gott gelangt, ehe Einbildungskraft und Phantasie nicht ihre Tätigkeit einstellen; denn sie können nicht das geeignete und nächste Mittel zu dieser Vereinigung sein.

3 Es ist zu beachten, daß die beiden Sinne, von denen wir hier sprechen, innerliche Körpersinne sind, die Einbildungskraft und Phantasie genannt werden. Für gewöhnlich spielen sie ineinander. Der eine denkt in Bildern, der andere gestaltet das Erdachte phantasierend aus. Für unser Vorhaben ist es das gleiche, ob wir von der oder jener sprechen. Wenn wir also nicht beide nennen, so sind nach dem hier Gesagten doch stets beide gemeint.

Demnach ist alles, was diese Sinne aufnehmen oder hervorbringen können, *Einbildung* und *Phantasie*, nämlich Gestalten, die sich als Bild oder Körper diesen Sinnen vorstellen.

Es gibt ihrer zweierlei: die einen sind *übernatürlich* und stellen sich den Sinnen ohne deren Mitwirkung vor, also in passiver Weise. Wir nennen sie übernatürlich bewirkte bildhafte Visionen. Von diesen wollen wir nachher sprechen.

Andere sind *natürlich;* die Sinne können aus Eigenem aktiv Formen, Gestalten und Bilder hervorbringen.

An diese beiden Fähigkeiten hält sich die Betrachtung, die sich als diskursiver Akt der von den genannten Sinnen hergestellten und ausgeführten Bilder, Formen und Gestalten bedient. So kann man sich etwa Christus am Kreuze vorstellen oder an der Geißelsäule oder bei einem anderen Ereignis; oder Gott auf seinem Throne in großer Majestät; oder man kann sich die Glorie denken und vorstellen als ein überaus schönes Licht und in ähnlicher Weise irgend etwas Göttliches oder Menschliches, das in den Bereich der Einbildungskraft fällt.

Alle Vorstellungen dieser Art sind aus der Seele zu entfernen, so daß sie diesem Sinne nach im Dunkeln bleibt, um zur göttlichen Vereinigung zu gelangen; denn sie stehen ebensowenig im Verhältnis eines nächsten Mittels zu Gott wie die körperlichen, den fünf äußeren Sinnen als Gegenstand dienenden Dinge.

4 Der Grund hiefür liegt darin, daß die Einbildungskraft nur schaffen und gestalten kann, was sie mit den äußeren Sinnen wahrgenommen hat, was sie nämlich mit Augen gesehen, mit Ohren gehört hat usw.; oder sie kann, was schon viel ist, dem Gesehenen, Gehörten, Gefühlten Ähnliches nachbilden, das jedoch keinen höheren Seinswert hat, ja nicht einmal den der angeführten sinnlichen Wahrnehmungen. Mag einer sich auch Paläste aus Perlen und Berge von Gold vorstellen, weil er Gold und Perlen wirklich gesehen hat, so ist dies alles doch weniger als der Gehalt von etwas Gold oder von einer Perle, auch wenn die Einbildung mehr

bietet an Fülle und Form. Da nun, wie gesagt, sämtliche erschaffenen Dinge in keinem Verhältnis zum Wesen Gottes stehen, so kann folgerichtig nichts von dem, was nach ihrem Bilde ausgesonnen wird, der Vereinigung mit Ihm als nächstes Mittel dienen; vielmehr wird es sie behindern.

5 Wer sich also Gott unter irgendeinem Bilde dieser Art denkt gleich einem großen Feuer oder lichten Glanz oder wie immer, und meint, dies sei Ihm ähnlich, geht sehr in die Irre. Den Anfängern zwar sind solche Erwägungen und Bilder und Betrachtungsweisen nötig, um durch Sinnenhaftes die Liebe zu mehren und die Seele zu nähren, wie wir noch sagen wollen; dies dient ihnen demnach als entfernteres Mittel zur Vereinigung mit Gott, und in der Regel müssen die Seelen diesen Weg durchschreiten, um ans Ziel und an die Stätte der geistlichen Ruhe zu gelangen. Doch sie müssen wirklich hindurchgehen und nicht für immer hier verweilen, denn sonst kämen sie nie ans Ziel, das ja diesen entfernteren Mitteln nicht gleicht und mit ihnen nichts gemein hat. Es haben ja auch die Stufen einer Treppe nichts gemein mit dem Ziel und der Stätte, zu der sie als Mittel emporführen. Wollte der Aufsteigende die Stufen nicht hinter sich lassen, eine um die andere, sondern auf einigen verweilen, er käme nie an und erreichte nicht die ebene, friedvolle Stätte des Zieles.

Will also die Seele in diesem Leben auf all den Stufen von Erwägungen, Bildern und Erkenntnissen zur Vereinigung gelangen und ruhen im höchsten Gute, so muß sie darüber hinausgehen und damit ein Ende machen, da sie dem Ziele, auf das sie zuwandert, nicht ähnlich und nicht angemessen sind; denn dieses Ziel ist Gott. Darum sagt der hl. Paulus: *Non debemus aestimare auro vel argento, aut lapidi sculpturae artis et cogitationis hominis Divinum esse simile. – Wir dürfen nicht meinen, das Göttliche sei wie Gold, Silber, kunstvoll gemeißelter Stein oder menschliches Gedankengebilde* (Apg 17, 29).

6 Aus diesem Grunde irren viele geistlich Strebende, die sich, wie es Anfängern geziemt, mit Bildern, Gestalten und Betrachtungen befaßt haben, um zu Gott zu kommen. Nimmt nun Gott, um sie zu mehr vergeistigten, inneren und unsichtbaren Gütern zu ziehen, ihrer überlegenden Betrachtung Freude und Frucht, so begreifen sie das nicht, sie wagen und wissen es nicht, diese greifbaren Weisen loszulassen, an die sie gewöhnt sind. Sie wollen noch mit Gewalt daran festhalten und mit Erwägungen und Betrachtungen von Bildern vorangehen wie bisher, in der Meinung, so müsse es immer sein. Damit plagen sie sich sehr und finden wenig Saft oder keinen. Vielmehr steigern sich Trockenheit und Müdigkeit und Unruhe der Seele um so mehr, je heftiger sie sich um den einstigen Genuß bemühen. Der aber läßt sich in der früheren Weise nicht mehr finden, da der Seele nun, wie gesagt, die sinnliche Kost nicht mehr zusagt. Sie verlangt nach einer feineren, mehr innerlichen und weniger sinnlichen, die sie nicht mit der Einbildungskraft erarbeitet, sondern aus dem Ruhen und Rasten der Seele in mehr geistlicher Weise gewinnt.

Je mehr die Seele sich vergeistigt, um so mehr lassen die Kräfte von besonderen Tätigkeiten ab, um in einen allgemeinen, reinen Akt einzumünden. Sie stellen den gewohnten Wandel ein, wie die Füße das Gehen einstellen und rasten, wenn der Tagesmarsch beendet ist. Läge es einzig am Gehen, man wäre nie angelangt; und bedeuteten die Mittel alles, wo und wann könnte man sich des erstrebten Zieles erfreuen?

7 Es erweckt Mitleid, zu sehen, wie viele Seelen friedvoll rasten möchten in innerer Ruhe, die sie erfüllt und labt mit dem Frieden Gottes; doch man beunruhigt sie und zerrt sie heraus, damit sie ohne Anlaß den schon bewältigten Weg nochmals gehen. Die Seele muß das Ziel, in dem sie schon ruht, verlassen um der Mittel – nämlich der Erwägungen – willen, die sie dahin brachten. Sie empfindet darob große

Unlust und heftigen Widerwillen. Sie möchte so gerne in dem ihr unerklärlichen Frieden verweilen wie an dem ihr eigenen Ort. Es geht ihr wie einem, der nach der Mühsal des Weges endlich rastet; treibt man ihn zur Mühsal zurück, so tut es ihm weh. Da sie nun das Geheimnis dieses Neuen nicht erkennt, bildet sie sich ein, müßig zu sein und nichts zu tun, und sie gönnt sich die Ruhe nicht, sondern müht sich, zu erwägen und zu überlegen, woraus sie nur Dürre und Plage gewinnt, da sie dort Saft saugen will, wo keiner mehr zu saugen ist. Wir müßten ihr vielmehr sagen: je mehr sie es erzwingen will, um so weniger erreicht sie; denn eben das Festhalten an ihrer Weise schadet ihr und raubt ihr den Geistesfrieden. Sie läßt das Bessere für das Mindere, schreitet das Durchschrittene wieder zurück und möchte tun, was schon getan ist.

8 Solchen ist zu sagen, sie mögen es lernen, in liebevoller Aufmerksamkeit Gott zugewandt in jener Ruhe zu verweilen, und sich nicht mit der Einbildungskraft und ihrem Wirken abgeben; denn, wie gesagt, nun ruhen die Kräfte, und sie verhalten sich nicht mehr aktiv, sondern passiv, indem sie aufnehmen, was Gott in ihnen wirkt. Und wenn sie sich manchmal betätigen, so doch ohne angestrengtes Suchen nach Gedanken, sondern mit der Zartheit der Liebe, mehr von Gott bewegt als vom Vermögen der Seele, wie wir später noch erklären wollen. Für jetzt genüge dies zum Verständnis dafür, wie zweckmäßig, ja notwendig es den Voranstrebenden ist, sich loszumachen von allen Methoden und Weisen und Übungen der Einbildungskraft, sobald die rechte Zeit dafür gekommen ist und der gegebene Zustand es zum Fortschritt verlangt.

9 Damit man jedoch die Zeit richtig erkenne, geben wir im folgenden Kapitel einige Kennzeichen an, die der geistlich Strebende in sich wahrnehmen muß, um den rechten Augenblick festzustellen, in dem er frei den erwähnten Anschluß

vollziehen und den Weg der Überlegung und bildhaften Vorstellung verlassen kann.

DREIZEHNTES KAPITEL

Kennzeichen, die im geistlichen Leben den rechten Zeitpunkt für den Übergang von der Betrachtung und Überlegung zum Stande der Beschauung feststellen lassen.

1 Damit unsere Lehre nicht unklar sei, wollen wir in diesem Kapitel entsprechend darlegen, wann es im geistlichen Leben an der Zeit ist, vom nachsinnenden Betrachten, das sich der angeführten Vorstellungen, Gestalten und Bildern bedient, zu lassen; denn dies soll nicht früher oder später geschehen, als der Geist es verlangt. So wie es nämlich gut ist, davon zeitgerecht abzugehen, damit der Weg zu Gott nicht behindert werde, so ist es doch auch geboten, die besagte bildhafte Betrachtung nicht vor der Zeit aufzugeben. Man würde sonst zurückgehen. Dienen auch die Wahrnehmungen dieser Fähigkeiten den Fortgeschrittenen nicht als nächstes Mittel zur Vereinigung, so dienen sie doch den Anfängern als entferntes Mittel, durch die Sinne den Geist an das Geistige anzupassen und zu gewöhnen, sowie auf diesem Wege die Sinne von all den anderen niederen Formen und Bildern zeitlicher, weltlicher und natürlicher Dinge zu befreien. Hiefür nun geben wir hier einige Merkmale und Anzeichen, die der geistliche Mensch an sich haben muß, um den rechten Zeitpunkt für das Lassen oder Nichtlassen zu erkennen.

2 *Das erste* ist die Beobachtung, daß man nicht mehr zu betrachten, noch mit der Einbildungskraft nachzusinnen, noch sich daran zu erfreuen vermag wie vordem. Vielmehr findet man nun nur Trockenheit dort, wo der Sinn sich früher aufzuhalten und Nahrung zu finden pflegte. Solange man nämlich Kraft daraus gewinnt und betrachtend nachzusinnen vermag, soll man es nicht lassen, außer die Seele

sänke in die friedvolle Ruhe, die als drittes Kennzeichen gilt.

3 *Das zweite* ist gegeben, wenn man sieht, daß es einem durchaus keine Freude bereitet, Phantasie oder Sinne anderen bestimmten Gegenständen, äußeren oder inneren, zuzuwenden. Ich sage nicht, daß sie nicht hin und her spielen (da sie ja auch bei großer Sammlung auszuschweifen pflegen); doch die Seele hat keine Freude daran, sie absichtlich auf andere Dinge zu richten.

4 *Das dritte* und sicherste ist gegeben, wenn es die Seele freut, allein zu sein in liebendem Aufmerken auf Gott, ohne besondere Erwägung, innerlich in Frieden, Ruhe und Gelassenheit, ohne die Fähigkeiten des Gedächtnisses, des Verstandes und des Willens zu betätigen und zu üben – zumindest nicht diskursiv durch Fortschreiten von einem zum anderen –, sondern einzig in dem erwähnten Aufmerken und allgemein liebenden Erkennen, ohne besondere Einsicht und ohne etwas zu verstehen.

5 Diese drei Kennzeichen wenigstens muß der geistliche Mensch in sich vereinigt finden, um das Aufgeben der Betrachtung und der Sinne, sowie das Eingehen in den Stand der Beschauung und des Geistes sicher wagen zu dürfen.

6 Es genügt etwa nicht das erste Kennzeichen ohne das zweite; denn es könnte sein, daß jemand sich die göttlichen Dinge nicht mehr so vorzustellen und sie nicht wie zuvor zu betrachten vermag aus Zerstreutheit oder Mangel an Eifer. Deshalb muß sich auch das zweite in ihm finden, daß er nämlich weder Lust noch Verlangen mehr hat, an andere, interessante Dinge zu denken. Ist nämlich das Unvermögen, Phantasie und Gemüt bei göttlichen Dingen festzuhalten, durch Zerstreutheit oder Lauheit verursacht, so spürt man alsbald Drang und Lust, sie verschiedenen anderen Dingen zuzuwenden, sowie Beweggründe, das Göttliche zu lassen.

Desgleichen genügen nicht die beiden ersten Kennzeichen, wenn nicht auch das dritte hinzukommt. Kann jemand die göttlichen Dinge nicht erwägen und überdenken, hat er aber ebensowenig Lust, sich anderen zuzuwenden, so mag dies durch Melancholie oder irgendwelche Säfte in Hirn und Herz verursacht sein, die das Gemüt in eine gewisse Benommenheit und Versunkenheit versetzen, in der man an nichts denkt, auch keine Lust hat, an etwas zu denken, sondern in einer wohligen Betäubung dahindämmern will. Dem begegnet das dritte Kennzeichen als liebendes und friedvolles Erkennen und Aufmerken, wie wir es beschrieben haben.

7 Jedoch ist tatsächlich zu Beginn dieses Zustandes das liebevolle Erkennen fast nicht wahrnehmbar und dies aus zwei Gründen: einmal, weil zu Beginn dieses liebende Erkennen sehr fein und zart und kaum faßbar ist; und überdies nimmt die Seele, an die durchaus faßbare Übung des Betrachtens gewöhnt, das unfaßbar Neue nicht wahr und fühlt es fast nicht, da es schon rein geistig ist, gar wenn sie es nicht versteht und sich nicht gönnt, darin zu ruhen, sondern nach dem Sinnenfälligeren strebt. Dadurch gibt sie, mag der innere Friede auch liebend überströmen, ihm doch nicht so Raum, daß sie ihn zu empfinden und zu genießen vermöchte. Je mehr sich jedoch die Seele daran gewöhnt, sich der Ruhe zu überlassen, um so mehr wächst diese an und um so mehr erfährt sie jenes liebevolle, allgemeine Erkennen Gottes, an dem sie größere Freude hat als an allen andern Dingen; es bewirkt ja in ihr mühelos Frieden, Ruhe, Genuß und Wonne.

8 Um das Gesagte deutlicher zu erklären, geben wir im folgenden Kapitel die Ursachen und Begründungen an, die für den Wandel im Geiste die erwähnten drei Kennzeichen als notwendig erscheinen lassen.

VIERZEHNTES KAPITEL

Nachweis der Angemessenheit dieser Kennzeichen und Begründung ihrer Notwendigkeit für den Fortschritt.

1 *Hinsichtlich des ersten erwähnten Kennzeichens* ist zu beachten: Aus zwei Gründen, die sich fast in einen zusammenfassen lassen, muß der geistlich Strebende – um den Weg des Geistes, nämlich der Beschauung, einzuschlagen – den Weg der bildhaften und sinnfälligen Betrachtung verlassen, sobald sie ihn nicht mehr freut und er nicht mehr nachzusinnen vermag.

Fürs erste hat die Seele das gesamte geistliche Gut, das sie auf dem Wege der Betrachtung und Überlegung aus den göttlichen Dingen gewinnen sollte, gewissermaßen schon empfangen. Das Anzeichen dafür ist ihr Unvermögen, weiter zu betrachten, zu überlegen, und auch Saft und Kraft darin zu finden wie zuvor, als sie noch nicht zu dem Geiste vorgedrungen war, der hier ihrer harrte. Für gegewöhnlich nämlich erfreut sich die Seele (wenigstens im Geiste) des Mittels, durch das ihr irgendein geistliches Gut zukommt, sie zu fördern. Und wäre dies ausnahmsweise nicht der Fall, so würde sie kaum gefördert und fände auch in der Ursache des Gutes nicht den Halt und die Labung, die sie sonst im Empfangen findet. Denn es geht damit so, wie die Philosophen sagen: *quod sapit, nutrit – was mundet, nährt und gibt Gedeihen.* Darum sagt auch der hl. Job: *Numquid poterit comedi insulsum, quod non est sale conditum? – Mag man wohl etwas Schales essen, das nicht mit Salz gewürzt ist?* (6, 6). Dies ist der Grund für die Unfähigkeit, so betrachten und nachsinnen zu können wie einst: der Geist findet wenig Geschmack daran und wenig Nutzen.

2 Die *zweite* Ursache ist diese: die Seele besitzt zu dieser Zeit den Geist des Betrachtens wesenhaft und zuständlich. Es ist ja das Ziel des Betrachtens und des Nachsinnens über göttliche Dinge, einige Erkenntnis und Liebe zu Gott zu

gewinnen. Sooft nun die Seele durch Betrachten darin zunimmt, geschieht es durch einen Akt. Da nun viele Akte, welcher Übung immer, in der Seele einen Zustand ausbilden, so bildet auch oft wiederholte Übung liebenden Erkennens, der sich die Seele fallweise hingibt, durch Gewöhnung einen Zustand in ihr aus. Gott pflegt dies auch in vielen Seelen ohne das Mittel solcher Akte – zumindest ohne daß ihrer viele vorausgegangen sind – zu bewirken und sie sogleich in Beschauung zu versetzen.

Was also die Seele zuvor fallweise durch tätiges Betrachten von Einzelerkenntnissen gewonnen hat, das ist, wie gesagt, durch die Gewöhnung in ihr zuständlich und wesenhaft geworden als liebevolles, allgemeines Erkennen, nicht mehr deutlich und bestimmt wie einst. Begibt sie sich nun ins Gebet, so trinkt sie, wie einer, der das Wasser schon zur Hand hat, mühelos in Ruhe, ohne es durch die Rohre der Erwägungen, Gestalten und Bilder herleiten zu müssen wie einst. So wie sie sich in Gottes Gegenwart versetzt, gerät sie aktuell ins dunkle, liebevolle, friedliche und ruhige Erkennen, in dem die Seele Weisheit, Liebe und Süßigkeit trinkt.

3 Darum empfindet die Seele schwere Belastung und Unbehagen, wenn sie in dieser Ruhe weilt und man von ihr verlangt, sie solle betrachten und Einzelerkenntnisse erarbeiten. Es geht ihr wie dem Kinde, das man von der Brust, an die geschmiegt es schon die Milch saugt, fortnimmt und so veranlaßt, daß es mit drängenden Gebärden dahin zurückverlangt, um wieder zu saugen und sich anzuschmiegen. Oder sie gleicht einem, der schon die Schale entfernt hat und den Kern genießt, und der nun diesen lassen sollte, um nochmals die Schale zu entfernen, die bereits entfernt ist. Er wird keine Schale finden und den Kern nicht genießen, den er schon in Händen hielt. Es ist als ließe jemand eine erfaßte Beute fahren wegen einer, die ihm nicht zuhanden ist.

4 So verhalten sich viele zu Beginn des Eingehens in diesen Stand. Sie meinen, es handle sich nur um das Nachsinnen und Erwerben von Einzelerkenntnissen durch Bilder und Gestalten (die dem Geist nur Schale sind). Da sie nun solche in der liebenden und wesenhaften Ruhe, in der die Seele weilen möchte, nicht finden, weil hier nichts klar erkannt wird, fürchten sie, sich zu verlieren und die Zeit zu vertun, und so kehren sie um auf der Suche nach der Schale, finden aber die Bilder und Überlegungen nicht mehr; denn diese sind ihnen schon genommen. Und so genießen sie weder den Kern, noch vermögen sie zu betrachten; sie werden an sich selbst irre und meinen, es ginge zurück und sie seien verloren. Und sie gehen tatsächlich verloren, nicht aber so, wie sie es denken. Sie gehen ihren eigenen Sinnen verloren, und ihrer ersten Weise des Wahrnehmens. Dies aber ist ein Gewinn an dem Geiste, der ihnen verliehen wird. In ihm dringen sie, je weniger sie verstehen, um so tiefer in die *Nacht des Geistes* ein, durch die man schreiten muß, um sich mit Gott jenseits alles Wissens zu vereinigen. Davon sprechen wir in diesem Buche.

5 Über das *zweite Kennzeichen* ist wenig zu sagen. Es liegt auf der Hand, daß die Seele zu dieser Zeit notwendigerweise keine Freude haben darf an den anderen unterschiedlichen Bildern weltlicher Art, da sie sich, wie gesagt, an den besser geziemenden göttlichen aus den angeführten Gründen nicht erfreut. Einzig ihre Einbildungskraft pflegt, wie oben erwähnt, in dieser Sammlung hin und her zu schweifen. Der Wille der Seele aber hat daran keine Freude, er leidet vielmehr darunter, weil ihm Friede und Genuß gestört werden.

6 Ebensowenig erscheint es mir nötig, hier etwas darüber zu sagen, wie angemessen und erforderlich das *dritte Kennzeichen* ist, um die erwähnte Betrachtung lassen zu dürfen,

nämlich das allgemein liebende Erkennen oder Achten auf Gott. Denn schon beim ersten Kennzeichen wurde es kurz erklärt und überdies werden wir noch gelegentlich davon zu sprechen haben, wenn von der allgemeinen, undeutlichen Erkenntnis an ihrem Ort die Rede ist, nämlich nach Darlegung aller besonderen Wahrnehmungen des Verstandes.

Immerhin wollen wir eine Begründung anführen, die klar erkennen läßt, wie notwendig dem Kontemplativen das allgemein liebevolle Erkennen Gottes ist, falls er den Weg des Betrachtens und Nachsinnens zu verlassen hat. Weilte die Seele nämlich nicht in diesem Erkennen bei Gott, so folgte daraus, daß sie nichts täte und nichts hätte. Denn die Betrachtung, in der ihre sinnlichen Fähigkeiten diskursiv tätig waren, hat sie verlassen; mangelt ihr nun die Beschauung – eben dieses besagte allgemeine Erkennen, an das die Seele die geistigen Kräfte, Gedächtnis, Verstand und Willen, wendet, schon geformt und in diesem Erkennen in die Einheit aufgenommen –, so mangelt ihr notwendig jede Übung Gott gegenüber. Sie vermag ja weder zu wirken noch Gewirktes aufzunehmen ohne die beiden Kräftegruppen, die sinnliche und die geistige. Mit den Sinnenkräften kann sie, wie wir sagten, nachsinnen und forschen und das Erkennen der Dinge erarbeiten; mit den Geisteskräften vermag sie die mittels jener Kräfte gewonnenen Erkenntnisse zu verkosten, ohne daß diese Kräfte noch arbeiten.

7 Die Betätigung dieser und jener Kräfte ist für die Seele so verschieden wie arbeiten und sich freuen an der getanen Arbeit; oder wie Mühsal des Wanderns und Rasten am Ziel; oder wie das Bereiten der Speisen und das Verzehren und Genießen des schon Bereiteten und Vorgekauten ohne irgendeine Mühewaltung; oder wie das Sichaufmachen, um etwas zu empfangen, und das Auswerten des Empfangenen. Wäre also die Seele weder mit den Sinnenkräften in

Betrachten und Nachsinnen tätig, noch mit den Geisteskräften im Verwerten des schon Empfangenen und Geleisteten, nämlich in dem erwähnten beschauenden Erkennen, so täte sie nichts, wäre müßig in dem und in jenem und man könnte nicht sagen, woher und womit sie sich beschäftigt. So ist also dieses Erkennen nötig, wenn man den Weg des Betrachtens und Nachsinnens verlassen will.

8 Doch hier ist zu beachten, daß dieses allgemeine Erkennen, von dem wir sprachen, zuweilen so fein und zart ist, gar wenn es schon reiner, einfacher, vollkommener, geistiger und innerlicher ist, daß die Seele, obwohl sie damit beschäftigt ist, es weder sieht noch fühlt.

Und dies ist, wie gesagt, um so mehr der Fall, je durchsichtiger, vollkommener und einfacher es ist. Und zwar wird es so, wenn es lauterer und freier von anderen Begriffen und Einzelerkenntnissen, die Verstand oder Gemüt sich aneignen könnten, in die Seele strömt. Fehlt aber das, woran Verstand und Gemüt sich nach Fähigkeit und Gewohnheit übten, so nimmt die Seele nichts wahr; sie entbehrt des gewohnten Sinnenfälligen.

Dies ist der Grund, warum der Verstand das reinere, vollkommenere und einfachere Erkennen weniger wahrnimmt und für Dunkelheit hält. Leuchtet es hingegen dem Verstande weniger lauter und einfach ein, so erscheint es ihm klarer und bedeutsamer; denn es ist umkleidet oder durchsetzt oder eingehüllt in irgendwelche faßbare Formen, an die Verstand oder Gemüt sich halten.

9 Dies wird gut verständlich durch folgenden Vergleich. Betrachten wir den durch das Fenster einfallenden Sonnenstrahl, so finden wir, daß dieser Strahl dem Gesichtssinn um so faßbarer und sichtbarer und heller erscheint, je mehr er von Stäubchen und Fäserchen durchsetzt ist. Und es ist klar, daß dieser Strahl in sich weniger rein und hell und einfach und vollkommen ist, da doch so viele Stäubchen und

Fäserchen ihn erfüllen. Und doch finden wir, daß er dem leiblichen Auge weniger faßbar und dunkler erscheint, wenn er lauter und frei ist von diesen Fäserchen und Stäubchen; und je lauterer, um so dunkler und weniger faßbar. Und wäre dieser Strahl durchaus lauter und rein von allen Stäubchen und Fäserchen bis zu den feinsten, so erschiene er dem Auge ganz dunkel und unwahrnehmbar, denn es fehlt ja das Sichtbare als Gegenstand des Sehens, und das Auge findet kein Ding, an dem es haften könnte; denn das Licht selbst ist ja nicht Gegenstand des Sehens, sondern nur das Mittel, Sichtbares wahrzunehmen. Fehlt das Sichtbare, das den Strahl oder das Licht zurückwirft, so sieht man nichts. Ginge also der Strahl durch ein Fenster herein und durch das andere hinaus, ohne auf etwas Körperliches zu treffen, man sähe nichts. Und doch wäre der Strahl in sich reiner und lauterer, als wenn er, von sichtbaren Dingen erfüllt, deutlicher gesehen und wahrgenommen würde.

10 In gleicher Weise wirkt das geistige Licht auf die Sehkraft der Seele, nämlich auf den Verstand. Das allgemeine Erkennen und das Licht, das wir übernatürlich nennen, strömen so rein und einfach ein und so entblößt und entfernt von allen begrifflichen Formen – die dem Verstande als Gegenstand dienen –, daß dieser sie nicht fühlt noch sieht. Vielmehr (und gerade wenn sie am reinsten sind) verfinstern sie ihn zuweilen; denn sie entfremden ihn seinem gewohnten Licht, den Gestalten und Bildern und dies mag er wohl fühlen und als Finsternis sehen.

Ergießt sich aber das göttliche Licht nicht mit solcher Macht in die Seele, so empfindet sie keine Finsternis, noch sieht sie Licht, noch nimmt sie irgend etwas ihr Bekanntes von hüben oder drüben wahr. So weilt die Seele manchmal wie in einem tiefen Vergessen. Sie weiß nicht, wo sie ist, noch was ihr geschieht, und es scheint, als stünde für sie die Zeit stille. Es mag geschehen – und es geschieht auch –, daß viele Stunden in diesem Vergessen dahinfließen, und kommt die Seele wieder zu sich, so meint sie, es sei ein Nu, ein Nichts vorbeigeschwunden.

11 Ursache dieses Vergessens ist die Lauterkeit und Einfachheit solcher Erkenntnis. Sie nimmt die Seele ein, macht sie einfältig und lauter und rein von allen Wahrnehmungen und Bildern, die Sinn und Gedächtnis der Seele in zeitlichem Ablauf beschäftigten, und so sinkt sie in zeitloses Vergessen.

Ein solches Beten erscheint der Seele als überaus kurz, auch wenn es, wie gesagt, lange währt; denn es war der reinen Einsicht vereint, die zeitlos ist[1]. Dies ist das kurze Gebet, von dem es heißt, es durchdringe die Himmel (vgl. Sir 35, 21). Es ist kurz, denn es verläuft nicht in der Zeit und es durchdringt die Himmel, weil die Seele der himmlischen Einsicht geeint ist. Und so verbleibt dieses Erkennen in der Seele, wenn sie sich dessen erinnert, samt den Wirkungen, die es hervorbrachte, ohne daß sie es merkte, nämlich Erhebung des Gemütes zu himmlischer Einsicht, sowie eine Entfremdung und Entfernung von allen Dingen und Gestalten und Bildern und Erinnerungen.

So ist es auch David geschehen. Aus der Versunkenheit wieder zu sich gekommen, sagt er: *Vigilavi, et factus sum sicut passer solitarius in tecto* (Ps 101, 8). – *Ich erwachte und fand mich dem einsamen Sperling auf dem Dache gleich. Einsam* sagt er, nämlich allen Dingen entfremdet und fern; und *auf dem Dache*, nämlich erhobenen Gemütes. Und so weiß die Seele nichts mehr von den Dingen, denn sie weiß einzig um Gott, ohne zu verstehen wie. Darum erwähnt die Braut im Hohenliede (6, 11) das Nichtwissen unter den Wirkungen, die das Träumen und Vergessen in ihr hervorbrachte. Im Hinabgehen zum Geliebten sagt sie: *Nescivi.* – *Ich wußt' es nicht.* Meint nun die Seele (wie wir sagten) in diesem Er-

[1] Andrés de la Encarnación verweist treffend auf den heiligen Thomas, *S. Th.* I 85, 4 ad 3; I–II 53, 3 ad 3; ibid., 113, 7 ad 5; *De veritate* q. 8 a. 14 ad 12 (cf. Ms 3653 l. c.).

kennen nichts zu tun und mit nichts beschäftigt zu sein, weil weder ihre Sinne noch ihre Seelenkräfte tätig sind, so halte sie doch die Zeit nicht für verloren; ist auch die Harmonie der Seelenkräfte aufgehoben, so kommt sie doch zur Einsicht in der besagten Weise.

Darum beantwortet die Braut im Hohenliede, die gar weise war, sich selbst diese Frage mit den Worten: *Ego dormio et cor meum vigilat* (5, 2), womit sie sagen will: auch wenn *ich schlafe* nach meinem natürlichen Sein, das nicht mehr tätig ist, so *wacht mein Herz*, übernatürlich zu übernatürlichem Erkennen erhoben.

12 Dies ist jedoch nicht so zu verstehen, als müßte ein solches Erkennen notwendig diese Versunkenheit bewirken, um dem Gesagten zu entsprechen. Sie tritt nur ein, wenn das Erkennen die Seele von der Betätigung aller natürlichen und geistigen Fähigkeiten abzieht, was sehr selten der Fall ist; denn nicht immer nimmt es die ganze Seele ein. Damit es hinreiche für den in Rede stehenden Fall, genügt das Abziehen des Verstandes von jeder Einzelerkenntnis, sei sie zeitlich oder geistig, und die Unlust des Willens, an irgend etwas anderes zu denken (wie wir sagten). Denn dies ist das Kennzeichen dafür, daß die Seele beschäftigt ist.

An dieses Kennzeichen muß man sich halten, um solches Beschäftigtsein festzustellen, wenn das Erkennen sich nur dem Verstande zuwendet und mitteilt; denn da nimmt es die Seele bisweilen nicht wahr. Teilt es sich aber zugleich dem Willen mit – was fast stets der Fall ist –, so entgeht es der Seele, wenn sie darauf achtet, mehr oder minder nicht, daß sie von diesem Erkennen eingenommen und damit beschäftigt ist; denn sie ist im Genusse der Liebe, ohne jedoch deutlich zu wissen, wen sie liebt. Darum wird es *allgemein liebendes Erkennen* genannt; denn so wie es sich dem Verstande dunkel mitteilt, so teilen sich auch dem Willen Wissen und Liebe dunkel mit, ohne daß er deutlich unterscheiden könnte, was er liebt.

13 Dies genüge indessen, um klarzulegen, daß die Seele mit diesem Erkennen beschäftigt sein muß, um das Nachsinnen zu lassen, und ihr anhand dieser Kennzeichen die Sicherheit zu geben, daß sie gut beschäftigt ist, auch wenn es ihr scheint, sie tue nichts. Der angeführte Vergleich aber soll verstehen lassen, daß die Seele nicht den Lichtstrahl für lauterer, erhabener und heller halten soll, der dem Verstande faßbarer und greifbarer einleuchtet – wie der mit Stäubchen erfüllte Sonnenstrahl dem Auge erscheint –; denn nach der Lehre des Aristoteles und der Theologen ist es klar, daß unserem Verstande das göttliche Licht um so dunkler erscheint, je erhabener es ist.

14 Von diesem göttlichen Erkennen ist viel zu sagen, sowohl an sich wie von seinen Wirkungen in den Beschauenden. All dies bringen wir an seinem Ort. Auch über das hier Gesagte haben wir uns nur so sehr verbreitet, um die Lehre nicht allzu dunkel zu lassen; denn sie ist es (ich gebe es zu) noch gar sehr. Denn abgesehen davon, daß der Gegenstand sehr selten in dieser Weise behandelt wurde, sowohl mündlich wie schriftlich, da er an sich ungewöhnlich und dunkel ist, kommt noch mein ungelenker Stil und mein geringes Wissen dazu. Da ich mir also nicht zutraue, es gut verständlich gemacht zu haben, verbreite ich mich oftmals zu sehr und überschreite die Grenzen des an Ort und Stelle zur Darlegung der eben behandelten Lehre Genügenden. Bisweilen, ich gestehe es, tu ich dies absichtlich. Was auf Grund von einigen Beweisen noch nicht verstanden wird, mag vielleicht auf Grund von diesen und anderen zusammen besser verstanden werden. Überdies meine ich, daß dadurch mehr Licht auf das Folgende fällt.

Es scheint mir auch gut, zum Abschluß dieses Teiles eine Frage hinsichtlich der Fortdauer dieses Erkennens, die auftauchen könnte, zu beantworten. Dies soll im nächsten Kapitel kurz geschehen.

FÜNFZEHNTES KAPITEL

Die Voranschreitenden sollen sich zu Beginn des Eingehens in dieses allgemeine Erkennen der Beschauung bisweilen der natürlichen Überlegung und der Tätigkeit der natürlichen Kräfte bedienen.

1 Hinsichtlich des Gesagten könnte sich folgende Frage erheben: sollen die Voranschreitenden, nämlich jene, die Gott in dieses allgemeine Erkennen der Beschauung zu versetzen beginnt, auf die Tatsache dieses Beginnes hin, sich nie mehr des Weges der Betrachtung und Überlegung und natürlicher Bilder bedienen?

Darauf ist zu sagen: es ist nicht so gemeint, als sollten sich jene, die beginnen, allgemein liebend zu erkennen, nie mehr um Betrachtung bemühen; denn zu Beginn ihres Voranschreitens ist dieses Erkennen noch nicht so vollkommen zuständlich, daß sie es nach Wunsch sogleich betätigen können. Auch sind sie der Betrachtung noch nicht so ferne, daß sie nicht dann und wann in natürlicher Weise betrachten und nachsinnen könnten, wie sie es gewohnt waren, und mit den gewohnten Bildern und Punkten, um darin etwas Neues zu finden. Vielmehr ist es zu Beginn für sie nötig, sich des Nachsinnens zu bedienen, wenn die ausgeführten Anzeichen erkennen lassen, daß die Seele nicht von diesem ruhevollen Erkennen eingenommen ist. Und ehe sie nicht durch weiteren Fortschritt die erwähnte Zuständlichkeit mit einiger Vollkommenheit besitzt, so daß sie jedesmal, wenn sie betrachten will, sich sogleich in dieses friedvolle Erkennen versetzt fühlt, unfähig zu betrachten, und auch ohne Lust dazu, wie wir sagten, hat sie zeitweilig je das eine oder das andere zu üben.

2 Die Seele wird sich also oftmals liebend und friedvoll in Gottes Gegenwart finden ohne Betätigung der Kräfte, nämlich ohne einzelne, tätig gewirkte Akte, sondern rein empfangend; oftmals aber wird sie es nötig haben, sich in sanfter und maßvoller Weise der Überlegung zu bedienen,

um sich hineinzuversetzen. Ist sie dann hineinversetzt, so wirkt sie, wie gesagt, nicht mehr mit den Kräften. Man darf nun in Wahrheit sagen, Gott wirkt in ihr, und das Bewirkte ist ein Verstehen und Verkosten, während sie gar nichts tut, sondern nur sich liebend Gott zuwendet, ohne etwas sehen oder fühlen zu wollen. Gott teilt sich ihrer passiven Weise so mit, wie das Licht sich dem Auge mitteilt, das still offen steht. So empfängt sie passiv das Licht, das sich ihr übernatürlich mitteilt. Doch es wird nicht gesagt, sie wirke nicht, weil sie nichts versteht; sie versteht vielmehr das, was sie keine Mühe kostet. Sie hat nur zu empfangen, was ihr gegeben wird, wie es bei den Erleuchtungen, Offenbarungen und Eingebungen Gottes der Fall ist. Doch hier empfängt der Wille frei dieses allgemeine und dunkle Erkennen Gottes.

3 Einzig erforderlich zu reinerem und reichlicherem Empfang dieses göttlichen Lichtes ist die Sorge dafür, daß sich nicht ein besser faßbares Licht oder irgendein anderes Licht oder Gestalten, Erkenntnisse oder Bilder aus Gedankengängen eindrängen; denn nichts von alledem gleicht jenem klaren und lauteren Licht. Wollte man dann noch Einzeldinge verstehen und erwägen, so geistlich sie auch sein mögen, man würde wie durch das Einschieben von Wolken das lautere und einfache allgemeine Geisteslicht behindern. Es wäre so, als hielte man etwas vor die Augen, das den Blick auffängt und ihn hindert, darüber hinwegzusehen.

4 Daraus ergibt sich klar: hat die Seele sich endlich von allen wahrnehmbaren Formen und Bildern rein und leer gemacht, so verbleibt sie in diesem lauteren und einfachen Licht und wird darin umgestaltet in den Stand der Vollkommenheit; denn dieses Licht mangelt der Seele niemals. Doch wegen der geschöpflichen Bilder und Hüllen, mit denen die Seele verhüllt und beschwert ist, strömt es

nicht ein. Werden diese Hindernisse und Hüllen ganz entfernt (wie noch gesagt werden soll), so daß die Seele in reiner Entblößung und Armut des Geistes verbleibt, dann bildet sich die schon einfache und lautere Seele alsbald in die einfache und lautere Weisheit um, die der Sohn Gottes ist. Sowie nämlich der liebenden Seele das Natürliche mangelt, ergießt sich sogleich das Göttliche in sie, auf natürliche und übernatürliche Weise, denn die Natur bleibt nie leer.

5 Der geistliche Mensch lerne es, in liebendem Aufmerken auf Gott zu verweilen und, wenn er nicht betrachten kann, den Verstand ruhen zu lassen, obwohl es ihm scheint, er tue nichts. So wird sich nach und nach, und dies sehr bald, der göttlich ruhige Friede in seine Seele ergießen mit wundersamen und erhabenen Gotteserkenntnissen, umhüllt von göttlicher Liebe. Und er menge sich nicht ein mit Bildern, Betrachtungen und Vorstellungen oder irgendeiner Überlegung (um die Seele nicht zu beunruhigen und aus ihrer zufriedenen Ruhe zu reißen); denn dies verursacht der Seele Unbehagen und Widerwillen. Und hätte er, wie gesagt, Skrupel wegen seines Nichtstuns, so bedenke er, daß es nichts Geringes ist, die Seele zu beruhigen und in Frieden zu versetzen ohne irgend etwas zu tun oder zu begehren. Dies ist es, was unser Herr durch David von uns verlangt, da er sagt: *Vacate et videte quoniam ego sum Deus* (Ps 45, 11). – *Lernet leer zu sein* von allen Dingen (innerlich wie äußerlich), *und ihr werdet sehen, daß ich Gott bin.*

SECHZEHNTES KAPITEL

Bildhafte Wahrnehmungen, die sich der Einbildungskraft auf übernatürliche Weise darbieten, können der Seele nicht als nächstes Mittel zur Vereinigung mit Gott dienen.

1 Wir haben schon von den Wahrnehmungen gesprochen, die auf natürliche Weise von Phantasie und Einbildungskraft aufgenommen und in ihnen wirksam werden können.

Hier wäre nun von den *übernatürlichen* zu sprechen, die *bildhafte Visionen* genannt werden. Da auch sie unter einem Bilde, einer Form, einer Gestalt auftreten, gehören sie ebenso zum sinnlichen Bereich wie die natürlichen.

2 Wir wollen nämlich unter dem Namen *bildhafte Visionen* alles verstehen, was sich als Bild, Form, Gestalt und Erscheinung auf übernatürliche Weise der Einbildungskraft darbieten mag. Denn sämtliche Wahrnehmungen und Erscheinungen, die sich mittels aller fünf leiblichen Sinne auf natürlichem Wege der Seele vorstellen und in ihr haften, können auch auf übernatürlichem Wege in ihr auftreten und sich ohne Mithilfe irgendeines äußeren Sinnes darbieten. Denn die sinnliche Phantasie ist samt dem Gedächtnis gleichsam ein Archiv und Behältnis des Verstandes, das alle ihm faßbaren Bilder empfängt. So als wäre sie ein Spiegel, bewahrt sie in sich, was sie auf dem Wege der fünf Sinne oder, wie wir sagten, auf übernatürliche Weise aufnimmt. Sie bietet es dem Verstande dar, der es besieht und beurteilt. Und nicht nur dies vermag er, sondern auch nach dem Vorbild der ihm auf diese Weise bekannten Dinge, andere auszudenken und zu gestalten.

3 Es ist also zu beachten, daß in gleicher Weise, wie die fünf äußeren Sinne den inneren Sinnen Bild und Vorstellung ihrer Gegenstände darbieten, auch Gott oder der Teufel auf übernatürliche Weise dieselben Bilder und Vorstellungen darbieten können, und dies viel schöner und vollendeter. Gott stellt der Seele oftmals unter solchen Bildern viele Dinge vor und lehrt sie große Weisheit, was aus der Heiligen Schrift auf Schritt und Tritt zu ersehen ist. Isaias schaute Gott in seiner Herrlichkeit unter dem Bilde des Rauches, der den Tempel erfüllte, und der Seraphim, die Antlitz und Füße mit Flügeln bedeckten (6, 4); Jeremias als wachenden Stab (1, 11), Daniel in einer Fülle von Schauungen (7, 10) usw.

Und auch der Teufel bringt, unter dem Scheine des Guten, die seinen hervor, um die Seele zu betrügen. Dies ersieht man etwa aus den Büchern der Könige. Da täuschte er sämtliche Propheten Achabs, indem er ihrer Phantasie Hörner vorgaukelte, mit denen sie, wie er sagte, die Assyrer vernichten würden (3 Kg 22, 11). Und es war Lüge, gleichwie die Visionen der Frau des Pilatus (Mt 27, 19), denen zufolge dieser Christus nicht verurteilen sollte, und viele andere mehr. Daraus ergibt sich, daß den Fortgeschrittenen solche Erscheinungen im Spiegel der Phantasie und Einbildungskraft öfter zukommen als äußere körperliche.

Sie unterscheiden sich von den durch die äußeren Sinne einfallenden nach Bild und Erscheinung nicht. Doch hinsichtlich der Wirkung, die sie hervorbringen, und ihrer Vollendung besteht ein großer Unterschied. Da sie übernatürlich und innerlicher sind, wirken sie feiner und stärker auf die Seele ein als die übernatürlich äußeren. Dies hindert jedoch nicht, daß manchmal körperliche, äußere Visionen die größere Wirkung üben. Schließlich kommt es doch darauf an, was Gott geben will. Doch wir sprechen hier von ihrer Bedeutung, insofern sie geistiger sind.

4 An die sinnliche Einbildungskraft und Phantasie wendet der Teufel gerne seine List, bald auf natürliche, bald auf übernatürliche Weise. Hier liegt ja das Eingangstor zur Seele, und hierher kommt, wie gesagt, der Verstand gleichsam ans Tor zu seinem Stapelplatz, um anzunehmen oder abzulehnen. Darum finden Gott und auch der Teufel sich hier ein mit ihren Kleinodien an Bildern und Gestalten, sie dem Verstande übernatürlich anzubieten. Gott aber bedient sich nicht nur dieses Mittels, die Seele zu unterweisen; Er wohnt ja wesenhaft in ihr und kann durch sich und durch andere Mittel wirken.

5 Doch hier ist kein Anlaß, mich dabei mit dem Erteilen einer Lehre über die Anzeichen aufzuhalten, die erkennen

lassen, welche Visionen von Gott sind und welche nicht, ferner ob sie es in dieser oder in jener Weise sind. Dies ist hier nicht meine Absicht, sondern ich möchte nur den Verstand über ihr Wesen belehren, damit er sich mit den guten nicht belaste, was die Vereinigung mit der göttlichen Weisheit behindern würde, durch die schlechten aber sich nicht täuschen lasse.

6 Ich sage also: mit all diesen Wahrnehmungen und bildhaften Visionen und irgendwelchen anderen Formen oder Vorstellungen, wie sie sich unter Bildern oder Einzelerkenntnissen darbieten mögen – seien sie falsch von seiten des Teufels oder als wahr erkannt von seiten Gottes –, darf sich der Verstand nicht belasten, noch sich von ihnen nähren, auch darf die Seele sie weder zulassen noch festhalten wollen; sie soll ja ganz losgelöst, entblößt, rein und einfach sein, ohne irgendwelche Art und Weise, wie eben die Vereinigung mit Gott es erfordert.

7 Der Grund hierfür ist dieser: sämtliche angeführten Formen bieten sich der Wahrnehmung (wie wir sagten) in irgendeiner begrenzten Art und Weise dar; die Weisheit Gottes aber, der sich der Verstand vereinen soll, hat keinerlei Art und Weise, noch ist sie in Schranken oder deutliche Einzelerkenntnisse zu fassen, denn sie ist ganz rein und einfach. Da sich nun zwei äußerste Gegensätze verbinden sollen, nämlich die Seele und die göttliche Weisheit, müssen sie notwendig in einer gewissen Mitte der Verähnlichung zusammenfinden; und so muß auch die Seele lauter und einfach sein, ohne Grenzen, nicht haftend an irgendeiner Einzelerkenntnis, noch gebunden an die Schranken einer Form, einer Gattung, eines Bildes. Da Gott sich nicht fassen läßt in Bild, noch Form, noch Einzelbegriff, darf auch die Seele, um sich in Gott zu fügen, in keine Form oder deutliche Erkenntnis gefügt sein.

8 Der Heilige Geist bezeugt gut im Buche Deuteronomium, daß es für Gott weder Bild noch Gleichnis gibt, mit den Worten: *Vocem verborum eius audistis, et formam penitus non vidistis. – Den Klang seiner Worte hörtet ihr, doch eine Gestalt sahet ihr durchaus nicht* (4, 12). Und er sagt, es habe hier Finsternis, Wolken und Dunkelheit gegeben, nämlich das undeutliche, dunkle Erkennen, in dem sich, wie wir sagten, die Seele mit Gott vereinigt. Und weiterhin sagt er: *Non vidistis aliquam similitudinem in die, qua locutus est vobis Dominus in Horeb de medio ignis. – Ihr habt nichts ihm Gleichendes gesehen, als der Herr am Horeb aus dem Feuer zu euch sprach* (4, 15).

9 Auch im Buche Numeri bezeugt der Heilige Geist, daß die Seele zu der in diesem Leben erreichbaren Höhe Gottes durch irgendwelche Formen und Gestalten nicht gelangen kann. Als Gott Aaron und Maria, die Geschwister des Moses, tadelte, weil sie gegen diesen murrten, sagte Er, um sie verstehen zu lassen, zu welch hohem Stande der Vereinigung und Freundschaft mit sich er ihn erhoben hat: *Si quis inter vos fuerit propheta Domini, in visione apparebo ei, vel per somnium loquar ad illum. At non talis servus meus Moyses, qui in omni domo mea fidelissimus est: ore enim ad os loquor ei, et palam, et non per aenigmata et figuras Dominum videt. – Ist jemand unter euch ein Prophet des Herrn, dem will ich in einem Gesichte erscheinen oder in einem Traume mit ihm reden. Doch nicht so bei meinem Diener Moses, der in meinem ganzen Hause der treueste ist; denn von Mund zu Mund rede ich mit ihm; offen und nicht durch Rätsel und Gleichnisse schaut er den Herrn* (12, 6–8). Dies gibt klar zu verstehen, daß Gott sich der Seele in diesem erhabenen Stande der Vereinigung, von dem wir sprechen wollen, nicht verkleidet mitteilt, nicht in bildhafter Vision oder in einem Gleichnis oder unter einer Gestalt, die ja nicht Er selbst ist; sondern von Mund zu Mund, nämlich von der reinen und bloßen Wesenheit Gottes – dem Munde des liebenden Gottes – zu der reinen und bloßen Wesenheit der Seele, die der Mund der gottliebenden Seele ist.

10 Will also die Seele zur wesenhaften Liebesvereinigung mit Gott gelangen, so achte sie darauf, sich nicht an bildhafte Visionen, Formen, Gestalten und Einzelbegriffe zu halten; denn diese können ihr nicht als angemessenes und nächstes Mittel zu solchem Ziele dienen. Sie stören vielmehr, und darum muß sie darauf verzichten und trachten, sie zu vermeiden. Wären sie in einem besonderen Fall zuzulassen und hochzuschätzen, so nur wegen des Nutzens und der guten Wirkung, die durch die echten in der Seele verursacht werden. Dafür aber ist es nicht nötig, sie zuzulassen; vielmehr ist es immer besser, sie abzuweisen. Das Gute, das solche bildhafte Visionen – gleich wie die schon erwähnten körperlich äußeren – der Seele erweisen können, ist die Mitteilung von Einsicht oder Liebe oder Süßigkeit. Um dieser Wirkung willen aber braucht die Seele sie nicht zulassen zu wollen; denn, wie auch oben gesagt wurde, im gleichen Nu, in dem sie in der Einbildungskraft auftauchen, rufen sie die Wirkung in der Seele hervor und gießen ihr Einsicht und Liebe oder Süßigkeit oder was immer Gott durch sie wirken will, ein.

Nicht nur als Beigabe, sondern als Hauptursache wirken sie in der Seele, was diese (wenn auch nicht zur gleichen Zeit) passiv aufnimmt, ohne es ihrerseits hindern zu können, auch wenn sie es wollte, wie sie es ja ebenso nicht zu erringen wüßte, selbst wenn sie sich zuvor dafür zu bereiten verstand. So wie die Glasscheibe den auf sie fallenden Sonnenstrahl nicht abzuwehren vermag, sondern, durch Reinheit dazu bereitet, passiv von ihm erleuchtet wird, ohne ihren Fleiß und ihr Wirken, so kann auch die Seele, selbst wenn sie es anders wollte, nicht umhin, die Einflüsse und Mitteilungen aus solchen Bildern zu empfangen, mag sie auch noch so sehr widerstehen. Durch Abweisung in demütiger und liebender Gelassenheit kann der Wille die übernatürlichen Einflüsse nicht aufhalten; einzig Unreinheit und Unvollkommenheit der Seele vermöchten dies, gleichwie Flecken auf der Glasscheibe die Helligkeit behindern.

11 Daraus ist klar ersichtlich: je mehr sich die Seele mit Willen und Gemüt der Wahrnehmung und damit der Flekken solcher Formen, Bilder und Gestalten entblößt, in die, wie gesagt, die geistigen Mitteilungen sich hüllen, um so weniger geht sie der Mitteilungen und Güter, die sie bewirken, verlustig; vielmehr bereitet sie sich um so besser, solche reichlicher, mit mehr Klarheit und Freiheit des Geistes und in Einfalt zu empfangen, unter Weglassung aller jener Wahrnehmungen, die gleich Schlacken und Schleiern den geistigen Inhalt verdecken. Nehmen sie Geist und Sinn ein, die sich davon nähren wollen, so kann der Geist sich nicht einfach und frei mitteilen. Ist der Verstand mit der Schlacke beschäftigt, so hat er offenbar nicht die Freiheit, den Formgehalt aufzunehmen. Wollte die Seele also die Formen zulassen und Wert darauf legen, so würde sie sich dadurch behindern und sich mit dem Geringeren zufrieden geben, das sie ihr bieten, nämlich alles, was sie an ihnen wahrnimmt und erkennt, eben eine Form, ein Bild oder eine Einzelerkenntnis. Die Hauptsache aber, die geistige Eingießung, vermag sie weder wahrzunehmen noch zu verstehen, noch weiß sie, wie es ist, noch kann sie es beschreiben, denn es ist eben rein geistig. Alles, was sie davon weiß, ist (wie gesagt) das Geringste daran, das ihrem Verstand Gemäße, die den Sinnen entsprechende Form. Und darum sage ich: ihrer Passivität, die sich nicht ums Verstehen bemüht und es auch gar nicht vermöchte, teilt sich aus jenen Visionen das mit, was sie nicht zu verstehen und nicht auszudenken vermöchte.

12 Die Augen der Seele sind demnach stets von all diesen sichtbaren und deutlich erkennbaren Wahrnehmungen abzuwenden – die ja nur auf die Sinne einwirken und den Glauben nicht sicher unterbauen –, hingegen auf das zu richten, was man nicht sieht, da es nicht den Sinnen zugehört, sondern dem Geist, der für die Sinne gestaltlos ist; denn er ist es, der im Glauben, also durch das geeignete Mittel, zur Vereinigung führt, wie wir sagten. So werden diese Visionen

ihrem Wesen nach die Seele fördern, wenn sie es recht versteht, das Sinnenhafte und Erkennbare an ihnen abzuweisen, die Absicht aber, in der Gott sie der Seele verleiht, eben durch dieses Abweisen auszuwerten. Denn Gott verleiht sie ja, wie wir schon hinsichtlich der körperlichen Visionen sagten, nicht dazu, daß die Seele sie festhalte und sich daran klammere.

13 Doch hier erhebt sich eine Frage und zwar diese: wenn es wahr ist, daß Gott der Seele die übernatürlichen Visionen nicht gibt, damit sie nach ihnen greife und sich auf sie stütze, noch Wert auf sie lege, warum gibt Er sie ihr dann, da die Seele doch dadurch in viele Irrtümer und Gefahren geraten kann oder zumindest in die hier beschriebenen Behinderungen des Fortschrittes, um so mehr, als Gott der Seele geistig und wesenhaft das verleihen und mitteilen kann, was Er ihr mittels der genannten Visionen und Bilder auf dem Wege der Sinne zukommen läßt?

14 Wir werden diese Frage im folgenden Kapitel beantworten. Es geht hier, wie mir scheint, um eine sehr wichtige und notwendige Lehre, sowohl für die geistlich Strebenden wie für die sie Unterweisenden; denn sie belehrt über die Methode und Absicht, die Gott dabei verfolgt. Da viele sie nicht kennen, wissen sie weder sich selbst zu leiten, noch andere auf den Weg zur Vereinigung zu führen. Sie meinen nämlich, auf Grund der Tatsache, daß Visionen als echt und von Gott stammend erkannt werden, sei es gut, sie zuzulassen und sich gesichert zu fühlen, ohne zu bemerken, daß die Seele sich diese Dinge aneignet, sich an sie hängt und sich mit ihnen belastet, gleich wie mit den Dingen der Welt, wenn sie nicht auf jene ebenso zu verzichten weiß wie auf diese. Und so scheint es ihnen gut, die einen zuzulassen und die anderen abzuweisen, wodurch sie sich selbst und die Seelen in große Not und Gefahr bringen hinsichtlich der Unterscheidung von echt und falsch. Gott trägt den Füh-

rern diese Mühsal nicht auf und will auch nicht, daß sie einfältige, schlichte Seelen in solche Gefahren und Kämpfe verwickeln. Sie haben doch eine gesunde und sichere Lehre im Glauben; in der sollen sie wandeln.

15 Dies aber vermag man nur, wenn man die Augen verschließt gegen alles, was in die Sinne fällt oder sich einzeln deutlich erkennen läßt. Darum wollte der hl. Petrus, obwohl er so sicher war, die Herrlichkeit des verklärten Christus geschaut zu haben – wie er es in seinem zweiten kanonischen Briefe berichtet –, doch nicht, daß man sich darauf als auf das Hauptzeugnis stütze, sondern er verwies auf den Glauben und sagt: *Et habemus firmiorem propheticum sermonem: Cui benefacitis attendentes, quasi lucernae lucenti in caliginoso loco, donec dies elucescat. – Wir haben ein noch zuverlässigeres Zeugnis als die Taborschau, nämlich die Reden und Sprüche der Propheten, die von Christus zeugen. Ihr tut gut daran, euch an sie zu halten wie an ein Licht, das an finsterem Orte scheint* (2 Petr 1, 19). Betrachten wir diesen Vergleich, so finden wir in ihm die Lehre, die wir eben darlegen. Wird nämlich gesagt, wir sollen auf den Glauben achten, den die Propheten verkündeten, gleich wie auf ein *Licht, das an finsterem Orte scheint*, so bedeutet dies, wir sollen im Dunkeln bleiben und die Augen gegen jedes andere Licht verschließen, und in dieser Finsternis sei einzig der Glaube – der auch dunkel ist – das Licht, an das wir uns halten. Hielten wir uns nämlich an jene anderen Lichter deutlicher Erkenntnisse, so ließen wir ja davon ab, uns an das Dunkel des Glaubens zu halten, und so gäbe uns dieser kein Licht mehr an dem finsteren Ort, von dem der hl. Petrus spricht. Dieser Ort bedeutet hier den Verstand. Er ist der Leuchter, der das Licht des Glaubens trägt, und muß als solcher dunkel bleiben, bis im anderen Leben *der Tag* klarer Gottesschau *anbricht* und somit der Tag der Umgestaltung und Vereinigung mit Gott, zu der die Seele unterwegs ist.

SIEBZEHNTES KAPITEL

Erklärung der Absicht und Methode Gottes bei Mitteilung geistiger Güter an die Seele mittels der Sinne. – Antwort auf die erhobene Frage.

1 Viel wäre zu sagen über Gottes Absicht und Methode bei Verleihung dieser Visionen zur Erhebung einer Seele aus ihrer Niedrigkeit zur göttlichen Vereinigung. Sämtliche geistlichen Bücher handeln davon, und auch unsere Abhandlung soll es auf die uns eigene Weise erklären. In diesem Kapitel nun will ich nur das Nötige zur Lösung unseres Zweifels bringen, der lautet: wenn die übernatürlichen Visionen den Fortschritt so sehr gefährden und behindern, wie wir sagten, warum bietet Gott sie an, warum verleiht er sie, der Allweise, der es liebt, die Seelen vor Fehltritten und Fallstricken zu bewahren?

2 Zur Beantwortung dieser Frage bedarf es zuerst *dreier Grundsätze*.

Den ersten schreibt der hl. Paulus *an die Römer* mit den Worten: *Quae autem sunt, a Deo ordinata sunt. – Was immer ist, hat Gott so angeordnet* (13, 1).

Den zweiten gibt der Heilige Geist im Buche der Weisheit, da er sagt: *Disponit omnia suaviter* (8, 1), nämlich Gottes Weisheit, obwohl sie von einem Ende zum anderen reicht, von einer zur anderen äußersten Grenze, *ordnet alles in Milde.*

Der dritte stammt von den Theologen, die lehren: *omnia movet secundum modum eorum. – Gott bewegt alle Dinge auf ihre Weise*[1].

3 Aus diesen Grundsätzen geht klar hervor, daß Gott, um die Seele zu bewegen und von der äußersten Grenze ihrer Niedrigkeit zur anderen äußersten Grenze seiner Erhabenheit in göttlicher Vereinigung zu erheben, geordnet und milde und auf die Weise der Seele vorzugehen hat. Da es nun die Ordnung der Seele ist, mittels geschöpflicher For-

[1] Cfr. St. Thomas, De veritate, q. 12, a. 6.

men und Bilder zu erkennen, und ihre Weise des Erkennens und Wissens über die Sinne geht, so beginnt Gott, um sie zum höchsten Erkennen zu erheben – und dies in Milde zu tun –, sie in der Tiefe, im untersten Bereich der Sinne zu berühren. So erhebt Er sie auf ihre Weise bis zum äußersten Gegensatz seiner geistigen Weisheit, die nicht sinnenfällig ist, indem er sie zunächst unterweist durch Formen und Bilder auf dem Wege der Sinne nach ihrer Weise des Verstehens – bald natürlich, bald übernatürlich – und durch Überlegungen, bis zum höchsten Geiste Gottes empor.

4 Dies ist also der Grund, warum Gott Visionen und Gestalten, Bilder und die übrigen fühlbaren und denkbaren geistigen Erkenntnisse gewährt. Nicht als ob Gott nicht sofort im ersten Akt die Weisheit des Geistes geben wollte, wenn die beiden äußersten Gegensätze, nämlich Menschliches und Göttliches, Sinne und Geist, auf gewöhnlichem Wege in einem einzigen Akt zusammenkommen und sich vereinigen könnten, ohne daß zuvor viele andere Fügungen sanft und geordnet ineinanderwirkten, so daß die einen Grundlage und Bereitung für die anderen sind, gleich wie bei natürlichen Vorgängen. Die ersten dienen den zweiten, die zweiten den dritten und so fort in gleicher Weise. Gott vollendet also den Menschen auf menschliche Weise und führt ihn von unten und außen her zum Erhabenen und Innerlichen.

Zunächst also veredelt er die körperlichen Sinne, indem er sie dahin lenkt, natürlich vollkommene äußere Dinge gut zu gebrauchen, so etwa Predigten anzuhören, der Messe beizuwohnen, heilige Dinge anzusehen, die Lust am Essen abzutöten, mit Bußwerken in heiliger Strenge den Tastsinn zu kasteien.

Sind dann die Sinne schon einigermaßen bereitet, so pflegt er sie noch weiter zu vervollkommnen durch Gewährung einiger übernatürlicher Gnaden und Gaben, sie im Guten besser zu befestigen. Er beschenkt sie mit manchen übernatürlichen Mitteilungen, wie etwa mit der körperlichen Erscheinung von Heiligen und heiligen Dingen, süßen Wohlgerüchen und Ansprachen, dazu mit höchstem Wonnegefühl. Dadurch werden die Sinne sehr in der Tugend befestigt und vom Begehren nach bösen Dingen abgelenkt.

Zudem veredelt er zugleich die inneren körperlichen Sinne, Einbildungskraft und Phantasie, von denen wir hier sprechen. Er gewöhnt sie an Erwägungen, Betrachtungen und heilige Gespräche. Mit alledem unterweist er den Geist.

Sind auch diese durch solche natürliche Übung bereitet, so pflegt Gott sie mehr zu erleuchten und zu vergeistigen durch einige übernatürliche Visionen, wir wollen sie hier bildhaft nennen, durch die ebenfalls der Geist, wie gesagt, sehr gefördert wird. Durch die einen wie durch die anderen wird der Geist allmählich verfeinert und erneuert.

So geleitet Gott die Seele von Stufe zu Stufe bis ins Innerste. Nicht als müßte diese Ordnung der Reihe nach genau so eingehalten werden; zuweilen wirkt Gott das eine ohne das andere und statt des mehr Innerlichen das weniger Innerliche und alles zugleich, je nachdem Gott sieht, was der Seele frommt oder wie es Ihm eben gefällt, die Gnaden zu gewähren. Doch der gewöhnliche Weg ist der besagte.

5 Auf diese Weise also pflegt Gott zu unterweisen und zu vergeistigen. Er beginnt, das Geistige durch äußere, greifbare, sinnenfällige Dinge mitzuteilen, entsprechend der Kleinheit und geringen Fassungskraft der Seele. Sie soll durch die Hülle dieser an sich guten, sinnenfälligen Dinge zum Geiste vordringen durch Einzelübungen und durch Aufnahme geistiger Mitteilungen, Bissen für Bissen, bis sie ein geistiges Gehaben bekommt und den Geist wesenhaft betätigt, frei von allem Sinnenhaften. Dahin kann, wie gesagt, die Seele nur allmählich kommen, auf ihre eigene Weise, durch die Sinne, von denen sie stets abhängig war.

Je mehr ihr Umgang mit Gott sich vergeistigt, um so mehr entblößt und entleert sie sich der sinnlichen Weise, nämlich des bildhaften Nachsinnens und Betrachtens. Gelangt sie zum vollendet geistigen Umgang mit Gott, so muß in Beziehung zu Gott notwendig alles Sinnenhafte aus ihr entfernt sein. Je mehr sich etwas einem äußersten Gegensatz nähert, um so mehr entfernt und entfremdet es sich dem andern. Wenn es jenem vollkommen anhaftet, so ist es von diesem vollkommen getrennt. Darum sagt ein bekanntes geistliches Sprichwort: *Gustato spiritu, desipit omnis caro. – Wem köstlich der Geist, dem ist schal alles Fleisch*, nämlich alle Weisen des Fleisches fördern ihn nicht und gefallen ihm nicht, womit jede Anwendung der Sinne auf das Geistige gemeint ist. Und dies ist klar: denn was Geist ist, fällt nicht unter das Sinnenhafte; und können die Sinne es fassen, so ist es nicht mehr reiner Geist. Je besser es den Sinnen und der natürlichen Wahrnehmung eingeht, um so weniger hat es vom Geiste und von der Übernatur, wie oben gezeigt wurde.

6 Darum liegt dem schon vollendeten Geist nichts an den Sinnen, noch nimmt er durch sie etwas auf, und vor allem bedient er sich ihrer nicht, noch bedarf er ihrer im Umgang mit Gott wie einst, als sein Geist noch nicht gewachsen war.

Dies will folgende Stelle des hl. Paulus im Brief an die Korinther sagen: *Cum essem parvulus, loquebar ut parvulus, sapiebam ut parvulus, cogitabam ut parvulus. Quando autem factus sum vir, evacuavi quae erant parvuli. – Als ich ein Kind war, redete ich wie ein Kind, dachte wie ein Kind, urteilte wie ein Kind. Als ich ein Mann geworden war, legte ich das Kindische ab* (1 Kor 13, 11).

Wir haben schon erklärt, daß alle Belange der Sinne und die Erkenntnis, die der Geist durch sie gewinnen kann, kindliche Übungen sind. Wollte die Seele an ihnen haften bleiben und sie nicht loslassen, so hörte sie nie auf, ein kleines Kind zu sein. Sie redete stets von Gott wie ein Kind und wüßte um Gott wie ein Kind und dächte von ihm wie ein Kind. Hielte sie sich bei der Schale auf, den Sinnen, die dem Kinde entsprechen, so käme sie nie zum Wesen des Geistes, das dem vollendeten Manne entspricht. Darum darf die Seele die erwähnten Offenbarungen nicht zulassen wollen, wenn sie wachsen will, auch falls Gott sie anbietet. Das Kind muß ja auch die Brust lassen, um den Gaumen einer gehaltvollen, kräftigen Kost zu bereiten.

7 Nun werdet ihr fragen: wäre es nötig, daß die noch kleine Seele danach greife, um dann, wenn sie groß ist, loszulassen, so wie das Kind notwendig die Brust nehmen muß, um sich zu erhalten, bis es größer ist und sie lassen kann?

Darauf antworte ich: hinsichtlich des natürlichen Betrachtens und Nachsinnens, durch das die Seele Gott zu suchen beginnt, ist es richtig, daß sie die Brust des Sinnenfälligen zu ihrer Erhaltung nicht lassen darf, ehe die rechte Zeit gekommen ist, sie zu lassen, wenn nämlich Gott die Seele zu geistigerem Umgang, das ist zur Beschauung, erhebt, die wir schon im 13. Kapitel dieses Buches erklärten.

Handelt es sich jedoch um bildhafte Visionen und andere übernatürliche Wahrnehmungen, die den Sinnen ohne den Willen des Menschen zukommen, so sage ich: zu welcher Zeit und zu welchem Stadium immer sie auftreten mögen, sei es in einem vollkommenen oder minder vollkommenen Stande, und wären sie auch von Gott, darf die Seele sie nicht zulassen wollen, und dies *aus zwei Ursachen:*

Die erste ist, daß Gott in der Seele seine Wirkung hervorbringt, ohne daß sie ihrerseits es hindern kann, mag sie auch die Vision verhindern oder verhindern können, was oftmals geschieht und zur Folge hat, daß die für die Seele beabsichtigte Wirkung sich im Wesentlichen noch mehr mitteilt, wenn auch nicht auf jene Weise. Die Seele kann ja, wie wir schon sagten, das Gute, das Gott ihr mitteilen will, nicht verhindern, denn dies liegt nicht an ihr, außer sie beginge irgendeine Unvollkommenheit oder Eigenwilligkeit. Wenn sie aber in Demut und Scheu solchen Dingen entsagt, so ist keinerlei Unvollkommenheit oder Eigenwilligkeit dabei.

Die zweite ist das Freiwerden von der Gefahr und Mühsal des Unterscheidens der schlechten von den guten Visionen, und des Erkennens, ob es ein Engel des Lichtes oder der Finsternis sei, was in keiner Weise fördert, nur die Zeit vergeudet und die Seele verwirrt, überdies Gelegenheit gibt zu vielen Unvollkommenheiten und den Fortschritt hemmt, da die Seele nicht das tut, worauf es ankommt – nämlich sich freimachen von den Geringfügigkeiten der Wahrnehmungen und Einzelerkenntnisse – was hinsichtlich der körperlichen Visionen schon gesagt wurde und darüber später gesagt werden soll.

8 Man möge dies glauben; müßte unser Herr die Seele nicht auf die ihr eigene Weise führen, wie wir hier sagten, niemals würde er ihr die Fülle seines Geistes durch so enge Kanäle, wie Formen und Gestalten und Einzelerkenntnisse es sind, mitteilen, wodurch er die Seele nur brockenweise erhält.

Darum sagt auch David: *Mittit crystallum suam sicut buccellas* (Ps 147, 17), womit gesagt ist: Er spendet den Seelen seine Weisheit brockenweise. Da die Seele unendliche Fassungskraft hat, ist es sehr zu beklagen, daß sie mit den Brokken des Sinnenhaften gespeist wird wegen ihres geringen Geistes und ihrer sinnlichen Unfähigkeit.

Auch den hl. Paulus schmerzte dieser Mangel an Bereitschaft und diese Enge im Empfang des Geistes, worüber er den Korinthern schreibt: *Meine Brüder, (als ich zu euch kam), konnte ich nicht zu euch reden wie zu Geistesmenschen, sondern wie zu fleischlichen: denn ihr konntet es nicht fassen und könnt es auch jetzt noch nicht. Tamquam parvulis in Christo lac potum vobis dedi, non escam. – Wie kleinen Kindern in Christo gab ich euch Milch zu trinken, nicht feste Speise zu essen* (1 Kor 3, 1–2).

9 Daraus ergibt sich also, daß die Seele ihre Augen nicht an dieser Außenseite haften lassen soll, an den Gestalten und Gegenständen, die sich ihr übernatürlich darbieten, sei es auf dem Wege der äußeren Sinne, etwa Ansprachen und Worte dem Gehör, Visionen von Heiligen und schöner

Lichtglanz dem Gesicht, dem Geruchsinn Düfte, dem Gaumen Wohlgeschmack und Süßigkeit, dem Tastsinn andere Genüsse, die dem Geiste zu entspringen pflegen, und zwar bei geistlichen Menschen nicht selten; oder seien es Schauungen der inneren Sinne, nämlich der Einbildungskraft. Auch dieser soll sie nicht achten, vielmehr allem entsagen.

Sie hefte den Blick einzig auf den guten Geist, den sie bewirken, trachte, ihn in die Tat umzusetzen und sich in dem zu üben, was Gott regelrecht dient, ohne auf diese Darstellungen zu achten oder irgendeinen fühlbaren Genuß zu suchen.

So wird man aus diesen Dingen nur das gewinnen, was Gott beabsichtigt und will, nämlich den Geist der Hingabe; denn zu keinem anderen Hauptziele gewährt Er sie. Und man lasse das beiseite, was Er gar nicht geben würde, wenn man ohne dieses im Geiste zu empfangen vermöchte, wie wir schon sagten, nämlich ohne Betätigung der sinnlichen Wahrnehmung.

ACHTZEHNTES KAPITEL

Geisteslehrer können sehr schaden, wenn sie die Seelen hinsichtlich der Visionen nicht richtig leiten. – Auch wenn diese von Gott sind, ist ein Irrtum möglich.

1 Wir können den Gegenstand dieser Visionen nicht so kurz behandeln, wie wir möchten, weil darüber viel zu sagen ist. Wohl wurde im Wesentlichen schon gesagt, wie sich der geistliche Mensch gegebenen Falles solchen Visionen gegenüber zu verhalten, und wie der Seelenführer seinen Schüler zu leiten habe; es dürfte jedoch nicht überflüssig sein, diese Lehre ein wenig mehr im Einzelnen auszuführen, um den Schaden besser zu beleuchten, der sich sowohl für die geistlichen Seelen wie auch für die sie leitenden Lehrer ergeben kann, wenn sie den Visionen gegenüber zu leichtgläubig sind, mögen diese auch von Gott kommen.

2 Was mich dazu drängt, mich hier ein wenig darüber zu verbreiten, ist der Mangel an Klugheit, den ich, soweit ich

es verstehe, bei einigen Geisteslehrern gefunden habe. Sie versichern sich hinsichtlich der genannten übernatürlichen Wahrnehmungen, ob sie gut und von Gott sind, dann aber geraten sowohl Meister wie Schüler in schweren Irrtum und erweisen sich als sehr töricht, so daß für sie das Wort unseres Herrn gilt: *Si caecus caeco ducatum praestet, ambo in foveam cadunt. – Wenn ein Blinder einen Blinden führt, fallen beide in die Grube* (Mt 15, 14).

Er sagt nicht: *sie werden fallen;* sondern *sie fallen;* denn es ist nicht nötig, einen gelegentlichen Irrtum abzuwarten, in den sie fallen. Allein schon, daß sie sich erkühnen, einander zu führen, ist ein Irrtum. Sie fallen also zumindest und vor allem schon dadurch. Manche nämlich leiten jene Seelen, die mit solchen Dingen zu tun haben, in einer Art und Weise, die sie irreführt oder behindert oder ihnen nicht den Weg der Demut weist. Sie regen sie dazu an, irgendwie danach auszuschauen, was zur Folge hat, daß sie nicht im wahren Geiste des Glaubens beharren. Sie gründen sie nicht fest im Glauben und veranlassen sie, viel von solchen Dingen zu reden. Damit geben sie zu verstehen, daß sie dergleichen schätzen und wichtig nehmen, und folglich tun die Seelen dies auch. So aber bleiben sie an diesen Wahrnehmungen haften, gründen nicht auf dem Glauben, sind nicht leer und entblößt und losgeschält von diesen Dingen, um sich zur Höhe dunklen Glaubens aufzuschwingen. Und all dies, weil die Seele der Ausdrucksweise ihres Führers entnimmt, was er davon hält. Er weiß nicht, wie überaus leicht man unwillkürlich von solchen Dingen erfüllt und eingenommen wird und den Blick vom Abgrund des Glaubens wegwendet.

3 Die Ursache dafür, warum die Seele so leicht davon eingenommen wird, ist wohl die: es handelt sich um Sinnenhaftes, dem sie von Natur aus zuneigt. Da sie nun solche Wahrnehmungen schon verkostet hat und dazu bereit ist, braucht sie nur an ihrem Beichtvater oder an einer anderen

Person irgendeine Wertschätzung dessen zu bemerken, um solche Wahrnehmungen nicht nur anzunehmen, sondern, ohne es zu merken, mit immer größerer Begier danach zu verlangen und sich immer mehr davon zu nähren und sich ihnen immer mehr zuzuneigen und sie immer höher zu schätzen.

Daraus ergeben sich viele Unvollkommenheiten; zumindest ist die Seele nicht mehr recht demütig. Sie meint, dies sei doch etwas, und sie habe etwas Gutes an sich und Gott halte etwas von ihr. Darob ist sie zufrieden und ein wenig selbstgefällig, was gegen die Demut verstößt. Der Teufel wird dies dann heimlich schüren, ohne daß sie dessen gewahr wird, und beginnen, ihr Gedanken über die anderen einzugeben, ob sie wohl solches erfahren oder nicht oder so seien oder nicht; dies aber ist gegen die heilige Einfalt und geistige Einsamkeit.

4 Doch wir wollen hier nicht weiter von diesen Schäden sprechen, noch auch davon, daß diese Seelen im Glauben nicht wachsen, wenn nicht gar sich von ihm entfernen, noch von anderen Schäden in diesem Bereich, die zwar nicht so greifbar und erkennbar, doch in ihrer Feinheit häßlicher vor Gottes Augen sind, weil sie die volle Entblößung behindern. Erst wenn vom Laster der geistigen Gier samt den anderen sechs Hauptsünden die Rede ist[1], soll mit Gottes Hilfe manches über diese subtilen und heiklen Befleckungen gesagt werden, die sich im Geiste festsetzen, weil er nicht in Entblößung zu wandeln weiß.

5 Hier sprechen wir nur von der Methode, die einige Beichtväter in der Seelenführung anwenden, und die keine gute Unterweisung ist. Und ich möchte dies klar auszudrücken wissen; denn es ist schwer, begreiflich zu machen, wie der Geist des Schülers sich insgeheim und unversehens dem Geiste seines geistlichen Vaters angleicht. Doch dieser

[1] *Dunkle Nacht*, 1. Buch. Kap. 1–7.

so weitläufige Stoff ermüdet mich. Es scheint mir nämlich, als könnte man das eine nicht erklären, ohne auch das andere darzulegen – wie es eben im Bereiche des Geistes geht –, denn die Dinge beziehen sich wechselweise aufeinander.

6 Für jetzt genüge dieses: es scheint mir so (und ist auch so), daß bei geistiger Hinneigung des Seelenführers zu Offenbarungen, auf die er Wert legt oder von denen er erfüllt ist und an denen er Geschmack findet, eine Prägung des Geistes seines Schülers nach dem gleichen Schlage und zu gleichem Ende, auch ohne daß man es weiß, unvermeidlich ist, wenn dieser ihn nicht etwa schon überholt hat. Und wäre dem auch so, es könnte doch, wenn er dabei beharrt, großer Schaden entstehen; denn aus der Neigung des geistlichen Vaters und seiner Freude an solchen Visionen ergibt sich eine gewisse Weise der Hochschätzung, die, wenn er nicht sehr vorsichtig ist, anderen Personen unvermeidlich sichtbar oder fühlbar wird. Besteht nun in der anderen Person die gleiche Geistesneigung, so kann, meines Erachtens, die wechselseitige Mitteilung der Auffassung und Wertschätzung solcher Dinge nicht ausbleiben.

7 Doch wir wollen hier nicht so fein spinnen. Wir setzen nur den Fall, daß der Beichtvater, sei er nun diesen Dingen zugeneigt oder nicht, der Einsicht entbehrt, die er haben müßte, um die Seele zu befreien und seinen Schüler des Begehrens nach diesen Dingen zu entblößen. Stattdessen fängt er mit ihm darüber zu reden an, und den Hauptgegenstand der geistlichen Gespräche bilden (wie wir sagten) diese Visionen, für deren Unterscheidung als gute oder schlechte er Merkmale angibt.

Es ist zwar nützlich, diese zu kennen, doch nicht nötig, die Seele in solche Mühe, Sorge und Gefahr zu bringen. Weist man sie als unwesentlich ab, so entfällt all dieses und man tut, was man soll. Und nicht nur dies; sowie die Beichtväter sehen, daß solche Seelen dergleichen von Gott erhalten, bitten sie ums Gebet, damit Gott ihnen dies oder jenes, das sie selbst oder andere betrifft, offenbare oder sage. Und die einfältigen Seelen tun es in der Meinung, es sei erlaubt, auf diesem Wege etwas erfahren zu wollen. Sie denken, weil Gott ihnen manches nach seinem Wollen und in seiner Absicht zu offenbaren oder mitzuteilen beliebt, dürften sie nun solche Offenbarung wünschen und sogar darum bitten.

8 Und geschieht es, daß Gott auf ihre Bitten hin es offenbart, so fühlen sie sich sicherer in der Meinung, es gefalle Gott und Er wünsche es, da Er doch Antwort gibt. In Wahrheit aber gefällt es Gott nicht, und Er wünscht es nicht. Oftmals glauben sie an das und handeln nach dem, was ihnen geoffenbart oder geantwortet wurde. Da sie dieser Weise des Umgangs mit Gott zuneigen, hängen sie sehr daran, und der Wille gleicht sich an. In natürlichem Genießen und natürlicher Anpassung an ihre Weise des Erkennens irren sie oftmals, und sehen sie dann, daß es nicht so kommt, wie sie es verstanden haben, so wundern sie sich, und alsbald steigen ihnen Zweifel auf, ob es von Gott sei oder nicht von Gott, da es nicht so eintrifft, wie sie es meinten.

Sie denken zunächst ein Zweifaches: zum ersten meinen sie, es komme von Gott, da es ihnen gleich so tief eingegangen ist; doch kann dieses Eingehen, wie gesagt, auf Grund von natürlicher Neigung geschehen sein. Zum zweiten folgern sie, wenn es von Gott ist, dann muß es so ausgehen, wie sie es verstanden und sich gedacht haben.

9 Hierin liegt ein großer Irrtum, denn die Offenbarungen und Ansprachen Gottes gehen nicht immer so in Erfüllung, wie die Menschen sie auffassen oder wie sie an sich klingen. Deshalb darf man ihrer nicht sicher sein und sie als verbrieft und versiegelt glauben, auch wenn man weiß, daß es Offenbarungen oder Antworten oder Sprüche Gottes sind. Wohl sind sie in sich gewiß und wahrhaftig, doch nicht immer

hinsichtlich der Ursachen und in unserer Weise, sie zu verstehen. Dies wollen wir im folgenden Kapitel erweisen. Auch wollen wir danach sagen und erweisen, daß Gott, obwohl Er bisweilen das Erbetene übernatürlich beantwortet, doch keine Freude daran hat, ja vielleicht sogar darob erzürnt, auch wenn Er Antwort gibt.

NEUNZEHNTES KAPITEL

Visionen und Ansprachen von seiten Gottes sind wahrhaftig, wir aber können uns ihretwegen täuschen. – Beweise aus der Heiligen Schrift.

Aus zwei Gründen sagen wir, daß die Visionen und Ansprachen Gottes wohl in sich, aber nicht immer für uns wahr und gewiß sind. *Der eine Grund* liegt in unserer mangelhaften Deutungsweise, *der andere* in der Wandelbarkeit ihrer Voraussetzungen. Beides wollen wir durch göttliche Autorität aus der Heiligen Schrift erweisen.

1 *Zum ersten:* es ist klar, daß nicht alles so zutrifft, wie es nach unserer Deutungsweise lautet. Ursache dessen ist, daß Gott, unermeßlich und tief, bei seinen Prophezeiungen, Ansprachen und Offenbarungen ganz andere, von den uns gemeinhin verständlichen sehr verschiedene Wege, Begriffe und Einsichten zu gebrauchen pflegt, nämlich um so wahrere und sicherere, je mehr es uns anders erscheint. Dies können wir in der Heiligen Schrift bei jedem Schritt sehen. Für viele der Alten trafen manche Prophezeiungen und Ansprachen Gottes nicht so ein, wie sie es erwarteten, weil sie die Verheißungen auf ihre eigene Weise, zu buchstäblich verstanden. Aus folgenden Stellen geht dies deutlich hervor:

2 a) Im Buche Genesis spricht Gott zu Abraham, den er ins Land Kanaan geführt hat: *Tibi dabo terram hanc. – Dies Land will ich dir geben* (15, 7). Dies wiederholte Er oft. Da Abraham schon sehr alt war und das Land noch nicht be-

saß, Gott es jedoch abermals verhieß, fragte er: *Domine, unde scire possum quod possessurus sum eam? – Herr, woran soll ich erkennen, daß ich es besitzen werde?* (15, 8.) Da offenbarte ihm Gott, nicht er in Person, sondern seine Söhne werden es nach vierhundert Jahren in Besitz nehmen. Nun erst kam Abraham zum Verständnis der Verheißung, die in sich durchaus wahrhaftig war. Wenn Gott nämlich das Land aus Liebe zu Abraham dessen Söhnen gab, so gab Er es ja doch Abraham. So irrte Abraham in seiner Deutungsweise. Hätte er seine Auffassung der Prophezeiung verkündet, so wären viele durch ihn getäuscht worden. Sie sahen ihn ja (weil es noch nicht an der Zeit war) dahinsterben, ohne das Land erhalten zu haben, und hatten ihn doch sagen hören, Gott werde es ihm geben. So wären sie in Verwirrung geraten und hätten die Verheißung für falsch angesehen.

3 b) Ebenso erschien Gott dem Enkel Abrahams, Jakob, zur Zeit als dieser unterwegs nach Ägypten war, wohin Joseph, sein Sohn, ihn der Hungersnot in Kanaan wegen kommen ließ. Gott sprach zu ihm: *Jacob, Jacob, noli timere, descende in Aegyptum, quia in gentem magnam faciam te ibi. Ego descendam tecum illuc... Et inde adducam te revertentem. – Jakob, fürchte dich nicht, zieh hinab nach Ägypten. Ich ziehe mit dir und führe dich wieder herauf, wenn du dich zur Rückkehr aufmachst* (Gen 46, 3–4). Dies geschah nicht in der Weise, die nach unserem Sinne daraus erklang; denn wir wissen, daß der heilige Greis Jakob in Ägypten starb und nicht lebendig heimkehrte. Erst an seinen Söhnen sollte die Verheißung sich erfüllen. Nach vielen Jahren holte Gott sie aus Ägypten heim und Er selber war ihnen Weggeleit. Wer aber, so folgern wir, um die Verheißung an Jakob wußte, durfte es für gewiß halten, daß Jakob, der auf Gottes Geheiß und unter seinem Schutze lebendig und in Person nach Ägypten gezogen war, ohne Zweifel ebenso lebendig und in Person das Land wieder verlassen und heimkehren würde; Gott hatte ihm ja die glückliche Heimkehr in gleichem Wortlaut ver-

sprochen. Er hätte sich aber enttäuscht gesehen und, verwundert über Jakobs Tod in Ägypten, gemeint, das Erhoffte sei nicht in Erfüllung gegangen. So kann man ein an sich durchaus wahrhaftiges Wort Gottes falsch auffassen.

4 c) Im Buche der Richter (20, 11 ff.) lesen wir etwas Ähnliches. Sämtliche Stämme Israels hatten sich verbündet, um gegen den Stamm Benjamin zu kämpfen, eine gewisse Freveltat, die er zugelassen hatte, zu rächen. Gott selbst hatte ihnen den Anführer bestimmt und so waren sie ihres Sieges gewiß. Nun aber wurden sie geschlagen und verloren zweiundzwanzigtausend Mann. Darob verwunderten sie sich sehr, und sie weinten vor Gott den ganzen Tag. Sie konnten sich ihre Niederlage nicht erklären, da sie doch gemeint hatten, der Sieg sei ihrer. Als sie nun Gott befragten, ob sie nochmals in den Kampf ziehen sollten oder nicht, antwortete Er, sie mögen ausziehen und kämpfen. Diesmal waren sie ihres Sieges ganz gewiß und zogen mit großer Kühnheit aus. Dennoch wurden sie zum zweitenmal geschlagen und sie büßten achtzehntausend Mann ein. Nun waren sie ganz ratlos und wußten nicht, was tun. Gott schickte sie in den Kampf und sie unterlagen immer wieder, obwohl sie überdies dem Gegner an Zahl und Tüchtigkeit weit überlegen waren. Der Stamm Benjamin stellte nicht mehr als fünfundzwanzigtausendsiebenhundert Mann, und sie waren ihrer vierhunderttausend! So erlagen sie dem Irrtum ihrer falschen Deutung. Gott hatte ihnen ja nicht gesagt, sie würden siegen, sondern sie sollten kämpfen, denn Er wollte sie durch diese Niederlagen züchtigen wegen einer gewissen leichtsinnigen Vermessenheit. So demütigte er sie. Endlich verhieß Er ihnen doch den Sieg und dieser traf ein, wenn auch mit harter Mühe und Kriegslist errungen.

5 Auf solche und noch auf mancherlei andere Weisen geschieht es, daß die Seelen sich hinsichtlich der Ansprachen und Offenbarungen von seiten Gottes täuschen, weil sie

deren Sinn buchstäblich und nach dem Äußeren nehmen. Die Hauptabsicht Gottes ist es ja, wie wir schon erklärten, den Geist auszusagen und mitzuteilen, der sich darin verbirgt und schwer zu fassen ist. Er ist viel reicher als der Buchstabe, ganz außer dessen Ordnung und dessen Grenzen. Wer also am Buchstaben haftet oder am Spruch, an der Form oder an der wahrnehmbaren Gestalt der Schau, kann gar nicht anders als irren und nachher verdutzt und verwirrt dastehen. Er hat sich ja von den Sinnen leiten lassen und nicht dem vom Sinnenhaften entblößten Geiste Raum gegeben. *Littera enim occidit, spiritus autem vivificat, – der Buchstabe tötet, der Geist aber macht lebendig,* sagt der hl. Paulus (2 Kor 3, 6). Man darf daher in diesem Falle nicht die Sinne an den Buchstaben binden, sondern im Dunkel des Glaubens verharren, also im Geiste, der den Sinnen nicht faßbar ist.

6 Weil viele der Söhne Israels die Sprüche und Verheißungen der Propheten ganz buchstäblich nahmen, trafen sie dann nicht so ein, wie sie es erwarteten, und so kamen sie dazu, sie geringzuschätzen und ihnen nicht zu glauben. Dies ging so weit, daß man öffentlich, ja fast sprichwörtlich die Propheten verhöhnte. Isaias beklagt sich darüber und schildert die Sache mit folgenden Worten: *Quem docebit Dominus scientiam? et quem intelligere faciet auditum? ablactatos a lacte, avulsos ab uberibus. Quia manda, remanda, manda, remanda; exspecta, reexspecta, exspecta, reexspecta; modicum ibi, modicum ibi. In loquela enim labii et lingua altera loquetur ad populum istum. – Wen wird Gott Weisheit lehren? Und wen wird er wohl sein Wort und seine Weissagung vernehmen lassen? Nicht die der Milch Entwöhnten, nicht die der Brust Entwachsenen? Da heißt es* – so spotten sie über die Prophezeiungen –: *tu dies, tu das; tu dies, tu das; warte, warte nur; warte, warte nur; noch ein Weilchen, noch ein Weilchen. Mit* stammelnden *Lippen und in fremder Sprache wird zu diesem Volke geredet* (28, 9–11). Damit sagt Isaias deutlich, daß sie mit den Prophezeiungen Scherz

treiben und zum Hohn das Sprichwort gebrauchen: *warte, warte nur.* Damit wollen sie sagen, daß ja doch nichts in Erfüllung gehe. Sie halten sich eben an den Buchstaben wie kleine Kinder an die Milch und an die Sinne, die der Brust vergleichbar sind und der Größe des Geisteswissens widersprechen. Darum sagt Isaias: *Wen wird Gott die Weisheit seines Kündens lehren? Und wen wird er seine Lehre begreifen lassen?* Wen anders als solche, *die der Milch* des Buchstabens und *der Brust* des Sinnenhaften *entwöhnt sind?* Sonst nehmen sie es auf wie Milch, nämlich im äußeren Sinne des Buchstabens, und sagen: *Versprich nur, versprich, warte nur, warte* usw. Denn Gott gibt ihnen göttliche Lehre aus seinem und nicht aus ihrem Munde, in seiner, nicht in ihrer Sprache.

7 Darum ist solches nicht im Sinne unserer Sprache zu nehmen, sondern im Geiste der Sprache Gottes, die, wie wir wissen, anders ist als die unsere, von unserem Begreifen sehr unterschieden und schwer zu deuten. So schwer, daß sogar Jeremias, der doch ein Prophet Gottes war, sich zu täuschen meinte, weil Gottes Wortsinn von den allgemein menschlichen Begriffen ganz verschieden ist. Er tritt für das Volk ein und ruft: *Heu, heu, heu, Domine Deus, ergone decepisti populum istum et Jerusalem, dicens: Pax erit vobis, et ecce pervenit gladius usque ad animam? – Ach! Ach! Ach! Herr, Gott! Hast du etwa dieses Volk und Jerusalem getäuscht, als du sagtest: ihr werdet Frieden haben, und sieh, nun dringt das Schwert bis an die Seele?* (4, 10.) Der Friede, den Gott ihnen verhieß, sollte Gott und die Menschen vereinen durch Vermittlung des Messias, den Er ihnen senden wollte; sie aber dachten an zeitlichen Frieden. Wenn nun Krieg und Bedrängnis über sie kamen, meinten sie, Gott betrüge sie, denn es trat das Gegenteil von dem ein, was sie erwarteten. Und so sagten sie, was auch Jeremias ausspricht: *Exspectavimus pacem et non erat bonum. – Wir hofften auf Frieden, doch es kam nichts Gutes* (8, 15). Sie konnten unmöglich den Irrtum vermeiden, weil sie sich vom buchstäblichen Sinne leiten ließen.

Wer sollte nicht etwa verwirrt und irregeführt werden, wenn er alles, was David im 71. Psalm über Christus weissagt, buchstäblich nimmt? Da heißt es doch: *Et dominabitur a mari usque ad mare, et a flumine usque ad terminos orbis terrarum* (V. 8) – *Herrschen wird Er von Meer zu Meer und vom Strom bis an der Erde Enden.* Oder auch: *Liberabit pauperem a potente, et pauperem cui non erat adiutor* (V. 12) – *Retten wird Er den Armen vor dem Gewalttäter, den Armen, der ohne Beistand ist.* Und dann sieht man Ihn niedrigen Standes geboren, in Armut leben, in Elend sterben. Er hat nicht nur zu seinen Lebzeiten auf Erden niemals geherrscht, sondern war vielmehr gemeinen Leuten unterworfen, ja Er starb unter dem Machthaber Pontius Pilatus. Auch seine Jünger befreite Er nicht aus den Händen der in dieser Zeit Mächtigen, sondern ließ sie sogar um seines Namens willen verfolgen und töten.

8 Die Weissagungen über Christus sind eben geistig aufzufassen. In diesem Sinne sind sie überaus wahrhaftig, denn Christus ist nicht nur der Herr der Erde, sondern auch des Himmels. Er ist ja Gott. Und die Armen, die ihm nachfolgten, hat er nicht nur aus der Gewalt des Teufels losgekauft und befreit, gegen dessen mächtige Gegnerschaft sie hilflos waren, sondern Er hat sie zu Erben des Himmelreiches gemacht.

Gott sprach also von dem, was Christus und seinen Nachfolgern wesentlich ist, vom ewigen Reich und von ewiger Freiheit. Sie aber bezogen es nach ihrer Weise auf das Unwesentliche – worauf Gott nicht viel Wert legt –, nämlich auf zeitliche Herrschaft und zeitliche Freiheit, die vor Gott weder als Herrschaft noch als Freiheit gelten. Verblendet durch den wertlosen Buchstaben, erfaßten sie nicht dessen Geist und wahren Gehalt und sie nahmen Gott, ihrem Herrn, das Leben. Der hl. Paulus sagt es mit diesen Worten: *Qui enim habitabant Jerusalem et principes eius, hunc ignorantes et voces prophetarum, quae per omne sabbatum leguntur, iudicantes impleverunt.* – *Denn die Bewohner Jerusalems und ihre Führer haben Jesus nicht erkannt und durch ihren Richterspruch die Worte der Propheten erfüllt, die jeden Sabbat vorgelesen werden* (Apg 13, 27).

9 Ja die Schwierigkeit, Gottes Wort recht zu deuten, ist so groß, daß sogar die Jünger, die mit Jesus gewandelt waren, sich täuschten; unter ihnen jene, die nach seinem Tode traurig und mutlos nach dem Flecken Emmaus gingen und sprachen: *Nos autem sperabamus quod ipse esset redempturus Israel. – Wir aber hofften, Er würde Israel erlösen* (Luk 24, 21). Auch sie meinten, es handle sich um eine zeitliche Erlösung und Herrschaft. Als Christus, unser Erlöser, ihnen erschien, tadelte Er sie als zu unverständig und schwerfällig und harten Herzens, um an das zu glauben, was die Propheten gesagt haben (ebenda, V 25). Und auch zur Zeit seiner Himmelfahrt verharrten immer noch einige in dieser Torheit. Sie fragten ihn: *Domine, si in tempore hoc restitues regnum Israel? – Herr, richtest du in dieser Zeit das Reich Israel wieder auf?* (Apg 1, 6.)

Der Heilige Geist läßt vieles sagen, in das er einen anderen Sinn hineinlegt als die Menschen es meinen, was etwa an den Worten des Kaiphas zu ersehen ist, die er über Christus sprach: *Es ist besser, wenn ein Mensch stirbt, als wenn das ganze Volk zugrunde geht* (Jo 11, 50). Dies sagte er nicht aus sich selbst, und er sagte und meinte es in einem Sinne, der Heilige Geist in einem anderen.

10 Daraus ist ersichtlich, daß wir der Sprüche und Offenbarungen, auch wenn sie von Gott stammen, nicht sicher sein dürfen, denn unsere Weise des Verstehens kann uns oft und leicht irreführen; sie sind ja alle abgrundtiefen Geistes. Wollen wir sie auf das beschränken, was wir verstehen und mit den Sinnen erfassen, so ist es wie ein Tasten in die Luft und wie das Haschen nach einem Sonnenstäubchen. Die Luft entweicht und es bleibt nichts zurück.

11 Der Seelenführer sorge also dafür, daß der Geist seines Schülers sich nicht verenge durch das Wichtignehmen all der übernatürlichen Wahrnehmungen. Sie sind ja nicht mehr als Stäubchen im Geiste und bleiben schließlich allein übrig, ohne jeden Geist. Er scheide ihn vielmehr von allen Visionen und Ansprachen, halte ihn dazu an, in der Freiheit und Dunkelheit des Glaubens zu verharren. So empfängt er Freiheit und Fülle des Geistes, und daraus erfolgt wahres Verständnis der Worte Gottes.

Ein nicht geistiger Mensch kann unmöglich die Sachen Gottes beurteilen und richtig verstehen; er ist aber ungeistig, wenn er sie mit den Sinnen beurteilt. Auch wenn sie sich sinnenfällig darbieten, versteht er sie nicht. Dies sagt der hl. Paulus gut mit den Worten: *Animalis autem homo non percipit ea quae sunt spiritus Dei; stultitia enim est illi, et non potest intelligere, quia de spiritualibus examinatur. Spiritualis autem iudicat omnia. – Der Sinnenmensch erfaßt nicht, was vom Geiste Gottes kommt; es ist ihm Torheit. Er kann es nicht verstehen, weil es vom Geiste zu prüfen ist. Der Geistesmensch aber beurteilt alles* (1 Kor 2, 14–15). *Sinnenmensch* bedeutet hier einen, der sich nur der Sinne bedient; *Geistesmensch* einen, der am Sinnenhaften nicht hängt und sich nicht davon leiten läßt. Es ist also Vermessenheit, einen Umgang mit Gott auf dem Wege übernatürlicher Wahrnehmungen mittels der Sinne zu wagen und zu gestatten.

12 Um dies einsichtiger zu machen, bringen wir einige Beispiele. Nehmen wir an, ein Heiliger ist sehr durch Verfolgungen von seiten seiner Feinde bedrängt, und Gott würde ihm sagen: «Ich werde dich von allen deinen Feinden befreien.» Diese Verheißung ist durchaus wahr, auch wenn seine Feinde ihn überwältigen und mit ihren Händen töten. Wer sie indessen zeitlich auffaßte, sähe sich getäuscht. Gott konnte ja die wahre Befreiung und den endgültigen Sieg meinen, nämlich das ewige Heil, das die Seele frei und siegreich über alle Feinde macht, viel wirklicher und erhabener

als würde sie hienieden befreit. So wäre diese Verheißung viel wahrer und inhaltsreicher als der Mensch sie im Sinne dieses Lebens verstehen könnte. Gottes Worte haben ja immer einen viel tieferen und nützlicheren Sinn, als der Mensch meint, der auf seine Weise und auf sein Ziel hin das minder Wichtige heraushört und so sich täuscht. Dies erweist auch die Weissagung Davids, der im 2. Psalm von Christus sagt: *Reges eos in virga ferrea, et tamquam vas figuli confringes eos. – Mit eisernem Zepter wirst du sie beherrschen und wie Töpfergeschirr zerschlagen* (2, 9). Gott spricht von der hauptsächlichen und vollendeten Herrschaft – nämlich von der ewigen – und nicht von der nebensächlichen – nämlich von der zeitlichen –, die sich im zeitlichen Leben Christi nie verwirklicht hat.

13 Wir bringen noch ein Beispiel. Da wäre eine Seele voll großen Verlangens nach dem Martyrium. Gott ginge nun darauf ein und sagte ihr: «Du wirst Martyrer.» Darob empfände sie innerlich großen Trost und die Zuversicht, es wirklich zu werden. Würde sie trotz alledem nicht durch Martyrium sterben, so wäre die Verheißung dennoch wahr. Ja wie denn, da sie doch nicht so in Erfüllung ging? Sie kann und wird sich erfüllen nach ihrem eigentlichen und wesentlichen Sinne, durch Verleihung des Wesentlichen, der Liebe und des Lohnes der Martyrer. So gibt Gott der Seele wahrhaftig, was sie formell ersehnte und was Er ihr versprach. Denn der formelle Wunsch der Seele ging nicht nach einer Todesart, sondern sie wollte Gott den Dienst eines Martyrers leisten und ihm Liebe erweisen wie ein Martyrer. Die Todesart an sich, ohne Liebe, ist ja wertlos. Die Liebe aber – also den Vollzug und Lohn des Martyriums – verleiht Gott ihr durch vollkommenere Mittel. Stürbe sie also auch nicht den Martertod, so wäre die Seele doch sehr zufrieden, da Gott ihr gab, was sie ersehnte.

Denn solche und ähnliche Wünsche, aus lebendiger Liebe geboren, erfüllen sich zwar nicht so wie man sich's ausmalte und dachte, doch in einer anderen, viel besseren und Gott mehr zur Ehre gereichenden Weise, als man es zu erbitten wußte. Darum sagt David: *Desiderium pauperum exaudivit Dominus. – Das Begehren der Armen hat der Herr erhört* (9, 17). Und im Buche der Sprüche sagt die göttliche Weisheit: *Desiderium suum iustis dabitur. – Den Gerechten wird das Ersehnte gewährt* (10, 24). Sehen wir also, daß viele Heilige so manches besonders von Gott ersehnten, ohne ihr Sehnen in diesem Leben gestillt zu sehen, so lehrt uns der Glaube, daß ein gerechtes und ehrliches Verlangen im andern Leben vollkommen erfüllt wird. Ist dies wahr, so ist es auch wahr, wenn Gott ihnen in diesem Leben verheißt: «Euer Sehnen soll gestillt werden.» Doch es wird anders geschehen, als sie es dachten.

14 Auf diese Weise und noch anders können die Worte und Erscheinungen Gottes wahr und gewiß sein und dennoch uns zum Irrtum gereichen, da wir sie nicht erhaben und der Hauptsache sowie der Absicht und Bedeutung nach, die Gott hineinlegt, zu fassen vermögen. Darum ist es am richtigsten und sichersten, die Seele solche übernatürliche Dinge mit Klugheit fliehen zu lassen. Man gewöhne sie, wie wir sagten, an die Reinheit des Geistes im dunklen Glauben. Dieser ist das Mittel zur Vereinigung.

ZWANZIGSTES KAPITEL

Stellen aus der Heiligen Schrift, die beweisen, daß Gottes Wort wohl immer wahr ist, doch dessen Ursachen nicht immer feststehen.

1 Nun ist noch der *zweite Grund* dafür zu erweisen, warum Erscheinungen und Worte von seiten Gottes, wenn auch an sich stets wahrhaftig, uns doch nicht stets Sicherheit gewähren, nämlich der Ursachen wegen, die sie veranlassen. Oftmals sagt Gott Dinge, die durch Geschöpfe und deren Verhalten bedingt sind, die sich ändern und versagen können; somit können auch die auf sie gegründeten Worte

sich ändern und versagen. Hängen Dinge voneinander ab, so fällt mit dem einen auch das andere dahin. Würde Gott etwa sagen: «Von heute ab in einem Jahr gedenke ich jenes Reich mit einer Plage heimzusuchen.» Veranlassung und Grundlage dieser Drohung ist eine bestimmte Beleidigung, die Gott in diesem Reiche zugefügt wird. Unterbliebe oder änderte sich diese Beleidigung, so könnte auch die Strafe unterbleiben und die Drohung wäre doch wahr gewesen; denn sie gründete auf einer aktuellen Schuld. Bei Fortdauer der Schuld würde die Drohung vollzogen werden.

2 Solches ereignete sich in der Stadt Ninive, als Gott sagte: *Adhuc quadraginta dies, et Ninive subvertetur. – Noch vierzig Tage und Ninive wird untergehen* (Jon 3, 4). Dies geschah nicht, weil der Grund für diese Drohung, nämlich ihre Sünden, wegfiel, da sie Buße taten. Hätten sie dies nicht getan, so wäre es geschehen.

Ebenso lesen wir im dritten Buche der Könige (21, 21), daß Gott zu König Achab sandte, der schwer gesündigt hatte, ihm eine große Strafe an seiner Person, seinem Hause und dem Königreiche anzukündigen. (Unser Vater Elias war der Bote). Da nun Achab im Schmerz sein Gewand zerriß, ein Bußgewand anlegte, fastete, im Sack schlief und traurig und gedemütigt einherschritt, entsandte Gott sogleich denselben Propheten, ihm diese Worte zu sagen: *Quia igitur humiliatus est mei causa, non inducam malum in diebus eius, sed in diebus filii sui. – Weil er sich vor mir also gedemütigt hat, will ich das Unglück während seines Lebens nicht kommen lassen, sondern in den Tagen seines Sohnes* (3 Kg 21, 27–29). Wir sehen also: weil Achab Gesinnung und Neigung änderte, änderte auch Gott seinen Richterspruch.

3 Dem ist für unseren Zweck zu entnehmen: wenn auch Gott einer Seele etwas mit Bestimmtheit enthüllt oder angekündigt hat, Gutes oder Übles, die Seele selbst oder andere betreffend, so könnte Er dies vermehren oder vermindern

oder abändern oder ganz aufheben je nach der Wandlung oder Sinnesänderung jener Seele oder des Umstandes, den Gott zum Anlaß nahm. Dann trifft das Erwartete nicht ein, und oftmals weiß nur Gott den Grund dafür. Pflegt Gott auch vieles zu sagen und zu lehren und zu verheißen, so doch nicht, damit es sogleich verstanden und in Besitz genommen werde, sondern um dereinst verstanden zu werden, wenn die Erleuchtung dazukommt oder wenn die Wirkungen sich zeigen. So sehen wir Ihn ja bei seinen Jüngern vorgehen. Er redete zu ihnen in Gleichnissen und Lehrsätzen, deren Weisheit ihnen nicht eher aufging, als zur Zeit, da sie diese verkünden sollten, der Heilige Geist über sie kam, von dem Christus gesagt hatte, jener werde ihnen alles erklären, was er, Christus, während seines Lebens zu ihnen geredet hat (Jo 14, 26). Der hl. Johannes fügt seinem Bericht über den Einzug Christi in Jerusalem bei: *Haec non cognoverunt discipuli eius primum: sed quando glorificatus est Jesus, tunc recordati sunt quia haec erant scripta de eo. – Das verstanden die Jünger anfangs nicht. Als aber Jesus verherrlicht war, erinnerten sie sich, daß dies von ihm geschrieben stand* (12, 16). So können der Seele von Gott vielfach ganz besondere Dinge zukommen, die weder sie noch ihr Führer vor der Zeit verstehen.

4 Auch im ersten Buche der Könige lesen wir, daß Gott, erzürnt wider Heli, den Priester Israels, weil dieser seine Söhne nicht züchtigte, Samuel beauftragte, ihm unter anderem dies zu sagen: *Loquens locutus sum, ut domus tua, et domus patris tui, ministraret in conspectu meo, usque in sempiternum. Verumtamen absit hoc a me. – Ich sprach: Dein Haus und das Haus deines Vaters sollen mir dienen ewiglich. Nun aber spricht der Herr: Dies sei ferne von mir! Denn, die mich ehren, die werde auch ich ehren* (1 Sm 2, 30). Das Priesteramt war eingesetzt zur Ehre und Verherrlichung Gottes. In dieser Sicht hat Gott es dem Vater Helis für immer verheißen. Da nun aber Heli es an Eifer für die Ehre Gottes fehlen ließ – er ehrte ja, wie Gott selbst ihm vorwirft, seine Söhne mehr als Gott, und

übersah ihre Sünden, um sie nicht schelten zu müssen –, war die Verheißung hinfällig. Sie hätte auf ewig gegolten, wenn der treue Dienst und der Eifer ewig gewährt hätten.

5 Man darf also nicht meinen, daß Worte und Offenbarungen von seiten Gottes unfehlbar so eintreffen müssen, wie sie lauten, gar wenn sie an menschliche Voraussetzungen gebunden sind, die sich ändern oder wandeln oder umkehren können. Wann sie aber von solchen Dingen abhängig sind, das weiß Gott allein. Nicht immer macht Er es klar (wenn nicht schon der Spruch oder die Offenbarung es kundtut). Er verschweigt manchmal die Bedingung, wie Er es den Niniviten gegenüber tat, denen Er mit Entschiedenheit verkündete, sie würden nach vierzig Tagen vernichtet (Jon 3, 4). Andere Male spricht Er es aus, wie etwa Roboam gegenüber, dem Er sagte: *Wenn du meine Gebote hältst, wie mein Knecht David getan, dann will ich mit dir sein wie mit ihm, und will dir ein Haus bauen, wie ich es David getan, meinem Knechte* (3 Kg 11, 38). Doch ob Er nun eine Erklärung gibt oder nicht, niemals darf man des Verständnisses sicher sein; denn es gibt keine Möglichkeit, die verborgenen Wahrheiten und den vielfachen Sinn in Gottes Sprüchen zu erfassen. Denn Er ist über dem Himmel und spricht in der Weise der Ewigkeit; wir Blinde auf Erden verstehen uns nur auf die Wege des Fleisches und der Zeit. So deute ich auch die Worte des Weisen: *Gott ist im Himmel, du aber bist auf Erden; daher sollst du wenig reden* (Pred 5, 1).

6 Nun wirst du mir vielleicht sagen: Wenn wir es doch nicht begreifen können und uns nicht einmengen sollen, warum teilt uns dann Gott diese Dinge mit?

Ich habe schon gesagt, daß alles nach Anordnung dessen, der sprach, zu seiner Zeit verstanden werden wird und daß Gott es verstehen läßt, wen Er will. Man wird sehen, wie alles sich fügt; denn Gott tut nichts ohne Ursache und Wahrheit. Man sei also überzeugt, daß der Sinn der Worte und Werke Gottes nicht zu erschöpfen und nicht dem Scheine nach zu bestimmen ist ohne großen Irrtum. Man würde so in arge Verwirrung geraten.

Das wußten die Propheten sehr wohl, durch deren Hände das Wort Gottes ging und denen das Verkünden an das Volk eine große Last war. Denn, wie gesagt, vieles erfüllte sich nicht nach dem Buchstaben ihrer Verkündigung. Dies verursachte viel Gelächter und Gespött über die Propheten. Jeremias kam dahin, zu klagen: *Ich bin zum Gespötte geworden jeden Tag. Alle verlachen und verachten mich; denn schon geraume Zeit rede ich gegen die Bosheit und verkünde ihnen Verderben. Aber das Wort des Herrn ist mir zum Schimpf geworden und zum Spotte Tag für Tag. Ich sprach also: Nicht mehr will ich sein gedenken und nicht mehr will ich reden in seinem Namen* (20, 7ff.). Obwohl der heilige Prophet hier abdankt gleich einem schwachen Menschen, der die Wege und Wendungen Gottes nicht zu ertragen vermag, gibt er doch gut zu verstehen, daß die Erfüllung der Gottessprüche sehr verschieden ist von deren Deutung nach dem gewöhnlichen Wortlaut. Man hielt die Propheten Gottes deswegen für Gaukler, und sie hatten der Verkündigung wegen soviel zu leiden, daß Jeremias an anderer Stelle sagte: *Formido et laqueus facta est nobis vaticinatio, et contritio – Zu Schrecken und Fallstrick ist uns das Weissagen geworden und zur Betrübnis* (Klgl 3, 47).

7 Als Gott den Jonas sandte, die Zerstörung Ninives zu verkünden, entfloh dieser aus der gleichen Ursache. Er kannte nämlich den Unterschied zwischen den Beweggründen Gottes und der menschlichen Auffassung seiner Sprüche. Um also nicht zum Gespött zu werden, falls sich seine Weissagung nicht erfüllte, entzog er sich durch Flucht dem Prophezeien. Während der ganzen vierzig Tage harrte er außerhalb der Stadt, um zu sehen, ob seine Vorhersage sich erfüllte. Und da sie nicht eintraf, war er so überaus betrübt, daß er zu Gott sprach: *Obsecro, Domine, numquid non hoc est verbum meum, cum adhuc essem in terra mea? Propter hoc prae-*

occupavi, ut fugerem in Tharsis. – Ach, Herr, habe ich das nicht gesagt, als ich noch in meinem Lande war? Dies war ja die Sorge, die mich zur Flucht nach Tharsis trieb (Jon 4, 2). Und der Heilige grämte sich und bat Gott, ihm das Leben zu nehmen.

8 Was Wunder also, wenn manches, das Gott zu den Seelen spricht und ihnen offenbart, nicht so zutrifft, wie sie es meinen? Wenn etwa Gott einer Seele dieses oder jenes Gute oder Üble für sie oder für andere ansagt oder vorstellt, so setzt dies ein gewisses Zuneigen oder Dienen oder Beleidigen von ihrer oder anderer Seite Gott gegenüber voraus. Wenn solches andauert, so wird sich das Wort erfüllen. Da aber nicht gewiß ist, ob es andauert, so ist auch die Erfüllung des Wortes nicht gewiß. Deshalb gibt nicht der Verstand Sicherheit, sondern der Glaube.

EINUNDZWANZIGSTES KAPITEL

Wenn Gott auch zuweilen Fragen beantwortet, so hat Er doch daran kein Wohlgefallen. – Es ist nachgewiesen, daß Er, obwohl Er sich zur Antwort herabläßt, doch ob solcher Bitten zürnt.

1 Wie schon gesagt, fühlen sich manche religiöse Menschen sicher in der Annahme, die Neugierde, die sie bisweilen dazu treibt, etwas auf übernatürlichem Wege zu erfahren, sei gut. Sie meinen nämlich, da Gott manchmal ihrem Drängen nachgibt, es sei dies ein rechtes Mittel und Gott habe Wohlgefallen daran. In Wahrheit ist es, auch wenn Gott antwortet, kein gutes Mittel, und Er freut sich nicht, hat vielmehr Mißfallen daran; und nicht nur dies, oft erzürnt und beleidigt es Ihn.

Der Grund hiefür ist, daß es keinem Geschöpf gestattet ist, die Grenzen zu überschreiten, an die es sich der natürlichen Ordnung nach zu halten hat. Dem Menschen hat Er natürliche und vernünftige Grenzen gesetzt, damit er sich daran halte. Also ist es nicht erlaubt, sie überschreiten zu wollen und das Forschen und Greifen nach Dingen auf übernatürlichem Wege ist ein Überschreiten der natürlichen Grenzen. Also ist es etwas Unerlaubtes; also gefällt es Gott nicht, weil alles Unerlaubte ihn beleidigt. Dies wußte König Achab sehr gut, da er, obwohl Isaias ihn von seiten Gottes dazu aufforderte, ein Zeichen zu erbitten, dies nicht tun wollte, sondern sagte: *Non petam, et non tentabo Dominum. – Ich werde nicht bitten und Gott nicht versuchen* (Is 7, 12). Denn in außergewöhnlicher, nämlich in übernatürlicher Weise mit Gott verkehren wollen, heißt, ihn versuchen.

2 Ihr werdet nun sagen: wenn dem so ist, daß es Gott mißfällt, warum antwortet Er dennoch bisweilen? Ich sage: zuweilen antwortet der Teufel. Wenn aber Gott antwortet, so geschieht es mit Rücksicht auf die Schwachheit der Seele, die diesen Weg gehen will, auf daß sie nicht trostlos werde und sich abwende oder damit sie nicht meine, Gott sei ihr böse und dies allzuschwer empfände oder aus anderen nur Gott bekannten Gründen, um der Schwachheit jener Seele willen. Er hält es darum für angemessen, zu antworten und läßt sich auf diese Weise herab. So verfährt Er ja auch mit vielen schwachen und weichlichen Seelen, wenn Er ihnen reichlich fühlbare Freude und Süßigkeit im Umgang mit sich verleiht, wovon wir oben sprachen, doch nicht weil Er wünschte oder es Ihm gefiele, daß man in solcher Weise und auf solchem Wege mit Ihm verkehre. Er gibt eben jedem, wie gesagt, auf dessen Weise. Gott ist wie ein Quell, aus dem jeder das schöpft, was sein Gefäß faßt. Manchmal läßt Er außergewöhnliche Gefäße oder Rohre zu. Damit ist aber nicht gesagt, daß es erlaubt sei, durch solche das Wasser zu beziehen. Dies liegt einzig an Gott, der es geben kann, wann, wie und wem Er will und durch welches Mittel Er will, ohne Anspruch von seiten des Empfängers. Und so läßt Er sich, wie gesagt, zuweilen zum Begehren und Bitten mancher Seelen herab, denen Er, weil sie gut und lauter sind, den Beistand nicht verweigert, um sie nicht zu betrüben, nicht aber, weil Ihm ihre Art gefiele.

3 Folgender Vergleich soll dies besser klarmachen. Ein Familienvater hat auf seinem Tisch viele und mannigfache Speisen, einige davon erlesener als die anderen. Ein Kind bittet ihn um die nächstbeste Schüssel, nicht von den feineren; und es bittet darum, weil es von dieser besser zu essen versteht. Der Vater sieht, daß es eine feinere Speise nicht haben will, sondern nur die erbetene, weil ihm eben nur diese zusagt. Um es nun nicht ohne Speise und in Betrübnis zu lassen, gibt der Vater sie ihm, wenn auch mit Bedauern. So sehen wir Gott mit den Kindern Israels verfahren, als sie sich einen König erbaten. Er gab ihnen einen, doch ungern, weil er ihnen nicht zum Wohl gereichte. Darum sprach Er zu Samuel: *Audi vocem populi in omnibus quae loquuntur tibi: non enim te abiecerunt, sed me. – Hör auf die Stimme dieses Volkes und gib ihnen den erbetenen König. Nicht dich haben sie verworfen sondern mich* (1 Sm 8, 7), damit ich nicht herrsche über sie. So gibt Gott auch manchen Seelen nach und gewährt ihnen, was für sie nicht das Beste ist, weil sie nur so vorankommen wollen oder können. Auf diese Weise erlangen manche Seelen Liebkosung und Süßigkeit in Geist oder Sinn. Gott gibt sie ihnen, weil sie für die kraft- und gehaltvolle Nahrung der Kreuzeslast Seines Sohnes nicht taugen, nach der Er sie lieber greifen sähe als nach anderen Dingen.

4 Zudem halte ich es für nachteiliger, auf übernatürlichem Wege etwas erforschen zu wollen, als nach gefühlten Geistesfreuden zu verlangen. Denn ich sehe nicht, wie eine Seele, die solches beansprucht, am Begehen zumindest läßlicher Sünden vorbeikommen kann, mag sie auch noch so gute Ziele haben und vollkommen sein; und wer ihr dies aufträgt oder zuläßt, sündigt mit ihr; denn es ist durchaus keine Notwendigkeit dafür gegeben. Wir haben die natürliche Vernunft, Gesetz und Lehre des Evangeliums, womit wir uns genügend leiten können. Es gibt keine Schwierigkeit und keine Not, die durch diese Mittel nicht behoben

werden könnte, und dies zu Gottes großem Wohlgefallen und zum Heil der Seelen.

So sehr haben wir uns an die Vernunft und an die Lehre des Evangeliums zu halten, daß wir eine übernatürliche Mitteilung, sei sie von uns gewollt oder ungewollt, nur insoferne annehmen dürfen, als sie mit der Vernunft und der evangelischen Lehre voll übereinstimmt. Und dann nehmen wir es an, nicht weil es geoffenbart, sondern weil es vernünftig ist, und lassen die Bedeutung als Offenbarung ganz beiseite. Zudem ist hier die Vernunft viel genauer zu beachten und zu prüfen, als wenn es sich nicht um eine Offenbarung handelte; denn der Teufel sagt viel Wahres und Zukünftiges und der Vernunft Entsprechendes, um zu täuschen.

5 Wir haben in unseren Nöten, Mühen und Schwierigkeiten kein Mittel, das besser und zuverlässiger wäre als das Gebet und die Hoffnung, daß Gott abhelfen werde, so wie Er es will. Dieser Rat wird uns in der Heiligen Schrift gegeben, wo wir lesen, wie der heilige König Josaphat, von Feinden eingekreist und darob höchst betrübt, sich ins Gebet begibt und zu Gott spricht: *Cum ignoremus quod facere debeamus, hoc solum habemus residui, ut oculos nostros dirigamus ad te. – Da wir*, mittellos, *nicht wissen, was tun* in unserer Not, *so bleibt uns nichts übrig, als unsere Augen auf dich zu richten*, damit du sorgest, wie es dir am besten gefällt.

6 Damit ist auch klargemacht, warum Gott bisweilen zürnt, obwohl Er den Anspruch befriedigt. Es wird jedoch gut sein, auch dies noch mit Schriftstellen zu belegen.

a) Im ersten Buche Samuel wird berichtet (28, 6ff.), daß König Saul den schon verstorbenen Propheten Samuel um ein Wort bat. Dieser erschien ihm zwar, doch Gott war erzürnt; sogleich nämlich tadelte Samuel den Saul, weil er sich in dergleichen eingelassen hatte und sprach: *Quare inquietasti me, ut suscitarer? – Warum hast du meine Ruhe gestört und mich aufwecken lassen?* (Vers 15.)

b) Wir wissen auch, daß Gott wohl den Kindern Israels das erbetene Fleisch gewährte, sich jedoch an vielen von ihnen ärgerte, weshalb Er sofort zur Strafe Feuer vom Himmel sandte, wie wir im Pentateuch lesen (Nm 11, 32–33). David berichtet davon und sagt: *Adhuc escae eorum erant in ore ipsorum, et ira Dei descendit super eos. – Noch waren die Bissen in ihrem Munde, da kam Gottes Zorn auf sie herab* (Ps 77, 30–31).

c) Wir lesen auch im Buche Numeri (22, 32), daß Gott schwer erzürnt war gegen den Propheten Balaam. Der Madianiterkönig Balak hatte ihn rufen lassen, doch er ging zu ihm auf Gottes Geheiß, da er aus eigenem Verlangen Gott darum gebeten hatte. Da er nun unterwegs war, erschien ihm der Engel Gottes mit dem Schwert und wollte ihn töten mit den Worten: *Perversa est via tua, mihique contraria. – Verkehrt ist dein Weg und mir entgegen.* Und darum wollte er ihn töten.

7 Auf diese Weise und noch vielfach anders gibt Gott zürnend dem Verlangen der Seelen nach. Wir haben viele Zeugnisse dessen in der Heiligen Schrift und zudem viele Beispiele. Doch es ist nicht nötig, sie anzuführen, die Sache ist ohnedies klar.

Ich sage nur, daß es ein überaus gefährliches Ding ist, mehr als ich es zu schildern vermag, mit Gott auf solche Weise umgehen zu wollen. Und wer dem zuneigt, wird es nicht vermeiden können, oftmals sehr zu irren und sich beschämt zu finden. Wer es versucht hat, wird mich aus Erfahrung verstehen.

Denn abgesehen davon, daß es schwierig ist, bei Ansprachen und Erscheinungen, die von Gott stammen, nicht zu irren, so sind überdies für gewöhnlich viele aus ihnen vom Teufel. Dieser geht nämlich zumeist in die Seele nach der Art und Weise ein, in der Gott mit ihr umgeht, und bringt ihr etwas so täuschend ähnlich dem, was Gott ihr mitzuteilen pflegt – er schleicht sich ja verkappt ein, wie der Wolf im Schafspelz in die Herde –, so daß man seiner kaum gewahr wird. Er sagt auch viel Wahres und Vernünftiges und Dinge, die tatsächlich eintreffen. So kann man sich leicht täuschen und meinen, weil etwas wahr ist und das Angekündigte eintrifft, kann es nur von Gott sein. Sie bedenken nicht, daß es für jemand, der einen hellen natürlichen Verstand hat, sehr leicht ist, Vergangenheit und Zukunft, oder doch vieles davon aus den Zusammenhängen zu erraten. Da nun der Teufel ein so lebendiges Licht besitzt, kann er sehr leicht eine bestimmte Wirkung aus einer bestimmten Ursache ableiten. Immer trifft es dann wohl nicht so ein; denn schließlich hängen doch alle Ursachen vom Willen Gottes ab.

8 Nehmen wir ein Beispiel an. Der Teufel erkennt, daß die Beschaffenheit von Erde und Luft und der Einfluß der Sonne in solchem Grade zusammenwirken, daß endlich diese Elemente in der Verfassung sind, Krankheitskeime hervorzubringen und das Volk mit Pest anzustecken, in manchen Gebieten mehr, in manchen weniger. Was wäre Besonderes dabei, wenn der Teufel dies einer Seele offenbarte und sagte: «Von nun an in einem oder in einem halben Jahr wird die Pest ausbrechen», und es träfe wirklich ein? So prophezeit der Teufel! Ebenso kann er die Erdbeben voraussehen, wenn er merkt, daß das Erdinnere sich mit Gas erfüllt, und sagen: «Zu dieser Zeit wird die Erde beben.» Es handelt sich um natürliches Erkennen, wozu es genügt, den Geist frei zu halten von den Leidenschaften der Seele. Boëthius sagt es mit diesen Worten: *Si vis claro lumine cernere verum, gaudia pelle, timorem spemque fugato, ne dolor adsit. – Willst du klar das Wahre erkennen, verstoße die Freude, verjage Hoffnung und Furcht, auch Schmerz sei nicht da*[1].

9 Ebenso lassen sich übernatürliche Ereignisse aus der göttlichen Vorsehung erschließen, die überaus gerecht ist

[1] Der Text bei Boëthius lautet: *Tu quoque si vis lumine claro cernere verum, tramite recto carpere callem, gaudia pelle, pelle timorem spemque fugato, nec dolor adsit* (Migne 75, 122).

und ganz gewiß die Hilfe leistet, die das gute oder üble Ergehen der Menschenkinder erfordert. Man kann nämlich auf natürliche Weise erkennen, daß dieser oder jener Mensch, diese oder jene Stadt oder was immer in diese oder jene Not oder in diese oder jene Lage geraten wird, daß also Gott in seiner Vorsehung und Gerechtigkeit eingreifen dürfte, so wie die Sache es verlangt und wie es ihr entspricht, zur Strafe oder zum Lohn, oder wie es eben liegt. Daraufhin kann man sagen: «In dieser Zeit wird Gott uns dies geben oder dies tun oder jenes wird sich gewiß ereignen.» Dies gab auch die hl. Judith dem Holofernes zu verstehen, als sie ihn überzeugen wollte, daß die Kinder Israels ohne Zweifel vernichtet werden müßten. Zuerst zählte sie ihm deren Sünden auf und das Elend, das sie verursacht hatten, dann fügte sie bei: *Et quoniam haec faciunt, certum est, quod in perditionem dabuntur. – Weil sie solches tun, werden sie gewiß dem Untergang verfallen* (11, 12). Hier wird die Strafe aus der Ursache erkannt und gesagt: Es ist gewiß, daß solche Sünden solche Strafen Gottes herausfordern, da Er überaus gerecht ist. Die göttliche Weisheit sagt es so: *Per quae quis peccat, per haec et torquetur. – Ein Mensch wird mit dem gezüchtigt, womit er sündigt* (11, 17).

10 Der Teufel kann dies nicht nur auf natürliche Weise erkennen, sondern auch aus Erfahrung; er hat ja Gott schon Ähnliches tun sehen. Nun sagt er es voraus, und es trifft ein. Auch der hl. Tobias sah auf Grund der Ursache die Bestrafung der Stadt Ninive voraus. Darum warnte er seinen Sohn und riet ihm, in der Stunde, da Vater und Mutter ihm sterben würden, das Gebiet zu verlassen, da es nicht bestehen könne: *Video enim quod iniquitas eius finem dabit. – Ich sehe nämlich, daß ihre Bosheit ihr Ende herbeiführen wird* (14, 13), sie wird Ursache ihrer Züchtigung und Zerstörung sein. Dies konnten sowohl der Teufel wie Tobias erkennen, nicht nur aus der Bosheit der Stadt, sondern auch aus Erfahrung; denn Gott hat um der Sünde willen die Welt durch die

Sintflut zerstört und die Sodomiten durch Feuer vernichtet. Tobias wußte es überdies durch göttlichen Geist.

11 Der Teufel vermag auch zu erschließen und vorherzusagen, daß Peter natürlicherweise nicht länger als so und soviele Jahre leben kann; und noch vieles andere und auf mancherlei Weisen, die aufzuzählen man an kein Ende käme. Ja, man kann kaum damit beginnen, da er überaus geschickt und fein Lügen einzufügen weiß. Davon bleibt man nur frei, wenn man jegliche übernatürliche Offenbarung oder Erscheinung oder Ansprache flieht.

Gerechterweise zürnt Gott denen, die sie zulassen. Begibt man sich aus Anmaßung und Neugierde in solche Gefahr, so sieht Gott es als Vermessenheit an, als einen Schößling des Hochmuts aus der Grundwurzel der Ruhmsucht, als Verachtung der göttlichen Dinge, als Quell zahlreicher Übel, denen viele verfallen. Dies erzürnt Gott so sehr, daß Er sie mit Absicht in Irrtum und Täuschung und Verdunkelung des Geistes geraten läßt, so daß sie vom gebahnten Weg abkommen und ihren eitlen Phantastereien Raum geben. Isaias sagt darüber: *Dominus miscuit in medio eius spiritum vertiginis. – Gott flößt in ihr Herz den Taumelgeist* (19, 14), auf gut deutsch gesagt, einen Geist, der alles verdreht. Isaias meint dies hier geradewegs in unserem Sinne, nämlich eben von jenen, die das Zukünftige auf übernatürlichem Wege erfahren wollen. Diesen sagt er, Gott menge mitten unter sie einen Geist, der alles verkehrt auffaßt. Nicht weil Gott dies wollte und ihnen tatsächlich den Geist des Irrtums gäbe, sondern weil sie sich in das einmischen wollen, was sie natürlicherweise nicht erlangen können. In seinem Unwillen überläßt er sie ihrem Wahn und gibt ihnen dort kein Licht, wo Gott ihre Einmengung nicht will. Damit ist gesagt, daß Gott ihnen jenen Geist gibt, um ihnen etwas zu entziehen. Auf diese Weise ist Gott die Ursache dieses Schadens, nämlich die Ursache der Beraubung durch Entzug seines Lichtes und seiner Gunst. Sind diese aber dahin, so gerät man unausweichlich in Irrtum.

12 Gott läßt also zu, daß der Teufel viele blende und täusche, da sie dies ob ihrer Sünden und ihrer Dreistigkeit verdienen. So setzt sich der Teufel bei ihnen durch, und sie glauben ihm und halten ihn für einen guten Geist. Und wären sie sogar fest überzeugt, daß er nicht gut sei, hätten sie doch keine Möglichkeit, den Irrtum zuzugeben. Es ist ihnen ja schon – mit Gottes Zulassung – der Geist, der alles verkehrt auffaßt, eingeflößt worden. So ist es, wie wir lesen, den Propheten des Königs Achab geschehen. Gott erlaubte dem Teufel, sie mittels eines Lügengeistes zu täuschen und sprach: *Decipies, et praevalebis; egredere, et fac ita. – Du wirst täuschen und es wird dir gelingen. Geh hin und tu so* (3 Kg 22, 22). Und er vermochte die Propheten so sehr zu verwirren, daß sie dem Propheten Michäas nicht glaubten, der, ihrem Spruch genau entgegen, die Wahrheit verkündete. Dies geschah, weil Gott sie blenden ließ ob ihrer eigensüchtigen Neigung zu dem, was sich nach ihrem Willen ereignen sollte. Sie meinten, Gott solle ihren Begierden und Wünschen entsprechen. Dies war ein Mittel zur sichersten Bereitung auf die von Gott mit Absicht zugelassene Blendung und Täuschung.

13 Solches weissagte auch Ezechiel im Namen Gottes, als er gegen jemanden sprach, der fürwitzig aus der Eitelkeit seines Geistes etwas von Gott erfahren wollte. Er sagte: *Wenn jener Mensch zum Propheten kommt, um mich durch ihn zu befragen, so werde ich, der Herr, selber ihm Antwort geben, und ich werde mein Angesicht zürnend auf ihn richten. Und sollte der Prophet ob des Gefragten irren: Ego Dominus decepi prophetam illum, – so bin ich es, der Herr, der den Propheten getäuscht hat* (14, 7–9). Dies ist so zu verstehen, daß Er ihn durch den Entzug seiner Gunst der Täuschung überläßt; denn so meinen es die Worte: «*Ich, der Herr, werde selber zürnend Antwort geben*. Er

wird nämlich diesem Menschen seine Gnade und Gunst entziehen. Daraus erfolgt notwendig Täuschung auf Grund der Gottverlassenheit. Und dann eilt der Teufel herbei, diesem Menschen nach dessen Geschmack und Gelüste zu antworten; da nun dieser sich daran freut – die Antworten und Mitteilungen sind ihm ja zu Willen –, läßt er sich arg hintergehen.

Es scheint, als wären wir über die in der Kapitelüberschrift verkündete Absicht, nämlich über den Nachweis, daß Gott bisweilen zürnt, auch wenn Er Antwort gibt, ein wenig hinausgegangen. Doch sieht man genau zu, so beweist all das Gesagte unsere Meinung; denn aus alledem ist zu ersehen, daß Gott an denen, die nach solchen Visionen verlangen, kein Wohlgefallen hat, da Er so mannigfaltige Täuschungen zuläßt.

ZWEIUNDZWANZIGSTES KAPITEL

Lösung der Frage, ob es heute, unter dem Gesetz der Gnade, nicht ebenso erlaubt sei, Gott auf übernatürlichem Wege zu befragen, wie einst unter dem alten Gesetz? – Beweis durch eine Stelle aus den Briefen des hl. Paulus.

1 Unversehens steigen uns Fragen auf, und so können wir nicht mit der gewünschten Eile vorangehen. Wenn wir sie nämlich aufwerfen, sind wir auch notwendig verpflichtet, sie zu lösen, damit die Wahrheit der Lehre immer klar und in Kraft bleibe. Doch solche Fragen haben, wenn sie auch den Gang verlangsamen, der Belehrung und Klärung unserer Meinung zu dienen; so auch die vorliegende.

2 Im vorhergehenden Kapitel haben wir gesagt, es sei nicht der Wille Gottes, daß die Seelen auf übernatürlichem Wege bestimmte Dinge durch Erscheinungen, Ansprachen usw. zu erfahren wünschen. Anderseits haben wir gesehen und den aus der Schrift angeführten Zeugnissen entnommen, daß im Alten Bunde ein solcher Verkehr mit Gott ge-

bräuchlich und erlaubt war; ja nicht nur erlaubt, sondern durch Gott geboten. Und Gott tadelte sie, wenn sie ihn nicht pflegten, wie aus Isaias zu ersehen ist. Gott tadelt die Söhne Israels, weil sie, ohne Ihn erst zu fragen, nach Ägypten ziehen wollten, indem Er sagt: *Et os meum non interrogastis. – Meinen Mund habt ihr nicht befragt* (30, 2), wie es sich geziemt hätte. Auch im Buche Josue lesen wir (9, 14), daß der Heilige Geist den von den Gabaonitern betrogenen Söhnen Israels diesen Fehler vorhält und sagt: *Susceperunt ergo de cibariis eorum, et os Domini non interrogaverunt. – Sie nahmen von ihnen Eßwaren an und befragten darob nicht Gottes Mund.* Wir sehen auch in der Heiligen Schrift, daß Moses Gott stets befragte, ebenso König David und alle Könige Israels – ihrer Kriege und Bedrängnisse wegen – sowie die Priester und alten Propheten, und Gott antwortete ihnen und sprach mit ihnen und zürnte nicht, und es war wohlgetan. Und taten sie es nicht, so war es übel getan, und dies ist die Wahrheit. Warum also sollte es im Neuen Bunde der Gnade nicht so sein wie ehedem?

3 Darauf ist zu antworten: Der Hauptgrund dafür, daß unter dem geschriebenen Gesetze die Fragen an Gott erlaubt waren und die Propheten und Priester Offenbarungen und Visionen von Gott suchten, liegt darin, daß damals der Glaube noch nicht festgegründet und das evangelische Gesetz noch nicht erlassen war. So war es nötig, daß sie Gott befragten und daß Er sprach, bald mit Worten, bald durch Erscheinungen und Offenbarungen, bald durch Bilder und Gleichnisse, bald durch vielerlei andere Zeichen. Denn alles, was Er antwortete und sprach und enthüllte, waren Geheimnisse unseres Glaubens und Dinge, die Ihn betrafen oder auf Ihn hinwiesen. Für Sachen des Glaubens ist nicht der Mensch zuständig, sondern der Mund Gottes, weshalb Er sie auch mit eigenem Munde aussprach. Dazu war es nötig, daß sie (wie gesagt) den Mund Gottes befragten. Darum wies Gott sie zurecht, wenn sie in seinen Sachen

nicht seinen Mund befragten, auf daß Er antworte und die Ihm vorbehaltenen Fälle und Dinge in den Glauben füge, von dem sie noch keine rechte Kenntnis weil noch keinen festen Grund hatten.

Da aber nun, in diesem Zeitalter der Gnade, der Glaube in Christus gegründet und das evangelische Gesetz erlassen ist, bleibt für uns nichts mehr in dieser Weise zu erfragen und für Gott nichts mehr zu sprechen und zu beantworten wie ehedem. Er hat uns ja seinen Sohn gegeben, der Sein WORT ist – und ein anderes hat Er nicht. So sagte Er uns alles zusammen und auf einmal in diesem einzigen WORT und mehr hat Er nicht zu sagen.

4 Dies ist der Sinn der Stelle, mit der Paulus anhebt, die Hebräer zur Abwendung von jenen früheren Weisen des Umgangs mit Gott nach dem Gesetze Mosis anzuleiten, damit sie die Augen einzig auf Christus hinrichten. Er sagt: *Multifariam multisque modis olim Deus loquens patribus in prophetis: novissime autem diebus istis locutus est nobis in Filio. – Oftmals und mannigfach sprach Gott einst durch die Propheten zu den Vätern; in diesen letzten Tagen sprach Er zu uns durch seinen Sohn* (Hebr 1, 1) ein für allemal. Damit gibt der Apostel zu verstehen, daß Gott gleichsam verstummt sei und nichts mehr zu sagen habe; denn was Er einst stückweise den Propheten sagte, das hat Er nun ganz ausgesprochen, da Er uns das Ganze gab in Seinem Sohn.

5 Wer demnach jetzt noch Gott befragen oder irgendeine Vision oder Offenbarung wünschen wollte, beginge nicht nur eine Torheit, sondern fügte Gott eine Beleidigung zu, da er die Augen nicht ganz auf Christus richtet, ohne etwas anderes oder Neues zu verlangen.

Gott könnte ihm auf diese Weise antworten und sagen: «Wenn ich dir schon alles in meinem WORT, nämlich in meinem Sohn gesagt habe und kein anderes habe, was sollte ich dir also antworten oder offenbaren, das mehr wäre als dieses? Richte die Augen einzig auf ihn; denn in ihm habe ich dir alles gesagt und offenbart, und in ihm wirst du mehr finden, als du erbittest und ersehnst. Denn du bittest um stückweise Ansprachen und Offenbarungen; richtest du aber deine Augen auf ihn, so findest du das Ganze. Er ist meine ganze Rede und Antwort, er ist meine ganze Erscheinung und Offenbarung. Ich habe schon zu euch geredet, euch geantwortet, es kundgemacht und enthüllt, als ich ihn euch zum Bruder gab, zum Gefährten und Meister, als Preis und Lohn. Da ich auf dem Berge Tabor mit meinem Geiste auf ihn herabkam, sagte ich: *Hic est filius meus dilectus, in quo mihi bene complacui, ipsum audite. – Dies ist mein vielgeliebter Sohn, in dem ich mir wohlgefalle, ihn höret!* (Mt 17, 5.) Seither habe ich meine Hand von allen jenen Weisen der Belehrung und Beantwortung abgezogen und alles ihm übergeben. Ihn höret, denn mehr Glaubensgut habe ich nicht zu enthüllen, mehr Dinge nicht zu offenbaren. Wenn ich zuvor sprach, so verhieß ich Christus; und wenn sie mich befragten, so galten ihre Fragen dem Erflehen und Erhoffen Christi, in dem sie jegliches Gute finden sollten, wie es nun die gesamte Lehre der Evangelisten und Apostel zu verstehen gibt. Wenn mich also heute noch jemand auf jene Weise befragte und wollte, daß ich ihm etwas sage oder offenbare, so bäte er mich gewissermaßen nochmals um Christus und um Mehrung des Glaubens, und würde ihn doch mindern, da ich in Christus schon alles gegeben habe. So fügte er meinem geliebten Sohne argen Schimpf zu; denn es fehlte ihm nicht nur an Glauben, sondern er nötigte ihn auch, nochmals Mensch zu werden und durch Leben und Sterben zu gehen. Du wirst nichts finden an Offenbarungen und Erscheinungen, die du von mir noch erbitten könntest. Sieh ihn nur gut an, und du findest in ihm schon hier alles getan und gewährt und noch viel mehr als das.

6 Willst du von mir ein Trostwort, blick hin auf meinen mir unterworfenen Sohn, ja aus Liebe zu mir unterworfen

und gepeinigt, und du wirst meine Antwort daraus ersehen. Wünschest du von mir die Erklärung verborgener Dinge und Vorgänge, richte deine Augen einzig auf ihn, und du wirst die verborgensten Geheimnisse finden und Weisheit und Wunder Gottes, die er in sich birgt, wie der Apostel sagt: *In quo sunt omnes thesauri sapientiae et scientiae Dei absconditi. – In diesem Gottessohne sind alle Schätze der Weisheit und Erkenntnis Gottes verborgen* (Kol 2, 3). Diese Schätze der Weisheit sind für dich viel erhabener und köstlicher und nützlicher als das, was du wissen möchtest. Dessen rühmt sich der gleiche Apostel mit den Worten, er *habe nie ein anderes Wissen zu zeigen gedacht als das um Jesus Christus und zwar den Gekreuzigten* (1 Kor 2, 2). Und wolltest du noch andere Visionen oder Offenbarungen über Göttliches oder Körperliches, schau auf den Menschgewordenen und du wirst mehr finden, als du denkst; denn der Apostel sagt auch: *In ipso habitat omnis plenitudo divinitatis corporaliter. – In Christus wohnt die Fülle der Gottheit wesenhaft* (Kol 2, 9).

7 Es geziemt sich also nicht mehr, Gott in solcher Weise zu befragen, und es ist auch nicht nötig, daß er spreche, da er alles zu Glaubende in Christus voll ausgesprochen hat, so daß kein Glaubensgut mehr zu offenbaren ist, noch jemals sein wird. Wer also gegenwärtig irgend etwas auf übernatürlichem Wege erfahren will, der zeiht Gott eines Mangels, so als hätte uns dieser in seinem Sohne nicht alles zur Genüge gegeben. Auch wenn einer den Glauben vorschützt und gläubig ist, so handelt er doch aus dem Fürwitz eines zu geringen Glaubens. Es ist also weder eine Belehrung, noch etwas anderes auf übernatürlichem Wege zu erwarten.

In der Stunde, da Christus am Kreuz verscheidend sprach: *Consummatum est – es ist vollbracht* (Jo 19, 30), endeten nicht nur diese Methoden, sondern auch alle übrigen Zeremonien und Riten des Alten Bundes. In allem haben wir uns leiten zu lassen durch das Gesetz des Menschen Christus, durch seine Kirche und deren menschliche, sichtbare Diener. Auf diesem Wege können wir unserer Unwissenheit und geistigen Schwachheit abhelfen, denn für alles werden wir hier reichlich Heilmittel finden. Was über diesen Weg hinausführt, ist nicht nur Fürwitz, sondern schwere Vermessenheit. Man darf auch nichts aus übernatürlicher Quelle glauben, sondern nur, wie gesagt, was Christus als Mensch lehrte und was seine menschlichen Diener lehren. Der hl. Paulus geht so weit, zu sagen: *Quod si angelus de caelo evangelizaverit, praeterquam quod evangelizavimus vobis, anathema sit. – Wenn ein Engel des Himmels euch eine andere Frohbotschaft kündet, als wir euch verkündet haben, der sei verflucht und exkommuniziert* (Gal 1, 8).

8 Ist es aber wahr, daß man stets innerhalb der Lehre Christi bleiben muß und alles andere nichts ist, daß auch nur geglaubt werden darf, was mit ihr übereinstimmt, dann geht der ins Leere, der heute noch auf die Weise des Alten Bundes mit Gott verkehren will. Und dies um so mehr, als es auch zu jener Zeit nicht jedem erlaubt war, Gott zu befragen; und Gott antwortete auch nicht allen, sondern nur den Priestern und Propheten, aus deren Mund dann das Volk Gesetz und Lehre empfangen sollte. Wollte daher jemand etwas von Gott erfahren, so befragte er Ihn durch den Propheten oder durch den Priester, nicht aber eigenmächtig. Wenn David sich manchmal etwas von Gott erfragte, so tat er dies als Prophet, und überdies unternahm er es nie ohne priesterliche Kleidung, wie es aus dem ersten Buch der Könige (1 Sm 23, 9) zu ersehen ist, da er zu dem Priester Abimelech[1] sprach: *Applica ad me ephod! – Lege mir das Ephod an!* Mit diesem vorzüglichsten Teil der Priesterkleidung angetan, befragte er Gott. Anderemale befragte er Gott durch den Propheten Nathan und durch andere Propheten. Und was aus deren und der Priester Mund, nicht aber aus eigenem Ermessen kam, das war zu glauben als von Gott gesagt.

[1] Soll heißen: Abjathar, Abimelechs Sohn.

9 Wenn Gott damals etwas sprach, so gelangte dies durch keine Autorität oder Gewalt zu voller Glaubwürdigkeit, wenn nicht der Mund eines Priesters oder Propheten es bestätigte. Weil Gott es so sehr liebt, daß der Mensch wieder durch einen anderen Menschen seinesgleichen geleitet und betreut werde und daß natürliche Vernunft den Menschen führe und lenke, verlangt Er durchaus, daß wir den Dingen, die uns übernatürlich zukommen, nicht vollen Glauben schenken, noch uns auf eigene Kraft und Sicherheit stützen, ehe sie uns durch einen menschlichen Mund wie durch ein menschliches Brunnenrohr zugeleitet sind. Darum legt Gott in die Seele, der Er etwas sagt oder enthüllt, eine gewisse Neigung, es demjenigen mitzuteilen, dem es zusteht. Und Er pflegt volle Zufriedenheit nicht eher zu gewähren, als der Mensch es von einem Menschen seinesgleichen übernommen hat.

Dem Buch der Richter entnehmen wir, daß es dem Feldherrn Gedeon so erging. Gott hat ihm mehrmals gesagt, er werde die Madianiter besiegen. Dennoch bleibt Gedeon unschlüssig und zaghaft. Gott läßt ihm diese Schwäche so lange, bis Menschenmund das Gotteswort bestätigt. Als Gott ihn so mutlos sah, sprach Er zu ihm: *Surge et descende in castra... et cum audieris, quid loquantur, tunc confortabuntur manus tuae, et securior ad hostium castra descendes. – Erhebe dich und steig vom Lager hinab. Und wenn du hörst, was sie reden, werden deine Hände erstarken, und du wirst mit mehr Sicherheit zum Feindesheer hinabziehen* (7, 9–11). So geschah es, daß er hörte, wie ein Madianiter einem anderen einen Traum erzählte. Er hatte geträumt, daß Gedeon sie besiegen würde. Dies ermutigte ihn sehr und er begann mit großer Freude zur Schlacht zu rüsten. Daraus ist ersichtlich, daß Gott ihn nicht einzig aus sich selbst, einzig auf Grund der übernatürlichen Mitteilung, sicher haben wollte – da er ihm diese Sicherheit nicht verliehen hat –, sondern erst auf Grund einer natürlichen Bestätigung.

10 Noch mehr Bewunderung erweckt, wie es dem Moses in dieser Hinsicht erging. Gott hat ihm seine Sendung zur Befreiung der Kinder Israels mit vielen Gründen aufgetragen und durch die Zeichen der Rute, die sich in eine Schlange verwandelte, und der aussätzigen Hand bezeugt. Moses aber blieb dieser Sendung gegenüber zaghaft und unsicher, und fand, obwohl Gott deswegen zürnte, nicht den Mut, die Sache in festem Glauben anzugehen, bis Gott ihn ermutigte durch Aaron, des Moses Bruder, von dem Er sagte: *Aaron, frater tuus Levites scio quod eloquens sit: ecce ipse egredietur in occursum tuum, vidensque te, laetabitur corde. Loquere ad eum, et pone verba mea in ore eius, et ego ero in ore tuo, et in ore illius. – Ich weiß, daß Aaron, dein Bruder, der Levit, beredt ist. Sieh, er kommt dir entgegen und wird sich bei deinem Anblick von Herzen freuen. Sprich mit ihm und lege meine Worte in seinen Mund, und ich werde in deinem und in seinem Munde sein* (Ex 4, 14–15). So sollte Gottes Wort jedem durch den Mund des anderen beglaubigt werden.

11 So wie Moses diese Worte vernahm, lebte er sogleich auf in Hoffnung und Trost, weil ihm durch seinen Bruder Rat zuteil werden sollte. Denn der demütigen Seele ist es eigen, den Umgang mit Gott allein nicht zu wagen und ohne menschliche Leitung und Beratung nicht ganz in Ruhe zu sein. So will es Gott. Jenen nämlich, die sich zur Untersuchung der Wahrheit zusammenfinden, gesellt Er sich bei, sie zu erleuchten und in der Wahrheit zu befestigen, gegründet auf natürliche Vernunft. Dies meinte Er, als er beim Zusammentreffen von Moses und Aaron im Munde des einen und im Munde des anderen zu sein versprach.

Darum sagt auch das Evangelium: *Ubi fuerint duo vel tres congregati in nomine meo, ibi sum ego in medio eorum. – Wenn zwei oder drei in meinem Namen versammelt sind*, dessen größere Ehre und Verherrlichung zu erwägen, *bin ich mitten unter ihnen* (Mt 18, 20), nämlich um in ihren Herzen die Wahrheit Gottes zu erklären und zu befestigen. Es ist zu beachten, daß Er nicht sagt: wo einer einsam weilt, da bin ich zugegen, sondern es müssen ihrer zumindest zwei sein. Damit ist der Wille Gottes ausgedrückt, daß keiner sich selbst allein traue in den Dingen Gottes, und sich nach ihnen nicht richte und daran festhalte ohne die Kirche und deren Diener, denn ohne diese wird Gott die Wahrheit in den Herzen nicht aufleuchten lassen und befestigen, und so bleiben sie matt und kalt.

12 Dies schärft der Prediger ein mit den Worten: *Vae soli, qui cum ceciderit, non habet sublevantem se. Si dormierint duo, fovebuntur mutuo: unus quomodo calefiet? Et si quispiam praevaluerit contra unum, duo resistent ei. – Wehe dem, der allein ist. Wenn er fällt, hat er keinen, der ihm aufhilft. Schlafen zwei beisammen, so wärmen sie einander* (nämlich mit der Wärme Gottes in ihrer Mitte); *wie aber wird sich einer allein wärmen?* Wie wird er nämlich den göttlichen Dingen gegenüber nicht kalt bleiben? *Und wenn einer den anderen überwältigt* (der Teufel hat Macht, über jene zu siegen, die mit den göttlichen Dingen allein zurecht kommen wollen), *so werden zwei vereint ihm widerstehen* (Pred 4, 10–12), nämlich der Schüler und der Meister, die sich verbinden, die Wahrheit zu erkennen und zu erfüllen. Bis dahin fühlt sich der Einzelne lau und schwach, mag er die Wahrheit auch noch so deutlich von Gott vernommen haben. Dies ließ auch dem hl. Paulus keine Ruhe. Als er schon lange das Evangelium predigte, das er, wie er sagt, nicht von Menschen, sondern von Gott empfangen hat, konnte er es nicht lassen, hinzugehen, um dem hl. Petrus und den Aposteln davon zu berichten: *Ne forte in vacuum currerem, aut cucurissem. – Ich wollte nämlich nicht vergeblich laufen oder gelaufen sein* (Gal 2, 2). Er fühlte sich seiner Sache nicht sicher, ehe nicht ein Mensch ihm Sicherheit gab. Dies erscheint doch merkwürdig, Paulus: derselbe, der dir das Evangelium offenbarte, konnte dir nicht auch die Sicherheit mitgeben, in der Predigt die Wahrheit ohne Fehl zu künden.

13 Daraus geht klar hervor, daß es in den von Gott geoffenbarten Dingen keine Sicherheit gibt außer der angeführten Ordnung. Angenommen, daß jemand Sicherheit hat – wie sie der hl. Paulus hinsichtlich seines Evangeliums besaß (das zu verkünden er ja schon begonnen hatte) –, so kann der Mensch doch, mag er auch die Offenbarung von Gott empfangen haben, ihretwegen oder im Zusammenhang mit ihr fehlgehen. Gott sagt ja nicht immer mit dem einen auch das andere. Oftmals spricht er von einer Sache und nicht von der Weise ihrer Durchführung. Denn was menschlicher Fleiß oder Rat zu leisten vermögen, das tut und sagt für gewöhnlich nicht Gott, wenn er auch lange gütig mit der Seele spricht. Dies wußte der hl. Paulus sehr wohl; darum ging er, obwohl er, wie gesagt, überzeugt war, Gott habe ihm das Evangelium geoffenbart, dennoch hin, sich zu beraten.

Gleiches ersehen wir auch klar aus dem Buche Exodus (18, 21–22). Obwohl Gott so vertraulich mit Moses umging, gab doch nicht Er ihm den so heilsamen Rat, den ihm sein Schwiegervater Jethro erteilte, er möge sich nämlich andere Richter zu Helfern erwählen, damit er nicht von früh bis spät dem Volk bereitstehen müsse. Gott hieß diesen Rat gut. Doch nicht Er hat ihn gegeben, weil menschliches Denken und Urteilen dies zu finden vermochte. Gott pflegt seine Erscheinungen und Offenbarungen und Ansprachen nicht zu erklären, denn Er will stets, daß man sich, soweit es sein kann, der menschlichen Fähigkeiten bediene und alles durch sie regle, ausgenommen die Glaubenswahrheiten, die alles menschliche Urteilen und alle Vernunft überragen, wenn sie auch nicht ihr entgegen sind.

14 Deshalb darf einer, der gewiß ist, daß Gott und die Heiligen vieles vertraulich mitteilen, nicht meinen, sie müßten ihm auch gewisse Fehler offenbaren; denn dieser kann er sich auf einem anderen Wege bewußt werden. Man darf sich also diesbezüglich nicht sicher wähnen. Wir lesen in der

Apostelgeschichte, wie es dem hl. Petrus, Oberhaupt der Kirche und unmittelbar von Gott belehrt, hinsichtlich gewisser ritueller Gebräuche erging, die er irrtümlich bei den Heiden einführte. Und Gott schwieg dazu. Der hl. Paulus mußte ihn tadeln, wie er selbst es hier angibt mit den Worten: *Cum vidissem, quod non recte ad veritatem Evangelii ambularent, dixi Cephae coram omnibus: Si tu iudaeus cum sis, gentiliter vivis, quomodo gentes cogis judaizare?* – *Da ich sah*, sprach der hl. Paulus, *daß sie nicht nach der Wahrheit des Evangeliums wandelten, sagte ich zu Petrus offen vor allen: wenn du als Jude nach heidnischer Sitte lebst, wie kannst du dich so verstellen und die Heiden zu jüdischer Sitte zwingen?* (Gal 2, 14.) Gott verwies dem hl. Petrus diesen Fehler nicht selbst, denn diese Verstellung fiel in den Bereich der Vernunft und konnte durch Überlegung erkannt werden.

15 Gar viele Fehler und Sünden wird Gott am Tage des Gerichtes an vielen strafen, mit denen er hier vertrauten Umgang gepflogen und denen er viel Licht und Tugend verliehen hat; denn um das Übrige, von dem sie wußten, daß sie es tun sollten, haben sie sich nicht gesorgt im Vertrauen auf den Umgang und die Tugend, die Gott ihnen gewährte. Dann werden sie, wie Christus im Evangelium sagt, staunen und sagen: *Domine, Domine, nonne in nomine tuo prophetavimus, et in nomine tuo daemonia eiecimus, et in nomine tuo virtutes multas fecimus?* – *Herr, Herr, haben wir nicht in deinem Namen geweissagt, in deinem Namen Teufel ausgetrieben, in deinem Namen viele Wunder gewirkt?* (Mt 7, 22.) Und der Herr wird ihnen antworten: *Et tunc confitebor illis, quia numquam novi vos: discedite a me omnes, qui operamini iniquitatem.* – *Hinweg, ihr Übeltäter, ich habe euch nie gekannt* (Mt 7, 23). Zu solchen zählt der Prophet Balaam und andere dieser Art. Obwohl Gott zu ihnen sprach und ihnen Gnaden schenkte, waren sie doch Sünder. Doch ebenso wird Gott auch seine Erwählten und Freunde, mit denen Er vertraut umging, ihrer Fehler und Nachlässigkeiten wegen tadeln. Es war nicht

nötig, daß Gott selbst sie verwarnte; schon das Gesetz der natürlichen Vernunft hätte sie warnen müssen.

16 *Zum Abschluß* dieses Teiles sage ich und entnehme dem schon Gesagten: was immer die Seele auf irgendeine Weise übernatürlich aufnimmt, hat sie klar und deutlich, vollständig und aufrichtig sogleich dem Seelenführer mitzuteilen, auch wenn es ihr scheint, als wäre es nicht wert, Rechenschaft darüber zu geben und Zeit daran zu wenden, da sie ja doch alles abweist und nichts davon hält und es nicht will, wodurch die Seele (wie wir sagten) sicher ist – besonders wenn es sich um übernatürliche Erscheinungen oder Offenbarungen oder andere Mitteilungen handelt, ob deutlich oder nicht, daran liegt wenig –, jedenfalls ist es notwendig, mag es auch der Seele nicht so scheinen, daß sie alles sage. Und dies aus *drei Gründen:*

Erstens: Gott teilt der Seele oftmals etwas mit, dessen Wirkung und Kraft und Licht und Sicherheit er in der Seele nicht voll bestätigt, ehe sie nicht, wie wir sagten, sich dem anvertraut hat, den Gott dieser Seele zum geistlichen Richter gesetzt hat, so daß er die Macht hat, zu binden oder zu lösen, gutzuheißen oder zu verwerfen, wie wir es durch die oben angeführten Schriftstellen erwiesen haben und es täglich durch Erfahrung bestätigt finden. Wir sehen nämlich, wie demütige Seelen, denen solche Dinge zustoßen, nach der Unterredung mit dem zuständigen Berater neu Zufriedenheit, Kraft, Licht und Sicherheit empfinden. Zuweilen können sie sich das Erfahrene erst dann voll aneignen, wenn sie mit ihm darüber gesprochen haben.

17 *Zweitens:* Für gewöhnlich bedarf die Seele der Belehrung hinsichtlich der Dinge, die ihr widerfahren, um auf den Weg der Entblößung und der geistigen Armut, nämlich der *Dunklen Nacht* geleitet zu werden. Mangelt diese Belehrung, so wird die Seele – angenommen daß sie diese Dinge nicht will –, doch in geistigen Belangen unversehens

abgestumpft und dem Sinnlichen zugedrängt, in dessen Bereich sich ja die deutlich wahrnehmbaren Dinge zum Teil abspielen.

18 *Drittens:* Aus Demut und Gehorsam und Abtötung geziemt es sich, alles mitzuteilen, auch wenn man nichts davon hält. Es gibt Seelen, denen es sehr hart ankommt, diese Dinge mitzuteilen, da sie ihnen nichtig erscheinen und sie nicht wissen, wie die Person, der sie sich anvertrauen, sie aufnehmen wird. Dies zeugt von wenig Demut und gerade deshalb ist es nötig, sich zu unterwerfen und zu sprechen. Andere schämen sich sehr, solches zu sagen, denn sie sehen nicht ein, weshalb ihnen geschieht, was nur Heiligen zukommt, und noch mehr Dinge hindern sie am Sprechen; es scheint ihnen nämlich nicht der Rede wert, da sie sich nichts daraus machen. Gerade deshalb aber sollen sie sich abtöten und es sagen, bis sie demütig, offen, sanft und bereit sind, zu reden, und so werden sie es stets mit Leichtigkeit zu sagen vermögen.

19 Noch etwas ist zu beachten. Haben wir auch großen Wert darauf gelegt, daß solche Dinge abgewiesen werden und die Beichtväter mit den Seelen nicht darüber Gespräche führen sollen, so geziemt es doch den geistlichen Vätern nicht, sich deshalb barsch zu zeigen und derartig Widerwillen und Verachtung dagegen zu äußern, daß die Seelen eingeschüchtert werden und nicht mehr wagen, Mitteilungen zu machen. Dies würde zu argen Unzukömmlichkeiten führen und der Aussprache die Türe verschließen. Da es von Gott ein Mittel und eine Weise ist, die Seele zu leiten, so darf man deshalb nicht Ihm übel begegnen, noch sich Seinetwegen entsetzen oder ärgern, vielmehr soll man den Seelen mit aller Güte und Ruhe Mut machen und zur Aussprache sie auffordern, nötigenfalls den Befehl dazu erteilen, weil dies wegen der Schwierigkeit, die manche Seelen beim Reden empfinden, bisweilen nötig ist.

Man leite sie auf den Weg des Glaubens und lehre sie in rechter Weise, die Augen von solchen Dingen abzuwenden. Man unterweise sie, ihrerseits das Begehren und den Geist zu entblößen, um voranzukommen, und gebe ihnen zu verstehen, daß vor Gott ein Werk oder Willensakt aus Liebe getan kostbarer ist als alle Visionen und Mitteilungen, die ihnen vom Himmel her zukommen können (denn die sind weder ein Verdienst noch ein Mißverdienst), und daß viele Seelen, die solches nicht erfahren, denen, die es oft erfahren, unvergleichlich voraus sind.

DREIUNDZWANZIGSTES KAPITEL

Über das Wesen der rein geistigen Wahrnehmungen des Verstandes.

1 Zwar ist unsere Lehre von den Wahrnehmungen des Verstandes auf dem Wege der Sinne, über die man viel hätte sagen können, etwas kurz ausgefallen; doch ich wollte mich darüber nicht weiter verbreiten. Um nämlich das zu erreichen, was ich hier beabsichtige, den Verstand von ihnen frei zu machen und auf die *Nacht* des Glaubens auszurichten, bin ich eher schon zu ausführlich gewesen.

Wir beginnen nun, von jenen vier Verstandeswahrnehmungen zu sprechen, die wir im zehnten Kapitel rein geistig nannten, nämlich geistige *Visionen*, *Offenbarungen*, *Ansprachen* und *Empfindungen*. Wir nennen sie rein geistig, weil sie sich dem Verstande nicht (wie die körperlich bildhaften) auf dem Wege über die körperlichen Sinne mitteilen, sondern ohne irgendeine Vermittlung durch äußere oder innere körperliche Sinne. Sie bieten sich dem Verstande auf übernatürlichem Wege klar und deutlich in passiver Weise dar, nämlich ohne daß die Seele ihrerseits, zumindest nicht in tätiger Weise, etwas dazu beiträgt.

2 Es ist zu beachten, daß im weiten und allgemeinen Sinne diese vier Wahrnehmungen insgesamt Visionen der Seele genannt werden können; denn das Verstehen der Seele

nennen wir auch ein Sehen der Seele. Insofern alle diese Wahrnehmungen mit dem Verstande erfaßt werden, heißen sie geistig sichtbare. Die Einsicht, die der Verstand aus ihnen gewinnt, kann intellektuelle Vision genannt werden. Die Gegenstände der übrigen Sinne, nämlich alles, was man sehen, alles, was man hören, alles, was man riechen oder schmecken oder berühren kann, sind insoferne Gegenstand des Verstandes, als sie unter die Begriffe wahr und falsch fallen. Wie nun alles körperlich Sichtbare den körperlichen Augen zur körperlichen Schau wird, so wird den geistigen Augen der Seele – nämlich dem Verstande – alles Verständliche zur geistigen Schau. Denn, wie wir sagten, verstehen heißt sehen. Und so dürfen wir diese vier Wahrnehmungen, allgemein gesprochen, Visionen nennen. Die anderen Sinne eignen sich dazu nicht, da der eine den Gegenstand eines anderen nicht als solchen aufzunehmen vermag.

3 Sprechen wir aber im eigentlichen und speziellen Sinne, so schreiben wir diese Wahrnehmungen auch den übrigen Sinnen zu. Was also der Verstand in der Weise des Sehens aufnimmt (er kann ja die Dinge geistig sehen, so wie die Augen körperlich sehen), das nennen wir *Visionen;* und was wie etwas Neues aufgenommen und verstanden wird (so wie das Gehör noch nie Gehörtes aufnimmt), nennen wir *Offenbarungen;* und was in der Weise des Hörens empfangen wird, nennen wir *Ansprachen;* und was auf die Weise der übrigen Sinne erfahren wird, wie etwa das Innewerden eines süßen geistigen Duftes oder eines geistigen Wohlgeschmackes oder geistiger Wonnen, wie die Seele sie übernatürlich zu verkosten vermag, das nennen wir *geistige Empfindungen*. Aus alledem gewinnt man ein geistiges Verstehen oder Sehen, ohne Wahrnehmung irgendeiner Form, eines Bildes oder einer Gestalt natürlicher Einbildungskraft oder Phantasie, sondern diese Dinge teilen sich geradewegs der Seele mit durch übernatürliche Einwirkung und durch übernatürliche Mittel.

4 Hievon nun muß der Verstand ebenso wie von den anderen, den körperlich bildhaften Wahrnehmungen, befreit und so in die *geistige Nacht des Glaubens* eingeführt werden zur göttlichen und wesenhaften Vereinigung mit Gott, auf daß wir nicht, belastet und versteift durch solche Dinge, am Wandel in Einsamkeit und Blöße behindert werden, der uns von allen Dingen scheiden soll. Mögen auch diese Wahrnehmungen edler und nützlicher und sicherer sein als die körperlich bildhaften – insofern sie schon innerlicher, rein geistig und dem Teufel weniger zugänglich sind, da sie sich der Seele reiner und feiner mitteilen, wobei der Einbildungskraft keine, zumindest keine aktive Rolle zufällt – so könnten sie doch nicht nur den Verstand auf dem erwähnten Wege behindern, sondern ihn auch ob seiner geringen Vorsicht schwer täuschen.

5 Wir könnten nun in gewisser Hinsicht diese vier Weisen von Wahrnehmungen zusammen abtun durch Erteilen des allgemeinen Rates, wie auch für alle übrigen: sie sind nicht zu beanspruchen noch zu wünschen. Um jedoch die Fälle besser zu beleuchten und noch einiges darüber zu sagen, wird es gut sein, jede dieser Wahrnehmungen gesondert zu behandeln. So wollen wir nun zunächst von den ersten sprechen, den geistigen oder intellektuellen Visionen.

VIERUNDZWANZIGSTES KAPITEL

Von zwei Weisen geistiger Schau übernatürlichen Ursprungs.

1 Spreche ich nun eingehend von der geistigen Schau ohne Vermittlung von seiten eines der körperlichen Sinne, so sage ich, daß diese Schau auf zwei Weisen dem Verstande einleuchten kann: sie hat entweder *körperliche Wesen* oder *jenseitige, unkörperliche Wesen* zum Gegenstand.

Die Schau von Körperwesen umfaßt alles Stoffliche im Himmel und auf Erden. Die Seele kann es, solang sie noch im Leibe ist, schauen mittels eines gewissen übernatürlichen, von Gott ausfließenden Lichtes, in dem sie alle abwesenden Dinge des Himmels und der Erde wahrzunehmen vermag. So lesen wir im einundzwanzigsten Kapitel der Apokalypse von der Schau des hl. Johannes. Da beschreibt er die Herrlichkeit des himmlischen Jerusalem, das er im Himmel schaute. Auch vom hl. Benedikt ist zu lesen, daß er in einer geistigen Schau die gesamte Welt erblickte[1]. Von dieser Schau bezeugt der hl. Thomas in der ersten seiner *Quaestiones quodlibetae*, sie sei in dem erwähnten von oben erfließenden Licht erfolgt.

2 Die andere Schau, von unkörperlichen Wesen, kann nicht in dem hier angeführten fließenden Lichte zustandekommen, sondern nur in einem erhabenen Lichte, das Licht der Glorie genannt wird. Die Schau unkörperlicher Wesen also, wie der Engel und der Seelen, kann in diesem Leben und im sterblichen Leibe nicht erfolgen. Wollte Gott sie der Seele so wesenhaft zeigen, wie sie sind, so müßte sie alsbald aus dem Leibe fahren und das sterbliche Leben lassen. Darum sprach Gott zu Moses, als dieser ihn bat, Er möge ihn sein Wesen schauen lassen: *Non videbit me homo, et vivet. – Kein Mensch schaut mich und bleibt am Leben* (Ex 33, 20). Wenn daher die Kinder Israels meinten, sie sollten Gott schauen oder sie hätten Ihn oder einen der Engel gesehen, so fürchteten sie zu sterben. Aus Furcht davor sagten sie, wie das Buch Exodus berichtet: *Non loquatur nobis Dominus, ne forte moriamur. – Der Herr rede nicht mit uns, damit wir nicht etwa sterben* (20, 19). Auch im Buche der Richter lesen wir von Manue, dem Vater Samsons, er habe gemeint, den Engel, der mit ihm und seiner Frau sprach, nach seinem wahren Wesen gesehen zu haben (er war ihm jedoch in Gestalt eines sehr schönen Mannes erschienen), und sagte daher zu seinem Weibe: *Morte moriemur, quia vidimus Dominum. – Wir werden des Todes sterben, denn wir haben den Herrn geschaut* (13, 22).

1 S. Gregorius Magnus, 1. 2. Dial. c. 35.

3 Eine solche Schau ist also nicht Sache dieses Lebens, außer irgend einmal ganz flüchtig, wobei Gott die natürliche Lebensbedingung aufhebt oder bewahrt, den Geist ganz entführt und den natürlichen Dienst der Seele am Leibe gnadenhaft ersetzt. Nimmt man daher an, der hl. Paulus habe sie geschaut, nämlich die jenseitigen Wesen im dritten Himmel, so bedeuten die Worte des Heiligen: *Sive in corpore, sive extra corpus nescio: Deus scit* (2 Kor 12, 2), er sei entrückt worden und weiß nicht, ob er das, was er sah, *im Leibe oder außer dem Leibe* schaute; *Gott weiß es.* Daraus geht klar hervor, daß er über das natürliche Leben hinausgehoben war; das Wie steht bei Gott. Und nimmt man desgleichen an, daß Gott dem Moses sein Wesen gezeigt habe, so lesen wir darüber, was Gott ihm sagte: Er werde ihn in die Felskluft stellen und ihn mit der Rechten schützend bedecken und schirmen, damit er nicht am Vorübergang seiner Herrlichkeit sterbe. Dieser Vorübergang war ein flüchtiges Sichzeigen, wobei Gott mit seiner Rechten das natürliche Leben des Moses bewahrte (Ex 33, 22).

Doch eine solche Wesensschau, wie sie dem heiligen Paulus und Moses zuteil wurde und auch unserem Vater Elias, der beim sanften Säuseln Gottes sein Antlitz verhüllte, kommt, so flüchtig sie ist, nur äußerst selten vor, ja fast nie oder doch sehr vereinzelt. Gott verleiht sie solchen, die sehr stark sind durch den Geist der Kirche und des göttlichen Gesetzes, wie es die drei oben genannten waren.

4 Eine geistige Wesensschau kann also in diesem Leben nicht unverhüllt und klar mit dem Verstande wahrgenommen, doch sie kann im Wesen der Seele durch lieblichste Berührungen und Begegnungen gefühlt werden. Dies gehört zu den geistigen Empfindungen, von denen wir mit Gottes Gunst später sprechen wollen. Denn dahin ist ja unsere Feder ausgerichtet und unterwegs, zu dieser göttlichen Begegnung und Vereinigung mit der göttlichen Wesenheit. Wir werden dies zusammen mit der noch nicht erklärten mysti-

schen und undeutlichen oder dunklen Einsicht behandeln und darlegen, in welcher Weise Gott sich mittels dieses liebevollen und dunklen Erkennens der Seele in hohem und göttlichem Grade vereinigt. Denn dieses liebevolle, dunkle Erkennen, nämlich der Glaube, dient in diesem Leben in gewisser Weise so der göttlichen Vereinigung wie im anderen die klare Schau Gottes.

5 Indessen besprechen wir die Schau von Körperwesen, die in die Seele geistig eindringt, und dies auf die Weise körperlicher Visionen. Denn so wie die Augen mittels des natürlichen Lichtes körperliche Gegenstände sehen, so sieht die Seele durch den Verstand mittels des übernatürlich ausfließenden Lichtes (von dem wir sprachen) innerlich die gleichen natürlichen Dinge und andere, wie Gott es will. Doch es besteht ein Unterschied in der Art und Weise. Die geistige Verstandesschau ist nämlich viel heller und feiner als körperliche Visionen. Sowie Gott einer Seele diese Gnade erweist, teilt Er ihr auch das erwähnte übernatürliche Licht mit, in dem sie leicht und sehr klar die Dinge sieht, die Gott ihr zeigen will, bald himmlische, bald irdische, ohne irgendeine Behinderung, seien sie nun (in diesem Falle) abwesend oder gegenwärtig. Bisweilen ist es, als öffnete sich eine strahlend helle Pforte, durch die ihr ein Licht, gleich einem Blitz in dunkler Nacht, plötzlich die Dinge beleuchtet zu klarer, deutlicher Sicht. Dann sinken sie wieder ins Dunkel, doch die Formen und Gestalten haften in der Phantasie, ja sie prägen sich der Seele so vollkommen ein, daß sie die in jenem Licht geschauten Dinge bei jeder Erinnerung so in sich schaut wie einst, etwa wie man im Spiegel die sich spiegelnden Formen wahrnimmt, so oft man hineinblickt, und dies in einer Weise, daß die Gestalt der so geschauten Dinge der Seele niemals ganz entschwindet, wenn sie auch mit der Zeit verblaßt.

6 Die Wirkung einer solchen Schau in der Seele ist Ruhe, Erleuchtung, Freude nach Art der Glorie, Milde, Reinheit

und Liebe, Demut und Neigung oder Erhebung des Geistes zu Gott, bald mehr, bald weniger; bald mehr das eine, bald mehr das andere, je nach dem sie empfangenden Geist und dem Willen Gottes.

7 Auch der Teufel kann eine solche Schau in der Seele hervorbringen mittels irgendeines natürlichen Lichtes, durch das er suggestiv im Geiste Dinge beleuchtet, seien sie nun gegenwärtig oder abwesend. Sagt der hl. Matthäus (4, 8), vom Teufel: *ostendit omnia regna mundi et gloriam eorum, – er zeigte* Christus *alle Reiche der Welt und ihre Herrlichkeit,* so dürfte er dies nach Ansicht einiger Lehrer durch geistige Suggestion bewirkt haben; denn mit leiblichen Augen konnte er Ihn nicht alle Reiche der Welt und ihre Herrlichkeit schauen lassen.

Doch zwischen dieser durch den Teufel verursachten Schau und der von Gott stammenden besteht ein großer Unterschied. Denn jene wirkt anders als die gute, nämlich eher Trockenheit des Geistes im Verkehr mit Gott und Neigung zu Selbstgefühl, wie auch den Hang, solche Visionen zuzulassen und hochzuschätzen. In keiner Weise aber bewirken sie Sanftmut, Demut und Gottesliebe. Auch bleiben die Gestalten der Seele nicht mit so milder Klarheit eingeprägt wie die anderen, währen auch nicht so lange, verlöschen vielmehr bald wieder, außer die Seele hält sehr viel davon. Dann bewirkt nämlich diese Hochschätzung, daß sie sich ihrer auf natürliche Weise erinnert. Doch sie bleibt dabei ganz trocken und erfährt nicht die Wirkung der Liebe und Demut, die eine gute Schau verursacht, sooft man sich ihrer erinnert.

8 Ein solches Schauen von Geschöpfen, die zu Gott in keinem wesentlichen Verhältnis stehen und ihm in keiner Weise entsprechen, kann dem Verstande nicht als nächstes Mittel zur Vereinigung mit Gott dienen. So geziemt es der Seele, sich rein ablehnend gegen sie zu verhalten (wie wir es hin-

sichtlich der anderen sagten), um durch das nächste Mittel, nämlich den Glauben, voranzuschreiten. Darum darf die Seele die Bilder, die ihr von solcher Schau eingeprägt bleiben, nicht aufspeichern, noch als Schatz hüten, noch sich darauf stützen; denn solche Formen, Bilder und Personen, die im Innern residieren, würden sie behindern und sie ginge nicht den Weg der Verleugnung aller Dinge zu Gott. Indessen würden solche Bilder, wenn sie ihr auch stets gegenwärtig blieben, sie nicht sonderlich behindern, falls sie kein Wesen daraus machte. Wohl ist es wahr, daß eine solche Erinnerung die Seele einigermaßen zur Gottesliebe und Beschauung anregt; doch viel anregender und erhebender ist der reine Glaube und die Entblößung, in der die Seele, alledem gegenüber im Dunkel, nicht weiß, wie und woher ihr solches geschieht.

So kann es vorkommen, daß die Seele in sehr reiner Liebessehnsucht zu Gott entflammt ist, ohne zu wissen, woher dies kommt und worauf es gründet. Genau in dem Maße nämlich, in dem der Glaube Wurzel faßt und tiefer in die Seele eindringt durch Leere und Dunkel und Entblößung von allen Dingen oder Armut des Geistes – was alles dasselbe bedeutet –, faßt auch die Liebe zu Gott in der Seele Wurzel und dringt tiefer ein. Je mehr also die Seele all den äußeren und inneren Dingen gegenüber, die ihr zuteil werden könnten, verdunkelt und vernichtet sein will, um so tiefer wird sie von Glauben durchdrungen und folglich von Liebe und Hoffnung; denn diese drei theologischen Tugenden gehen zusammen.

9 Zuweilen jedoch begreift und fühlt der Mensch diese Liebe nicht; sie hat ja ihren Sitz nicht in zärtlichem Empfinden, sondern in der Seele, die nun mehr Kraft und Mut und Kühnheit besitzt als zuvor, was jedoch bisweilen auch zart und lind ins Gefühl überströmt. Um aber zu solcher Liebe, Freude und Lust zu gelangen, die von dieser Schau in der Seele bewirkt werden können, muß sie Kraft und Abtötung

und Liebe haben, so daß sie alldem gegenüber in Leere und Dunkelheit bleiben und ihre Liebe und Lust auf das gründen will, was man weder sieht, noch sehen oder fühlen kann in diesem Leben, nämlich auf Gott, der unfaßbar und über allem ist. Darum geziemt es sich, auf dem Wege voller Entsagung zu Ihm zu gehen; anders nicht. Gesetzt den Fall, die Seele ist scharfsichtig, demütig und stark genug, sich vom Teufel nicht betrügen und zu irgendeiner Anmaßung verleiten zu lassen, so wird sie unablässig voranschreiten, mag der Teufel auch der geistigen Blöße, der Armut des Geistes und der Leere des Glaubens, deren die Seele zur Vereinigung mit Gott bedarf, noch so viele Hindernisse entgegenstellen.

10 Da sich auf solche Visionen dieselbe Lehre anwenden läßt, die wir im neunzehnten und zwanzigsten Kapitel hinsichtlich der übernatürlichen Visionen und Wahrnehmungen der Sinne gebracht haben, wollen wir hier keine Zeit durch Wiederholung verlieren.

FÜNFUNDZWANZIGSTES KAPITEL

Das Wesen der Offenbarungen. – Eine Unterscheidung.

1 Unserem Plane nach ist nun die zweite Weise geistiger Wahrnehmungen zu behandeln, die wir oben *Offenbarungen* nannten. Sie gehören dem Geiste der Weissagung zu.

Vor allem ist zu wissen, daß eine Offenbarung nichts anderes ist als die Enthüllung einer verborgenen Wahrheit oder die Verkündung eines Geheimnisses. Auf diese Weise gibt Gott der Seele etwas zu verstehen, indem er dem Verstande die Wahrheit dessen erklärt oder der Seele etwas, das Er tat, tut oder zu tun gedenkt, enthüllt.

2 Demnach dürfen wir sagen, daß es *zwei Arten von Offenbarungen* gibt. Die einen entschleiern dem Verstande Wahrheiten; sie sind eigentlich *Verstandeserkenntnis* oder Einsicht zu

nennen. Die anderen tun Geheimes kund; sie sind, mehr als die anderen, *Offenbarungen im eigentlichen Sinne;* denn die ersten können nicht Offenbarungen im strengen Sinne genannt werden. Sie bestehen nämlich darin, daß Gott die Seele hüllenlose Wahrheiten verstehen läßt, nicht nur in zeitlichen, sondern auch in geistigen Dingen, indem Er diese klar und offen darlegt. Ich wollte sie unter dem Titel Offenbarungen behandeln, einmal, weil sie diesen sehr nahe kommen, dann auch, um die Unterscheidungen nicht zu vermehren.

3 Wir können nun demzufolge die Offenbarungen in zwei Weisen der Wahrnehmung sehen: die einen nennen wir *Verstandeserkenntnisse*, die anderen *Kundgebung des Verborgenen* und der dunklen Geheimnisse Gottes. Wir wollen die Untersuchung in zwei Kapiteln so schnell wie möglich zum Abschluß bringen, im folgenden die erste Weise.

SECHSUNDZWANZIGSTES KAPITEL

Einsicht des Verstandes in enthüllte Wahrheiten. – Zwei Weisen. – Das Verhalten der Seele.

1 Um von der dem Verstande verliehenen Einsicht in die reine Wahrheit richtig zu schreiben, müßte einem Gott die Hand erfassen und die Feder führen. Denn wisse, geliebter Leser: was sie für die Seele an sich sind, das übersteigt alle Worte.

Da wir jedoch hier nicht grundsätzlich davon sprechen, sondern nur die Seele unterweisen und sie dadurch auf den Weg zur göttlichen Vereinigung bringen wollen, so sei eine kurze und angemessene Behandlung gestattet, wie sie für unsere Absicht genügt.

2 Diese Art der Schau oder, besser gesagt, des Erkennens hüllenloser Wahrheiten ist sehr verschieden von der im vierundzwanzigsten Kapitel behandelten; denn sie ist nicht ein Schauen körperlicher Dinge mit dem Verstande. Sie be-

steht vielmehr darin, mittels des Verstandes Wahrheiten über Gott und Dinge, die sind, waren und sein werden zu erfassen und zu schauen. Dies ist dem Geiste der Weissagung ganz gemäß, was wir vielleicht später erklären werden.

3 Daher ist zu beachten, daß diese *Erkenntnisse zwei Weisen* unterscheiden lassen; denn einige berichten der Seele *vom Schöpfer*, andere *von den Geschöpfen*, wie wir sagten. Wohl sind beide sehr köstlich für die Seele; doch die über Gott bewirken Wonnen, denen nichts vergleichbar ist, kein Wort, kein Ausdruck kann sie schildern. Gott selbst wird ja erkannt, Gott selbst verleiht die Wonnen. Und *nichts läßt sich mit Ihm vergleichen*, wie David sagt (Ps 39, 6). Denn diese Erkenntnisse kommen geradewegs von Gott, durch erhabenste Wahrnehmung einer seiner Eigenschaften, bald seiner Allmacht, bald seiner Kraft, bald seiner Güte und Milde, usw. Und so oft die Seele dies empfindet, so oft prägt sich das Empfundene ihr ein. Da dies reine Beschauung ist, sieht die Seele klar die Unmöglichkeit, etwas darüber auszusagen, es wäre denn in irgendwelchen allgemeinen Ausdrücken, die der Überfluß an Freude und Wohlgefühl den davon durchfluteten Seelen entlockt; doch nicht als könnte man dadurch zum vollen Verständnis dessen gelangen, was die Seele hier verkostet und empfindet.

4 David, der etwas dieser Art erfahren hat, spricht davon auch nur in gangbaren, allgemeinen Worten und sagt: *Iudicia Domini vera, iustificata in semetipsa. Desiderabilia super aurum et lapidem pretiosum multum, et dulciora super mel et favum. – Des Herrn Gerichte sind wahrhaftig und in sich selbst gerecht, begehrenswerter als Gold und kostbarstes Edelgestein und süßer als Honig und Honigseim* (Ps 18, 10–11).

Und von Moses, an dem Gott einmal vorüberging, um ihm eine sehr erhabene Kenntnis zu gewähren, lesen wir, er habe nur soviel gesagt, wie er in den erwähnten allgemeinen Ausdrücken zu sagen vermochte. Als der Herr in einem solchen

Erkennen an ihm vorüberging, warf er sich eilends zur Erde und rief: *Dominator Domine Deus, misericors et clemens, patiens et multae miserationis ac verax; qui custodis misericordiam in millia*, etc. – *Herrscher, Herr! Ein Gott, barmherzig und gütig, geduldig und voll Erbarmen und getreu, der die verheißene Gnade Tausenden bewahrt* (Ex 34, 6–7). Daraus ist ersichtlich, daß Moses das in einem einzigen Erkennen von Gott Erschaute nicht auszusagen vermochte; darum sprach er in einem Überwallen all diese Worte.

Fallen auch manchmal bei solchem Erkennen Worte, so sieht die Seele doch, daß sie nichts von dem gesagt hat, was sie empfand; es gibt ja keinen entsprechenden Namen, es zu bezeichnen. Darum bekümmerte es den hl. Paulus nicht, als er jene erhabene Gotteserkenntnis empfangen hatte, daß er nichts zu sagen vermochte; sondern er sagte, es sei dem Menschen nicht erlaubt, davon zu sprechen (2 Kor 12, 4).

5 Ein solches göttliches Erkennen Gottes selbst geht nicht auf Einzelheiten; es gilt ja dem *Summum Principium*, von dem sich keine Einzelheit aussagen läßt, es sei denn (in gewisser Weise) irgendeine Wahrheit über ein Ding, das geringer ist als Gott und hier im Zusammenhang geschaut wird; über Gott selbst aber durchaus nicht. Auch kann nur eine Seele die zur Vereinigung mit Gott gelangt, eines so erhabenen Erkennens inne werden; denn es ist ja selbst die Vereinigung und besteht in einer gewissen Berührung, die der Seele in der Gottheit zuteil wird; so aber ist es Gott selber, der hier gefühlt und verkostet wird, wohl noch nicht so offenbar und klar wie in der Glorie, doch das Erkennen und Verkosten durchdringt das Wesen der Seele in einer so erhabenen Berührung, daß der Teufel sich nicht einmischen, noch es nachahmen kann. Er hat ja weder dieses noch etwas Ähnliches zur Verfügung und vermag dergleichen Wonne und Freude nicht einzugießen. Jenes Erkennen schmeckt nach göttlicher Wesenheit und ewigem Leben, und etwas so Erhabenes kann der Teufel nicht vortäuschen.

6 Er könnte es jedoch zum Schein nachäffen und der Seele irgend etwas Großartiges und recht fühlbar Aufgebauschtes vorstellen in der Absicht, sie zu überzeugen, dies sei Gott. Doch dies dringt nicht in das Wesen der Seele ein, sie zu erneuern und jäh zur Liebe zu entflammen, wie Gott es tut. Es gibt nämlich ein Erkennen durch Berührung Gottes im Wesen der Seele, das diese derart bereichert, daß es nicht nur genügt, der Seele mit einemmale alle Unvollkommenheiten zu nehmen, die sie durch ihr ganzes Leben nicht loswerden konnte, sondern sie mit Kräften und Gaben Gottes zu erfüllen.

7 Und diese Berührungen sind der Seele so köstlich und so voll innerster Freude, daß sie durch eine von ihnen alle Leiden, die sie in ihrem Leben erlitten hätte, und wären sie unzählbar, für gut vergolten hielte. Sie erhält davon so viel Mut und Schwung, viel für Gott zu leiden, daß sie ganz eigens darunter leidet, sich nicht voll Leid zu sehen.

8 Zu solch erhabenem Erkennen kann die Seele durch keinerlei Vergleich oder Vorstellung ihrerseits gelangen; denn es übertrifft alles. Gott wirkt es ohne ihr Zutun in ihr. Daher pflegt Gott zuweilen der Seele diese göttlichen Berührungen zu gewähren, wenn sie am wenigsten daran denkt und darauf gefaßt ist, womit er in ihr etwas wie ein Grüßen Gottes bewirkt. Manchmal auch werden sie unversehens in ihr verursacht durch den Gedanken an irgend etwas, vielleicht ganz Geringfügiges. Und sie sind so fühlbar, daß zuweilen nicht nur die Seele, sondern auch der Leib erbebt. Zu anderen Malen gehen sie dem Geist ruhig ein, ohne irgendeinen Schauer, mit dem plötzlichen Empfinden von Wonne und Erquickung im Geiste.

9 Oder sie werden hervorgerufen durch ein Wort, das sie sagen oder sagen hören, entweder aus der Heiligen Schrift oder von anderswoher. Doch nicht stets sind sie gleich

wirksam und fühlbar; denn oftmals sind sie sehr schwach. Doch, mögen sie noch so schwach sein, solch ein Grüßen und Rühren Gottes an die Seele hat für sie mehr Wert als alle anderen Erkenntnisse und Erwägungen der Geschöpfe und der Werke Gottes.

Da nun dieses Erkennen der Seele unvermittelt und ohne ihre Einwilligung zuteil wird, so liegt es nicht an ihr, es zu wollen oder nicht zu wollen. Sie soll sich Ihm gegenüber demütig und gelassen verhalten; denn Gott wird sein Werk tun, wie und wann Er will.

10 Ich sage jedoch nicht, daß die Seele sich hier ablehnend verhalten soll wie den anderen Wahrnehmungen gegenüber; denn sie gehören ja (wie gesagt) der Vereinigung an, zu der wir die Seele führen wollen. Darum lehren wir sie, sich von allen anderen bloß und frei zu machen. Das Mittel, sie von Gott zu erhalten, ist Demut und Leiden aus Liebe zu Gott, unter Verzicht auf jedweden Lohn. Denn diese Gnaden werden der Seele nicht zu eigen gegeben. Gott wirkt sie aus der besonderen Liebe, die Er zu dieser Seele hegt, eben weil sie sich ganz uneigennützig an Ihn hingibt. Dies wollte der Sohn Gottes durch den hl. Johannes sagen mit den Worten: *Qui autem diligit me, diligetur a Patre meo et ego diligam eum, et manifestabo ei meipsum. – Wer mich liebt, der wird von meinem Vater geliebt, und auch ich werde ihn lieben und mich ihm offenbaren* (14, 21). In diesen Worten ist auch das Erkennen und Berühren enthalten, durch das, wie wir sagten, Gott sich der Seele kundtut, die Ihn wahrhaft liebt.

11 Die zweite Weise des Erkennens und Schauens innerer Wahrheiten ist sehr verschieden von der eben besprochenen, denn es handelt sich um Dinge, die geringer sind als Gott. Sie umfaßt das Erkennen der Wahrheit der Dinge an sich, sowie Taten und Ereignisse, die bei den Menschen vorkommen. Dieses Erkennen ist von der Art, daß die Wahrheiten, die der Seele so zukommen, sich in ihrem Inneren fest-

setzen, ohne daß jemand sie bestätigt. Möge man ihr nun etwas anderes sagen, so kann sie innerlich nicht zustimmen, auch wenn sie es gewaltsam wollte; denn in dem Geist, der ihr die Sache vorhält, erkennt ihr Geist es anders. Es ist ihr, als sähe sie es deutlich. Solches gehört dem prophetischen Geiste zu und der Gnade, die der hl. Paulus Gabe der *Unterscheidung der Geister* nennt (1 Kor 12, 10).

Obwohl nun die Seele das Vernommene für so gewiß und wahr hält, wie wir sagten, und die innere Zustimmung passiv beibehalten muß, so darf sie doch nicht ablassen, das zu glauben und mit der Vernunft anzunehmen, was der Seelenführer ihr sagt oder befiehlt, wäre es auch ihrem Empfinden sehr entgegen. So nämlich richtet sich die Seele hin zur göttlichen Vereinigung, auf die sie mehr durch Glauben als durch Verstehen zuwandelt.

12 Für beide Weisen haben wir klare Zeugnisse in der Heiligen Schrift. Über das geistige Erkennen der Dinge sagt der Weise diese Worte: *Ipse dedit mihi horum quae sunt scientiam veram, ut sciam dispositionem orbis terrarum, et virtutes elementorum, initium et consummationem temporum, vicissitudinum permutationes et commutationes temporum et morum mutationes, divisiones temporum, et anni cursus, et stellarum dispositiones, naturas animalium et iras bestiarum, vim ventorum, et cogitationes hominum, differentias virgultorum, et virtutes radicum, et quaecumque sunt abscondita et improvisa didici: omnium enim artifex docuit me sapientia. – Gott gab mir ein wahres Wissen dessen, was ist, damit ich wisse, wie der Erdkreis geordnet ist und welche Kraft die Elemente haben, wie auch Anfang und Ende der Zeit, samt der mannigfach wechselnden Veränderung der Zeiten, den Umlauf des Jahres und die Ordnung der Sterne, die Natur der zahmen und den Zorn der wilden Tiere, die Gewalt der Winde, die Gedanken der Menschen, die Verschiedenheit der Pflanzen und die Kräfte der Wurzeln. Alles Verborgene und Unerforschte lernte ich; denn die Bildnerin aller Dinge, die Weisheit, belehrte mich* (Weish 7, 17–21). Wenn auch das von Gott gegebene Erkennen, von dem der Weise

hier spricht, eingegossen und allgemein war, so weist diese Stelle doch zur Genüge die Einzelerkenntnisse nach, die Gott der Seele auf übernatürlichem Wege eingießt, wann Er will. Wenn Er auch nicht ein so allumfassendes Wissen mitteilt, wie Salomon es habituell besaß, so enthüllt Er zuweilen einige Wahrheiten über dies und jenes aus den vielen Dingen, die der Weise hier aufzählt.

Wenn aber auch nicht so allumfassend wie dem Salomon, so gießt doch der Herr vielen Seelen manchen Habitus des Wissens ein, wie etwa die vom hl. Paulus aufgezählten unterschiedlichen Gaben, die Gott austeilt, als welche er nennt: Weisheit, Erkenntnis, Glauben, gotterleuchtete Rede, Unterscheidung der Geister, Sprachengabe, Auslegung der Sprachen, usw. (1 Kor 12, 8–10). Jedes solche Erkennen ist ein eingegossener Habitus, den Gott aus Gnade verleiht, wem Er will, bald natürlich, bald übernatürlich; *natürlich* etwa dem Balaam und anderen heidnischen Propheten und vielen Sibyllen, denen Er prophetischen Geist verlieh; *übernatürlich* den heiligen Propheten, den Aposteln und anderen Heiligen.

13 Doch abgesehen von solchem habituellen Wissen als *gratia gratis data* pflegen vollkommene oder der Vollkommenheit schon nahe Menschen, und dies wollen wir sagen, oftmals eine Erleuchtung oder ein Erkennen gegenwärtiger oder abwesender Dinge zu empfangen, und dies durch ihren schon erhellten und geläuterten Geist. In diesem Sinne dürfen wir folgende Stelle aus den Sprichwörtern auffassen: *Quomodo in aquis resplendent vultus prospicientium, sic corda hominum manifesta sunt prudentibus: – Gleichwie das Antlitz derer, die ins Wasser schauen, sich darin widerspiegelt, so offenbaren sich die Herzen der Menschen den Klugen* (27, 19). Dies gilt für solche, die schon die Weisheit der Heiligen haben; denn diese meint die Heilige Schrift mit Klugheit. Auf diese Weise erkennen auch diese Geister zuweilen andere Dinge, wenn sie es wollen, doch nicht immer; dies ist denen vorbehalten,

die habituell erkennen; und selbst ihnen ist es nicht stets und in allem gegeben, sondern so wie Gott ihnen beistehen will.

14 Doch es ist sicher, daß ein geläuterter Geist mit großer Leichtigkeit auf natürliche Weise – der eine mehr als der andere – das Innere des Herzens oder Geistes erkennt, sowie die Neigungen und Begabungen der Personen. Und dies durch äußere Anzeichen, mögen sie noch so gering sein, wie durch Worte, Bewegungen und andere Äußerungen. Gleich wie der Teufel dies kann, da er Geist ist, so auch der geistige Mensch, nach dem Worte des Apostels: *Spiritualis autem iudicat omnia. – Der Geistesmensch beurteilt alles* (1 Kor 2, 15). Und an anderer Stelle: *Spiritus omnia scrutatur, etiam profunda Dei. – Der Geist durchdringt alles, sogar die Tiefen der Gottheit* (1 Kor 2, 10). Zwar können Geistesmenschen Gedanken oder innere Vorgänge natürlicherweise nicht erkennen; durch übernatürliche Erleuchtung aber und durch Anzeichen vermögen sie solches wohl zu deuten. Im Erkennen durch Anzeichen mögen sie sich allerdings täuschen; zumeist aber treffen sie es richtig. Sie dürfen sich jedoch weder auf die eine noch auf die andere Weise verlassen; denn der Teufel mischt sich hier gewaltig und mit großer Schlauheit ein, wie wir noch sagen wollen. Darum sind solche Einsichten und Erkenntnisse stets abzuweisen.

15 Auch was abwesende Personen tun und erleiden, können Geistesmenschen erkennen. Ein Zeugnis und Beispiel dafür findet sich im vierten Buche der Könige. Giezi, der Diener unseres Vaters Eliseus, will diesem das Geld verhehlen, das er von Naaman dem Syrer empfangen hat. Da spricht Eliseus: *Nonne cor meum in praesenti erat, quando reversus est homo de curru suo in occursum tui? – War mein Herz etwa nicht zugegen, als Naaman von seinem Wagen zurückkam, dir entgegen?* (5, 26.) Dies ging geistig vor sich. Er sah ihn im Geiste so, als ereignete es sich gegenwärtig. Dasselbe wird im gleichen Buche nochmals erwiesen. Es steht da zu lesen,

daß wiederum Eliseus alles wußte, was der König von Syrien insgeheim mit seinen Fürsten besprach, und es dem König von Israel mitteilte, so daß die Beschlüsse vereitelt wurden. Als der König von Syrien sah, daß alles bekannt war, sprach er zu seinem Volk: *Warum zeigt ihr mir nicht an, wer von euch mich an den König von Israel verraten hat?* Daraufhin sagte ihm einer seiner Diener: *Nequaquam, domine mi rex, sed Eliseus propheta, qui est in Israel, indicat regi Israel omnia verba, quaecumque locutus fueris in conclavi tuo. – Nicht so, mein Herr und König, sondern der Prophet Eliseus, der in Israel ist, offenbart dem König von Israel alle Worte, die du insgeheim sprichst* (4 Kg 6, 11–12).

16 Diese beiden Weisen des Erkennens von Dingen erfährt die Seele, gleich wie die anderen, passiv, ohne ihrerseits etwas dazu beizutragen. Es kann etwa geschehen, daß dem Geiste einer Person, die ganz ahnungslos an anderes denkt, eine lebendige Einsicht kommt in das, was sie hört oder liest, viel klarer, als die Worte es sagen. Und zuweilen stellt sich das Erkennen ein, obwohl die Worte lateinisch sind und sie die lateinische Sprache nicht kennt und die Worte nicht versteht.

17 Über die Täuschungen, die der Teufel bei dieser Art der Erkenntnis und Einsicht zu bewirken vermag, wäre manches zu sagen; denn sie sind häufig und er weiß sie gut zu tarnen. Er kann der Seele *durch Suggestion* viele Verstandeserkenntnisse vorführen und so einprägen, daß es ihr scheint, es könne nicht anders sein; und ist die Seele nicht demütig und vorsichtig, so läßt er sie zweifellos tausend Lügen glauben. Denn die Suggestion tut der Seele oft arge Gewalt an, besonders wenn die Schwäche der Sinne mitspielt. Da haftet die Kenntnis so stark und überzeugend und festsitzend, daß die Seele viel Gebet und Kraft braucht, um sie abzutun. Oft pflegt er ihr fremde Sünden und böse Gewissen und schlechte Seelen fälschlich und sehr deutlich vor-

zustellen; und all dies, um zu verleumden, und aus Lust, solches aufzudecken, und dadurch Sünden zu veranlassen. Er flößt ihr Eifer ein, jene Gott zu empfehlen. Wohl kommt es vor, daß Gott bisweilen den Seelen Mangel an Heiligkeit beim Nächsten vorstellt, damit sie solches Gott empfehlen oder abhelfen. So lesen wir etwa, daß Er dem Jeremias die Not des Propheten Baruch zeigte, damit er ihn darob belehre (Jer 45, 3). Zumeist aber tut dies der Teufel und zwar fälschlich, um zu Verleumdung, Sünden und Trostlosigkeit zu verführen, was wir oft erfahren haben. Zu anderen Malen vermittelt er wieder mit großem Nachdruck andere Erkenntnisse und läßt daran glauben.

18 All dies Erkennen, sei es nun von Gott oder nicht, würde der Seele wenig nützen auf ihrem Wege zu Gott, wenn sie daran festhalten wollte. Es würde sie sogar, wenn sie nicht dafür sorgt, es abzuweisen, nicht nur stören, sondern auch sehr schädigen und schwer irren lassen. Denn alle die Gefahren und Unzukömmlichkeiten, die wir bei Behandlung der übernatürlichen Wahrnehmungen angeführt haben, treffen auch hier zu und sogar noch mehr.

Ich will mich daher hier nicht mehr darüber verbreiten. Die Lehre wurde ja im Vorhergehenden genug ausgeführt. Ich möchte nur noch sagen, daß stets mit großer Sorgfalt alles abzuweisen ist, im Wunsche, durch das Nichtwissen zu Gott zu gehen. Man gebe immer dem Beichtvater oder Seelenführer Rechenschaft und halte sich an das, was er sagt. Dieser aber lasse die Seele flüchtig darüber hinweggehen, da es ihr auf dem Wege der Vereinigung doch nichts nützt. Was die Seele passiv erfährt, läßt ja stets die von Gott beabsichtigte Wirkung in ihr zurück, ohne daß sie sich darum bemüht. Und so meine ich nicht, hier über die Wirkungen sowohl der wahren wie der falschen etwas sagen zu sollen. Dies würde nur ermüden und doch an kein Ende führen; denn deren Wirkungen lassen sich nicht in eine kurze Lehre zusammenfassen. Da nämlich dieses Erkennen vielfach und sehr unterschieden ist, sind es auch die Wirkungen. Die der guten sind gut, die der schlechten schlecht usw.

Wird gesagt, daß alle abzuweisen sind, so ist zur Bewahrung von Irrtum genug gesagt.

SIEBENUNDZWANZIGSTES KAPITEL

Die zweite Weise der Offenbarung: Enthüllung des Verborgenen und Geheimen. – Wie sie der Vereinigung mit Gott dienen oder sie behindern kann, und wie der Teufel auf diesem Gebiete arg zu betrügen vermag.

1 Die *zweite Art* von Offenbarungen nannten wir *Enthüllung des Verborgenen und Geheimen*. Diese kann auf zwei Weisen vor sich gehen.

Die erste betrifft *Gott in sich* und umfaßt die Offenbarung des Geheimnisses der heiligsten Dreifaltigkeit und Einheit Gottes.

Die zweite betrifft *Gott in seinen Werken*. Sie umfaßt die übrigen Artikel unseres katholischen Glaubens samt den dazu ausdrücklich vorgelegten Wahrheiten. Hierher gehören auch eine große Zahl der prophetischen Offenbarungen, der Verheißungen und Drohungen Gottes und anderes, was im Bereiche des Glaubens vor sich ging oder gehen wird.

Wir dürfen in diese zweite Weise auch viele Einzeldinge einreihen, die Gott zu offenbaren pflegt, sowohl über die Welt im allgemeinen, wie auch im besonderen über Königreiche, Provinzen, Staaten, Familien und einzelne Personen. Dafür haben wir in der Heiligen Schrift Beispiele in Überfluß, sowohl im allgemeinen wie im besonderen, zumeist bei allen Propheten, wo sich Offenbarungen in jeder dieser Weisen finden. Da dies klar und deutlich ist, möchte ich hier mit dem Anführen keine Zeit verlieren. Ich erwähne nur, daß diese Offenbarungen nicht allein durch Worte geschehen; denn Gott gibt sie auf vielerlei Arten und Weisen kund. Manchmal nur durch Worte, manchmal nur durch Zeichen und Gestalten und Bilder und Gleichnisse, manchmal verbindet Er beides, wie aus den Propheten zu ersehen ist, vor allem aus der gesamten Apokalypse, in der sich nicht nur alle Arten der früher genannten Offenbarungen finden, sondern auch die nun erwähnten.

2 Die in der zweiten Weise inbegriffenen Offenbarungen verleiht Gott auch zu dieser Zeit, wem Er will. Er pflegt manchen Menschen die Zahl ihrer Lebenstage zu offenbaren oder die ihnen bevorstehenden Leiden oder was dieser oder jener Person, diesem oder jenem Reiche zustoßen werde, usw. Auch enthüllt und erklärt Er dem Geist die Wahrheiten unserer Glaubensgeheimnisse. Doch dies kann man nicht Offenbarung im eigentlichen Sinne nennen, da sie ja schon geoffenbart sind, sondern besser Verkündigung oder Erklärung des schon Geoffenbarten.

3 Bei dieser Art von Offenbarungen kann der *Teufel* leicht die Hand im Spiele haben, da sie für gewöhnlich durch Worte, Gestalten, Gleichnisse usw. vermittelt werden. Derartiges kann der Teufel sehr gut vortäuschen, viel eher als rein geistige Offenbarungen. Wenn sich uns also in der hier erwähnten ersten und zweiten Weise etwas offenbarte, was hinsichtlich unseres Glaubens etwas Neues und Anderes besagte, dürfen wir auf keinen Fall zustimmen, auch wenn augenscheinlich ein Engel des Himmels zu uns spräche. Dies sagt auch der hl. Paulus mit den Worten: *Licet nos, aut angelus de caelo evangelizet vobis praeterquam quod evangelizavimus vobis, anathema sit. – Sollten wir selbst oder ein Engel vom Himmel euch etwas außer dem erklären oder verkünden, was wir euch verkündet haben, der sei verflucht!* (Gal 1, 8.)

4 Über die Substanz unseres Glaubens sind nicht mehr Artikel zu verkünden als die schon von der Kirche verkündeten. Was sich der Seele also als neu offenbarte, ist nicht anzunehmen. Ja man darf aus Vorsicht auch keine eingefügten Abwandlungen zulassen. Um der Reinheit willen,

die der Seele in Glaubenssachen zukommt, darf man sogar schon Geoffenbartes, das einem neu geoffenbart würde, nicht aus diesem Grunde glauben, sondern auf Grund der genügenden Offenbarung durch die Kirche. Man verschließe also den Verstand gegen jene Offenbarungen und halte sich einfältig an die Lehre der Kirche und ihren Glauben, der, wie der hl. Paulus sagt, *durch das Hören* kommt (Röm 10, 17). Richte dich, wenn du nicht getäuscht sein willst, im Glauben und Verstehen nicht nach dem neu Geoffenbarten, mag es auch besser übereinstimmend und wahrer erscheinen. Will der Teufel nämlich irreführen und Lügen einschmuggeln, so füttert er zuerst mit Wahrem und Wahrscheinlichem, um sicher zu machen, und geht dann ans Betrügen, ähnlich wie man Leder näht: erst führt man eine steife Borste ein, die den weichen Faden nach sich zieht, der nicht eindringen könnte, wenn nicht die Borste ihm voranginge.

5 Darauf achte man sehr. Handelte es sich auch um eine Wahrheit, die nicht in Gefahr einer solchen Täuschung wäre, so geziemt es der Seele doch, in Glaubenssachen nicht klar sehen zu wollen, damit sie das Verdienst rein und ganz bewahre, und auch, damit sie in dieser *Nacht* des Verstandes zum göttlichen Licht der Vereinigung mit Gott gelange. So wichtig ist es, sich bei jeder neuen Offenbarung mit geschlossenen Augen an die schon erfolgten Verheißungen der Propheten zu halten, daß der Apostel Petrus, der die Herrlichkeit des Sohnes Gottes auf dem Berge Tabor einigermaßen geschaut hatte, doch in seinem Briefe sagt: *Et habemus firmiorem propheticum sermonem: cui benefacitis attendentes*, etc. – Wenn auch die Schau, die wir vom Christus auf dem Berge sahen, wahr ist, so *ist doch das Wort der uns gegebenen Verheißung fester und sicherer; ihr tut gut, euch daran zu halten* (2 Petr 1, 19).

6 Geziemt es sich schon aus den erwähnten Gründen wahrhaft, gegen die beschriebenen Offenbarungen in Glaubens-

sachen die Augen zu schließen, um wieviel notwendiger ist es, andere Offenbarungen abweichenden Inhaltes nicht zuzulassen und ihnen keinen Glauben zu schenken. Ich halte es für unmöglich, daß jemand, der nicht dafür Sorge trägt, sie abzuweisen, vielfacher Täuschung entgehe, da ja der Teufel den Anschein der Wahrheit und Gewißheit hineinzulegen vermag. Er kombiniert so viel Wahrscheinlichkeit und Übereinstimmung, um Glauben zu finden, und prägt sie so fest in Gemüt und Phantasie, daß man meint, es müsse sich ohne Zweifel so verhalten. So läßt er die Seele hier festfahren und Anker werfen; und hat sie keine Demut, so wird es kaum gelingen, sie loszumachen, damit sie das Gegenteil glaube.

Um lauter, vorsichtig, einfältig und demütig zu sein, muß die Seele den Offenbarungen und anderen Visionen widerstehen und sie abweisen, wie sehr gefährliche Versuchungen. Es ist nicht nötig, sie zu wollen, vielmehr sie nicht zu wollen, um zur Liebesvereinigung zu gelangen. Dies wollte Salomon sagen mit den Worten: *Was hat der Mensch nötig nach Dingen zu forschen, die über seine natürliche Fassungskraft hinausgehen?* (Pred 7, 1.) Damit wollen wir sagen: um vollkommen zu sein, ist es durchaus nicht nötig, übernatürliche Dinge auf übernatürlichem Wege zu suchen; denn dies übersteigt die natürliche Fähigkeit.

7 Einwendungen, die dagegen vorgebracht werden könnten, sind schon in den Kapiteln 19 und 20 beantwortet. So verweise ich darauf und sage nur, die Seele möge sich vor alledem hüten, um rein und unbeirrt durch die *Nacht des Glaubens* zur Vereinigung zu wandeln.

ACHTUNDZWANZIGSTES KAPITEL

Innere Ansprachen, die dem Geiste übernatürlich zukommen können. – Ihre Weisen.

1 Der kluge Leser möge stets der Absicht und Zielsetzung dieses Buches eingedenk sein. Es will die Seele hindurch-

führen durch alle ihre Wahrnehmungen, die natürlichen und übernatürlichen, ohne Täuschung und Behinderung, in Reinheit des Glaubens, zur göttlichen Vereinigung mit Gott. So wird er es verstehen, daß ich zwar über die Wahrnehmungen der Seele keine ausführliche Lehre biete und auch den Stoff nicht so ins Einzelne zerteile, wie es vielleicht zum Verständnis nötig wäre, aber doch im Grunde nicht zu wenig sage. Ich meine doch, über alles genügend Weisung, Licht und Zeugnis zu bringen, so daß sich die Seele in allen äußeren und inneren Fällen klug zu verhalten wisse, um voranzuschreiten.

Aus diesem Grunde habe ich die Wahrnehmung von Prophezeiungen in solcher Kürze abgeschlossen, wie ich es auch bei den übrigen tat, obwohl ich zu jeder noch viel zu sagen hätte über die Art und Weise, die jeder eigen ist. Es scheint mir aber, damit käme man nie an ein Ende. Ich begnüge mich damit, meiner Ansicht nach das Wesentliche und die Lehre gebracht zu haben, wie auch die angemessenen Sicherungen für all dies und Ähnliches, das der Seele zukommen kann.

2 In gleicher Weise will ich verfahren hinsichtlich der *dritten Weise* von Wahrnehmungen, die wir *übernatürliche Ansprachen* nannten. Sie pflegen, ohne Vermittlung eines leiblichen Sinnes, dem Geiste der Geistesmenschen einzugehen. Ihre vielen Weisen *lassen sich alle auf drei zurückführen*, nämlich: *schrittweise erfolgende, formelle und substantielle Ansprachen.*

Schrittweise nenne ich gewisse Worte und Überlegungen, die der in sich gesammelte Geist wie im Selbstgespräch formt und erwägt.

Formelle Worte sind deutlich geformte Worte, die der Geist aufnimmt, manchmal in Sammlung, manchmal ohne Sammlung. Er empfängt sie nicht aus sich selbst, sondern von einer dritten Person.

Substantielle Worte ergehen auch deutlich an den gesammelten oder auch nicht gesammelten Geist. Sie vermitteln der Seelensubstanz die in den Worten enthaltene Substanz und Kraft.

Wir wollen nun alle der Reihe nach besprechen.

NEUNUNDZWANZIGSTES KAPITEL

Die erste Weise: der gesammelte Geist bildet zuweilen in sich Worte. – Ursache, Nutzen und Schaden.

1 Schrittweise folgen die Worte einander stets nur in einem gesammelten, durch eine sehr aufmerksame Erwägung erfüllten Geist. Über den Gegenstand seines Denkens beginnt er mit sich selbst dies und jenes zu reden. Gut zutreffende Worte und Begründungen entstehen mit Leichtigkeit und Bestimmtheit. Gar vieles, das er nicht wußte, wird nun begründet und aufgedeckt, und es scheint ihm, nicht er tue dies, sondern eine andere Person in seinem Inneren urteile oder antworte oder belehre.

Und es ist wahrhaftig guter Grund gegeben, so zu denken; denn er begründet und antwortet sich selber, so als wären zwei Personen da. Und tatsächlich ist es auch in gewisser Weise so. Zwar ist stets ein und derselbe Geist am Werk; doch der Heilige Geist hilft ihm oftmals, diese wahren Begriffe, Worte und Begründungen hervorzubringen und zu gestalten. Und so spricht er, gleichsam als dritte Person, zu sich selbst. In diesem Falle ist nämlich der gesammelte Verstand vereint mit der Wahrheit, die er denkt. Ebenso ist der göttliche Geist in dieser Wahrheit zugegen, wie immer in jeder Wahrheit. Der Verstand bildet auf diese Weise, durch jene Wahrheit mit dem göttlichen Geiste vereint, mit ihm zusammen im Innern nach und nach die übrigen Wahrheiten über das Gedachte. Der Heilige Geist belehrt ihn dazu, öffnet ihm die Türe und gibt ihm Licht. Denn dies ist eine der Lehrweisen des Heiligen Geistes.

2 Durch diesen Meister so belehrt, erfaßt der Verstand die Wahrheiten und bildet zugleich aus sich die Sätze über die von anderer Seite empfangenen Wahrheiten. Wir könnten sagen: *die Stimme ist Jakobs und die Hände sind Esaus* (Gen 27, 22). Doch der es erfährt, bringt es nicht fertig, zu glauben, es verhalte sich so. Er meint, die Sätze und Worte seien von einer dritten Person; denn er weiß nicht um die Leichtigkeit, mit der der Verstand für sich selber Worte bilden kann wie von einer dritten Person über Begriffe und Wahrheiten, die ihm eben von einer dritten Person zukommen.

3 Wohl ist eine solche Mitteilung und die Erleuchtung des Verstandes darüber an sich ohne Täuschung; doch in den Worten und Begründungen, die der Verstand dazu formuliert, kann sie vorkommen und kommt sie oftmals vor. Denn jenes Licht, das ihm bisweilen zuteil wird, ist sehr fein und geistig, so daß es dem Verstande nicht gelingt, sich damit gut zurechtzufinden; und er ist es ja (wie wir sagten), der aus sich urteilt. Daher bildet er sein Urteil oft falsch oder nur wahrscheinlich oder fehlerhaft. Zu Anfang begann er, den Faden der Wahrheit aufzunehmen; dann aber setzt er die Behendigkeit oder Schwerfälligkeit seines niedrigen Verstehens ein, wodurch er leicht, seiner Fassungskraft entsprechend, irre geht. Und all dies spielt sich so ab, als redete eine dritte Person.

4 Ich kannte eine Person, die solche schrittweise erfolgende Ansprachen erfuhr. Unter einigen sehr wahren und wesentlichen über das Allerheiligste Sakrament der Eucharistie bildete sie einige arg häretische Sätze.

Ich staune sehr über das, was heutzutage vor sich geht. Es genügt, daß eine Seele für vier Groschen nachzusinnen weiß, um irgendwelche Ansprachen, die sie in einiger Sammlung vernahm, gleich als von Gott kommend zu bezeichnen. Sie setzen dies einfach voraus und sagen: «Gott sagte mir», «Gott antwortete mir.» Und es ist nicht so, sondern (wie wir sagten), sie sprechen zu sich selbst.

5 Im übrigen ist es eben die Lust, die sie daran haben, und die Neigung, mit der sie im Geiste daran hängen, die sie mit sich selber reden macht. Sie antworten sich und meinen, Gott antworte und sage ihnen dies. So kommt ein großer Unsinn heraus, wenn sie sich darin nicht kräftig zügeln und der Führer solchen Seelen nicht die Vermeidung solcher Redeweisen auferlegt. Denn sie pflegen daraus mehr Geschwätzigkeit und Unreinheit der Seele zu erwerben als Demut und Abtötung des Geistes, da sie meinen, dies sei eine große Sache und Gott habe zu ihnen geredet. Und es war kaum mehr als nichts oder nichts oder weniger als nichts. Was nämlich nicht Demut und Liebe und Abtötung und heilige Einfalt und Schweigen usw. bewirkt, wozu wäre das?

Ich sage also, daß dies den Gang zur göttlichen Vereinigung sehr behindern kann; denn es entfernt die Seele – wenn sie etwas darauf hält – weit vom Abgrund des Glaubens, in dessen Dunkel sich der Verstand zu halten hat. Liebend hat er im Dunkel des Glaubens zu wandeln, nicht aber auf dem Wege vieler Überlegungen.

6 Du wendest vielleicht ein: warum sollte sich der Verstand dieser Wahrheiten berauben, da der Geist Gottes ihn hierin erleuchtet und sie folglich nicht schlecht sein können? Ich aber sage: ja, der Heilige Geist erleuchtet den Verstand; doch er erleuchtet ihn in der Weise seiner Sammlung; der Verstand aber kann nirgends besser gesammelt sein als im Glauben. So wird auch der Heilige Geist ihn zumeist im Glauben erleuchten. Je reiner und sorgfältiger die Seele sich im Glauben hält, um so mehr eingegossene Gottesliebe hat sie. Und je mehr Liebe sie hat, um so mehr teilt der Heilige Geist ihr Licht und seine Gaben mit; denn Liebe ist Ursache und Mittel dieser Mitteilung.

Wohl ist es wahr, daß Er durch Beleuchtung jener Wahrheiten der Seele einiges Licht verleiht; doch es ist von dem, was sie im Glauben ohne klares Verstehen empfängt, sehr verschieden, sowohl der Qualität nach, wie etwa feinstes Gold vom schlechtesten Metall, als auch der Quantität nach, wie etwa das Meer vom Wassertropfen. Denn in der einen Weise erfolgt die Mitteilung der Weisheit hinsichtlich einer oder zweier oder dreier Wahrheiten usw.; in der anderen aber wird die gesamte Weisheit Gottes im allgemeinen mitgeteilt, nämlich der Sohn Gottes. Er ist es, der sich der Seele im Glauben gibt.

7 Und wendest du mir ein, alles sei gut, und das eine behindere nicht das andere, so sage ich, es behindert sehr, wenn die Seele Wert darauf legt. Sie beschäftigt sich ja mit deutlichen Dingen in engen Grenzen, die genügen, die Verbindung mit dem Abgrund des Glaubens zu stören, in dem Gott die Seele übernatürlich und geheim belehrt und sie erhebt zu ungeahnten Kräften und Gaben.

Der Nutzen aus dieser allmählichen Mitteilung wird nicht gewonnen, wenn man den Verstand absichtlich auf sie einstellt; so würde man sie eher von sich ablenken nach dem Worte, das die Weisheit im Hohenliede zur Seele spricht: *Die Augen wende ab von mir, daß ich nicht fliege* (6, 4), nämlich nicht von dir fortfliege, höher hinauf. Ganz schlicht und einfach, ohne den Verstand auf das zu richten, was ihm übernatürlich mitgeteilt wird, wende sich der Wille mit Liebe zu Gott; denn durch Liebe werden diese Güter mitgeteilt, und so werden sie reicher fließen als zuvor. Setzt man in dem, was übernatürlich und passiv der Seele mitgeteilt wird, die Fähigkeit des natürlichen Verstandes oder anderer Vermögen tätig ein, so erlangt seine derbe Weise nicht so viel. Er muß es ja notwendig seiner Weise anpassen, folglich ändern. So gerät er unvermeidlich in Irrtum und bildet sich eigene Meinungen, und die sind nicht mehr übernatürlich, nicht einmal bildlich, sondern sehr natürlich und durchaus irrig und gemein.

8 Doch mancher Verstand ist so lebhaft und durchdringend, daß er, auf irgendeine Erwägung gesammelt, mit gro-

ßer Leichtigkeit Begriffe bildet, sie in Worte und sehr lebendige Urteile faßt und nichts Geringeres meint, als sie seien von Gott. Und dem ist nicht so; vielmehr vermag der Verstand, von der Tätigkeit der Sinne etwas befreit, mit natürlichem Lichte, ohne jede andere Hilfe solches und noch mehr. So ergeht es vielen. Und sie täuschen sich arg in der Meinung, dies sei hohes Gebet und Mitteilung Gottes. Darum schreiben sie es auf oder lassen es aufschreiben. Und es erweist sich als nichts, hat auch nichts von echter Tugend an sich und dient nichts anderem als der Eitelkeit.

9 Solche mögen lernen, kein Wesen daraus zu machen, den Willen in demütiger Liebe zu begründen, sich ehrlich zu mühen und in Nachahmung des Sohnes Gottes in seinem Leben und Sterben etwas zu leiden. Dies ist der Weg zu allem geistigen Gut, nicht aber viel inneres Gerede.

10 Auch der Teufel hat bei solchen inneren schrittweise erfolgenden Ansprachen oft die Hand im Spiele, besonders, wenn die Seelen dazu neigen oder daran hängen. Sowie sie beginnen, sich zu sammeln, pflegt der Teufel ihnen reichen Stoff zu Gedankengängen anzubieten. Er bildet in ihrem Verstande Begriffe und Worte *durch Suggestion*, und er übervorteilt und täuscht sie auf das feinste mit Wahrscheinlichkeiten. Dies ist eine der Weisen, mit denen er solchen beikommt, die mit ihm stillschweigend oder ausdrücklich einen Pakt geschlossen haben, auch manchem Häretiker, besonders manchem Häresiarchen, er bringt ihrem Verstand sehr subtile, falsche und irrige Begriffe bei.

11 Aus dem Gesagten ergibt sich, daß diese schrittweise erfolgenden Ansprachen im Verstand aus drei Ursachen entstehen können, nämlich durch den *göttlichen Geist*, der den Verstand bewegt und erleuchtet, durch das *natürliche Licht* des Verstandes selbst, und durch den *Teufel*, der durch Suggestion einwirken kann.

Es wäre nun etwas schwierig, für die Merkmale und Anzeichen, die das Hervorgehen aus dieser oder jener Ursache erkennen lassen, erschöpfende Beispiele und Erweise zu bringen; doch einige allgemeine lassen sich andeuten, und zwar diese:

a) Wird die Seele durch die Worte und Begriffe in der Liebe gefördert und vereint sich diese Liebe mit Demut und Ehrfurcht vor Gott, so ist dies ein Zeichen, daß der Heilige Geist hier am Werke ist, der seine Gnaden stets in dieser Umhüllung erweist.

b) Gehen sie nur aus der Lebhaftigkeit und dem Licht des Verstandes hervor, so bewirkt der Verstand hier alles allein, ohne jenes Mitwirken der Tugenden (obwohl der Verstand auch natürlicherweise im Erkennen und im Lichte dieser Wahrheiten lieben kann). Ist die Betrachtung vorbei, so bleibt der Wille trocken, doch ohne Neigung zur Eitelkeit oder zum Bösen, wenn der Teufel ihn nicht neuerdings dazu versucht. Denen, die einen guten Geist haben, geschieht dies nicht; denn der Wille bleibt für gewöhnlich zu Gott und zum Guten geneigt. Geschieht es manchmal, daß der Wille trocken bleibt, obwohl die Mitteilung vom guten Geiste war, so hat Gott es aus irgendeinem der Seele nützlichen Grunde so gefügt. Zu anderen Malen wird die Seele die Tätigkeit und Bewegung jener Tugenden wenig spüren und es war doch gut, was sie empfing. Darum sage ich, es ist zuweilen schwer, wegen der verschiedenen Wirkungen, die sie hervorbringen können, den Unterschied zwischen den einen und den anderen festzustellen. Die genannten Anzeichen jedoch treffen gewöhnlich zu, wenn auch manchmal reichlicher und manchmal weniger reichlich.

c) Auch die vom Teufel stammenden sind zuweilen schwer zu verstehen und zu erkennen. Wohl ist es wahr, daß er die Seele für gewöhnlich hinsichtlich der Liebe zu Gott trocken läßt und das Gemüt zu Eitelkeit, Selbstgefühl oder Selbstgefälligkeit geneigt macht; doch zuweilen flößt er der Seele eine falsche Demut ein und einen glühenden Eifer des Willens, der auf Eigenliebe gründet. In manchen Fällen muß man geistig sehr hochstehend sein, um das zu erfassen. Dies tut der Teufel, um sich besser zu tarnen. Er versteht es gut, manchmal Tränen vergießen zu lassen über Gefühle, die er einflößt, um der Seele dann die Neigung zu geben, die er will. Immer aber bewegt er den Willen dahin, diese inneren Mitteilungen zu schätzen und viel Wesen daraus zu machen, damit sich die Seele daran hingebe und mit etwas beschäftige, was nicht Tugend ist, sondern Anlaß, die schon erworbene zu verlieren.

12 Üben wir also die nötige Vorsicht im einen wie im anderen Falle, um durch solche Ansprachen nicht getäuscht oder behindert zu werden. Bewahren wir keine von ihnen als Schatz. Wir müssen es nur verstehen, unseren Willen kraftvoll auf Gott hinzurichten und sein Gesetz, wie auch seine heiligen Räte vollkommen zu erfüllen. Dies ist die Weisheit der Heiligen. Geben wir uns damit zufrieden, in Einfalt und Wahrheit die Geheimnisse und Wahrheiten zu kennen, die die Kirche uns vorstellt. Dies genügt, den Willen stark zu entflammen. Wir brauchen uns nicht in Abgründe und Abenteuer einzulassen, die höchst selten gefahrlos sind. Zu diesem Gegenstand sagt der hl. Paulus: *Nicht höher sinnen, als man sinnen soll* (Röm 12, 3).

Dies genüge über die schrittweisen Ansprachen.

DREISSIGSTES KAPITEL

Innere Worte, die dem Geist in formeller Weise auf übernatürlichem Wege zugehen. – Sie können Schaden verursachen. – Vorsorge gegen Täuschungen ist nötig.

1 Die *zweite Weise* innerer Worte sind die *formellen Worte*. Sie ergehen zuweilen an den Geist auf übernatürlichem Wege ohne Vermittlung irgendeines Sinnes, mag der Geist nun gesammelt sein oder nicht. Ich nenne sie *formell*, weil sie dem Geist in aller Form von einer dritten Person gesagt werden,

ohne daß er etwas dazutut. Darum sind sie von den eben besprochenen sehr verschieden. Der Unterschied liegt nicht nur darin, daß sie vorkommen, ohne daß der Geist, wie bei anderen, mitwirkt, sondern daß sie, wie gesagt, bisweilen an ihn ergehen, wenn er nicht gesammelt, ja sogar weit von dem entfernt ist, was ihm gesagt wird. Bei den zuerst genannten, schrittweisen Ansprachen ist dies nicht so. Sie gelten immer dem, woran er eben denkt.

2 Diese Worte sind manchmal sehr gut geformt, manchmal weniger. Manchmal sind es gleichsam Gedanken, die dem Geist etwas mitteilen, indem sie ihm bald antworten, bald ihn auf andere Weise ansprechen. Zuweilen ist es ein Wort, zuweilen sind es zwei oder mehr. Zuweilen erfolgen sie schrittweise, wie die zuvor genannten, zuweilen pflegen sie anzudauern, um die Seele zu belehren oder mit ihr zu unterhandeln, doch all dies, ohne daß der Geist etwas aus sich dazutut. Es ist stets, als spräche eine Person zu einer anderen. Wie wir lesen, ist es Daniel so ergangen, der sagt, ein Engel habe in ihm gesprochen, Dieser sprach formell und schrittweise in seinem Geiste, um zu begründen und zu belehren. Der Engel sagt selbst: *Ich bin gekommen, dich zu belehren* (9, 22).

3 Sind diese Worte nur formell, so bewirken sie nicht viel in der Seele. Für gewöhnlich sollen sie nur unterweisen oder Licht in eine Sache bringen. Um dies zu erreichen, brauchen sie nichts anderes zu bewirken, als das Beabsichtigte. Wenn sie von Gott kommen, bringen sie dies stets in der Seele hervor; denn sie machen die Seele bereit und einsichtig für das, was ihr befohlen oder erklärt wird; doch manchmal werden ihr Widerwille und Schwierigkeit nicht genommen, vielmehr pflegen sie noch anzuwachsen. Dies tut Gott, um die Seele zu ihrem Heile besser zu belehren und zu demütigen. Und diesen Widerwillen läßt er ihr zumeist, wenn es um Ehrenstellen geht oder um Dinge, die sie irgendwie auszeichnen könnten. Geht es aber um Demütigendes und

Erniedrigendes, so gibt er ihr mehr Leichtigkeit und Bereitwilligkeit. Wir lesen im Buche Exodus (3–4), daß Moses gegen den Befehl Gottes, zum Pharao zu gehen und das Volk zu befreien, solchen Widerwillen empfand, daß Gott es ihm dreimal auftragen und durch Wunder bekräftigen mußte; und mit alledem erreichte Gott nichts, ehe Er ihm Aaron zum Gefährten gab, der ihm einen Teil der Ehre abnahm.

4 Sind hingegen die Worte und Mitteilungen vom Teufel, so erwecken sie Leichtigkeit und Bereitwilligkeit zu Dingen die mehr gelten, und Widerwillen gegen die niedrigen. Denn gewiß mißfällt es Gott gar sehr, die Seelen Ehrenstellen zugeneigt zu sehen; auch wenn Er sie damit beauftragt und dazu erhebt, will Er doch nicht, daß sie Lust und Liebe zum Befehlen haben. Durch die Bereitwilligkeit, die Gott für gewöhnlich mittels der formellen Worte in die Seele legt, unterscheiden sich diese von den andern, schlußfolgernden, die den Geist nicht so stark bewegen und in Bereitschaft versetzen; denn die formellen sind ausdrücklicher gefaßt und der Verstand mischt sich aus Eigenem weniger ein. Das schließt nicht aus, daß manchmal einige schrittweise erfolgten Worte stärkere Wirkung üben wegen der innigen Verbindung, die der göttliche Geist mit dem menschlichen zuweilen eingeht. Doch die Weise ist sehr verschieden. Denn bei formellen Worten weiß die Seele ohne Zweifel, daß nicht sie spricht. Sie sieht ja wohl, daß dem nicht so ist, besonders, wenn sie gar nicht bei der Sache war, von der die Rede ist. Und wenn sie auch daran dachte, so merkt sie nun sehr klar und deutlich, daß die Worte von anderer Seite kommen.

5 Auf diese formellen Worte soll die Seele ebensowenig Wert legen wie auf die schrittweise erfolgenden. Sie würde nicht nur den Geist mit etwas beschäftigen, was nicht das rechtmäßige und nächste Mittel zur Vereinigung mit Gott, nämlich der Glaube, ist, sondern der Teufel könnte sie überdies sehr leicht betrügen. Denn zuweilen ist es kaum zu er-

kennen, welcher Spruch vom guten und welcher vom bösen Geiste stammt. Da solche Worte nämlich keine starke Wirkung üben, können sie auch nicht nach den Wirkungen unterschieden werden; auch machen die des Teufels in den Unvollkommenen manchmal mehr Effekt als die des guten Geistes in Geistesmenschen. Man vollziehe nicht, was sie sagen, und mache kein Wesen daraus, seien sie nun vom guten oder vom bösen Geist. Doch man vertraue sie einem erfahrenen Beichtvater oder einer verschwiegenen und weisen Person an, um über das Verhalten belehrt zu werden sowie Rat zu empfangen und bleibe gelassen und abweisend. Fände sich aber keine erfahrene Person, so wäre es besser (eben um kein Wesen daraus zu machen), niemandem etwas zu sagen. Sonst könnte man leicht an Leute kommen, die der Seele mehr schaden als nützen. Nicht jedermann darf sich mit den Seelen befassen, da es eine gar wichtige Sache ist, in einem so ernsten Belange das Richtige zu treffen oder zu irren.

6 Man achte also sehr darauf, daß die Seele sich niemals ihr eigenes Urteil bilde, noch etwas auf Grund solcher Worte tue oder zulasse, ohne hinreichende Zustimmung und Beratung durch andere. Denn auf diesem Gebiete kommen so feine und seltsame Täuschungen vor, daß, nach meinem Dafürhalten, eine Seele, die solchen Dingen nicht feind ist, eine Täuschung in geringerem oder größerem Maße nicht vermeiden kann.

7 Da ich von diesen Täuschungen und Gefahren und von der Vorbeugung ihnen gegenüber ausführlich in den Kapiteln 17, 18, 19 und 20 dieses Buches sprach, so verweise ich auf sie und verbreite mich hier nicht mehr darüber. Ich wiederhole nur den Hauptsatz der Lehre: man soll kein Wesen daraus machen, so groß die Sache auch scheinen möge, sondern sich in allem durch die Vernunft leiten lassen, wie auch von dem, was die Kirche uns gelehrt hat und täglich lehrt.

EINUNDDREISSIGSTES KAPITEL

Von den substantiellen Worten, die innerlich an den Geist ergehen. – Sie unterscheiden sich von den formellen und bringen Gewinn. – Die Seele soll sich ihnen gegenüber gelassen und ehrfürchtig verhalten.

1 Die *dritte Weise* der inneren Worte nannten wir *substantielle Worte.* Sie sind zwar auch formell, da sie sich der Seele in aller Form einprägen, doch sie unterscheiden sich durch eine lebendige und wesenhafte Wirkung in der Seele, die von den nur formellen nicht hervorgebracht wird. Es ist demnach jedes substantielle Wort formell, nicht aber jedes formelle Wort auch substantiell, sondern nur dann, wenn es (wie oben gesagt) der Seele das wesenhaft einprägt, was es bedeutet. Sagte etwa unser Herr einer Seele formell: «Sei gut!», so wäre sie sofort wesenhaft gut. Oder sagte er: «Liebe mich!», so hätte und empfände sie sofort in sich wesenhafte Gottesliebe. Oder wenn sie sich sehr ängstigte und er sagte: «Fürchte nichts!», sofort empfände sie große Kraft und Ruhe. Denn der Spruch Gottes und *sein Wort ist*, wie der Weise sagt, *gar mächtig* (Pred 8, 4), und so bewirkt es in der Seele wesenhaft das, was es besagt. Dies wollte David ausdrücken mit den Worten: *Singet, dem Herrn, denn seine Stimme wird schallen als Stimme voll Macht!* (Ps 67, 34.) So ging es auch mit Abraham. Da Gott zu ihm sprach und sagte: *Wandle vor mir und sei vollkommen* (Gn 17, 1), war Abraham gleich vollkommen und wandelte stets zu Gottes Ehre.

Diese Macht erweist sich auch im Evangelium. Einzig durch das Aussprechen seines Wortes heilt Jesus die Kranken, erweckt Er die Toten usw. Und auf solche Weise spricht Er manche Seelen wesenhaft an. Sein Wort hat für sie so entscheidenden Wert, daß es der Seele in unvergleichlicher Weise Leben und Tugendkraft verleiht, denn ein solches Wort bewirkt mehr Gutes, als die Seele in ihrem ganzen Leben zu tun vermöchte.

2 Was nun diese Worte anlangt, so hat die Seele nichts zu tun, weder sie zu wollen noch nicht zu wollen, weder etwas abzuweisen, noch etwas zu befürchten.

Sie hat *nichts zu tun*, um das zu bewirken, was sie besagen; denn Gott spricht diese substantiellen Worte nicht, damit sie etwas ins Werk setze, sondern um dieses Werk selber in ihr zu vollbringen. Bei den formellen und schlußfolgernden Worten ist dies anders.

Und ich sage, sie hat *weder zu wollen noch nicht zu wollen;* denn Gott braucht ihr Wollen nicht für sein Werk, und ihr Nichtwollen kann es nicht verhindern. Sie verhalte sich dazu gelassen und demütig.

Sie hat nichts *abzuweisen*, denn die Wirkung bleibt der Seele wesenhaft zu eigen und ist voll der Gnade Gottes, die sie passiv aufnimmt. Ihre Tätigkeit ist bei alledem wie nichts.

Sie hat keinerlei Täuschung *zu fürchten;* denn weder der Verstand, noch der Teufel können sich hier einmengen, um eine wesenhafte Wirkung in der passiven Seele hervorzubringen, die als Wirkung und Zustand durch das Wort ihr eingeprägt bliebe; außer die Seele hätte sich ihm durch einen freiwilligen Pakt ergeben, so daß er als Herr in ihr wohnte und ihr solche Wirkungen einprägte, nicht aber zum Guten, sondern zum Bösen. Wäre ihm nämlich die Seele in gewollter Bosheit vereint, so könnte der Teufel ihr leicht die Wirkungen der Sprüche und Worte boshaft einprägen. Da er, wie wir aus Erfahrung wissen, sogar guten Seelen in vielen Dingen hart zusetzt durch Suggestion, die starke Wirkung auf sie ausübt, so vermag er in denen, die böse sind, das Werk zu vollenden. Doch glaubhafte Wirkungen kann er den Guten nicht einprägen, da seine Worte den Worten Gottes nicht vergleichbar sind. Neben diesen sind sie alle wie nichts, auch in ihren Wirkungen. Darum sagt Gott durch Jeremias: *Was hat denn das Stroh mit dem Weizen zu tun? Sind etwa meine Worte nicht wie Feuer und wie ein Hammer, der Felsen zerschmettert?* (23, 28–29.) So dienen also diese substantiellen Worte sehr der Vereinigung der Seele mit Gott. Je innerlicher um so wesenhafter sind sie und um so mehr nützen sie. Glücklich die Seele, zu der Gott solche Worte spricht. *Rede, Herr, dein Diener hört* (1 Sm 3, 10).

ZWEIUNDDREISSIGSTES KAPITEL

Wahrnehmungen, die der Verstand durch inneres Empfinden auf übernatürliche Weise für die Seele empfängt. – Deren Ursachen. – Wie die Seele sich verhalten soll, um dadurch nicht auf dem Wege der Vereinigung mit Gott gehemmt zu werden.

1 Es folgt nun die Darlegung der *vierten und letzten Art von Verstandeswahrnehmungen*, von denen wir sagten, sie könnten dem Verstande als *geistige Empfindungen* zukommen, wie sie in der Seele geistig Strebender oftmals übernatürlich vorkommen. Wir zählen sie zu den deutlichen Verstandeswahrnehmungen.

2 Diese deutlichen *geistigen Empfindungen* können *zwei Weisen* haben:

Die erste wird in der Neigung des Willens empfunden,
die zweite im Wesen der Seele.
Beide haben viele Abarten.

Empfindungen des Willens sind, wenn sie von Gott kommen, sehr erhaben; doch die im Wesen der Seele sind die erhabensten und sehr heilsam und nützlich. Weder die Seele selbst, noch ihr Führer können wissen und verstehen, woher sie kommen und wodurch Gott diese Gnaden wirkt, denn sie hängen nicht von den Werken ab, die die Seele tut, noch von den Erwägungen, die sie anstellt, wenn auch diese Dinge sie gut dafür bereiten können. Gott gibt es, wem Er will und wodurch Er will. Es mag sein, daß ein Mensch sich in vielen guten Werken geübt hat, doch Gott gibt ihm diese Berührungen nicht; ein anderer hat viel weniger getan und Gott gibt sie ihm in erhabenster Weise und überaus reichlich. Es ist nicht nötig, daß die Seele eben geistigen Dingen zugewandt und mit ihnen beschäftigt ist, (wenn dies auch viel günstiger ist, um sie zu empfangen). Gott gewährt die

Berührung, die das erwähnte Empfinden hervorruft, der Seele zumeist, wenn sie durchaus nicht daran denkt. Von diesen Berührungen sind manche deutlich und gehen schnell vorbei, andere weniger deutlich und länger während.

3 Ein solches Empfinden, insofern es nur empfunden wird, gehört nicht dem Verstande, sondern dem Willen zu. Darum behandle ich es hier nicht ausführlich, sondern erst, wenn von der Nacht und Läuterung der Willensneigungen die Rede sein wird, nämlich im folgenden dritten Buch.

Da jedoch oftmals vieles davon als Wahrnehmung und Erkennen und Einsicht auf den Verstand überströmt, ist hier, einzig in diesem Sinne, eine Erwähnung am Platze. Von diesen Empfindungen also – sowohl im Willen, wie im Wesen der Seele, mögen es göttliche Berührungen sein, die sie plötzlich hervorrufen, mögen sie dauern und nachwirken – strömt oftmals in den Verstand ein Wahrnehmen des Erkennens und Verstehens über, ein überaus erhabenes und köstliches Fühlen Gottes im Verstande. Es läßt sich, ebenso wie das Empfinden, aus dem es strömt, nicht benennen. Und dieses Erkennen hat bald diese, bald jene Weise. Zuweilen ist es sehr erhaben und klar, zuweilen geringer und weniger klar, je nach den Berührungen, die Gott gewährt – und die ja das Empfinden verursachen, aus dem das Erkennen hervorgeht –, sowie je nach ihrer Eigenart.

4 Um Vorsicht zu üben und den Verstand auf dem Wege des Erkennens im Glauben zu Gott zu geleiten, bedarf es hier keines großen Aufwandes. So wie die erwähnten Empfindungen in der passiven Seele entstehen, ohne daß sie ihrerseits etwas tut, um ihrer teilhaft zu werden, so wird auch das Erkennen vom passiven Verstande empfangen, der seinerseits nichts dazu beiträgt. Die Philosophen sprechen vom «intellectus passibilis». Um also nicht zu irren oder den Gewinn zu vereiteln, soll auch er nichts dazu tun, sondern sich passiv verhalten, ohne seine natürliche Fähigkeit einzu-

setzen. Sehr leicht nämlich, wie wir schon bei Behandlung der schrittweise erfolgenden Worte gesagt haben, stört er mit seiner Tätigkeit und verdirbt jenes zarte Erkennen, die köstliche, übernatürliche, natürlich nicht erreichbare Einsicht, die nicht tätig, sondern nur empfangend zu erfassen ist.

Man soll also nicht nach ihnen trachten, noch sie gerne zulassen, damit der Verstand nicht daran gehe, aus sich solche hervorzubringen, noch auch der Teufel mit andern und falschen Eingang finde. Dies bringt er gut zuwege durch die genannten Empfindungen oder durch solche, die er aus sich der Seele einflößt, wenn sie sich diesem Erkennen hingibt. Sie verhalte sich ihnen gegenüber gelassen, demütig und passiv. Da sie passiv von Gott empfangen werden, verleiht Er sie der Seele, die Er demütig und uneigennützig findet, so, wie es Ihm dient. Auf diese Weise wird sie in sich den Gewinn aus diesem Erkennen für die göttliche Vereinigung nicht vereiteln. Er ist groß, weil alle diese Berührungen der Vereinigung zugehören, die sich passiv in der Seele vollzieht.

5 Dies genügt zum Abschluß der Darlegung übernatürlicher Wahrnehmungen des Verstandes hinsichtlich ihrer Bedeutung für den Wandel im Glauben zur Vereinigung des Verstandes mit Gott. Ich meine, das Gesagte genügt, denn für alles, was immer der Seele im Bereich des Verstandes widerfahren kann, findet sich in der gegebenen Einteilung Lehre und Weisung. Sollte etwas so Andersgeartetes vorfallen, daß es sich nirgends einfügt, so meine ich doch, daß es keinerlei Einsicht gibt, die sich nicht auf eine der vier Weisen deutlicher Erkenntnis zurückführen läßt, um so der Ähnlichkeit nach vergleichsweise Belehrung und Weisung daraus zu gewinnen. Und nun gehen wir zum dritten Buche über, in dem wir mit Gottes Gunst die geistige und innere Läuterung des Willens von inneren Neigungen behandeln wollen. Wir nennen dies die *aktiv erstrebte Nacht.*

DRITTES BUCH

AKTIV ERSTREBTE NACHT DES GEISTES

FORTSETZUNG
GEDÄCHTNIS UND WILLE

Läuterung des Gedächtnisses und des Willens in der aktiv erstrebten Nacht. – *Lehre über das Verhalten der Seele hinsichtlich der Wahrnehmungen dieser beiden Kräfte auf dem Wege der Vereinigung mit Gott in vollkommener Hoffnung und Liebe.*

ERSTES KAPITEL

1 Die erste Seelenkraft, den Verstand, haben wir für alle Wahrnehmungen an die erste theologische Tugend verwiesen, den Glauben, damit sich die Seele dieser Fähigkeit nach mittels der Reinheit des Glaubens mit Gott vereinigen könne. Nun bleibt das Gleiche für die anderen Seelenkräfte zu tun, nämlich für Gedächtnis und Willen, die auch von ihren Wahrnehmungen zu reinigen sind, damit die Seele, diesen Fähigkeiten nach, dahin komme, sich Gott in vollkommener Hoffnung und Liebe zu vereinigen. Dies soll nun kurz in diesem dritten Buche geschehen. Ist die Lehre hinsichtlich des Verstandes abgeschlossen, der in seiner Weise das Behältnis alles Übrigen bildet, so wurde durch seine Behandlung ein gutes Stück Weg zurückgelegt, und es erscheint nicht nötig, die weiteren Fähigkeiten gar breit auszuführen; denn es ist wohl nicht möglich, daß ein geistig Strebender über den Wandel des Verstandes im Glauben nach der hier gegebenen Lehre gut unterrichtet ist, ohne es zugleich hinsichtlich des Weges der beiden anderen Kräfte und der ihnen zugehörenden Tugenden zu sein; denn sie hängen in ihrer Tätigkeit voneinander ab.

2 Doch um unseren Stil beizubehalten und auch zum besseren Verständnis ist es nötig, den Stoff eigens und genau bestimmend zu behandeln. Wir haben also hier die jeder Fähigkeit eigenen Wahrnehmungen zu bringen und *zuerst* die des *Gedächtnisses* in der Einteilung, die für unser Vorhaben genügt. Wir können sie nach ihren unterschiedlichen Objekten vornehmen, deren drei gegeben sind: natürliche, imaginäre und geistige. Ihnen entsprechen drei Erkenntnisweisen des Gedächtnisses, nämlich die *natürliche*, die *übernatürliche* und die *geistig einbildliche*.

3 Von diesen wollen wir mit Gottes Gunst hier sprechen, beginnend mit dem natürlichen Erkennen, das mehr dem äußerlichen Gegenstande gilt. Dann soll von den Neigungen des Willens die Rede sein, womit dieses dritte Buch der *aktiv erstrebten Nacht des Geistes abgeschlossen* wird.

ZWEITES KAPITEL

Natürliche Wahrnehmungen des Gedächtnisses. – Wie es sich ihrer entledigen soll, damit sich die Seele dieser Fähigkeit nach mit Gott vereinigen könne.

1 Der Leser muß notwendig bei jedem dieser Bücher das in Rede stehende Vorhaben beachten. Sonst könnten ihm beim Lesen viele Zweifel aufsteigen, sowohl wegen des über den Verstand Gesagten, wie auch wegen des nun über das Gedächtnis und dann über den Willen zu Sagenden.

Sieht er nämlich, wie wir die Kräfte in ihren Tätigkeiten zunichte machen, so wird es ihm vielleicht erscheinen, als zerstörten wir den Weg geistlicher Übung, statt ihn aufzubauen. Das wäre richtig, wenn wir hier nur Anfänger unterweisen wollten, denen es zukommt, sich durch folgerichtige und faßbare Wahrnehmungen bereit zu machen.

2 Hier aber lehren wir, in Beschauung darüber hinaus zur Vereinigung mit Gott zu gehen. Darum müssen all diese

fühlbaren Mittel und Übungen der Kräfte zurückbleiben und schweigen, auf daß Gott aus sich in der Seele die göttliche Vereinigung bewirke. Es ist also diese befreiende und entleerende Methode anzuwenden und den Fähigkeiten ihr natürlicher Rechts- und Wirkbereich zu entziehen, um der Eingießung und Einleuchtung des Übernatürlichen Raum zu geben. Ihre Fassungskraft reicht für einen so erhabenen Austausch nicht aus; alles stört, was nicht dem Blick entschwindet.

3 Ist es aber nun tatsächlich wahr, daß die Seele zu Gott viel mehr durch das Erkennen dessen geht, was nicht ist, als dessen, was ist, so muß sie notwendig den Weg der Verneinung zu Ihm gehen, und sie darf nichts zulassen bis zur letzten Wahrnehmung, die sie verneinen könnte, sowohl im Natürlichen wie im Übernatürlichen. Darum wollen wir nun das Gedächtnis aus seinen natürlichen Schranken und Angeln über sich hinaus heben – nämlich über jedes deutliche Erkennen und faßbare Besitzen – in höchster Hoffnung auf den unfaßbaren Gott.

4 Wir beginnen also mit dem *natürlichen Erkennen*. Natürliches Erkennen des Gedächtnisses nenne ich alles, was es sich aus den Gegenständen der fünf leiblichen Sinne zu bilden vermag, als da sind: Hören, Sehen, Riechen, Schmecken und Tasten, sowie alles, was es nach diesen Vorlagen herstellen und nachbilden kann.

Von all diesen Formen muß es bloß und leer sein, auch trachten, deren Phantasiebilder zu vergessen, so daß ihm keine Kenntnis oder Spur eines Dinges eingeprägt bleibt und es kahl und glatt ist, in Vergessenheit allem enthoben, so als wäre nichts hindurchgegangen.

Weniger darf es nicht sein. Das Gedächtnis muß sich durchaus aller Bilder entledigen, wenn es sich mit Gott vereinigen will. Dies kann nicht geschehen ohne totale Trennung von allen Formen, die nicht Gott sind; denn Gott fällt unter keinerlei deutliche Form noch Erkenntnis, wie wir schon zur *Nacht* des Verstandes gesagt haben. Da nun *niemand zwei Herren dienen kann* (Mt 6, 24), wie Christus sagt, so kann das Gedächtnis nicht zugleich Gott und den deutlichen Formen und Erkenntnissen verbunden sein. Da es von Gott kein dem Gedächtnis faßbares Bild gibt, so folgt daraus, daß die Erinnerung in der Vereinigung mit Gott (wie auch die tägliche Erfahrung es zeigt) ohne Form und Gestalt verbleibt; die Einbildungskraft verliert sich, das Gedächtnis, durchtränkt von einem höchsten Gute, weilt in großem Vergessen, ohne jede Erinnerung. Denn diese göttliche Vereinigung entleert die Phantasie, streicht alle Formen und Erkenntnisse aus und erhebt das Gedächtnis in die Übernatur.

5 Es ist merkwürdig, was dabei manchmal geschieht; zuweilen nämlich, wenn Gott im Gedächtnis jene Berührungen der Vereinigung bewirkt, gibt das dem Gehirn – wo das Gedächtnis seinen Sitz hat – einen so fühlbaren Schock, daß es dem ganzen Kopfe schwindelt, als vergingen ihm Denken und Fühlen. Und dies mehr oder minder, je nachdem die Berührung mehr oder minder stark ist. Dann wird auf Grund dieser Vereinigung das Gedächtnis, wie gesagt, leer und lauter von allem Erkennen. Es sinkt ins Vergessen und manchmal so tief, daß es großer Gewalt und Mühe bedarf, sich irgend etwas zu entsinnen.

6 Zuweilen ist das Entschwinden des Gedächtnisses und die Aufhebung der Einbildungskraft (weil das Gedächtnis mit Gott vereint ist) solcher Art, daß man lange Zeit verbringt, ohne dessen inne zu werden und ohne zu wissen, was in dieser Zeit geschah. Auch nachher noch empfindet man es wegen der aufgehobenen Einbildungskraft nicht, wenn einem ein Schmerz zugefügt wird. Ohne Einbildungskraft gibt es nämlich kein Empfinden, nicht einmal in Gedanken; denn es gibt keine.

Damit nun Gott komme, diese vereinenden Berührungen zu gewähren, möge die Seele das Gedächtnis von allen faßbaren Kenntnissen scheiden. Es sei jedoch bemerkt, daß es bei Vollkommenen (insofern die Vereinigung schon vollkommen ist) einen solchen Stillstand nicht gibt. Er gehört dem Beginn der Vereinigung zu.

7 Nun könnte jemand sagen: das scheint ja gut und recht; doch daraus folgt die Zerstörung des natürlichen Gebrauchs und Ablaufs der Kräfte. In solchem Vergessen ist der Mensch wie ein Tier und noch schlimmer. Er überlegt nicht, er entsinnt sich nicht der natürlichen Bedürfnisse und Tätigkeiten. Und Gott zerstört die Natur nicht, sondern vervollkommnet sie. Diese Zerstörung aber erfolgt notwendig, wenn man vergißt, das Sittliche und Vernünftige ins Werk zu setzen und das Natürliche zu vollbringen. Alles dessen kann man sich ja nicht entsinnen, da man der Kenntnisse und Bilder beraubt ist, die das Erinnern vermitteln.

8 Darauf antworte ich: dem ist wirklich so. Je mehr sich das Gedächtnis mit Gott vereinigt, um so mehr verlieren sich die Einzelerkenntnisse, bis sie alle dahin sind, wenn der Stand der Vereinigung seine Vollendung erreicht. Zu Beginn dieses Vorganges ist das Eintreten des großen Vergessens aller Dinge nicht zu vermeiden. Die Bilder und Erkenntnisse werden ausgelöscht. Dabei begeht man viele Verstöße gegen den äußeren Brauch und Umgang. Man denkt nicht ans Essen und Trinken, weiß nicht, ob man etwas getan hat, etwas sah oder nicht sah, ob sie etwas sagten oder nicht; denn das Gedächtnis ist ganz in Gott versenkt.

Ist man aber schon zum Stande der Vereinigung als zu einer höchsten Gnade gelangt, so stellt sich diese Weise des Vergessens hinsichtlich des Sittlichen und Natürlichen nicht mehr ein; vielmehr versieht man die einem zukommenden und nötigen Tätigkeiten mit viel mehr Vollkommenheit. Freilich wirkt man sie nicht mehr mit Hilfe der Bilder und

Kenntnisse des Gedächtnisses. Im Stande der Vereinigung – als in einem übernatürlichen Stande – versagen das gesamte Gedächtnis und die übrigen Fähigkeiten in ihrer Tätigkeit. Sie gehen aus ihrem natürlichen Bereich in den übernatürlichen Bereich Gottes über. Da nun so das Gedächtnis in Gott umgestaltet ist, nimmt es Bilder und Kenntnisse nicht von den Dingen her auf.

Die Tätigkeit des Gedächtnisses und der übrigen Kräfte ist in diesem Stande ganz göttlich. Gott besitzt ja diese Kräfte schon und ist durch deren Umgestaltung in sich ihrer durchaus Herr. Er selbst ist es, der sie göttlich bewegt und bestimmt nach seinem göttlichen Geist und Willen. Es sind dann keine unterschiedlichen Tätigkeiten; sondern was die Seele wirkt, ist von Gott und göttliche Tätigkeit. *Wer Gott anhangt, ist* ja, wie der hl. Paulus sagt, *ein Geist mit Ihm* (1 Kor 6, 17). Daher ist die Tätigkeit der vereinigten Seele vom göttlichen Geiste und göttlich.

9 So aber wirken solche Seelen einzig nur, was sich geziemt und vernünftig ist und nicht das Unziemliche. Der Geist Gottes läßt sie nämlich wissen, was sie wissen sollen, und in Unkenntnis dessen, was sie nicht kennen sollen, und sich dessen entsinnen, wessen sie sich entsinnen sollen, sowohl ohne wie mit Bildern, und vergessen, was zu vergessen ist, und lieben, was sie lieben sollen, und nicht lieben, was nicht in Gott ist. Und so sind alle ersten Regungen der Kräfte einer solchen Seele göttlich. Und es ist nicht erstaunlich, daß die Regungen und Tätigkeiten dieser Kräfte göttlich sind, da sie ja in göttliches Sein umgestaltet wurden.

10 Ich will einige Beispiele solcher Tätigkeiten bringen, etwa dieses: Eine Person in diesem Stande wird gebeten, jemanden Gott zu empfehlen. Sie wird dann nicht durch irgendein Bild oder ein Wissen um jene andere Person, das ihr im Gedächtnis geblieben wäre, daran gemahnt, es zu tun. Wenn es angemessen ist, sie Gott zu empfehlen – wenn

Gott nämlich ein Gebet für diese Person annehmen will –, so wird er den Willen bewegen, indem er ihr Lust verleiht, es zu tun. Will aber Gott dieses Gebet nicht, so mag sie sich zwingen, für sie zu beten, sie wird es nicht vermögen und keine Lust daran haben. Und zuweilen wird Gott ihr eingeben, für andere zu beten, die sie niemals kannte, noch sah.

Es ist eben Gott, der die Kräfte solcher Seelen bewegt, damit sie das tun, was dem Willen und der Anordnung Gottes angemessen ist. Und anderes vermögen sie nicht. Daher haben die Werke und Gebete solcher Seelen stets Erfolg.

So waren die der glorreichsten Jungfrau, unserer Herrin. Von Anbeginn zu diesem so erhabenen Stand erhöht, trug sie in ihrer Seele nie das Bild eines Geschöpfes eingeprägt, noch wurde sie je dadurch bewegt, sondern die Bewegung ging stets vom Heiligen Geiste aus.

11 Ein anderes Beispiel: jemand soll zur festgesetzten Zeit sich zu irgendeinem notwendigen Geschäft begeben. Kein Zeichen erinnert ihn daran. Doch, ohne zu wissen wie, erfährt er in der Seele, wann und wie er sich dahin begeben soll, und nichts wird versäumt.

12 Und nicht nur in solchen Dingen gibt der Heilige Geist diesen Seelen Licht, sondern in vielem, das vorfällt und vorfallen wird und bei vielen Anlässen, auch wenn sie abwesend wären. Und wenn dies auch zuweilen dem Verstande einleuchtet, so doch zumeist ohne faßbare Formen, so daß sie nicht wissen, woher sie es wissen. Es kommt ihnen eben von seiten der göttlichen Weisheit zu. Da diese Seelen sich nämlich darin üben, nichts zu wissen und nichts mit ihren Fähigkeiten zu erfassen, so kommen sie im allgemeinen dahin (wie wir bei Beschreibung des *Berges* sagten), alles zu wissen, nach dem Worte des Weisen: *Die Allkünstlerin Weisheit hat es mich gelehrt* (Weish 7, 21).

13 Du wirst vielleicht sagen, die Seele könne das Gedächtnis nicht so leer und ledig aller Bilder und Vorstellungen machen, um einen derart erhabenen Stand zu erreichen; denn es gäbe zwei Schwierigkeiten, die menschliche Kraft und Geschicklichkeit übersteigen, nämlich: es ist unmöglich, die Natur mit natürlicher Tüchtigkeit auszutreiben und, was noch viel schwieriger ist, das Übernatürliche zu ergreifen und sich ihm einzufügen. Dies ist, die Wahrheit zu sagen, der menschlichen Fähigkeit allein unmöglich.

Ich sage: es ist wahr, daß Gott sie in diesen übernatürlichen Stand erheben muß; sie aber muß sich, so weit es an ihr liegt, dafür bereiten, vor allem mit der Hilfe, die Gott ihr gewähren wird. So wie sie ihrerseits in dieses Verneinen eingeht und leer wird von Formen, so wird Gott sie in den Besitz der Vereinigung erheben. Dies wirkt Gott ohne ihr Zutun, wir möchten sagen *Deo dante*, in *der über die Seele verhängten passiven Nacht*. Gott wird sie, wenn ihm damit gedient ist, ihrer Bereitung entsprechend vollenden durch das Gewähren des Zustandes vollkommener Vereinigung.

14 Von den göttlichen Wirkungen, die dadurch in der Seele erzielt werden, sowohl im Bereich des Verstandes wie in dem des Gedächtnisses und des Willens, sprechen wir nicht hier im Rahmen der *aktiv erstrebten Nacht* und Läuterung; denn durch diese allein wird die göttliche Vereinigung nicht erreicht. Wir werden im Rahmen der *passiv erlittenen* davon sprechen, in der die Verbindung der Seele mit Gott sich vollzieht.

Hier will ich nur das nötige Verfahren angeben, durch das sich das Gedächtnis, soviel es an ihm liegt, aktiv in diese *Nacht* und Läuterung versetzt. Es besteht darin, daß der geistlich Strebende für gewöhnlich folgende Sicherungen übt: von allem, was er hört, sieht, riecht, schmeckt oder berührt, speichere er nichts im Gedächtnis auf, sondern lasse es gleich ins Vergessen sinken; und er trachte, wenn nötig, danach mit dem Eifer, den andere an das Festhalten wenden.

Es verbleibe ihm im Gedächtnis kein Wissen, kein Bild davon, so als ob nichts in der Welt wäre. Er lasse das Gedächtnis ganz frei und unbehindert, hefte es an keine Erwägung des Hohen oder Tiefen, so als ob er diese Gedächtniskraft gar nicht hätte, und lasse alles frei ins Vergessen entsinken, wie etwas Störendes. Denn alles Natürliche ist eher hindernd als helfend, wenn man es ans Übernatürliche wenden will.

15 Erheben sich aber die gleichen Fragen und Einwände, wie sie oben des Verstandes wegen angeführt wurden, nämlich: *man tue dabei nichts*, *man verliere die Zeit*, *man beraube sich der geistigen Güter*, die der Seele über das Gedächtnis zukommen können, so wurde all dies schon dort beantwortet, und wird weiterhin noch beantwortet in der *Leidensnacht*. Daher brauchen wir uns hier nicht damit aufzuhalten.

Hier ist nur noch etwas zu bemerken: fühlt der geistlich Strebende nach einiger Zeit noch keinen Gewinn aus der Stillegung der Kenntnisse und Vorstellungen, so möge er dessen nicht müde werden. Gott wird nicht verfehlen, ihm beizeiten zu helfen. Um eines so großen Gutes willen geziemt es sich, viel zu überstehen und zu erleiden in Geduld und Zuversicht.

16 Wohl findet sich kaum je eine Seele, die in allem und jederzeit auf Grund andauernder Gottvereinigung ihrer Kräfte ohne das Mittel irgendeiner Form von Gott bewegt wird. Immerhin aber gibt es Seelen, die in ihren Tätigkeiten zumeist von Gott bewegt werden, und sie bewegen sich nicht selbst. Von ihnen sagt der hl. Paulus, die *Kinder Gottes*, nämlich die durch Umgestaltung mit Gott vereinten, *werden vom Geiste Gottes getrieben* (Röm 8, 14), nämlich durch göttliches Wirken in ihren Kräften. Und es ist nicht verwunderlich, daß sie göttlich tätig sind, da die Seele mit Gott vereinigt ist.

DRITTES KAPITEL

Dreifacher Schaden bedroht die Seele, wenn sie die Kenntnisse und Urteile des Gedächtnisses nicht abdunkelt. – Der erste Schaden.

1 *Drei Schädigungen und Unzukömmlichkeiten* bedrohen den geistlich Strebenden, wenn er dennoch die natürlichen Kenntnisse und Urteile seines Gedächtnisses anwenden will, um zu Gott zu gehen oder zu anderen Zwecken; zwei sind *positiv*, *zufügend*, eine ist *privativ*, *beraubend*.

Die erste geht von den Dingen der Welt aus; *die zweite* vom Teufel; *die dritte*, beraubende, besteht in der Behinderung und Störung, die das Gedächtnis der göttlichen Vereinigung bereitet.

2 Die *erste*, von seiten der Welt, läßt die Seele durch ihre Kenntnisse und Urteile in vielerlei Übel geraten, als da sind: Fehlschlüsse, Unvollkommenheiten, Begierden, Urteile, Zeitvergeudung und manches andere, das sie sehr unrein macht.

Es ist klar, daß sie in viele Fehlschlüsse gerät, wenn sie den Kenntnissen und Urteilen Raum gibt; denn oftmals kommt ihr das Wahre falsch vor, das Sichere zweifelhaft und umgekehrt. Wir können ja kaum eine Wahrheit von Grund auf erkennen. Von alledem befreit sie sich, wenn sie das Urteilen und Wissen des Gedächtnisses abdunkelt.

3 Unvollkommenheiten gibt es bei jedem Schritt, sowie sich das Gedächtnis auf das verläßt, was es hörte, sah, roch und schmeckte usw. An alledem haftet irgendein Affekt, entweder Schmerz oder Furcht oder Haß oder eitle Hoffnung, eitle Freude, eitler Ruhm usw. Alle diese Affekte sind zumindest Unvollkommenheit, zuweilen auch wirkliche läßliche Sünden usw. Und in der Seele kleben viele feinste Unreinheiten fest, auch wenn es sich um Urteile und Kenntnisse in Dingen Gottes handelt.

Daß zudem Begierden daraus hervorgehen, ist auch klar einzusehen, da sie ja solchen Erkenntnissen und Urteilen natürlicherweise entspringen. Es ist schon eine Begierde, solche Erkenntnisse und Urteile festhalten zu wollen. Ebenso sieht man gut, daß es zu vielen Fehlurteilen kommt; denn ein Straucheln des Gedächtnisses über fremde Sünden und Tugenden ist nicht zu vermeiden. Zuweilen erscheint das Böse gut und das Gute böse. Ich glaube nicht, daß jemand sich von all diesen Übeln fernhalten kann, wenn er nicht das Gedächtnis gegen sämtliche Dinge abdunkelt.

4 Wendest du mir aber ein, der Mensch könne ja dies alles überwinden, wenn es an ihn herankommt, so sage ich, dies ist durchaus rein unmöglich, wenn er Wert auf seine Kenntnisse legt. Es schleichen sich nämlich tausend Unvollkommenheiten und Ungehörigkeiten in sie ein, von denen einige überaus fein und hauchdünn sind und der Seele doch, ehe sie sich dessen versieht, anhaften – so wie Pech an dem, der es anrührt –, und es ist besser, alles mit einem Male zu überwinden, indem man dem Gedächtnis alles versagt.

Du magst auch sagen, die Seele beraube sich vieler guter Gedanken und Erwägungen über Gott, die ihr sehr dazu helfen, von Gott Gnaden zu erlangen. Ich entgegne darauf, mehr nützt die Reinheit der Seele, die darin besteht, daß ihr keine Neigung zu einem Geschöpf, noch zu etwas Weltlichem, noch ein nachdrückliches Achten auf solches anhafte. Ich meine, daß solches vielfach unvermeidlich ist, wegen der Unvollkommenheit, die den Tätigkeiten der Seelenkräfte an sich eigen sind. Darum ist es besser, die Kräfte in Stille und Schweigen zu versetzen, damit Gott rede. Denn (wie gesagt), für diesen Stand müssen die natürlichen Tätigkeiten dem Blick entschwinden. Dies geschieht, wie der Prophet sagt, wenn die Seele mit diesen ihren Kräften *sich in die Einsamkeit begibt, auf daß Gott zu ihrem Herzen rede* (Os 2, 14).

5 Wenn du dennoch widersprichst und sagst, die Seele hätte nichts Gutes, wenn sich das Gedächtnis nicht in Er-

wägung Gottes ergehe, und daß sie so großer Zerstreutheit und Lässigkeit Raum gebe, so sage ich, wenn das Gedächtnis sich sowohl vom Jenseits wie vom Diesseits zurückzieht, ist es unmöglich, daß Übles und Zerstreuendes, noch anderes Ungehöriges oder Böses eindringe, (weil dies ja stets durch ein Umherschweifen des Gedächtnisses geschieht), denn da ist ja nichts, wodurch oder woher etwas herein könnte. Es müßte nur sein, daß wir den Erwägungen und Gedankengängen über himmlische Dinge das Tor versperrt hätten, es aber den irdischen auftäten. Wir aber verschließen es allen Dingen, woher immer sie kommen mögen, machen das Gedächtnis still und stumm, nur das Gehör des Geistes schweigend Gott zugewandt, und sagen mit dem Propheten: *Rede, Herr, dein Diener hört* (1 Sm 3, 10). So aber sagt der Bräutigam im Hohenliede, wie seine Braut sein solle: *Meine Schwester ist ein verschlossener Garten, ein versiegelter Quell* (4, 12), nämlich unzugänglich gegen alles, was eindringen könnte.

6 Sie halte sich also verschlossen ohne Sorge noch Angst! Er, der zu seinen Jüngern bei verschlossenen Türen körperlich hineinging, ohne daß sie zu wissen oder sich zu denken vermochten, daß dies sein könne und wie es sein könne, und ihnen den Frieden brachte, wird auch geistig in die Seele eingehen, ohne daß sie das Wie wüßte oder bewirkte, während sie die Tore der Kräfte, Verstand, Gedächtnis und Willen, gegen alle Wahrnehmungen verschlossen hält, und wird sie erfüllen mit *Frieden, ja einen Strom des Friedens zu ihr leiten*, wie der Prophet sagt (Is 48, 18), und ihr allen Argwohn und Verdacht, Verwirrung und Finsternis nehmen, die sie fürchten ließen, sie sei verloren oder werde verloren gehen. Sie lasse nicht ab zu beten und harre in Blöße und Leere; ihr Heil wird nicht säumen.

VIERTES KAPITEL

Die zweite Schädigung kann der Seele von seiten des Teufels zugefügt werden auf dem Wege der natürlichen Wahrnehmungen des Gedächtnisses.

1 Die *zweite positive Schädigung*, die der Seele mittels der Kenntnisse des Gedächtnisses zugefügt werden kann, kommt von seiten des *Teufels*, der durch dieses Mittel starken Einfluß auf die Seele gewinnt. Denn er kann die Formen, Kenntnisse und Urteile vermehren und dadurch die Seele zu Stolz, Geiz, Zorn, Neid usw. anreizen, ihr auch ungerechten Haß oder eitle Liebe einflößen und sie auf viele Weisen betrügen. Überdies pflegt er die Dinge der Seele so darzulegen, daß ihr die falschen wahr und die wahren falsch erscheinen. Und schließlich gehen die meisten Täuschungen von seiten des Teufels und das größte Unheil durch die Kenntnisse und Urteile des Gedächtnisses in die Seele ein. Sowie sie sich gegen all dies abdunkelt und ins Vergessen sinkt, schließt sie diesem Teufelsschaden fest die Türe und sie befreit sich von diesen Dingen, was ein großes Gut ist. Denn der Teufel vermag nichts über die Seele, außer durch die Tätigkeiten ihrer Kräfte, besonders durch die Kenntnisse, von denen fast alle übrigen Tätigkeiten der anderen Kräfte abhängen. Wenn sich also das Gedächtnis darin vernichtet, vermag der Teufel nichts; er findet ja keine Handhabe; und hat er nichts, so kann er nichts.

2 Ich wünschte, die geistlich Strebenden kämen dahin, gut einzusehen, wieviel Schaden die Teufel den Seelen mittels des Gedächnisses zufügen, wenn sie es reichlich gebrauchen; wieviel Traurigkeit und Betrübnis und Leid und böse, eitle Freude erregt er in ihnen, sowohl in dem, was sie von Gott, wie in dem, was sie von der Welt denken. Und wieviel Unreinheit verwurzelt sich dadurch im Geiste! Auch wird die erhabene Sammlung gestört, die darin besteht, die ganze Seele mit ihren Kräften einzig in das unfaßbare Gut zu versetzen und ihr alle faßbaren Dinge zu nehmen, weil sie eben

nicht das unfaßbare Gut sind. Wenn aber aus dieser Leere auch nicht ein so großes Gut erfolgen würde, wie das Eingehen in Gott es ist, so wäre es schon einzig als Ursache der Befreiung von viel Kummer, Leid und Betrübnis – abgesehen von den Unvollkommenheiten und Sünden, die man ablegt – eine wahre Wohltat.

FÜNFTES KAPITEL

Die dritte Schädigung erwächst der Seele aus den deutlichen natürlichen Kenntnissen des Gedächtnisses.

1 *Die dritte Schädigung* erwächst der Seele mittels der natürlichen Wahrnehmungen des Gedächtnisses und ist *beraubend;* denn sie kann das *sittliche Gut behindern* und das *geistliche entziehen.*

Zuerst wollen wir sagen, inwiefern diese Wahrnehmungen das *sittliche Gut* der Seele behindern. Dieses *sittliche Gut* besteht nämlich in der Beherrschung der Leidenschaften und Zügelung der ungeordneten Begierden. Daraus ergeben sich für die Seele Ruhe, Friede, Gelassenheit und sittliche Tugenden, die eben das sittliche Gut ausmachen.

Diese Beherrschung und Zügelung bringt eine Seele nicht wahrhaft zustande, ehe sie die Ursachen von sich weist und vergißt, aus denen die Leidenschaften entstehen. Nichts anderes verwirrt die Seele, als der Inhalt des Gedächtnisses. Sind alle Dinge vergessen, so ist nichts mehr da, den Frieden zu stören und die Triebe zu erregen; denn, wie man zu sagen pflegt: was das Auge nicht sieht, wird vom Herzen nicht begehrt.

2 Dies erfahren wir ja in jedem Augenblick. Sowie nämlich die Seele beginnt, über etwas nachzusinnen, wird sie bewegt und erregt, leicht oder heftig, je nach dem Gegenstand ihrer Wahrnehmung. Ist er beschwerlich und lästig, so verursacht er Traurigkeit oder Haß usw.; ist er angenehm, so erregt er Verlangen, Freude usw.

Wechselt die Wahrnehmung, so ergibt sich daraus notwendig Unruhe. Bald ist man fröhlich, bald traurig, bald in Haß, bald in Liebe. Man vermag es nicht, gleichmütig zu bleiben (was durch die sittliche Ruhe bewirkt wird), wenn man nicht alles zu vergessen trachtet.

Es ist also klar, daß die Kenntnisse in der Seele das Gut der sittlichen Tugenden stark behindern.

3 Ebenso behindert seelische Unruhe das geistliche Gut, wie das Gesagte es deutlich erweist. Die erregte Seele, die nicht auf der Grundlage des sittlich Guten aufruht, ist eben dadurch des Geistlichen unfähig, das sich nur einer maßvollen und friedvollen Seele mitteilt.

Überdies kann die Seele nur auf ein Ding achten. Legt sie also Wert auf die Wahrnehmungen des Gedächtnisses und beschäftigt sie sich mit dessen faßbaren Kenntnissen, so kann sie unmöglich frei sein für das Unfaßbare, nämlich für Gott. Um zu Gott zu gelangen, wir sagen es immer wieder, muß die Seele mehr im Nichtverstehen als im Verstehen wandeln. Sie muß das Wandelbare und Faßbare hingeben für das Unwandelbare und Unfaßbare.

SECHSTES KAPITEL

Gewinn der Seele aus dem Vergessen und Leersein von allen Gedanken und Kenntnissen, die das Gedächtnis natürlicherweise enthält.

1 Aus den genannten Schädigungen der Seele durch den Inhalt des Gedächtnisses ergeben sich auch die ihnen entgegengesetzten *Vorteile* aus Vergessen und Lassen. Die Naturphilosophen sagen, im Falle zweier Gegensätze gilt die Lehre über den einen auch für den anderen.

Zum ersten erfreut sich die Seele der Ruhe und des Friedens im Gemüte – da sie frei ist von Unruhe und Erregung, wie sie den Gedanken und Kenntnissen des Gedächtnisses entspringen – und folglich der Reinheit des Gewissens und der

Seele, was mehr bedeutet. So ist sie der menschlichen und göttlichen Weisheit und Tugend gut bereitet.

2 *Zum zweiten* entrinnt sie vielen Eingebungen, Versuchungen und Beunruhigungen von seiten des Teufels, die er mittels der Gedanken und Kenntnisse der Seele einflößt, wodurch sie oft Unreinheiten und Sünden verfällt. David meint dies mit den Worten: *Sie dachten und redeten Bosheit* (Ps 72, 8). Sind aber die Gedanken aus der Mitte entfernt, so bleibt dem Teufel natürlicherweise im Geiste nichts zu bekämpfen.

3 *Zum dritten* ist die Seele mittels dieses Vergessens und der Zurückgezogenheit von allem der Bewegung und Leitung durch den Heiligen Geist bereitet, der (wie der Weise sagt), *sich fernhält von törichten Gedanken* (Weish 1, 5).

Doch wenn selbst dem Menschen aus diesem durch Vergessen leeren Gedächtnis nichts anderes erfolgte als die Befreiung von Leid und Verwirrung, so gewänne er dadurch schon ein großes Gut. Da nämlich Leid und Verwirrung ob widriger Dinge und Fälle in der Seele entstehen, so dienen und nützen sie der Besserung dieser Dinge und Fälle nicht, vielmehr schaden sie für gewöhnlich nicht nur ihnen, sondern auch der Seele. Darum sagt David: *Wahrlich, um Nichtigkeiten beunruhigt sich der Mensch* (Ps 38, 7). Unruhe ist zweifellos immer sinnlos; sie bringt ja keinerlei Nutzen. Und wenn auch alles zugrunde geht und einstürzt und alle Dinge der Reihe nach verkehrt und zuwider gehen, so ist es doch sinnlos, sich aufzuregen, da dies mehr schadet als abhilft. Alles mit ruhigem und friedlichem Gleichmut hinzunehmen, fördert nicht nur die Seele zu großem Gewinn, sondern läßt sie auch in eben diesen Widrigkeiten besser das Rechte treffen, um sie zu beurteilen und das angemessene Heilmittel anzuwenden.

4 Salomon wußte gut um diesen Nachteil und Vorteil und sagte: *Ich erkannte, daß es für den Menschen nichts Besseres gebe,*

als fröhlich zu sein und Gutes zu tun in seinem Leben (Pred 3, 12). Damit gibt er zu verstehen, daß wir uns in allen Fällen, so widrig sie auch sein mögen, mehr freuen als beunruhigen sollen, um nicht das Gut zu verlieren, das alle Wohlfahrt übertrifft, nämlich die Ruhe und den Frieden des Gemütes in aller Ungunst und Gunst, indem wir alles in gleicher Weise aufnehmen. Diesen Frieden wird der Mensch nie verlieren, wenn er nicht nur die Kenntnisse vergißt und die Gedanken läßt, sondern es auch, soviel es an ihm liegt, vermeidet, die Dinge zu sehen, zu hören und zu besprechen. Denn unser Wesen ist so haltlos und gebrechlich, daß wir, auch als Wohlgeübte, es kaum vermeiden werden, zu straucheln, wenn wir uns der Dinge erinnern, die das Gemüt verwirren und aufregen. Kämen ihm solche Dinge nicht in den Sinn, so bliebe es in Frieden und Ruhe. Darum sagt Jeremias: *Mein Gedächtnis entsinnt sich dessen, und meine Seele vergeht in Schmerz* (Klgl 3, 20).

SIEBENTES KAPITEL

Von der zweiten Art der Wahrnehmungen des Gedächtnisses, nämlich den übernatürlichen Bildern und Kenntnissen.

1 In die Lehre von der ersten Weise natürlicher Wahrnehmungen haben wir die natürlich bildhaften mit einbezogen; nun aber nehmen wir eine Teilung vor mit Rücksicht auf andere Formen und Erkenntnisse, die das Gedächtnis in sich bewahrt, nämlich von übernatürlichen Dingen wie Erscheinungen, Offenbarungen, Ansprachen und Empfindungen, die auf übernatürlichem Wege erfolgen. Wenn solche Dinge durch die Seele gehen, pflegen sie ein Bild, eine Form, eine Gestalt oder ein Erkennen eingeprägt zurückzulassen, bald in der Seele, bald in Gedächtnis oder Phantasie, zuweilen recht lebhaft und nachwirkend. Hiezu ist es auch nötig, aufmerksam zu machen, daß im Gedächtnis nichts davon verbleiben darf, damit die Vereinigung mit Gott in reiner und voller Hoffnung nicht behindert werde.

2 Ich sage: um dieses Gut zu erlangen, darf die Seele niemals über deutliche und bestimmte Dinge, die ihr auf übernatürlichem Wege zukamen, nachsinnen, um die Formen und Gestalten und Erkenntnisse aus diesen Dingen zu bewahren; denn wir gehen stets von der Voraussetzung aus: je fester die Seele eine natürliche oder übernatürliche deutliche und bestimmte Wahrnehmung bewahrt, um so weniger ist sie fähig und bereit, in den Abgrund des Glaubens einzugehen, in dem alles insgesamt untergeht. Denn (wie gesagt) keinerlei Form oder Kenntnis, die dem Gedächtnis übernatürlich zuteil werden kann, ist Gott; und von allem, was nicht Gott ist, muß die Seele leer sein, um zu Gott zu gehen. Das Gedächtnis muß sich also gleich auch von allen diesen Formen und Kenntnissen losmachen, um sich mit Gott in Hoffnung zu vereinigen. Jeder Besitz ist ja wider die Hoffnung, da sie, wie der hl. Paulus sagt, dem gilt, *was man nicht besitzt* (Hebr 11, 1).

Je mehr also das Gedächtnis den Besitz losläßt, desto mehr faßt es an Hoffnung; und je mehr Hoffnung es hat, desto inniger ist es mit Gott vereinigt. Denn bei Gott erreicht man um so mehr, je mehr man erhofft. Man erhofft aber mehr, je weniger man besitzt. Und ist man ganz besitzlos, so findet man sich im Besitze Gottes durch göttliche Vereinigung. Doch da sind ihrer viele, die den süßen Genuß ihres Gedächtniswissens nicht entbehren wollen; so aber kommen sie nicht zum Vollbesitze und zur ungeminderten Süßigkeit. Denn *wer nicht allem entsagt, was er hat, kann mein Jünger nicht sein* (Lk 14, 33).

ACHTES KAPITEL

Die Kenntnis übernatürlicher Dinge kann der Seele schaden, wenn sie darüber nachsinnt. – Unterscheidungen.

1 *In fünffacher Weise* setzt sich der geistlich Strebende einer Schädigung aus, wenn er Kenntnisse und Bilder festhält und überlegt, die sich seiner Seele auf dem Wege übernatürlicher Vorgänge einprägen.

2 *Erstens* täuscht man sich oft, indem man das eine für das andere ansieht.

Zweitens begibt man sich in nächste Gelegenheit, einiger Anmaßung und Eitelkeit zu verfallen.

Drittens läßt man dem Teufel freie Hand, durch die erwähnten Wahrnehmungen zu betrügen.

Viertens wird die Vereinigung mit Gott in der Hoffnung behindert.

Fünftens urteilt man größtenteils zu niedrig von Gott.

3 Die *erste Weise* ist klar: sowie ein geistlich Strebender solche Kenntnisse und Bilder festhält und über sie nachsinnt, urteilt er oftmals falsch. Nicht einmal das, was uns natürlicherweise durch die Phantasie geht, ist ganz durchschaubar, kann also nicht restlos und sicher beurteilt werden; um wieviel weniger Übernatürliches, das unsere Fassungskraft übersteigt und nur selten vorliegt!

Man würde also oftmals denken, es seien göttliche Dinge, und es wäre nichts als Einbildung. Und was von Gott kommt, wird man für teuflisch halten, und was vom Teufel kommt, für göttlich. Und oftmals werden sich Bilder und Kenntnisse über Gut und Böse hinsichtlich anderer und unser selbst festsetzen, sowie auch andere Bilder, die solches darstellen, und man hält sie für ganz gewiß und wahr; sie sind es aber nicht, sondern durchaus irrig. Andere hingegen sind wahr, und man nimmt sie für falsch. Dies hielte ich noch für besser, da zumeist Demut daraus erwächst.

4 Und täuscht die Seele sich auch nicht hinsichtlich der Wahrheit, so könnte sie sich doch hinsichtlich der *Quantität* oder *Qualität* täuschen und etwas Geringes für groß und etwas Großes für gering achten. Und was die Qualität angeht, so könnte sie in der Einbildung etwas für dies oder jenes ansehen, und es wäre etwas anderes. Sie hielte, wie Isaias sagt, Finsternis für Licht und Licht für Finsternis, das Bittere für süß und das Süße für bitter (5, 20). Und träfe sie schließlich

in einer Hinsicht das Rechte, so wäre es ein Wunder, wenn sie sich nicht in einer anderen täuschte. Wenn sie auch nicht ihr Denken daran wendet, ein Urteil zu fällen, so genügt es, daß sie es daran wendet, die Sache wichtig zu nehmen, daß sich (wenigstens passiv) ein Schaden festsetze; und gehört er nicht zu dieser Art, so mag er zu den vier anderen zählen, die zu beschreiben wir im Begriffe sind.

5 Um also nicht solchem Schaden zu verfallen und im Urteil zu irren, soll der geistlich Strebende gar nicht urteilen und nicht wissen wollen, was er in sich habe und fühle oder was es mit dieser oder jener Schau, Erkenntnis oder Empfindung auf sich habe. Er verlange gar nicht, es zu wissen und mache kein Wesen daraus, sondern sage es nur seinem geistlichen Vater, damit dieser ihn lehre, das Gedächtnis von solchen Wahrnehmungen zu befreien. Denn soviel sie auch an sich sein mögen, sie können ihm doch nicht so zur Gottesliebe verhelfen wie ein einziger Akt lebendigen Glaubens und Hoffens in gänzlicher Leere und Entsagung.

NEUNTES KAPITEL

Die zweite Art der Schädigung kann eintreten durch die Gefahr, der Selbstüberschätzung und eitlen Anmaßung zu verfallen.

1 Die genannten übernatürlichen Wahrnehmungen des Gedächtnisses bieten den geistlich Strebenden gar sehr Gelegenheit, irgendwelcher Anmaßung und Eitelkeit zu verfallen, wenn sie sich damit abgeben, weil sie es für etwas halten. So wie jemand, der nichts davon hält, gegen ein solches Laster gefeit ist, da er ja in sich keinen Grund zur Anmaßung sieht, liegt es hingegen bei einem, der etwas davon hält, auf der Hand, zu denken, er sei etwas, da ihm diese übernatürlichen Mitteilungen zukommen. Wohl können sie es Gott zuschreiben und Ihm dafür danken, indem sie sich für unwürdig halten; dennoch pflegt eine gewisse geheime Befriedigung im Geiste zu verbleiben, eine Schätzung des

Erfahrenen und seiner selbst, aus der, ohne daß man es fühlt, viel geistiger Stolz erwächst.

2 Dies läßt sich sehr deutlich ersehen aus ihrem Mißvergnügen und ihrem Widerwillen gegen jemanden, der ihren Geist nicht lobt und ihre Begnadungen nicht schätzt, und an dem Kummer, den sie empfinden, wenn sie denken oder hören müssen, andere wären ebenso begnadet oder noch mehr. All dies entspringt geheimer Selbstüberschätzung und stolzer Gesinnung. Sie nehmen es aber nicht wahr, auch wenn sie vielleicht bis zu den Augen darin stecken. Sie meinen, es genüge eine gewisse Erkenntnis des eigenen Elends; zudem sind sie aber voll geheimer Selbstachtung und Selbstzufriedenheit; denn ihr eigener Geist und ihr Geistesreichtum gefällt ihnen besser als der anderer. Sie gleichen dem Pharisäer, der Gott dafür dankte, daß er nicht sei wie die anderen Menschen, sondern diese und jene Tugend besitze, die ihn selbstzufrieden und anmaßend machte (Lk 18, 11–12). Sie sprechen dies zwar nicht in aller Form aus wie jener, gehaben sich jedoch im Geiste ebenso. Manche bringen es sogar zu solchem Hochmut, daß sie schlimmer sind als Teufel. Sowie sie nämlich irgendeine Wahrnehmung sowie sanfte und fromme Regungen von Gott her zu verspüren meinen, sind sie davon so befriedigt, als wären sie Gott ganz nahe. Jene hingegen, die solches nicht erfahren, erscheinen ihnen als sehr gering und verächtlich, gleich wie dem Pharisäer der Zöllner.

3 Um der Schädigung durch eine in Gottes Augen so abscheuliche Pest zu entgehen, sind *zwei Dinge* zu erwägen. *Als erstes*, daß die Tugend nicht im Wahrnehmen und Fühlen Gottes besteht, so erhaben es sein mag, noch in irgend etwas, das sie auf diese Weise in sich fühlen könnten; sondern im Gegenteil, sie besteht in dem, was sie in sich nicht fühlen, nämlich in tiefer Demut und Verachtung seiner selbst und aller Dinge – was sehr deutlich in der Seele emp-

funden wird – und in der Freude daran, daß die übrigen ebenso von einem denken, da man ja in den Herzen anderer nichts gelten will.

4 *Als zweites* ist notwendig zu beachten, daß alle himmlischen Visionen und Offenbarungen und Empfindungen und was man sich sonst noch ausdenken mag, nicht soviel wert sind wie der geringste Akt der Demut, die gleich der Liebe wirkt, also des Eigenen nicht achtet und sich nicht darum sorgt, von niemandem Böses denkt außer von sich, Gutes von den anderen, nicht aber von sich.

Darum blicke man ob solcher übernatürlicher Wahrnehmungen nicht von oben herab, sondern man trachte, sie zu vergessen, um frei zu bleiben.

ZEHNTES KAPITEL

Der Teufel vermag der Seele, drittens, durch bildhafte Wahrnehmungen des Gedächtnisses zu schaden.

1 All dem oben Gesagten ist gut zu entnehmen und zu verstehen, wieviel Schaden der Seele durch diese übernatürlichen Wahrnehmungen von seiten des Teufels erwachsen kann. Er vermag nicht nur dem Gedächtnis und der Phantasie viele falsche Kenntnisse und Bilder so vorzustellen, daß sie wahr und gut erscheinen, indem er sie durch Suggestion in Geist und Sinn derart wirksam und sicher einprägt, daß es der Seele vorkommt, es gäbe nichts anderes und es müßte so sein, wie sie es auffaßt (denn als Engel des Lichtes gestaltet, erscheint er der Seele wie Licht); überdies kann er sie auch hinsichtlich der Wahrheiten von seiten Gottes auf vielerlei Weisen versuchen, indem er diesbezüglich ungeordnete Begierden und Leidenschaften anregt, bald geistige, bald sinnliche. Hat nämlich die Seele an solchen Wahrnehmungen Freude, so ist es dem Teufel ein Leichtes, ihre Begierden und Leidenschaften anzufachen, so daß sie der geistigen Gier und anderen Übeln verfällt.

2 Um dies besser zu erreichen, pflegt er dem Gefühl Lust und Geschmack und Genuß an göttlichen Dingen einzuflößen, damit die Seele, verlockt und betört durch diesen Genuß, sich durch die Freude daran verblenden lasse und die Augen mehr auf den Genuß als auf die Liebe richte (zumindest nicht so sehr auf die Liebe) und mehr Wert lege auf die Wahrnehmung als auf die Entblößung und Leere im Glauben und Hoffen und Lieben Gottes. So umgarnt er sie nach und nach und bringt sie leicht dazu, seinen Lügen zu glauben.

Der blinden Seele erscheint ja die Lüge nicht als Lüge und das Böse erscheint ihr nicht als böse usw. Die Finsternis nimmt sie für Licht und das Licht für Finsternis. So verfällt sie tausend Torheiten, sowohl im *Natürlichen* wie im *Sittlichen* und auch im *Geistlichen*. Was Wein war, wird zu Essig. All dies widerfährt ihr, weil sie nicht zu Beginn der Freude an diesen übernatürlichen Dingen entsagte. Da es anfangs gering und nicht so böse ist, sieht die Seele sich nicht gut vor, läßt es stehen und wachsen, bis es, gleich dem Senfkorn, zum großen Baume wird. Wie man zu sagen pflegt: Kleiner Irrtum zu Beginn, wird doch groß zum Ende.

3 Um also dieser argen Schädigung durch den Teufel zu entgehen, soll die Seele sich an solchen Dingen nicht ergötzen wollen; sonst würde diese Lust sie ganz gewiß blenden und zu Fall bringen. Lust und Wonne und Ergötzen blenden ja an sich schon die Seele, ohne Zutun des Teufels. Dies gibt auch David zu verstehen, wenn er sagt: *In meinen Wonnen wird vielleicht die Finsternis mich blenden und ich halte dann die Nacht für mein Licht* (Ps 138, 11).

ELFTES KAPITEL

Die vierte Schädigung der Seele durch deutliche übernatürliche Wahrnehmungen des Gedächtnisses besteht im Behindern der Vereinigung.

1 Über diese *vierte Schädigung* ist nicht viel zu sagen, da sie ja in diesem dritten Buch bei jedem Schritt erklärt wurde. Wir haben erwiesen, daß die Seele, wenn sie zur Vereinigung mit Gott in der Hoffnung gelangen will, jedem Besitz des Gedächtnisses zu entsagen hat. Damit sich nämlich die Hoffnung ganz auf Gott richte, darf im Gedächtnis nichts sein, was nicht Gott ist. Nun ist aber – wie wir auch sagten – weder Form, noch Gestalt, noch Bild, noch eine andere Erkenntnis, die dem Gedächtnis zukommt, Gott oder Ihm auch nur ähnlich, sei sie himmlisch oder irdisch, natürlich oder übernatürlich. David sagt es mit den Worten: *Herr, unter den Göttern ist keiner dir gleich* (Ps 85, 8). Wenn also das Gedächtnis irgend etwas davon festhalten will, setzt es Gott ein Hindernis. Einmal, weil es sich verschließt, und dann, weil es, je mehr es sie besitzt, um so weniger erhofft.

2 Es ist also nötig, daß die Seele in Blöße und im Vergessen der deutlichen Formen und Kenntnisse von übernatürlichen Dingen verbleibe, um das Gedächtnis nicht an der Vereinigung mit Gott in vollkommener Hoffnung zu behindern.

ZWÖLFTES KAPITEL

Ein fünfter Schaden durch übernatürliche Formen und bildhafte Wahrnehmungen kann der Seele insofern entstehen, als sie niedrig und unziemlich über Gott urteilt.

1 Nicht geringer ist die *fünfte Schädigung*, die der Seele daraus erwächst, daß sie die erwähnten ihr übernatürlich zukommenden Formen und Bilder in Gedächtnis und Phantasie festhalten will, besonders wenn sie diese als Mittel für die göttliche Vereinigung ansieht. Denn sehr leicht urteilt man über das Sein und die Größe Gottes nicht so würdig

und erhaben, wie es seiner Unfaßbarkeit geziemt. Zwar sind Vernunft und Urteilskraft nicht ausdrücklich der Meinung, Gott gleiche einem dieser Dinge; doch schon die Tatsache, daß man (falls man es tut) solche Wahrnehmungen schätzt, bewirkt in der Seele eine Unterschätzung Gottes, und man empfindet Ihn nicht als so erhaben, wie der Glaube ihn lehrt, der uns sagt, Er sei ein unvergleichbares und unfaßbares Sein, usw.

Alles, was die Seele hier Geschöpflichem zuspricht, entzieht sie Gott. Überdies kommt es in ihrem Inneren natürlicherweise infolge der Schätzung solcher wahrnehmbarer Dinge zu einem Vergleich zwischen ihnen und Gott, durch den Gott unvermeidlich herabgesetzt wird. Denn Geschöpfe, ob irdisch oder himmlisch, sowie alle deutlichen Kenntnisse und Bilder, natürliche und übernatürliche, die den Seelenkräften faßbar sind, so erhaben sie in diesem Leben auch seien, stehen doch in keinem Vergleich und in keinem Verhältnis zum Wesen Gottes. Gott fällt ja nicht, gleich ihnen, unter Art und Gattung, wie die Theologen sagen. Die Seele aber vermag in diesem Leben nur klar und deutlich zu erfassen, was unter Art und Gattung fällt. Darum sagt der hl. Johannes: *Niemand hat je Gott gesehen* (1, 18). Und Isaias: *In keines Menschen Herz ist es gedrungen, wie Gott ist* (64, 4; 1 Kor 2, 9). Und Gott sprach zu Moses: *Kein Mensch schaut mich und lebt* (Ex 33, 20).

Wer also das Gedächtnis und die übrigen Seelenkräfte durch Faßbares behindert, kann Gott nicht geziemend schätzen und erfahren.

2 Nehmen wir einen unzulänglichen Vergleich. Dies ist klar: je mehr einer sein Augenmerk auf die Lakaien des Königs richtet und sich mit ihnen abgibt, desto weniger und desto geringer schätzt er ihn ein. Wenn er sich auch dieser Geringschätzung nicht formell und deutlich bewußt ist, so bezeugt er sie doch im Werk; denn je mehr er sich den Lakaien widmet, um so mehr entzieht er sich dem König.

Demnach hat er vom König keine hohe Meinung, da er ja doch die Lakaien dem König, seinem Herrn, in etwa vorzuziehen scheint. So ergeht es der Seele mit ihrem Gott, wenn sie die besagten Geschöpfe hochschätzt. Zwar ist dieser Vergleich sehr unzulänglich, denn Gott hat ein anderes Wesen als seine Geschöpfe und ist dadurch von ihnen allen unendlich verschieden. Darum müssen sie alle aus dem Blick verschwinden, und die Seele darf ihre Augen, um sie durch Glaube und Hoffnung Gott zuwenden zu können, auf keine dieser Formen richten.

3 Folglich irren jene, die solche bildhafte Wahrnehmungen nicht nur schätzen, sondern gar meinen, Gott sei einer aus ihnen vergleichbar und sie könnten durch etwas derartiges zur Vereinigung mit Gott gelangen, gar sehr und verlieren immer mehr das Licht des Glaubens und des Verstandes, durch das diese Seelenkraft sich mit Gott vereinigt. Sie wachsen auch nicht zur Höhe der Hoffnung auf, durch die das Gedächtnis sich mit Gott in Hoffnung vereinigt, was nur durch Trennung von allem Bildhaften geschieht.

DREIZEHNTES KAPITEL

Gewinn der Seele aus der Abwendung von bildhaften Wahrnehmungen. – Beantwortung eines Einwandes. – Unterscheidung der natürlichen und der übernatürlichen bildhaften Wahrnehmungen.

1 Der Gewinn aus dem Leerwerden des Vorstellungsvermögens vom Bildhaften ist gut zu ersehen aus den fünf Schädigungen, die dessen Festhaltenwollen in der Seele verursacht, wie wir es auch bei den natürlichen Bildern darlegten.

Überdies ergibt sich, als anderer Vorteil, die Ruhe und Gelassenheit des Geistes. Abgesehen davon, daß diese Ruhe natürlicherweise durch das Freisein von Bildern und Formen gegeben ist, fällt auch die Sorge weg, ob sie gut oder böse seien, und wie man sich gegen diese oder jene zu verhalten habe. Und wieviel Mühe und Zeit wird mit den Seelenführern vergeudet durch das Erforschen, ob sie gut oder böse, ob von dieser oder jener Art seien! Man braucht dies nicht zu wissen, da auf keine zu achten ist.

So kann die Zeit und das Vermögen der Seele, das auf die Untersuchung verschwendet worden wäre, an bessere und nützlichere Übungen gewandt werden, nämlich an die Hinwendung des Willens zu Gott, an das Trachten nach Entblößung und Armut dem Geiste und den Sinnen nach, die darin besteht, jeden tröstlichen und greifbaren Halt wahrhaft entbehren zu wollen, innerlich so wie äußerlich. Eine gute Übung hierin ist es, sich von diesen Formen losmachen zu wollen und dies durchzuführen, woraus großer Gewinn erfließt; denn man nähert sich Gott – der ohne Bild, noch Form, noch Gestalt ist – im Maße der Entfremdung von allen bildhaften Formen, Vorstellungen und Gestalten.

2 Doch du wirst vielleicht fragen, warum denn viele Geisteslehrer den Seelen raten, sie mögen trachten, aus den Mitteilungen und Empfindungen von seiten Gottes Gewinn zu ziehen; sie mögen auch gerne etwas von Ihm empfangen, damit sie Ihm etwas zu geben haben; denn gibt Er uns nichts, so haben wir Ihm nichts zu geben. Sagt der hl. Paulus nicht: *Löschet den Geist nicht aus* (1 Thess 5, 19). Und der Bräutigam zur Braut: *Setze mich wie ein Siegel auf dein Herz, wie ein Siegel auf deinen Arm* (Hl 8, 6). Dies ist doch etwas Wahrnehmbares. Dergleichen soll nun nach der oben gegebenen Lehre insgesamt nicht erstrebt, es muß sogar, wenn Gott es schickt, abgewiesen und vermieden werden. Und ist es nicht klar, daß wenn Gott etwas gibt, es zum Heile gibt und Gutes damit bewirken will. Wir dürfen doch nicht Perlen zum Unrat werfen. Es ist auch eine Art von Hochmut, Göttliches nicht zuzulassen, so als vermöchten wir auch ohne dieses, aus uns selbst, etwas zu leisten.

3 Um diesen Einwand zu lösen, müssen wir auf das in den Kapiteln 16 und 17 des Zweiten Buches Gesagte hinweisen, wo diese Frage großenteils beantwortet ist. Wir sagten nämlich: was von seiten Gottes durch übernatürliche Wahrnehmungen in die Seele einströmt, bringt das Gute in ihr ohne ihr Zutun im Augenblick des Einwirkens auf die Sinne hervor, ohne daß ihre Kräfte irgendwie mitwirken.

Es ist also nicht nötig, daß der Wille es ausdrücklich zulasse. Würde die Seele, wie wir auch sagten, mit ihren Kräften wirken wollen, so wäre ihre natürlich niedrige Wirkweise eher ein Hindernis für das, was Gott durch das Wahrnehmbare in ihr wirken will, als ein durch ihr Mittun erreichter Gewinn. Der Geist jener bildhaften Wahrnehmungen teilt sich der passiven Seele mit und so muß sie passiv verharren, ohne sich irgendwie innerlich oder äußerlich mit ihrer Tätigkeit einzumengen.

So bewahrt man sich das Gottempfinden, wenn man es nicht durch die eigene niedrige Wirkweise verscherzt. Und so löscht man auch den Geist nicht aus; ausgelöscht würde er nämlich, wenn die Seele sich nicht auf Gottes Art verhalten würde. Dies täte sie aber, wenn Gott ihr den Geist in Passivität verleihen wollte – wie Er es bei solchen Mitteilungen tut – und sie sich aktiv verhalten wollte durch Anwendung des Verstandes oder durch den Wunsch, etwas herauszuholen.

Dies ist klar; denn will die Seele gewaltsam etwas tun, so kann ihr Tun nur natürlich sein, weil sie ja aus sich nicht mehr vermag. Zum Übernatürlichen erhebt sie sich nicht selbst, denn das kann sie nicht, sondern Gott erhebt sie dazu und fügt sie ein. Setzt nun die Seele ihre Kraft ein, soweit sie es vermag, so verhindert sie mit ihrem aktiven Wirken das passive, das Gott ihr mitteilt, nämlich den Geist; sie geht ja an ihr eigenes Werk und dies ist von anderer Art und niedriger als das Gotteswirken; denn Gott wirkt passiv und übernatürlich, die Seele aktiv und natürlich; dies aber wäre ein Auslöschen des Geistes.

4 Es ist auch klar, daß die Seele in Niedrigkeit wirkt. Ihre Kräfte kommen ja aus sich selbst nicht zum Denken und Tun außer mit Hilfe irgendeiner Form, Gestalt oder Abbildung. Diese aber ist nur die äußere Schale und das Zufällige am Wesentlichen und Geistigen, das sich unter dieser Schale des Zufälligen verbirgt.

Wesen und Geist vereinen sich den Seelenkräften nicht in wahrer Einsicht und Liebe, ehe die Tätigkeit dieser Kräfte aufhört. Absicht und Ziel solcher Tätigkeit ist es ja, das in die Seele aufzunehmen, was sie als Wesen der Formen erkennt und liebt. Nun ergibt sich zwischen aktivem und passivem Wirken folgender Unterschied und Vorteil: ist sie aktiv, so ist sie am Tun; ist sie passiv, so ist es schon getan. Aktiv ist sie wie jemand, der etwas erreichen möchte, passiv wie jemand, der es schon erreicht hat.

Daraus läßt sich auch entnehmen: wendet die Seele ihre Kräfte aktiv an solche übernatürliche Wahrnehmungen – während doch Gott, wie wir sagten, ihr deren Geist in passiver Weise mitteilt – so täte sie nichts anderes, als das schon Erreichte aufgeben, um es nochmals anzustreben. So wird sie sich des Erreichten nicht erfreuen und mit ihrer Geschäftigkeit es nur behindern. Sie kann ja (wie wir sagten) aus eigenen Kräften den Geist nicht erreichen, den Gott ihr gibt ohne deren Einsatz. So wäre es geradewegs ein Auslöschen des Geistes, den Gott mittels der bildhaften Wahrnehmungen eingießt, wenn die Seele sie aufspeichern wollte. Sie muß sie also lassen und sich passiv und abweisend verhalten. Dann wird Gott die Seele mehr erheben, als sie es könnte und wüßte. In diesem Sinne sagt der Prophet: *Ich will auf meiner Warte stehen, auf meinem Wachtturm innehalten und schauend lauschen, was er mir wohl sagt* (Hab 2, 1). Er meint damit: über alles hinweg will ich meine Kräfte überwachen und nicht einen Schritt durch meine Tätigkeit vorangehen. So kann ich das, was Er mir sagt, beschauen und so werde ich verstehen und verkosten, was mir übernatürlich zuteil wird.

5 Das angeführte Wort des Bräutigams ist von der Liebe zu verstehen, um die er die Braut bittet. Der Liebe kommt es zu, die Liebenden einander im Wesentlichen anzugleichen. Darum sagt er, sie möge ihn *wie ein Siegel auf ihr Herz drücken* (Hoheslied 8, 6). Von da gehen ja, wie aus einem Köcher, die Liebespfeile aus, nämlich die Taten und Antriebe der Liebe. Sie sollen alle ihm gelten, der sie hier versiegelt, und sollen alle für ihn sein. So gleicht sich die Seele durch die Taten und Regungen der Liebe ihm an, bis zur Umgestaltung in ihn. Auch sagt er, sie möge ihn *wie ein Siegel auf den Arm drücken;* denn der Arm vermag die Liebe auszuüben, da er den Geliebten umfängt und liebkost.

6 Bei allen Wahrnehmungen also, die der Seele von oben zukommen, sowohl den bildhaften wie denen jeder anderen Art (ich halte von den Visionen nicht mehr als von den Ansprachen oder Empfindungen oder Offenbarungen), hat sie dafür zu sorgen, sich bei Buchstaben und Schale nicht aufzuhalten, um zu erforschen, was sie bedeuten oder darstellen oder zu verstehen geben. Sondern sie achte einzig auf das Festhalten der Gottesliebe, die sie im Seeleninneren bewirken. Auf diese Weise darf sie sich mit Empfindungen abgeben, nicht mit Empfindungen des Genusses oder der Süßigkeit oder der Gestalt, sondern mit den Empfindungen der dadurch verursachten Liebe.

Und einzig auf diese Wirkung hin dürfte sie wohl manchmal sich des Bildes und der Wahrnehmung entsinnen, die in ihr Liebe erweckten, um den Geist zur Liebe anzuregen. Zwar üben sie in der Erinnerung nicht mehr so starke Wirkung aus wie bei der ersten Mitteilung; immerhin erneuert sich im Gedenken die Liebe und das Gemüt erhebt sich zu Gott, besonders beim Innewerden übernatürlicher Gestalten, Bilder oder Empfindungen, die sich der Seele so einzusiegeln und einzuprägen pflegen, daß sie lange Zeit anhalten oder gar der Seele nie mehr entschwinden. Fast jedesmal, wenn sich die Seele deren erinnert, die ihr so eingeprägt sind, bemerkt sie in sich göttliche Wirkungen der Liebe, der Milde, des Lichtes usw., manchmal mehr, manchmal weniger; denn dazu wurden sie ihr eingeprägt. So aber erweist Gott ihr eine große Gnade, da sie in sich einen Schacht voll von Schätzen hat.

7 Gestalten, die solche Wirkung üben, wohnen der Seele lebendig inne. Sie gleichen nicht den von der Phantasie bewahrten Bildern und Formen. Darum hat die Seele es nicht nötig, sich an diese Fähigkeit zu wenden, wenn sie sich jener erinnern will. Sie findet sie ja in sich und schaut sie wie ein Bild im Spiegel. Ist es einer Seele verliehen, solche Gestalten formell in sich zu haben, so darf sie sich ihrer wohl entsinnen um der besagten Liebeswirkung willen. Dadurch wird ihre Liebesvereinigung im Glauben nicht behindert, da sie sich nicht an der Gestalt entzücken, sondern in der Liebe fördern will, während sie die Gestalt gleich wieder läßt. So wird sie ihr eher helfen.

8 Es ist schwierig zu erkennen, wann diese Bilder der Seele und wann sie der Phantasie eingeprägt sind; denn auch Phantasiebilder pflegen sehr häufig vorzukommen. Manche Personen haben nämlich die Gewohnheit, bildhafte Visionen in Einbildungskraft und Phantasie zu bewahren, und sie stellen sich diese sehr oft in eben jener gleichen Weise vor. Entweder weil sie ein sehr empfängliches Wahrnehmungsorgan haben, so daß sich ihnen beim geringsten Gedanken daran sofort jene der Phantasie gewohnte Gestalt vorstellt und abzeichnet; oder der Teufel stellt sie ihr vor oder auch Gott, doch nicht so, daß sie der Seele formell eingeprägt würde.

An den Wirkungen aber sind sie zu erkennen. Der natürlichen oder der teuflischen mag man sich noch so sehr erinnern, sie bringen weder eine gute Wirkung noch eine Geisteserneuerung in der Seele hervor, sondern lassen im Schauen trocken, obwohl immerhin die guten, wenn man sich ihrer entsinnt, etwas von dem Guten bewirken, das sie der Seele beim ersten Mal gewährten. Die der Seele formell eingeprägten hingegen üben fast bei jedem Erinnern eine Wirkung aus.

9 Wer solches erfahren hat, wird leicht die einen von den anderen unterscheiden; denn der große Unterschied ist dem Erfahrenen deutlich. Ich sage nur, daß solche, die der Seele formell und andauernd eingeprägt sind, sehr selten vorkommen. Doch seien es nun diese oder jene: für die Seele ist es gut, nichts begreifen, sondern in Glaube und Hoffnung zu Gott gehen zu wollen.

Auf den anderen Teil des Einwandes, daß es nämlich als Hochmut erscheint, etwas Gutes abzuweisen, sage ich, es ist vielmehr kluge Demut, sie auf die beste Weise auszunützen (wie gesagt wurde) und den sichersten Weg zu gehen.

VIERZEHNTES KAPITEL

Bewahrung geistiger Kenntnisse im Gedächtnis.

1 Wir zählten die geistigen Kenntnisse als dritte Art zu den Wahrnehmungen des Gedächtnisses; nicht weil sie, wie die übrigen, dem körperlichen Sinn der Phantasie zugehören – sie haben ja weder Bild noch körperliche Form –, sondern weil sie einem geistigen Erinnern und Nachklingen im Gedächtnis zugehören. Sowie nämlich der Seele eine solche Kenntnis zugekommen ist, kann sie sich, wenn sie will, ihrer erinnern. Und dies nicht durch Bild oder Darstellung, die von solcher Wahrnehmung im körperlichen Sinn verbliebe, – der ja, wie wir sagten, da er körperlich ist, geistige Formen nicht aufzunehmen vermag –, sondern sie erinnert sich ihrer intellektuell und geistig mittels der Form, die der Seele eingeprägt blieb, (also doch auch mittels einer Form oder Kenntnis oder eines geistigen oder formellen Bildes), oder durch die erzielte Wirkung. Darum füge ich diese Wahrnehmungen zu denen des Gedächtnisses, wenngleich sie nicht der Phantasie zugehören.

2 Das Wesen dieser Kenntnisse und das rechte Verhalten der Seele ihnen gegenüber hinsichtlich ihres Gehens zur Vereinigung mit Gott wurde schon im 26. Kapitel des Zweiten Buches hinreichend ausgeführt, als von den Wahrnehmungen des Verstandes die Rede war. Dort möge man nachlesen. Wir erwähnten ihre zwei Weisen, insofern sie Unerschaffenes oder Erschaffenes zum Gegenstande haben.

Was nun die Frage betrifft, wie das Gedächtnis sich ihnen gegenüber zu verhalten habe, um zur Vereinigung zu gelangen, wiederhole ich, was ich eben im vorausgehenden Kapitel über die Formen gesagt habe (zu denen die Kenntnisse von geschaffenen Dingen auch gehören): wenn sie gute Wirkung üben, darf man sich ihrer entsinnen, nicht um sie in sich festhalten zu wollen, sondern um die Liebe und Erkenntnis Gottes zu beleben. Bringt aber das Erinnern keine gute Wirkung hervor, dann wolle man sie niemals durchs Gedächtnis ziehen lassen.

Von den Ungeschaffenen aber sage ich, man möge sich so oft wie möglich ihrer erinnern, weil dies große Wirkung übt. Denn, wie ich dort sagte, dies sind Berührungen und Empfindungen der Vereinigung mit Gott, zu der wir ja die Seele führen wollen. Dessen entsinnt sich aber das Gedächtnis nicht mittels einer Form, eines Bildes oder einer Gestalt, die sie der Seele eingeprägt hätten, denn solches ist den Berührungen und Empfindungen der Vereinigung mit dem Schöpfer nicht eigen, sondern durch das, was sie in ihr bewirken, nämlich Licht, Liebe, Wonne, Geisteserneuerung usw. Sooft sie sich ihrer erinnert, lebt etwas von diesen Wirkungen auf.

FÜNFZEHNTES KAPITEL

Allgemeine Richtlinien für den Geistesmenschen hinsichtlich des Gedächtnisses.

1 Um nun die Behandlung des Gedächtnisses abzuschließen, wird es gut sein, dem geistlichen Leser hier mit einem Gedanken die Weise des allgemeinen Verhaltens anzugeben,

durch das er sich dieser Fähigkeit nach mit Gott zu vereinigen vermag. Wenn dies auch durch das Gesagte schon gut verständlich geworden ist, so wird es doch durch eine Zusammenfassung leichter begriffen.

Dazu wollen wir beachten: da wir die Vereinigung der Seele dem Gedächtnis nach in Hoffnung mit Gott anstreben, und da man erhofft, was man nicht besitzt, und je weniger man an irgendwelchen Dingen besitzt, um so mehr Raum und Eignung hat, das Ersehnte zu erhoffen, und folglich um so mehr Hoffnung, hingegen je mehr Dinge man besitzt, um so weniger Raum und Eignung für die Hoffnung, folglich um so weniger Hoffnung, so wird demnach die Seele, je mehr sich ihr Gedächtnis denkwürdiger Gestalten und Dingen, die nicht Gott sind, entledigt, es um so mehr Gott zuwenden und darin leeren Raum haben, um mit dem gesamten Gedächtnis auf Ihn zu hoffen. Um also in voller und reiner Hoffnung auf Gott zu leben, muß die Seele jedesmal, wenn ihr deutliche Kenntnisse, Formen und Bilder in den Sinn kommen, sich sogleich, ohne dabei zu verweilen, Gott zuwenden, leer von all dem Gedächtnisinhalt, mit liebendem Gemüte. Sie überdenke und besehe diese Dinge nicht mehr als erforderlich, um mit ihrer Hilfe das zu verstehen und zu tun, wozu sie verpflichtet ist, falls sie dazu dienen. Dabei widme sie ihnen weder Neigung noch Wohlgefallen, damit sie aus sich keine Wirkung in die Seele einprägen. Der Mensch hat es also nicht zu unterlassen, an das zu denken und sich dessen zu entsinnen, was er tun und wissen muß; denn falls er nicht daran hängt, kann es ihm nicht schaden. Dazu mögen die Verse unter dem Bilde des *Berges* im dritten Kapitel des Ersten Buches verhelfen.

2 Doch es ist zu beachten, daß diese unsere Lehre nicht übereinstimmt und auch nicht übereinstimmen will mit der Lehre unseliger Menschen, die der Hochmut und Neid Satans verführt hat. Sie wollen den Augen der Gläubigen die Bilder Gottes und der Heiligen entziehen und deren heiligen

und heilbringenden Gebrauch, sowie deren ausgezeichnete Verehrung untersagen. Unsere Lehre unterscheidet sich vielmehr gar sehr von der ihren. Hier ist nicht davon die Rede, wie bei ihnen, daß man keine Bilder haben und sie nicht verehren soll, sondern wir geben den Unterschied zwischen ihnen und Gott zu verstehen, damit sie über das Gemalte so hinweggehen, daß es den Weg zum Lebendigen nicht behindert, und nur soviel festhalten, als genügt, um zum Geistigen zu gelangen.

Da eben das Mittel gut ist durch den Zweck, so sind es die Bilder, weil sie uns an Gott und die Heiligen erinnern. Hält man aber das Mittel für mehr als nur für ein Mittel, und verweilt man dabei, so stört und behindert es durch dieses Zuviel wie irgendein anderes Hindernis. Überdies geht es mir ja zumeist um die übernatürlichen Bilder und Visionen, die so viele Täuschungen und Gefahren mit sich bringen.

Hingegen findet sich bei Gedächtnis und Verehrung und Hochschätzung der Bilder, wie die katholische Kirche sie uns materiell vorstellt, keinerlei Betrug und Gefahr; denn an ihnen schätzen wir ja nichts anderes als das, was sie vorstellen. Auch das Denken an sie ist für die Seele nicht ohne Gewinn; denn es ist stets verbunden mit der Liebe zum Dargestellten. Hält man sich dabei nur in diesem Sinne auf, und läßt man die Seele (wenn Gott ihr die Gnade verleiht) vom gemalten zum lebendigen Gott auffliegen im Vergessen der Gesamtheit von Schöpfung und Geschöpfen, so helfen die Bilder stets zur Vereinigung mit Gott.

SECHZEHNTES KAPITEL

Die *dunkle Nacht* des Willens. – Einteilung der Neigungen des Willens.

1 Wir hätten so gut wie nichts getan, wenn nur der Verstand gereinigt wäre, um in der Tugend des Glaubens zu gründen, und das Gedächtnis in der Tugend der Hoffnung, nicht aber auch der Wille hinsichtlich der dritten Tugend,

nämlich der Liebe, durch die erst die Taten des Glaubens lebendig und hochwertig sind, und ohne die sie nichts taugen. *Ohne Werke der Liebe ist* ja, wie der hl. Jakobus sagt, *der Glaube tot* (2, 20).

Da nun zur Unterweisung und Ausbildung in der Tugend der Gottesliebe von der *aktiv erstrebten Nacht* und Blöße dieser Fähigkeit zu handeln ist, finde ich keinen besseren Schriftbeweis als das Wort Mosis im Buche Deuteronomium, 6. Kapitel (Vers 5). Da sagt er: *Du sollst den Herrn, deinen Gott lieben, aus deinem ganzen Herzen, aus deiner ganzen Seele und aus allen deinen Kräften.* Darin ist alles enthalten, was der Geistesmensch zu tun hat und was ich ihn hier lehren will, damit er wirklich durch Vereinigung des Willens mittels der Liebe zu Gott gelange. Denn hier wird dem Menschen befohlen, alle Kräfte und Begierden und Werke und Neigungen seiner Seele Gott zuzuwenden, so daß alle Fähigkeit und Stärke der Seele einzig dazu diene, wie auch David sagt: *Fortitudinem meam ad te custodiam. – Meine Kraft bewahre ich für dich* (Ps 58, 10).

2 Die Kraft der Seele liegt in ihren Fähigkeiten, Leidenschaften und Begierden, die insgesamt durch den Willen geleitet werden. Richtet der Wille diese Fähigkeiten, Leidenschaften und Begierden auf Gott, und lenkt er sie ab von allem, was nicht Gott ist, so bewahrt er die Kraft der Seele für Gott, und so kommt er dahin, Gott aus ganzer Kraft zu lieben.

Um der Seele dies zu ermöglichen, behandeln wir hier die Reinigung des Willens von allen seinen ungeordneten Leidenschaften. Ihnen entspringen die ungeordneten Begierden, Neigungen und Taten, die das Bewahren aller Kraft für Gott vereiteln.

Es gibt *vier Gemütsbewegungen oder Leidenschaften*, nämlich: *Freude, Hoffnung, Schmerz und Furcht.* Betätigen sich diese Leidenschaften vernunftgemäß in der Richtung zu Gott, so daß die Seele sich nur an dem *erfreut*, was rein der Ehre und Verherrlichung Gottes dient, auf nichts anderes *hofft*, nur in diesem Sinne *leidet* und einzig Gott *fürchtet*, so ist es klar, daß sie Kraft und Vermögen der Seele auf Gott richtet und für Ihn bewahrt. Je mehr hingegen eine Seele sich an anderem als an Gott erfreut, um so weniger kraftvoll wendet sie ihre Freude an Gott. Und je mehr sie anderes erhofft, desto weniger erhofft sie Gott. Und so auch im Übrigen.

3 Um diese Lehre vollständiger darzubieten, wollen wir (unserer Gewohnheit nach) jede dieser vier Leidenschaften und die Begierden des Willens einzeln behandeln. Der ganze Vorgang des Erlangens der Vereinigung besteht ja in der Reinigung des Willens von seinen Leidenschaften und Begierden. So wird der niedrige menschliche Wille zum göttlichen Willen, ganz eins mit dem Willen Gottes.

4 Diese vier Leidenschaften beherrschen und bedrängen die Seele um so mehr, je weniger fest ihr Wille sich an Gott hält und je mehr er an Geschöpfen hängt. Denn so erfreut er sich sehr leicht an Dingen, die nicht erfreulich sind, erhofft, was ihm nicht nützt, trauert über das, woran er sich vielleicht freuen sollte, und fürchtet, was nicht zu fürchten ist.

5 Diesen Leidenschaften entspringen, wenn sie ungezügelt sind, alle Laster und Unvollkommenheiten, die der Seele anhaften, und auch, wenn sie geordnet und recht gefügt sind, alle ihre Tugenden.

Es ist auch zu beachten: sowie eine von ihnen geordnet und der Vernunft unterworfen ist, fügen sich gleicherweise alle übrigen; denn diese vier Leidenschaften der Seele sind einander so verbunden und verschwistert, daß bei Betätigung der einen, die anderen virtuell mitspielen. Beruhigt sich die eine, so beruhigen sich auch die anderen drei virtuell in gleichem Maße. Freut sich nämlich der Wille an etwas, so muß er es folgerichtig in gleichem Maße erhoffen, und virtuell sind Schmerz und Furcht diesbezüglich mitgegeben. Und sowie er einem Vergnügen entsagt, verliert er in gleichem Maße Furcht und Schmerz, die er ob des Verlustes empfinden könnte, und hört auf, es zu erhoffen.

Der Wille samt diesen vier Leidenschaften ist versinnbildet durch die Gestalt, die Ezechiel schaute (1, 8–9), nämlich vier Lebewesen in einem Leibe mit vier Gesichtern. Die Flügel des einen berührten die des anderen, und jeder ging geradeaus und sie wandten sich im Schreiten nicht um. Die Flügel jeder dieser Leidenschaften hängen mit den anderen so zusammen, daß diese notwendig virtuell mitgehen müssen, wenn eine wohin immer aktuell ihrem Antlitz nachgeht, nämlich sich auswirkt. Und wenn eine niedergeht, so gehen alle nieder, und wenn sie sich erhebt, erheben sich alle. Wohin also deine Hoffnung geht, folgen ihr Freude und Furcht und Schmerz, und wendet sie sich um, so wenden sie sich auch. Das Gleiche läßt sich von den übrigen sagen.

6 Dies also merke dir, o Mensch des Geistes: wohin immer eine dieser Leidenschaften strebt, folgt die ganze Seele mit dem Willen und den übrigen Kräften nach. Sie leben alle als Gefangene dieser Leidenschaft, und die drei übrigen Leidenschaften sind in ihnen lebendig, um die Seele mit ihren Fesseln zu quälen und sie nicht zur Freiheit und Ruhe der süßen Beschauung und Vereinigung fliegen zu lassen. Darum sagt dir Boëthius: *Willst du klar das Wahre erkennen, treibe von dir Freude und Hoffnung und Furcht und Schmerz*[1]. So weit nämlich diese Leidenschaften herrschen, lassen sie der Seele nicht die Ruhe und den Frieden, die nötig sind, damit sie natürlich und übernatürlich Weisheit empfange.

SIEBZEHNTES KAPITEL

Die erste Leidenschaft des Willens. – Das Wesen der Freude. – Unterschiedliche Dinge, an denen der Wille sich erfreuen kann.

1 *Die erste* der Leidenschaften der Seele und Neigungen des Willens ist die *Freude*. Im Hinblick auf das, was wir von

[1] Vgl. die Anmerkung zu Kapitel 21 des zweiten Buches, Nr. 8, S. 163.

ihr zu sagen gedenken, ist sie nichts anderes als die Befriedigung des Willens an einem Ding, das er schätzt, weil es ihm zusagt. Der Wille erfreut sich nur an Dingen, die für ihn Wert haben und ihn zufriedenstellen.

Dies gilt von der *aktiven Freude* der Seele, die deutlich und klar weiß, woran sie sich erfreut, und es in der Hand hat, sich zu freuen oder nicht zu freuen. Denn es gibt auch eine *passive Freude*, die der Wille empfindet, ohne klar und deutlich zu wissen (oder doch nur bisweilen zu wissen), woher diese Freude kommt, und ohne es in der Hand zu haben, ob er sie empfinden will oder nicht. Davon wollen wir nachher sprechen.

Nun sprechen wir von der *aktiven* und *gewollten Freude* an bestimmten und deutlichen Dingen.

2 Die Freude kann durch *sechs* Arten von Dingen oder Werten hervorgerufen werden, als da sind: *zeitliche*, *natürliche*, *sinnliche*, *sittliche*, *übernatürliche* und *geistige*. Diese wollen wir der Reihe nach durchgehen und zeigen, daß der Wille sie vernünftig leiten muß, damit man nicht – durch sie behindert – davon ablasse, die Kraft seiner Freude Gott zuzuwenden.

Es ist gut, alledem einen Grundsatz voranzustellen, auf den wir uns, wie auf einen Stab, im Gehen immer stützen wollen. Man muß ihn verstehen, damit er uns als Licht zum Verständnis dieser Lehre führe und die Freude inmitten all dieser Güter auf Gott hinlenke. Er lautet: der Wille darf sich nur an dem erfreuen, was zur Verherrlichung und Ehre Gottes dient. Und die größte Ehre, die wir Ihm erweisen können, ist der Dienst in evangelischer Vollkommenheit. Was außerhalb liegt, ist für den Menschen wertlos und nutzlos.

ACHTZEHNTES KAPITEL

Freude an zeitlichen Gütern. – Wie diese Freude auf Gott zu richten ist.

1 Als *erste* Art der Werte nannten wir die *zeitlichen*. Unter zeitlichen Werten verstehen wir Reichtum, Stand, Amt und andere Vorrechte, sowie Kinder, Verwandte, Heirat usw. An all diesen Dingen vermag der Wille sich zu erfreuen.

Es ist klar, daß es eitel ist, wenn Menschen sich an Reichtum, Titeln, Stand, Amt und anderen ähnlichen Dingen, die sie anzustreben pflegen, erfreuen. Ja, wäre der reichere Mensch ein besserer Diener Gottes, dann müßte er sich am Reichtum freuen. Doch dieser wird ihm eher zum Anlaß, Gott zu beleidigen, wie der Weise sagt: *Mein Sohn, wenn du reich bist, wirst du nicht frei bleiben von Schuld* (Sir 11, 10). Es ist wohl wahr, daß die zeitlichen Güter an sich nicht notwendig zur Sünde führen; doch für gewöhnlich hängt sich das Menschenherz aus Schwäche der Neigung daran und wendet sich ab von Gott, (was Sünde ist, denn Abwendung von Gott ist Sünde). Darum sagt der Weise: *du wirst nicht frei bleiben von Schuld.*

Darum auch nennt der Herr den Reichtum im Evangelium *Dornen* (Mt 13, 22; Lk 8, 14), um nämlich anzudeuten, daß einer, der mit dem Willen daran herumtastet, durch irgendeine Sünde wund wird. Und wie furchterregend ist der Ausruf des Herrn: *Wie schwer gehen die Reichen ins Himmelreich ein* (Mt 19, 23), nämlich jene, die sich an ihrem Reichtum freuen. Das gibt gut zu verstehen, daß der Mensch sich seines Reichtums nicht erfreuen darf, da er so gefährlich ist. Um uns davon abzubringen, sagt auch David: *Wenn euch Reichtum zuströmt, hänget doch das Herz nicht daran* (Ps 61, 11).

2 Ich will hier für eine so klare Sache nicht weitere Zeugnisse anführen. Ich käme ja mit den Beweisen aus der Heiligen Schrift an kein Ende, nicht einmal mit den Schäden, die Salomon im Buche Ekklesiastes anführt. Als Mann, der gro-

ßen Reichtum besaß und wohl wußte, was davon zu halten ist, sagt er, *alles unter der Sonne sei Eitelkeit und Geistesplage* (Pred 1, 14), und *wer den Reichtum liebt, zieht daraus keinen Gewinn* (Pred 5, 9), *ja zum Schaden seines Herrn wird Reichtum aufbewahrt* (Pred 5, 12), wie aus dem Evangelium zu ersehen ist. Jener Mann, der sich freute, weil er Vorrat für viele Jahre aufgespeichert hatte, vernimmt vom Himmel das Wort: *Du Tor, noch diese Nacht wird man deine Seele von dir fordern; wem wird dann gehören, was du aufgespeichert hast?* (Lk 12, 20.) Endlich lehrt David auch dasselbe, wenn er sagt, wir sollen *unseren Nachbarn nicht beneiden, wenn er reich wird, denn dies nützt ihm nichts fürs andere Leben* (Ps 48, 17–18). Damit gibt er zu verstehen, daß wir ihn eher bedauern sollten.

3 Folglich hat der Mensch sich nicht an dem Reichtum zu freuen, den er oder sein Bruder besitzt; sondern sie mögen Gott damit dienen. Gibt es überhaupt eine Weise, sich am Reichtum zu erfreuen, die geduldet werden kann, so ist es die seiner Verwendung im Dienste Gottes; denn auf andere Weise bringt er keinen Nutzen.

Das gleiche gilt von den übrigen Werten wie Titel, Stand, Amt usw. Die Freude an alledem ist eitel, wenn es einem nicht zum Dienste Gottes hilft und den Weg zum ewigen Leben sichert. Da man aber nicht deutlich wissen kann, ob man so Gott besser dient usw., so wäre es eitel, sich mit Entschiedenheit daran zu freuen, da kein vernünftiger Grund dazu gegeben ist. Wie der Herr sagt, kann einer *die ganze Welt gewinnen, an seiner Seele aber Schaden leiden* (Mt 16, 26).

Wenn man also dadurch Gott nicht besser dient, ist keine Ursache zur Freude gegeben.

4 Ebensowenig sind Kinder erfreulich, ob ihrer nun viele sind, ob sie reich und begabt sind mit natürlichen Gaben und Reizen und Glücksgütern, außer sie dienen Gott. So nützten auch dem Absalom, dem Sohne Davids, weder seine

Schönheit, noch sein Reichtum, noch seine Abstammung, da er Gott nicht diente (2 Sm 14, 25). Es wäre also eitel gewesen, sich seiner zu erfreuen.

Darum ist es auch eitel, sich Kinder zu wünschen, wie einige es tun, die sich im Verlangen danach verzehren und die Welt darob beunruhigen. Sie wissen ja nicht, ob die Kinder gut sein und Gott dienen werden, und ob die Freude, die sie von ihnen erhoffen, nicht Schmerz sein wird, ob nicht Ruhe und Trost zu Mühsal und Trauer, Ehre zu Unehre werden wird, und ob sie nicht ihretwegen Gott mehr beleidigen werden, wie viele es tun. Von ihnen sagt Christus, daß sie über Land und Meer ziehen, um ihre Kinder zu bereichern, und so machen sie aus ihnen Kinder des Verderbens, doppelt so schlimm wie sie selbst (Mt 23, 15).

5 Wenn also einem Menschen alles zulacht und alles glücklich ausgeht, so soll er eher bangen als sich freuen; denn so wachsen Anlaß und Gefahr, Gott zu vergessen und Ihn zu beleidigen. Darum hielt sich Salomon zurück, wie er im Buche Ekklesiastes sagt: *Das Lachen hielt ich für Torheit und zur Freude sprach ich: Was soll's?* (2, 2.) Damit meint er: wenn mich die Dinge anlachten, hielt ich es für Täuschung und Irrtum, mich an ihnen zu erfreuen; denn zweifellos ist es großer Irrtum und Torheit, wenn ein Mensch sich freut, weil ihm alles fröhlich zulächelt und er doch nicht weiß, ob daraus ein ewiges Gut hervorgehen wird. Auch spricht der Weise: *Im Herzen des Toren ist Freude, in dem des Weisen Trauer* (Pred 7, 5). Denn Fröhlichkeit macht das Herz blind und hindert es, die Dinge anzusehen und zu erwägen, während Traurigkeit die Augen öffnet, um ihren Nutzen und Schaden zu berücksichtigen. Darum ist, wie der Gleiche sagt, *Zürnen besser als Lachen* (Pred 7, 4); so ist es auch besser, *ins Haus der Trauer als ins Haus des Festmahls zu gehen; denn dort wird man ans Ende alles Menschlichen erinnert,* nach einem anderen Wort des Weisen (Pred 7, 3).

6 Demnach wäre es auch Eitelkeit, sich der Gattin oder des Gatten zu erfreuen, wenn man nicht sicher weiß, daß man in der Ehe Gott besser dient. Eher müßte man in Sorge sein, da die Ehe, wie der hl. Paulus sagt, bewirkt, daß die Herzen aneinander hängen und nicht ganz für Gott sind (1 Kor 7, 33). Darum rät er: *Bist du frei, so suche kein Weib; hast du ein Weib*, so bewahre dir das Herz so frei, *als hättest du keines* (1 Kor 7, 27). Das gleiche lehrt er im Zusammenhang mit dem, was wir über die zeitlichen Güter sagten, mit den Worten: *Doch dies, meine Brüder, sage ich für gewiß: die Zeit ist kurz. So mögen künftighin die Verheirateten so leben, als wären sie nicht verheiratet, die Trauernden, als trauerten sie nicht, die Fröhlichen, als freuten sie sich nicht, die Kaufenden, als behielten sie nichts, und die, welche die Güter dieser Welt gebrauchen, als gebrauchten sie nichts* (ebenda 7, 29–31). Dies alles sagt er, damit wir verstehen, daß man sich an keinem Dinge freuen soll, das nicht den Dienst Gottes fördert. Denn alles Übrige ist Eitelkeit und unnützes Zeug. Eine Freude, die nicht im Sinne Gottes ist, kann der Seele nicht wohlbekommen.

NEUNZEHNTES KAPITEL

Schädigungen, die der Seele aus der Freude an zeitlichen Dingen erwachsen.

1 Müßten wir hier alle Schädigungen aufzählen, die die Seele umlagern, wenn sie den Willen zeitlichen Werten zuneigt, so würden Tinte und Papier nicht ausreichen und die Zeit würde zu kurz; denn eine Geringfügigkeit kann zu großen Übeln führen und große Werte zerstören, gleich wie ein Feuerfunke, wenn er nicht gelöscht wird, große Brände entfachen kann, die Welt zu verbrennen.

Alle diese Schädigungen haben Wurzel und Ursprung in einer *entscheidenden Beraubung*, den diese Freude bewirkt durch die Abkehr von Gott. Wie nämlich der Seele aus der Willensbindung an Gott alles Gute erwächst, so aus der Abkehr von Ihm auf Grund der Neigung zum Geschöpf alle

Nachteile und Übel, und zwar in dem Maße der Freude und Hinneigung zum Geschöpf; denn diese ist zugleich Abkehr von Gott. Je nach der Abkehr also, die jeweils mehr oder minder vollzogen wird, kann man die mehr oder minder extensiven oder intensiven Schädigungen ermessen. Zumeist werden sie auf beide Weisen zugleich auftreten.

2 Diese beraubende Schädigung, aus der, wie wir sagten, die übrigen Schädigungen, sowohl entziehend wie zufügend hervorgehen, hat *vier Stufen*, eine ärger als die andere. Gelangt die Seele zur vierten, so hat sie alle Übel und Schäden erreicht, die davon ausgesagt werden können. Diese vier Stufen verzeichnet Moses sehr gut im Buche Deuteronomium mit den Worten: *Der Liebling wurde feist und schlug aus. Er wurde feist und dick und breit. Er verließ Gott, seinen Schöpfer, und wich ab von Gott, seinem Heil* (32, 15).

3 Das *Feistwerden* der Seele, die vor ihrer Verfettung von Gott geliebt war, geschieht durch das Versinken im Genuß der Geschöpfe. Daraus ergibt sich die erste Stufe des Schadens: die Seele wendet sich zurück. Das Gemüt wird stumpf gegen Gott, die göttlichen Werte sind ihm verdunkelt wie die Luft durch Nebel, weil das Sonnenlicht nicht hindurchdringt. Sowie nämlich ein Geistesmensch sich an irgendeinem Ding erfreut und dem Begehren ungebührlich die Zügel überläßt, verfinstert er sich, durch diese Tat selbst, Gott gegenüber, und die einfältige Urteilskraft wird vernebelt, wie der göttliche Geist es im Buche der Weisheit lehrt mit den Worten: *Eitles und witziges Wesen verschattet das Gute; Drang des Begehrens verkehrt den arglosen Sinn* (4, 12). Damit gibt der Heilige Geist zu verstehen: mag der Verstand sich auch keiner Bosheit bewußt sein, so genügt das Begehren nach zeitlichen Dingen und die Freude daran, die Seele im ersten Grade zu schädigen durch Abstumpfung des Gemütes und Verdunkelung des Urteils, das die Wahrheit erfassen und jedes Ding so beurteilen soll, wie es ist.

4 Heiligkeit und gutes Urteil sichern den Menschen nicht gegen diesen Schaden, wenn er der Begierde oder Freude an zeitlichen Dingen Raum gibt. Darum spricht Gott durch Moses uns zur Warnung die Worte: *Nimm keine Geschenke an; denn sie verblenden sogar die Einsichtsvollen* (Ex 23, 8). Dieses Wort ergeht besonders an jene, die Richter sein sollen; denn ihr Urteil muß vor allem klar und geweckt sein, wird es jedoch nicht sein, wenn sie nach Geschenken begehren und sich daran freuen. Darum auch befahl Gott dem Moses, zu Richtern solche aufzustellen, die der Habsucht feind sind, damit ihr Urteil nicht durch die Wallung der Leidenschaft getrübt werde (Ex 18, 21–22).

Sie sollen nicht nur keine Gaben begehren, sondern solchem Begehren feind sein. Will sich nämlich jemand durchaus wehren gegen eine Liebesleidenschaft, so muß er einen Abscheu dagegen hegen, so daß ein Gegensatz dem andern wehrt. Aus eben diesem Grunde war auch Samuel stets ein gerechter und erleuchteter Richter: niemals nahm er, wie er im Buche der Könige schrieb, von jemandem irgendein Geschenk an (1 Sm 12, 3).

5 Die *zweite Stufe* dieser beraubenden Schädigung ergibt sich aus der ersten. Dies geht aus dem Weiteren der angeführten Stelle hervor: *Er wurde feist und dick und breit.* Auf der zweiten Stufe weitet sich der Wille schon mit größerer Freiheit über die zeitlichen Werte hinaus. Er macht sich deswegen keinen Kummer mehr und hat nicht mehr so viel Bedenken bei Genuß und Freude an erschaffenen Dingen. Dies kommt daher, daß er zunächst der Freude die Zügel überließ. Und da er ihr Raum gab, schwoll die Seele in ihr an, wie es hier heißt. Freude und Begehren wurden feist und erweiterten sich, so daß der Wille sich noch mehr auf die Geschöpfe ausdehnte.

Dies bringt große Nachteile mit sich. Auf dieser zweiten Stufe wendet die Seele sich ab von göttlichen Dingen und heiligen Übungen und hat kein Gefallen an ihnen, denn sie freut sich an anderen Dingen, und so fällt sie in viele Unvollkommenheiten und Ungehörigkeiten durch eitle Freuden und Genüsse.

6 Ist diese zweite Stufe voll erreicht, so verleidet sie dem Menschen seine gewohnten Übungen, da all sein Sinnen und Begehren auf Weltliches geht. Nun mangelt dem verdunkelten Urteil und Verstand solcher nicht nur die Erkenntnis der Wahrheit und Gerechtigkeit gleich denen, die auf der ersten Stufe stehen, sondern sie sind auch schon sehr lau und nachlässig und kümmern sich nicht um das Wissen und Handeln, wie Isaias es ausdrückt mit den Worten: *Alle lieben Geschenke und jagen nach Entgelt. Den Waisen schaffen sie nicht Recht und die Klagen der Witwen dringen nicht vor sie* (1, 23). Dies geschieht nicht ohne ihre Schuld, besonders wenn ihnen das Amt obliegt. Auf dieser Stufe sind sie nicht mehr frei von Bosheit wie auf der ersten. Und so wenden sie sich immer mehr von Gerechtigkeit und Tugend ab, da ihr Wille sich mehr der Neigung zu den Geschöpfen überläßt.

Auf dieser zweiten Stufe ist ihnen also große Lauheit in geistlichen Dingen eigen. Sie erfüllen diese schlecht, mehr um sie zu erledigen oder aus Zwang oder aus Gewohnheit denn aus Liebe.

7 Auf der dritten Stufe dieser beraubenden Schädigung läßt man ganz von Gott ab. Man kümmert sich nicht mehr um die Erfüllung seines Gesetzes, um nur ja auf die Werte der Welt nicht zu verzichten. So läßt man sich aus Lüsternheit in schwere Sünden fallen. Diese dritte Stufe bezeichnet die angeführte Stelle durch den nun folgenden Satz: *Er verließ Gott, seinen Schöpfer.*

Auf dieser Stufe befinden sich jene, deren Seelenkräfte von den Angelegenheiten der Welt, ihrem Reichtum, ihrem Wandel derart eingenommen sind, daß sie sich aus der Erfüllung ihrer Verpflichtungen nach dem Gesetz Gottes gar nichts mehr machen. In dem, was ihr Heil betrifft, sind sie sehr vergeßlich und träge, um so lebendiger und gewandter aber in den Dingen der Welt. Darum nennt Christus sie im Evangelium *Kinder dieser Welt*, und Er sagt von ihnen, sie seien in ihren Angelegenheiten *klüger* und scharfsinniger als die *Kinder des Lichtes* in den ihren (Lk 16, 8). Für Gott haben sie nichts übrig, für die Welt alles. Sie sind die richtig Habsüchtigen, die ihr Begehren und Gelüsten in das Geschöpfliche mit solcher Leidenschaft erstreckt und ergossen haben, daß sie nicht mehr zu sättigen sind, vielmehr schwillt ihr Hungern und Dürsten an, je weiter sie sich vom Quell entfernen, der allein sie stillen könnte, nämlich von Gott. Gott selbst sagt darüber durch Jeremias: *Mich haben sie verlassen, mich, den Quell lebendigen Wassers, und sich brüchige Brunnen gegraben, die kein Wasser bewahren* (2, 13). In den Geschöpfen findet ja der Gierige nicht, was seinen Durst stillt, sondern was ihn vermehrt. Solche sind es, die auf tausend Weisen in Sünde fallen aus Liebe zu zeitlichen Gütern. Sie erleiden unermeßlichen Schaden. David sagt von ihnen: *Transierunt in affectum cordis. – Sie schwinden hin an ihres Herzens Sucht* (Ps 72, 7).

8 *Die vierte Stufe* dieser beraubenden Schädigung bezeichnet unsere Stelle am Ende mit den Worten: *Er wich ab von Gott, seinem Heil.* Dahin führt die eben besprochene dritte Stufe. Denn sowie der Seele des Gierigen nichts mehr daran liegt, ihr Herz im göttlichen Gesetz zu bergen, weil die zeitlichen Güter es einnehmen, entfernt sie sich weit von Gott dem Gedächtnis, dem Verstande und dem Willen nach. Sie vergißt seiner, so als wäre er nicht ihr Gott. Sie hat sich ja aus Geld und zeitlichen Gütern Götzen gemacht, wie Paulus es sagt: *Habsucht ist Götzendienst* (Kol 3, 5). Diese vierte Stufe führt bis zur Gottvergessenheit. Man hängt das Herz – das formell Gott zugehört – formell an das Geld, als gäbe es sonst keinen Gott.

9 Auf dieser vierten Stufe stehen jene, die nicht zögern, die göttlichen und übernatürlichen Dinge den zeitlichen als

ihren Götzen unterzuordnen und sie müßten doch, im Gegenteil, diese Dinge Gott unterordnen, wenn sie Ihn als ihren Gott ansähen, wie es vernünftig ist. Zu ihnen gehört der böse Balaam, der die ihm von Gott verliehene Gnade verkaufte (Num 22, 7); auch Simon Magus, der meinte, die Gnade Gottes für Geld erwerben zu können (Apg 8, 18–19). Er schätzte also das Geld höher ein, da er annahm, es würde ihm jemand die Gnade für Geld abtreten.

Heutzutage gibt es eine Menge in vielen anderen Weisen auf dieser vierten Stufe, wo sie mit ihrem durch Lüsternheit in geistlichen Belangen verdunkelten Verstande dem Gelde dienen und nicht Gott. Sie regen sich für das Geld und nicht für Gott, schätzen in erster Linie den Kaufpreis, nicht den göttlichen Wert und Lohn. So machen sie vielfach das Geld zu ihrem höchsten Gott und Ziel, das sie dem letzten Ziele, nämlich Gott, vorziehen.

10 Auf dieser obersten Stufe befinden sich auch alle jene Elenden, die in zeitliches Gut derart verliebt sind und es so zu ihrem Götzen gemacht haben, daß sie nicht zögern, ihr Leben dafür hinzuopfern, wenn sie ihren Götzen in zeitlichem Verfall sehen. Da verzweifeln sie und geben sich aus armseligen Gründen mit eigener Hand den Tod, als Erweis des elenden Lohnes, den ein solcher Gott ihnen zuteilt. Da von ihm nichts zu erhoffen ist, gibt er Verzweiflung und Tod. Und jagt er sie nicht in den Tod als äußersten Schaden hinein, so läßt er sie doch lebendig sterben an den Peinen der Sorge und vielem anderen Elend. Keine Fröhlichkeit darf in ihr Herz dringen, nichts Gutes leuchtet ihnen auf Erden. Ihr Herz muß beständig dem Gelde den Tribut der Qual entrichten, und doch sammeln sie es bis zum letzten Unheil ihres gerechten Verderbens. Das meint der Weise, wenn er sagt: *Zum Schaden seines Herrn wird Reichtum aufbewahrt* (Pred 5, 12).

11 Auch jene gehören zur vierten Stufe, von denen der hl. Paulus sagt: *Er überließ sie ihrer schändlichen Gesinnung* (Röm 1,

28). Bis zu solchem Unheil kann die Freude den Menschen führen, wenn er im Besitzen sein letztes Ziel sieht.

Doch auch jene, die geringeren Schaden erleiden, sind sehr zu bedauern; denn, wie wir sagten, die Seele geht weit zurück auf dem Wege zu Gott. Darum *fürchte nichts, wenn ein Mensch reich wird!* David meint damit: beneide ihn nicht, indem du denkst, er sei dir gegenüber im Vorteil; denn *beim Sterben nimmt er nichts mit sich, Glanz und Freude steigen nicht mit ihm hinab* (Ps 48, 17–18).

ZWANZIGSTES KAPITEL

Was die Seele gewinnt, wenn sie die Freude von zeitlichen Dingen abwendet.

1 Der geistlich strebende Mensch hat also sehr darauf zu achten, daß er das Herz und die Freude nicht an zeitliche Dinge hänge. Er fürchte, daß aus Wenigem viel wird, anwachsend von Stufe zu Stufe; denn aus Wenigem wird leicht viel, und ein kleiner Beginn endet in einem großen Handel, so wie ein Funke genügt, um einen Berg und die ganze Welt in Brand zu setzen. Man traue nicht der Geringfügigkeit einer Anhänglichkeit, so als müßte man sie nicht sofort lassen und könnte dies später tun. Wenn man nicht den Mut hat, mit Geringem am Beginne Schluß zu machen, wie darf man meinen und sich anmaßen, es zu können, wenn es angewachsen und eingewurzelt ist? Überdies sagt unser Herr im Evangelium: *Wer im Kleinsten ungetreu ist, der ist es auch im Großen* (Lk 16, 10). Wer das Kleine meidet, wird nicht im Großen fallen. Schon das Geringe bringt argen Schaden; denn Graben und Wall des Herzens sind schon durchbrochen. Und das Sprichwort sagt: Wer anfängt, hat die Hälfte vollbracht. Darum warnt uns David mit den Worten: *Strömt der Reichtum zu, hängt nicht das Herz daran!* (Ps 61, 11).

2 Wenn der Mensch es auch nicht seines Gottes wegen täte und weil die christliche Vollkommenheit ihn dazu ver-

pflichtet, so müßte er doch schon des zeitlichen Nutzens wegen, den es außer dem geistlichen bringt, sein Herz frei machen von jeder Freude an den erwähnten Dingen. So entgeht er nicht nur den verpestenden Schädigungen, die wir im vorhergehenden Kapitel besprachen, er erwirbt sich auch durch den Verzicht auf die Freude an zeitlichen Gütern die Tugend der Freigebigkeit – eine der Hauptbedingungen Gottes –, die mit Habgier in keiner Weise zusammengeht. Überdies erwirbt er sich Freiheit des Gemütes, Klarheit des Verstandes, Gelassenheit, Ruhe und friedvolles Gottvertrauen, sowie wahren Kult und Dienst an Gott aus der Freiheit des Willens. Er wird sich mehr freuen und erfrischen an den Geschöpfen, die er nicht zu eigen besitzt, als einer, der sich als Besitzer daran klammert und dem die Sorge, gleich einer Schlinge, den Geist an die Erde fesselt und die Weite des Herzens verengt.

Auch erwirbt er durch den Verzicht auf die Dinge ein klares Verständnis für sie. Er begreift ihr wahres Wesen, sowohl der Natur wie der Übernatur nach. So genießt er sie bedeutend vorteilhafter und besser als einer, der an ihnen hängt; denn der eine genießt das Wahre an ihnen, der andere den Trug; der eine nach ihrem Besten, der andere nach ihrem Schlechtesten; der eine dem Wesen nach, der andere haftet mit den Sinnen am Zufälligen; denn die Sinne können ja nicht mehr erfassen und halten als das Zufällige; der Geist aber, gereinigt vom Nebel des artmäßig Zufälligen, dringt zum wahren Wert der Dinge vor als dem ihm gemäßen Gegenstand. Freude umwölkt das Urteil wie Nebel; denn es gibt keine gewollte Freude am Geschöpf ohne Besitzenwollen, und keine Freude als Leidenschaft, die nicht auch das Herz dauernd in Besitz nimmt. Verzicht und Läuterung von solcher Freude klären das Urteil, so wie die Luft sich klärt, wenn die Nebel sich lösen.

3 Der eine erfreut sich an allen Dingen, als hätte er sie alle, ohne die Freude an sie zu hängen. Der andere, der über sein

besonderes Eigentum wacht, verliert ganz die allgemeine Freude an allem.

Der eine, im Herzen *besitzlos, besitzt alles*, in großer Freiheit, wie der hl. Paulus sagt (2 Kor 6, 10). Der andere, der etwas mit Willen festhält, hat und besitzt nichts, vielmehr wird sein Herz davon besessen, das an solcher Gefangenschaft leidet. Soviele Freuden also jemand an Geschöpfen genießen möchte, soviele Bedrängnisse und Qualen seines daran haftenden, versklavten Herzens muß er notwendig in Kauf nehmen.

Den Losgelösten belästigen keine Sorgen, weder in noch außer dem Gebete. Ohne Zeitverlust sammelt er mit Leichtigkeit viel geistigen Reichtum. Der andere aber pflegt sich hin- und herzuwenden in der Schlinge, die sein Herz umschnürt und einnimmt, und nur mit Mühe vermag er sich kaum für kurze Zeit aus der Schlinge des Denkens und Genießens dessen zu befreien, woran sein Herz hängt.

Der geistlich strebende Mensch muß also die erste Regung zur Freude an den Dingen sogleich unterdrücken, eingedenk des vorangestellten Grundsatzes: es gibt nichts, woran der Mensch sich freuen darf, außer daran, Gott zu dienen und Gottes Ehre und Verherrlichung in allen Dingen zu fördern. Einzig dahin soll er sich ausrichten und sich abwenden von den eitlen Dingen, um nicht in ihnen Freude und Trost zu suchen.

4 Die Abkehr der Freude von den Geschöpfen bringt noch einen anderen, sehr großen, ja wichtigsten Gewinn: sie macht das Herz frei für Gott. Dies ist die grundlegende Bereitstellung für alle Gnaden, die Gott ihm erweisen will, und ohne diese Bereitung erweist Er sie nicht. Und sie sind von solcher Art, daß Gott für eine Freude, der man aus Liebe zu Ihm und zur evangelischen Vollkommenheit entsagt, schon in diesem zeitlichen Leben hundert für eins gibt, wie der Herr es im Evangelium selbst verheißt (Mt 19, 29).

Doch wenn auch nicht um dieses Vorteils willen, so müßte der Geistesmensch schon einzig um des Mißfallens wegen, das Gott an solchem Genießen der Geschöpfe hat, es aus seiner Seele tilgen. Wie wir aus dem Evangelium ersehen, zürnte Gott jenem Reichen, der sich daran erfreute, Vorrat für viele Jahre zu besitzen, so sehr, daß Er ihm sagte: *Noch diese Nacht wird man deine Seele von dir fordern* (Lk 12, 20). Wir müssen davon überzeugt sein: Gott beachtet jede unserer eitlen Freuden und ersinnt dafür eine Strafe und bittere Pille nach Verdienst; und manchmal ist das aus der Freude erfließende Leid hundertmal mehr als der gehabte Genuß. Zwar sagt der hl. Johannes in der Apokalypse von Babylon: *Wie sie genossen hat und geschwelgt, so füge man ihr Qual und Trauer zu* (18, 7); doch damit ist nicht gesagt, daß die Qual nicht die Lust übertreffen werde; denn so wird es tatsächlich sein, da für kurzen Genuß ewige Qualen verhängt werden; hier wird vielmehr zu verstehen gegeben, daß jedes Ding seine besondere Strafe erhält. Gott, der *jedes unnütze Wort* bestraft, wird nicht die eitle Wonne nachsehen.

EINUNDZWANZIGSTES KAPITEL

Die Freude des Willens an natürlichen Gütern ist eitel. Sie sollen uns zu Gott hinlenken.

1 Unter *natürlichen Gütern* verstehen wir hier Schönheit, Anmut, Liebenswürdigkeit, körperliche Beschaffenheit mit allen übrigen körperlichen Gaben, wie auch im Seelischen guten Verstand, Urteilskraft und alles, was der Vernunft zugehört. Alles dessen erfreut sich der Mensch, weil ihm das Lob gefällt, das ihm darob zuteil wird. Doch er sollte vielmehr Gott danken, der ihm dies verliehen hat, damit Er dadurch mehr gekannt und geliebt werde.

Sich einzig nur der Gaben zu erfreuen, ist Eitelkeit und Täuschung, wie Salomon es sagt mit den Worten; *Anmut ist Trug und Schönheit ist eitel; jene, die Gott fürchtet, sei gelobt!* (Spr 31, 30.) Damit lehrt er uns, daß man dieser körperlichen Gaben wegen eher in Furcht sein müsse, da sie den Menschen leicht von der Gottesliebe abziehen und in Eitelkeit geraten lassen, da er, von ihnen angezogen, dem Trug verfällt. Darum sagt er, körperliche *Anmut ist trügerisch*, denn sie führt den Menschen irre und verleitet ihn aus eitler Freude und aus Wohlgefallen an sich selber oder jemand anderem, der solche Gaben besitzt, zu Dingen, die sich nicht geziemen. Und *Schönheit ist eitel*, denn sie bringt den Menschen auf mancherlei Weise zu Fall, wenn er sie schätzt und sich an ihr freut, da er sich an dem freuen sollte, womit er selbst und andere Gott dienen können. Hingegen sollte er eher Furcht und Sorge hegen, ob nicht etwa seine natürlichen Gaben und Reize Anlaß seien, Gott zu beleidigen durch eitle Anmaßung oder durch die Leidenschaft, mit der er seinen Blick daran heftet.

Darum muß der so Ausgestattete züchtig und bedacht leben, um nicht durch eitle Schaustellung jemanden zu veranlassen, das Herz nur um Weniges von Gott abzukehren. Denn solche natürliche Reize und Gaben sind derart herausfordernd und gefährdend, sowohl für den Inhaber wie für den Beschauer, daß kaum einer ohne eine leichte Bindung des Herzens entrinnt. Wir haben erfahren, daß dieser Furcht wegen viele geistliche Personen, die an solchen Gaben teilhatten, von Gott durch Gebete erlangten, daß Er sie entstelle, damit sie nicht sich selber oder anderen Ursache und Anlaß zu Verliebtheit oder eitler Freude würden.

2 Der Geistesmensch läutere also seinen Willen und dunkle ihn ab gegen diese eitle Freude. Er bedenke, daß Schönheit und die übrigen natürlichen Gaben Erde sind, von der Erde stammen und zu ihr zurückkehren, und daß Liebenswürdigkeit und Anmut Dunst und Luft dieser Erde sind. Um also nicht in Eitelkeit zu fallen, soll man sie als das erkennen und einschätzen und durch sie das Herz zu Gott erheben in Freude und Fröhlichkeit darüber, daß Gott in sich in höchstem Maße schön und anmutsvoll ist, unendlich über allen Geschöpfen, und daß, wie David sagt, das Irdische *wie*

ein Gewand veraltet und vergeht und Gott allein *ewig unwandelbar* bleibt (Ps 101, 27). Erhebt man also in solchen Dingen seine Freude nicht zu Gott, so ist sie immer irrig und trügerisch. So ist auch der Spruch Salomons über die Freude an den Geschöpfen zu verstehen: *Zur Freude sprach ich: wozu dein Trug?* (Pred 2, 2.) Denn betrogen wird das Menschenherz, wenn es sich von den Geschöpfen anziehen läßt.

ZWEIUNDZWANZIGSTES KAPITEL

Gewollte Freude an natürlichen Gütern schadet der Seele.

1 Zwar sind die Nachteile und Vorteile aus diesen Arten von Freuden allen gemeinsam; doch sie erfolgen jeweils unmittelbar aus dem Genuß einer solchen Freude oder dem Verzicht auf sie und gehören irgendeiner der sechs Arten zu, in die wir die Freude nun einteilen wollen. Ich werde zu jeder einige Nachteile und Vorteile aufzählen, die sich auch in den anderen finden, da sie, wie gesagt, Weisen der Freude sind, um die es im Ganzen geht.

Meine Hauptabsicht ist es, die besonderen Nachteile und Vorteile jedes einzelnen Falles, wie sie der Seele aus dem Genuß oder Verzicht erfolgen, aufzuzählen. Ich nenne sie *besondere*, weil sie in dieser Weise aus der bestimmten Art von Freude in erster Linie und unmittelbar hervorgehen, aus einer anderen Art jedoch nur in zweiter Linie und mittelbar. Zum Beispiel: Lauheit des Geistes wird durch jede Art von Freude unmittelbar verursacht; so ist sie allen sechs Arten gemeinsam. Unzucht jedoch ist eine besondere Schädigung, die unmittelbar aus der Freude an natürlichen Gütern erfolgt, wie wir es ausführen werden.

2 Demnach lassen sich die geistigen und körperlichen Schäden, die der Seele unmittelbar und wirklich aus der Freude an natürlichen Gütern erwachsen, auf sechs Hauptschäden zurückführen.

Der erste ist Ruhmsucht, Anmaßung, Hochmut und Geringschätzung des Nächsten. Denn sowie jemand etwas als Wert ansieht, entwertet er das Übrige, wird dieses also zumindest tatsächlich unterschätzen. Wenn er nämlich etwas hochschätzt, zieht er ganz natürlich sein Herz von den übrigen Dingen auf das bevorzugte zurück. Durch diese tatsächliche Geringschätzung kann man leicht absichtlich und willentlich gegen jene Dinge fehlen, einzeln oder allgemein, nicht nur innerlich im Herzen, sondern ausdrücklich mit der Zunge, indem man etwa sagt: dieses oder jenes, dieser oder jener ist nicht so oder so.

Die zweite Schädigung besteht in der Erregung der Sinne zum Wohlgefallen an sinnlicher Wonne und Wollust.

Die *dritte Schädigung* verleitet zu Schmeichelei und eitlem Lob, voll Trug und Nichtigkeit, wovon Isaias sagt: *Mein Volk, wer dich lobt, betrügt dich* (3, 12). Wohl sprechen sie manchmal die Wahrheit, wenn sie Anmut und Schönheit preisen; doch es wäre ein Wunder, wenn nicht irgendein Nachteil mitliefe oder der andere zu eitler Selbstgefälligkeit und Freude verführt und in seinen unvollkommenen Neigungen und Absichten gefördert würde.

Die vierte Schädigung ist allgemein. Vernunft und Geist werden so abgestumpft wie durch die zeitlichen Güter und noch viel mehr. Die natürlichen Güter stehen dem Menschen ja näher als die zeitlichen, die Freude drückt also wirksamer und schneller ihre Spuren den Sinnen ein und betäubt sie stärker; so bleiben Verstand und Urteil nicht frei, sondern werden vernebelt durch die Leidenschaft der innig nahen Freude.

Daraus erwächst *als fünfte Schädigung* die Ablenkung des Gemütes durch die Geschöpfe.

Und daraus wiederum erwachsen und erfolgen Lauheit und Schlaffheit des Geistes. Dies ist die *sechste Schädigung*. Sie ist auch allgemein und pflegt so weit zu kommen, daß sie großen Überdruß und Betrübnis ob der Dinge Gottes bewirkt, bis man sogar dahin kommt, sie zu verabscheuen.

Durch diese Freude geht unfehlbar der reine Geist verloren, zumindest zu Beginn. Ist dann noch etwas Geist zu bemerken, so doch sehr sinnlich und grob, wenig geistlich und wenig innerlich und eingezogen. Er beruht mehr auf sinnlichem Geschmack als auf Kraft des Geistes. Der Geist ist ja zu niedrig und schwach, um diesen Zustand der Freude beenden zu können (da nämlich der Geist nicht rein ist, genügt dieses unvollkommene Gehaben, sollte man auch dem Akt des Genusses, der sich darbietet, nicht zustimmen), denn er muß gewissermaßen mehr in der Schwachheit des Sinnlichen als in der Kraft des Geistigen leben. Wäre dem nicht so, dann müßte sich gelegentlich seine Kraft und Vollkommenheit erweisen. Ich leugne zwar nicht, daß neben argen Unvollkommenheiten auch viele Tugenden bestehen können; doch bei solchen nicht versagten Freuden wird der Geist nie rein, nie lieblich und innerlich sein; es herrscht ja das *Fleisch, das gegen den Geist streitet* (Gal 5, 17). Wenn auch der Geist die Verletzung nicht spürt, so verursacht sie doch eine verborgene Ablenkung.

3 Kehren wir aber zum *zweiten Schaden* zurück, der unzählige Schädigungen in sich schließt. Wenn sie sich mit der Feder nicht erfassen, noch mit Worten andeuten lassen, so ist es doch nicht im Dunkeln verborgen, wie weit sie reichen, und welches Unheil aus der Freude an natürlicher Schönheit und Anmut erwächst. Täglich kann man ja ihretwegen so viele Menschen sterben sehen, soviel Ehre verloren, soviel Schmach angetan, soviel Vermögen verschwendet, soviel Eifersucht und Streit, soviel Ehebrüche, Notzucht und Unzucht. Soviele Heilige stürzen zu Boden, daß man sie vergleichen kann dem *Dritteil der Sterne, des Himmels, den der Schweif jenes Drachen zur Erde wirft* (Offb 12, 4). *Wie ist das reine Gold verdunkelt, sein schöner Glanz verblichen! Wie werden, ach, die edlen Sionskinder, mit Feingold bisher aufgewogen, jetzt irdenen Töpfen gleichgeachtet, dem Werk von Töpferhänden!* (Klgl 4, 1–2.)

4 Wie weit wirkt nicht das Gift aus diesem Übel? Und wer trinkt nicht ein wenig oder viel aus dem vergoldeten Kelch des babylonischen Weibes der *Offenbarung?* (17, 4.) Thronend auf dem großen Tier mit sieben Köpfen und sieben Kronen gibt es zu verstehen, daß es kaum jemanden gibt, ob hoch, ob niedrig, ob Heiliger oder Sünder, dem es nicht von seinem Wein zu trinken gäbe, sein Herz irgendwie zu unterjochen. Es wurden ja, wie hier geschrieben steht, *alle Könige der Erde trunken vom Weine ihrer Unzucht* (17, 2). Und alle Stände erfaßt es, sogar den erhabenen und hehren des heiligen und göttlichen Priestertums. Es setzt seinen verfluchten Becher *an heiliger Stätte* nieder, wie Daniel sagt (9, 27). Kaum einer bleibt stark genug, um nicht ein wenig oder viel zu trinken vom Wein dieses Kelches eitler Freude. Darum heißt es, *alle Könige der Erde wurden trunken von diesem Weine;* denn es finden sich so wenige, mögen sie auch noch so heilig sein, die das Weib nicht betört und berückt hätte mit diesem Trank der Freude und Lust an natürlicher Schönheit und Anmut.

5 Der Ausdruck: *sie wurden trunken* ist zu beachten. So wenig man auch von diesem Freudenweine trinkt, sogleich greift er ans Herz, reißt es mit und schädigt die Vernunft durch Trübung, gleich wie sonst der Wein es tut. Und nimmt man nicht sogleich ein Mittel gegen dieses Gift, es schnell auszuwerfen, so läuft das Leben der Seele Gefahr. Denn die geistige Schwäche gewinnt Oberhand und zieht sie so ins Unheil, wie es Samson geschah, der blicklos mit ausgestochenen Augen, geschorenem Haupte, seiner früheren Kraft beraubt, gefangen inmitten seiner Feinde, die Mühle drehen mußte. Dann stirbt man vielleicht gar, wie er samt seinen Feinden, den zweiten Tod. All diese Übel verursacht der Freudentrank geistigerweise, wie er jenen leiblich schädigte und heute noch viele schädigt. Dann mögen dessen Feinde kommen und zu seiner großen Beschämung sagen: *Bist nicht du es, der doppelte Schlingen zerriß, Löwen er-*

würgte, tausend Philister erschlug, Tore aus den Angeln hob und sich aus den Händen all seiner Feinde befreite? (Ri 16, 19.)

6 Wir schließen nun mit der nötigen Weisung gegen dieses Gift. Sowie das Herz sich zu dieser eitlen Freude an natürlichen Gütern bewegt fühlt, entsinne es sich gleich, wie nichtig es sei, sich an etwas anderem zu freuen als am Dienste Gottes, und wie gefährlich und verderblich dazu. Es erwäge, welches Unheil es den Engeln brachte, sich ihrer Schönheit und natürlichen Güter selbstgefällig zu freuen, da sie deswegen in den Abgrund der Schande stürzten. Und wieviele Übel erfolgen den Menschen täglich aus solcher Eitelkeit! Darum ermanne man sich beizeiten, das Heilmittel anzuwenden, wie der Dichter es jenen anrät, die sich zu verlieben beginnen: «Wendet nun gleich zu Anfang eilig ein Mittel dagegen. Findet das Übel erst Zeit, mächtig im Herzen zu wachsen, dann ist's zu spät; die Mittel helfen nicht mehr.» Und der Weise sagt: *Blicke den Wein nicht an, wie er so rötlich schillert und funkelt im Glase! Lieblich geht er dir ein; dann aber beißt er wie Schlangen und träufelt sein Gift so wie Nattern* (Spr 23, 31–32).

DREIUNDZWANZIGSTES KAPITEL

Was die Seele gewinnt, wenn sie nicht an natürlichen Gütern ihre Freude hat.

1 Gar viel gewinnt die Seele, wenn sie ihr Herz von dergleichen Freuden abwendet. Sie bereitet sich der Gottesliebe und anderen Tugenden und überdies gibt sie geradewegs der Demut sich selbst gegenüber und der allgemeinen Liebe zum Nächsten Raum. Verliebt sie sich in niemanden um der offenbaren natürlichen Güter willen, die trügerisch sind, so bleibt die Seele frei und klar, um alle vernünftig und geistig zu lieben, wie Gott sie geliebt sehen will. Dabei erkennt man, daß keiner Liebe verdient, außer wegen der ihm eigenen Tugenden. Liebt man auf diese Weise, so entspricht dies sehr

dem Willen Gottes, und es gewährt große Freiheit. Spielt Anhänglichkeit mit, so vermehrt dies die Anhänglichkeit an Gott. Je mehr nämlich diese Liebe wächst, um so mehr wächst auch die Liebe zu Gott. Und je mehr die Liebe zu Gott wächst, um so mehr wächst auch die zum Nächsten; denn was in Gott geschieht, hat nur den einen Grund und die eine Ursache.

2 Ein anderer ausgezeichneter Gewinn ergibt sich aus dem Verzicht auf diese Art von Freuden; nämlich das Erfüllen und Hochhalten des Rates unseres Heilandes, der durch den hl. Matthäus sagt: *Wer mir nachfolgen will, verleugne sich selbst* (16, 24). Dazu ist die Seele durchaus nicht imstande, wenn sie ihre Freude an natürlichen Gütern findet; denn wer von sich selbst etwas hält, verleugnet sich nicht und folgt Christus nicht nach.

3 Es gibt noch einen anderen Gewinn aus dem Verzicht auf diese Art von Freuden. Er bewirkt in der Seele große Ruhe und stellt das Ausschwärmen ein. Die Sinne, namentlich die Augen, sind gesammelt. Da die Seele sich nämlich nicht durch sie erfreuen will, auch nichts anzusehen oder die übrigen Sinne daran zu wenden wünscht, um nicht angezogen und eingefangen zu werden, verschwendet sie weder Zeit noch Denken dafür. Sie verhält sich wie die kluge Schlange, die *ihre Ohren verschließt, um nicht auf die Zauberer zu hören, die sie beschwören möchten* (Ps 57, 5). Bewacht man die Türen der Seele, nämlich die Sinne, so bewahrt und vermehrt man ihre Ruhe und Reinheit.

4 Nicht geringer ist ein Gewinn jener, die in der Abtötung dieser Art von Freuden schon vorangeschritten sind. Schändliche Dinge und Begriffe hinterlassen nämlich in ihnen keinen Eindruck und keine Unreinheit wie in solchen, die immerhin noch etwas Wohlgefallen daran finden. Darum erfolgt aus der Verleugnung und Kasteiung solcher Freude

geistliche Reinheit an Seele und Leib, nämlich an Geist und Sinn, sowie engelgleiche Gottförmigkeit, die Seele und Leib zum würdigen Tempel des Heiligen Geistes macht. Solange das Herz sich an natürlichen Gütern und Reizen erfreut, ist dies nicht möglich. Dazu bedarf es keiner Einwilligung oder Erinnerung an schändliche Dinge; die Freude allein genügt, Seele und Sinn durch solches Wissen zu verunreinigen. Darum sagt der Weise: *Der Heilige Geist hält sich fern von Gedanken, die unvernünftig sind*, nämlich nicht der höheren Vernunft im Hinblick auf Gott entsprechen (Weish 1, 5).

5 Ein sich daraus ergebender allgemeiner Gewinn ist die Befreiung von allen oben angeführten Übeln und Schäden und die Behütung vor zahllosen Eitelkeiten und vielen anderen Nachteilen, sowohl geistlich wie zeitlich; man verfällt vor allem nicht der Geringschätzung wie alle jene, die sich an eigenen oder fremden natürlichen Gaben erfreuen und sich ihrer rühmen. – Alle jene, die auf solche Dinge keinen Wert legen, sondern auf das, was Gott gefällt, werden vielmehr für klug und weise gehalten und geschätzt – was sie ja wirklich sind.

6 Als letzter Gewinn fügt sich zu den genannten Vorteilen ein Seelenadel, der zum Dienste Gottes gar nötig ist, nämlich die Freiheit des Geistes, durch den man die Versuchungen leicht überwindet, die Mühen gut bewältigt und die Tugenden zum Gedeihen bringt.

VIERUNDZWANZIGSTES KAPITEL

Eine dritte Art von Gütern, die den Willen zur Freude verlocken, sind die sinnlichen. – Ihr Wesen und ihre Weisen. – Der Wille soll seine Freude von ihnen ab- und Gott zuwenden.

1 Nun ist von den *sinnlichen Gütern* zu sprechen. Es ist dies die dritte Art von Gütern, an denen der Wille sich, wie wir sagten, erfreuen kann. Unter sinnlichen Gütern verstehen wir hier all das, was in diesem Leben mit den Sinnen faßbar

ist, mit Gesicht, Gehör, Geruch, Geschmack und Tastsinn, sowie die Fähigkeit, innerlich ausgedachte Gespräche zu führen; all dies gehört den körperlichen, inneren oder äußeren Sinnen zu.

2 Um den Willen gegen die sinnlichen Objekte abzudunkeln und von ihnen zu reinigen, ist es nötig, eine Wahrheit vorauszuschicken; die wir schon oft erwähnt haben: die Sinne im niedrigen Bereich des Menschen, von denen wir nun sprechen wollen, sind nicht fähig und können es nicht sein, Gott so zu erfassen, wie Gott ist. Das Auge kann ihn nicht sehen und nichts, was ihm ähnlich wäre; das Gehör kann seine Stimme nicht vernehmen, noch einen Klang, der ihr ähnlich wäre; noch kann der Geruchsinn einen so milden Duft verspüren, noch der Gaumen einen so erhabenen und köstlichen Geschmack, noch kann der Tastsinn etwas so Zartes und Beglückendes fühlen, auch nichts Ähnliches. Das Denken vermag keine Form oder Gestalt auszusinnen, die ihn darstellte, wie Isaias es sagt: *Kein Auge hat es gesehen, kein Ohr hat es gehört, in keines Menschen Herz ist es gedrungen* (Is 64, 4; 1 Kor 2, 9).

3 Hier ist zu bemerken, daß die Sinne Freude oder Wonne empfangen können entweder von seiten des Geistes mittels irgendeiner Mitteilung, die er von Gott innerlich aufnimmt, oder von seiten der äußeren Dinge, die sich dem sinnlichen Bereich darbieten. Nach dem Gesagten kann Gott im Bereich der Gefühle weder auf dem Wege des Geistes, noch auf dem Wege der Sinne erkannt werden. Da diesem nämlich die Fähigkeit zu Höherem abgeht, empfängt er das Geistige nur fühlbar und sinnenhaft und nicht anders. Es wäre daher zumindest eitel, den Willen im Genusse der Freude an einer solchen Wahrnehmung verweilen zu lassen; und die Kraft des Willens würde dadurch behindert, sich, ganz Gott zugewandt, an Ihm allein zu erfreuen. Solches vermag der Wille in vollem Ausmaß nur, wenn er sich von Freuden

dieser Art läutert und sich gegen sie, gleich wie gegen die anderen, abdunkelt.

4 Ich sagte mit Absicht, das *Verweilen* der Freude bei einer der erwähnten Wahrnehmungen sei eitel; wenn der Wille nämlich nicht dabei verweilt, sondern sich gleich beim Empfinden der Freude an dem, was er hört oder sieht oder anfaßt, erhebt zur Freude an Gott und sich dazu angeregt und gestärkt findet, so ist dies sehr gut. Wenn solche Bewegungen zu Hingabe und Gebet führen, so brauchen sie nicht vermieden zu werden, vielmehr darf man – und soll es sogar – sich ihrer zu einer so heiligen Übung bedienen. Es gibt Seelen, die sich durch Sinnenfälliges sehr zu Gott getrieben fühlen.

Doch man muß hierbei sehr vorsichtig sein und die sich daraus ergebenden Wirkungen beachten. Viele geistlich Strebende ergeben sich oftmals solchen Vergnügungen der Sinne unter dem Vorwande des Gebetes und der Hingabe an Gott; doch es geht dabei mehr um Vergnügen als um Gebet, und man bereitet eher sich selber Freude als Gott. Ihre Meinung gilt Gott; doch was sie daraus gewinnen, ist sinnliches Vergnügen, das eher Schwächung und Unvollkommenheit bewirkt als Belebung des Willens zur Hingabe an Gott.

5 Darum möchte ich hier eine Lehre bringen, wie man ersehen kann, wann das erwähnte Verkosten mit den Sinnen voranhilft und wann nicht. Wenn man jedesmal beim Hören einer Musik oder anderer Klänge, beim Sehen lieblicher Dinge, beim Riechen süßer Düfte, beim Verkosten eines Wohlgeschmackes und zarter Berührungen sofort, bei der ersten Regung, Kenntnis und Neigung des Willens zu Gott wendet und daran mehr Freude hat als an der Wahrnehmung und sinnlichen Regung als Ursache und sich an dieser nur erfreut, weil sie eben solches bewirkt, so ist dies ein Zeichen dafür, daß aus dem Besagten Nutzen gewonnen

wird und das Sinnenhafte dem Geiste voranhilft. Und in dieser Weise darf man sich dessen bedienen; denn so dient das Fühlbare eben dem Zweck, zu dem Gott es erschuf und gab, nämlich daß Er mehr geliebt und erkannt werde.

Hier ist zu beachten: übt das Sinnenhafte auf jemanden diese rein geistige Wirkung aus, so trägt er doch kein Begehren danach und macht sich fast nichts daraus, auch wenn es sich ihm zu großer Freude darbietet, als die Freude nämlich, von der ich sagte, sie gehe von Gott aus. So erstrebt er sie nicht um ihretwillen, und so wie sie sich darbietet, geht (wie gesagt) sein Wille gleich darüber hinweg, er verläßt sie und gibt sich an Gott hin.

6 Der Grund, warum er sich aus diesen Empfindungen nicht viel macht, obwohl sie ihm helfen, zu Gott zu gehen, ist dieser: der Geist, der so bereit ist, mit allem und für alles zu Gott zu gehen, ist dadurch so gesättigt und eingenommen und befriedigt durch den Geist Gottes, daß er nichts vermißt und nichts begehrt. Und begehrt er es Gottes wegen, so geht er gleich darüber hinweg und vergißt es und macht kein Wesen daraus.

Wer jedoch diese Freiheit des Geistes den erwähnten fühlbaren Dingen und Freuden gegenüber nicht besitzt, sondern mit seinem Willen dabei verweilt und sich an ihnen nährt, dem schaden sie und er muß auf ihren Genuß verzichten. Wollte er sich auch vernunftgemäß ihrer bedienen, um zu Gott zu gehen, so sind sie ihm doch, so wie sein Begehren sich sinnlich daran ergötzt, mehr hindernd als fördernd und mehr Schaden als Nutzen; denn die Wirkung ist immer dem Genuß angemessen. Und würde er bemerken, daß in ihm das Begehren nach solchen Vergnügungen vorherrscht, so müßte er es abtöten; denn je heftiger es wäre, um so mehr Unvollkommenheit und Schwächung würde es bewirken.

7 Der Geistesmensch darf also jedwede Lust, die sich von seiten der Sinne ihm darbietet, sei es durch Zufall, sei es mit

Absicht, nur für Gott ausnützen, indem er die Freude der Seele zu Gott erhebt, damit sie nützlich und förderlich und vollkommen sei. Er bedenke, daß jede Freude, die nicht in dieser Weise Verleugnung und Vernichtung jeder anderen Freude ist – und gälte sie auch etwas scheinbar sehr Erhabenem – eitel und unnütz und hindernd ist für die Vereinigung des Willens mit Gott.

FÜNFUNDZWANZIGSTES KAPITEL

Gewollte Freude an sinnlichen Gütern schädigt die Seele.

1 Als Erstes erfolgen für die Seele, die sich nicht abdunkelt gegen die Freuden, die ihr aus sinnlichen Gütern erwachsen können, und sie nicht dämpft durch ihre Hinwendung zu Gott, aus eben diesen sinnlichen Gütern sämtliche allgemeinen Schädigungen, die wir als Wirkung jeder anderen Art von Freude anführten, als da sind: Trübung des Verstandes, Lauheit und Überdruß an geistlichen Dingen, usw.

Doch es gibt im Einzelnen viele Übel, die sie sich durch die Freude an sinnlichen Gütern besonders zuziehen kann, sowohl geistige wie körperliche und sinnliche.

2 Vor allem kann ihr aus der Freude an *sichtbaren* Gütern, wenn sie diese nicht abweist, um zu Gott zu gehen, geradewegs Eitelkeit des Gemütes, Zerstreutheit des Geistes, ungeordnete Lüsternheit, Unehrbarkeit, innere und äußere Ausgelassenheit, Unreinheit der Gedanken und Neid erfolgen.

3 Aus der Freude am *Hören* unnützer Dinge erwachsen geradewegs Zerstreutheit der Einbildungskraft, Geschwätzigkeit, Neid, unbegründetes Urteil und Unbeständigkeit des Denkens, und daraus wieder viele andere verderbliche Nachteile.

4 Aus dem Ergötzen an köstlichen *Wohlgerüchen* kommt Ekel vor den Armen – was der Lehre Christi widerspricht –,

Widerwille gegen das Dienen, wenig Hingebung des Herzens an die Belange der Demut und geistige Gefühllosigkeit, zumindest nach dem Maße des Begehrens.

5 Aus der Freude am *Wohlgeschmack* der Speisen erwachsen geradewegs Völlerei und Trunksucht, Zorn, Zwietracht und Mangel an Liebe zum Nächsten und zu den Armen, wie bei jenem Prasser, der täglich herrlich tafelte und den Lazarus darben ließ (Lk 16, 19). Weiter erfolgen daraus körperliches Unbehagen und Krankheiten, aber auch böse Regungen, da die Lockungen zur Lüsternheit zunehmen. Es entsteht unmittelbar arge Stumpfheit des Geistes, und das Verlangen nach geistlichen Dingen wird so verderbt, daß man keinen Geschmack daran findet, sie nicht üben und sich nicht damit befassen will. Diese Lust zieht auch Zerrüttung der übrigen Sinne und des Herzens nach sich, sowie Mißvergnügen an vielen Dingen.

6 Aus der Lust des *Tastsinnes* an geschmeidigen Dingen ergeben sich noch viel mehr und verderblichere Schädigungen, und noch schneller verderbt dieser Sinn den Geist und nimmt ihm Kraft und Lebendigkeit. Daraus entspringt das abscheuliche Laster der Weichlichkeit oder doch die Verlockung dazu, je nach dem Maß dieser Lust. Sie züchtet Unkeuschheit, macht das Gemüt weibisch und verzagt, die Sinne schmeichlerisch und honigsüß und bereit zu sündigen und zu schädigen. Sie flößt dem Herzen eitle Fröhlichkeit und Freude ein. Sie macht die Zunge frech und die Augen frei, betört und betäubt die übrigen Sinne, je nach dem Maß des Begehrens. Sie macht das Urteil blöde, da sie es in Unwissenheit und Geistestorheit beläßt, und bewirkt moralisch Feigheit und Unbeständigkeit. Sie vernebelt die Seele und entnervt das Herz, so daß es auch dort Furcht hat, wo nichts zu fürchten ist. Bisweilen verursacht diese Lust Verwirrung des Geistes und Unempfindlichkeit des Gewissens; denn sie schwächt sehr die Vernunft und bringt sie in

eine Verfassung, in der sie einen guten Rat weder anzunehmen noch zu geben vermag. Sie bleibt unfähig zu geistig und sittlich Gutem und unnütz wie ein zerbrochener Krug.

7 Alle diese Schäden werden durch Freuden solcher Art verursacht, bei manchen um so intensiver, je nach der Intensität der Freude und dem Entgegenkommen oder der Schwäche und Unbeständigkeit des Menschen, den sie betrifft. Es gibt Naturen, denen etwas Geringes mehr Schaden zufügt als anderen viel Bedeutenderes.

8 Schließlich kann dieser Genuß durch den Tastsinn zu den vielen Übeln und Schäden führen, die wir hinsichtlich der natürlichen Güter anführten. Da sie dort schon behandelt sind, wiederhole ich sie hier nicht. Ebensowenig zähle ich viele andere Schädigungen auf, als da sind: Nachlassen in den geistlichen Übungen und körperlichen Bußen, Lauheit und Mangel an Andacht bei Empfang der Sakramente der Buße und der Eucharistie.

SECHSUNDZWANZIGSTES KAPITEL

Geistlicher und zeitlicher Gewinn der Seele aus dem Verzicht auf die Freude an sinnlich fühlbaren Dingen.

1 Wunderbar ist der Gewinn, den die Seele aus dem Verzicht auf diese Freuden zieht; er ist von *geistiger* und von *zeitlicher* Art.

2 *Erster* Gewinn der Seele, die ihre Freude von den sinnlich fühlbaren Dingen zurückzieht, ist die Sammlung aus der Zerstreutheit, in die sie durch übermäßige Anwendung der Sinne geraten ist. Nun zieht sie sich auf Gott zurück, bewahrt den Geist und die Tugend, die sie erworben hat, vermehrt sie und erwirbt neue dazu.

3 Der *zweite* geistige Gewinn desjenigen, der sich am Sinnlichen nicht ergötzen will, ist vortrefflich: wir können näm-

lich in Wahrheit sagen, er wandle sich vom Sinnenmenschen zum Geistesmenschen, vom Tier zum Vernunftwesen. Noch Mensch, hat er Teil am Engelhaften und aus dem Zeitlichen und Menschlichen erhebt er sich zum Göttlichen und Himmlischen. Ein Mensch, der seine Lust im Sinnlichen sucht und seine Freude daran hat, verdient keine anderen Namen als die angeführten, nämlich: sinnlich, tierisch, zeitlich, usw. sowie er aber seine Freude über das Sinnliche erhöht, gebührt ihm durchaus die Bezeichnung geistig, himmlisch usw.

4 Dies ist offenbare Wahrheit; da nämlich Übung der Sinne und Kraft der Sinnlichkeit, wie der Apostel sagt (Gal 5, 17), der Kraft und Übung des Geistes widerstreiten, so müssen, wenn die Kräfte der einen Art abnehmen und verlöschen, die ihnen entgegengesetzten Kräfte, die zuvor am Wachstum behindert waren, wachsen und sich mehren. Entfaltet sich also der Geist als oberster Bereich der Seele, der auf Gott bezogen ist und mit Ihm in Verbindung steht, so gebühren ihm die genannten Bezeichnungen, da er sich ja vervollkommnet in geistlichen und himmlischen Gütern und Gaben Gottes.

Für beides zeugt der hl. Paulus. Den Sinnlichen (dessen Wille nur auf Sinnengenuß geht), nennt er einen *naturhaften Menschen, der nicht faßt, was Gottes Geist ist;* wer aber seinen Willen zu Gott erhebt, den nennt er einen *geisterfüllten Menschen, der alles versteht und selbst die Tiefen der Gottheit ergründet* (1 Kor 2, 14.15.10). So besitzt die Seele hier den wunderbaren Vorteil einer großen Bereitschaft zum Empfange geistiger Güter und Gaben von Gott.

5 Als *Drittes* gewinnt der Wille eine überschwängliche Steigerung seiner Lust und Freude schon in der Zeit; denn schon *in diesem Leben erhält er*, nach dem Worte des Heilandes, *hundert für eins* (Mt 19, 29). Verzichtest du also auf eine Freude, so wird der Herr dir in diesem Leben zeitlich und

geistig hundertfaches geben; wie dir auch aus einer Freude, die du aus diesen sinnlichen Dingen gewinnst, hundertfach Kummer und Verdruß erwächst.

Durch das von Schaulust schon geläuterte Auge erfährt die Seele geistige Freude im Aufblick zu Gott bei allem, was es sieht, sei es nun etwas Göttliches oder Profanes. Durch das von der Lust am Hören geläuterte Ohr erfährt die Seele hundertfach sehr geistige und auf Gott hingerichtete Freude bei allem, was es hört, sei es nun göttlich oder profan. Und so geht es mit allen schon geläuterten Sinnen.

Gleich wie unseren Stammeltern im Stande der Unschuld alles, was sie im Paradiese sahen, sprachen und aßen zu reicherem Genuß der Beschauung diente, da ihr sinnlicher Bereich der Vernunft gut unterworfen und geordnet war, so genießt auch der, dessen Sinne geläutert von allem Sinnenhaften, dem Geiste unterworfen sind, von der ersten Regung an die Wonne des köstlich beschaulichen Innewerdens Gottes.

6 Dem Reinen dient alles, das Hohe und Niedrige, zur Mehrung des Guten und der Reinheit, so wie der Unreine aus beidem, ob seiner Unreinheit, sich Übles zuzieht. Wer aber die Lust des Begehrens nicht überwindet, wird nicht die dauernde heitere Freude an Gott mittels der Geschöpfe und Werke Gottes genießen.

Jede Betätigung der Sinne und alle Fähigkeiten eines Menschen, der nicht mehr sinnlich lebt, sind auf die göttliche Beschauung hingerichtet. Da es wahr ist, was die rechte Philosophie sagt, daß nämlich jedes Sein seinem Wesen und Leben nach handelt, so geht die Seele, die ein geistliches Leben (nach Ertötung des Tierischen) führt, mit allem zu Gott. Es stammen ja alle ihre geistigen Regungen und Bewegungen aus geistigem Leben. Daraus folgt, daß jemand mit schon lauterem Herzen in allen Dingen ein freudvolles, köstliches, keusches, lauteres, geistiges, fröhliches und liebevolles Erkennen Gottes findet.

7 Dem Gesagten entnehme ich folgende Lehre: um so weit zu kommen, daß die Sinne, an das Abweisen sinnlicher Freuden gewöhnt, bei der ersten Regung den geschilderten Gewinn daraus ziehen und sich durch die Dinge sofort zu Gott hinlenken lassen, muß der Mensch notwendig seiner Freude und Lust an ihnen entsagen, um die Seele der sinnlichen Lebensweise zu entwöhnen. Er muß ja, wenn er noch nicht geistig ist, befürchten, aus dem Gebrauch dieser Dinge vielleicht mehr Saft und Kraft für die Sinne zu ziehen als für den Geist, da in seiner Tätigkeit noch die sinnliche Kraft überwiegt, die der Sinnlichkeit dient, sie erhält und vermehrt. Denn *was aus dem Fleische geboren ist, ist Fleisch; und was aus dem Geiste geboren ist, ist Geist*, sagt unser Heiland (Jo 3, 6).

Darauf achte man sehr; denn so ist es in Wahrheit. Und wer seine Freude an sinnlichen Dingen noch nicht ertötet hat, wage es nicht, sich der Kraft und des Wirkens der Sinne viel zu bedienen in der Meinung, dies nütze dem Geist. Die Seelenkräfte werden viel besser ohne dieses Sinnenhafte wachsen, nämlich mehr durch das Verlöschen der Freude und Lust daran als durch deren Gebrauch.

8 Von den Gütern der Glorie, die im anderen Leben aus dem Verzicht auf diese Freude erfolgen werden, braucht nichts gesagt zu werden. Abgesehen davon, daß der Leib in der Glorie viel herrlicher mit Gaben ausgestattet sein wird, wie etwa mit Behendigkeit und Klarheit, als wenn er hier nicht entsagt hätte, so vermehrt sich die wesentliche Glorie der Seele entsprechend der Liebe zu Gott, um deretwillen diesen sinnlichen Dingen entsagt wurde. Denn jede Abkehr von einer augenblicklichen und hinfälligen Lust *verschafft uns*, wie der hl. Paulus sagt, *einen über alle Maßen großen und ewigen Schatz an Herrlichkeit* (2 Kor 4, 17).

Weitere Vorteile, die sowohl in sittlicher, wie in zeitlicher und auch in geistiger Hinsicht aus dieser *Nacht* der Freude erfolgen, will ich hier nicht anführen. Denn es sind die gleichen wie die schon angeführten, doch in erhöhtem Maße, weil diese Freuden der Natur näher anhaften, und der Verzicht darauf eine tiefer innerliche Läuterung bewirkt.

SIEBENUNDZWANZIGSTES KAPITEL

Die sittlichen Güter als vierte Art. – Ihr Wesen. – Inwiefern die gewollte Freude an ihnen erlaubt ist.

1 Die *vierte Art*, an der sich der Wille erfreuen kann, sind *sittliche Güter*. Unter sittlichen Gütern verstehen wir hier die Tugenden und deren zuständliches Gehaben, insofern es sittlichen Wert hat, sowie die Übung jeglicher Tugend, die Übung der Werke der Barmherzigkeit, die Beobachtung des Gesetzes Gottes, die staatsbürgerlichen Tugenden und die Entfaltung jeder guten Naturanlage und Neigung.

2 Sind solche sittliche Werte vorhanden und in Übung, so verdienen sie wohl mehr, daß der Wille sich an ihnen erfreue, als jede der drei anderen angeführten Arten. Denn aus einem von *zwei* Gründen oder aus beiden zusammen, darf der Mensch sich seiner Habe erfreuen, nämlich entweder ob des ihr eigenen Wertes oder um des Guten willen, das sie als Mittel oder Werkzeug nach sich zieht.

Sonach finden wir, daß die drei schon genannten Arten keine gewollte Freude verdienen; denn sie erweisen an sich, wie gesagt, dem Menschen nichts Gutes und haben keinen Wert, da sie hinfällig und vergänglich sind. Vielmehr erzeugen und vermehren sie, wie wir auch sagten, Kummer und Schmerz und Bedrängnis des Gemütes. Und darf man sich aus dem zweiten Grund ein wenig an ihnen erfreuen, wenn sie nämlich dem Menschen auf dem Wege zu Gott fördern, so ist dies so ungewiß, daß sie, wie wir allgemein einsahen, dem Menschen eher schaden als nützen.

Doch die sittlichen Güter verdienen schon aus dem ersten Grunde, ob des Wertes, den sie in sich haben, einige Freude von seiten ihres Besitzers. Sie bringen ja Frieden und Ruhe mit sich, sowie richtigen und geordneten Gebrauch der Vernunft und die dementsprechende Tätigkeit. Der Mensch kann in diesem Leben nichts Besseres besitzen.

3 Da also die Tugenden an sich es verdienen, geliebt und geschätzt zu werden (menschlich gesprochen), so darf der Mensch wohl sich ihrer erfreuen, wenn er sie hat und übt, wegen des ihnen eigenen Wertes und des menschlich Guten, das sie in der Zeit dem Menschen gewähren. Darum haben die Philosophen und Weisen und Fürsten des Altertums sie geschätzt und gelobt und danach getrachtet, sie zu besitzen und zu üben. Und obwohl sie als Heiden nur den zeitlichen, leiblichen und natürlichen Vorteil im Auge hatten, den sie aus der Tugend erfolgen sahen, gewannen sie dadurch nicht nur den erstrebten zeitlichen Besitz und Namen, sondern überdies mehrte Gott ihnen Leben, Ehre, Herrschaft und Frieden. Er liebt ja das Gute auch am Barbaren und Heiden und *hindert nie das Tun des Guten* (vgl. Weish 7, 22). So belohnte er die Römer, weil sie gerechte Gesetze gebrauchten, unterwarf ihnen fast die ganze Welt und vergalt ihnen so in der Zeit ihre guten Sitten, da sie ob ihres Unglaubens des ewigen Lohnes nicht fähig waren[1].

Gott liebt diese sittlichen Güter so sehr, daß Er es dankbar anerkannte, als Salomon Ihn um Weisheit bat, um sein Volk belehren, gerecht regieren und in guten Sitten unterweisen zu können. Gott selber sagte ihm: *Weil du zu diesem Zwecke Weisheit erbeten hast, werde ich sie dir geben, ja noch mehr als das Erbetene, Reichtum und Ehre, so daß kein König, weder in Vergangenheit noch Zukunft, dir ähnlich sein wird* (3 Kg 3, 11–13).

4 Doch wenn sich auch der Christ in dieser ersten Weise der sittlichen Güter und guten Werke in dieser Zeit erfreuen darf, da sie die erwähnten zeitlichen Vorteile bringen, so darf seine Freude an dieser ersten Weise (die wir den Heiden zuschieben, deren innerer Blick nicht über dieses

[1] Vgl. St. Augustinus, De Civitate Dei, l. 5, c. 12. 15.

sterbliche Leben hinausreicht), nicht sein Genügen haben, sondern er soll sich – da er ja das Licht des Glaubens besitzt, in dem er das ewige Leben erhofft, ohne das ihm alles hier und dort nichts nützte – einzig und hauptsächlich an Besitz und Übung dieser sittlichen Güter in der zweiten Weise erfreuen, insofern er nämlich durch die aus Liebe zu Gott vollbrachten Werke das ewige Leben gewinnt.

Er richte also sein Augenmerk und seine Freude nur darauf, durch seine guten Sitten und Tugenden Gott zu dienen und Ihn zu verherrlichen; denn ohne diese Absicht gelten die Tugenden nichts vor Gott. Dies erweist das Gleichnis von den zehn Jungfrauen im Evangelium, die alle die Jungfräulichkeit bewahrt und Gutes getan haben. Doch fünf von ihnen haben sich nicht in der zweiten Weise daran erfreut – nämlich im Hinblick auf Gott –, sondern sie ergaben sich in der ersten Weise der eitlen Freude am Besitzen und wurden dafür vom Himmel ausgeschlossen, ohne Dank noch Lohn des Bräutigams. So übten auch viele Menschen der Antike große Tugenden und taten gute Werke, und viele Christen unserer Zeit sind tugendhaft und schaffen Großes, doch es nützt ihnen nichts fürs ewige Leben, da sie nicht die Ehre und Verherrlichung erstreben, die einzig Gott zukommt.

Der Christ soll sich also nicht daran freuen, daß er gute Werke tut und gute Sitten befolgt, sondern daran, daß er dies einzig aus Liebe zu Gott tut, ohne jede andere Absicht. Je mehr sie nur zu Ehren Gottes getan werden, um so größeren Lohn bringen sie; doch je mehr andere Absichten mitspielen, um so tiefer wird man vor Gott beschämt sein.

5 Will nun der Christ seine Freude an den sittlichen Gütern auf Gott ausrichten, so bedenke er, daß der Wert seiner guten Werke, des Fastens, Almosengebens, Büßens, Betens usw. sich nicht so sehr auf deren Quantität und Qualität gründet, sondern auf die Liebe zu Gott, die er daran wendet. Sie sind um so wertvoller, je reiner und unbedingter die Gottesliebe ist, mit der sie getan werden, und je weniger man

darauf bedacht ist, hier oder drüben ihretwegen Freude, Lust, Trost oder Lob zu ernten. Das Herz soll also nicht an Freude, Genuß und an den anderen Vorteilen hängen, wie gute Übungen und Werke sie mit sich zu bringen pflegen, sondern es soll diese Freude auf Gott sammeln, im Wunsche, Ihm damit zu dienen und soll, geläutert und abgedunkelt gegen diese Freude, einzig nur wollen, daß Gott im Verborgenen sich daran erfreue und ergötze, ohne jede andere Beziehung oder Triebkraft als nur die Ehre und Verherrlichung Gottes. So sammelt sich alle Stärke des Willens hinsichtlich dieser sittlichen Güter in Gott.

ACHTUNDZWANZIGSTES KAPITEL

Gewollte Freude an sittlichen Gütern kann siebenfach schädigen.

1 Der Hauptgefahren, denen der Mensch durch eitle Freude an seinen guten Werken und Sitten erliegen kann, sind ihrer sieben. Sie sind, weil *geistig*, sehr bedrohlich.

2 Als *erste* Gefahr drohen Eitelkeit, Hochmut, Ruhmsucht und Anmaßung. Freut man sich nämlich an seinen Werken, so schätzt man sie auch. Daraus entsteht das Prahlen und was sonst noch in den Worten des Pharisäers liegt, der, wie das Evangelium berichtet, betete und prahlerisch Gott dankte, weil er fastete und andere gute Werke tat (Lk 18, 12).

3 Die *zweite* Gefahr hängt mit dieser zusammen: man hält die anderen vergleichsweise für böse und unvollkommen, da sie anscheinend nicht so viel Gutes tun, mißachtet sie im Herzen und setzt sie manchmal auch mit Worten herab.

Diesen Schaden weist der Pharisäer auf, da er in seinen Gebeten sagte: *Ich danke dir, daß ich nicht bin wie die übrigen Menschen, die Räuber, Ungerechten und Ehebrecher* (Lk 18, 11). So vereinigt ein einziger Akt zwei Übel: man achtet sich und mißachtet die anderen. Auch heutzutage gibt es viele, die sagen: Ich bin nicht wie jener, so etwas tue ich nicht gleich diesem oder jenem. Viele von ihnen sind noch schlechter als der Pharisäer. Er hat nicht nur die übrigen verachtet, sondern auch sein Gegenüber bezeichnet, indem er sagte: *Ich bin nicht wie jener Zöllner;* sie aber sind nicht damit zufrieden, beides zu tun; sie gehen so weit, sich zu ärgern und neidisch zu sein, wenn sie sehen, daß andere gelobt werden oder mehr tun oder gelten als sie selbst.

4 Eine *dritte* Gefahr besteht für jene, die bei ihren Werken aufs Vergnügen bedacht sind: sie schaffen für gewöhnlich nur, wenn daraus ein Gewinn an Lob oder Freude vorauszusehen ist. So tun sie alles, wie Christus sagt, *um von den Menschen gesehen zu werden* (Mt 23, 5) und nicht einzig aus Liebe zu Gott.

5 Daraus ergibt sich ein *vierter* Schaden: sie erhalten von Gott keinen Lohn, da sie in diesem Leben Freude und Trost finden oder durch ihre Werke Ehre oder andere Vorteile gewinnen möchten. Von diesen sagt der Heiland, *sie haben ihren Lohn schon dahin* (Mt 6, 2). So bleiben sie dann, beschämt und unbelohnt, mit nichts als der Mühe des Werkes.

Ob dieser Gefahr gibt es bei den Menschenkindern so viel Elend, daß ich meine, die meisten der öffentlich getanen Werke sind entweder böse oder nichts wert oder doch unvollkommen vor Gott, da sie nicht frei sind von menschlichen Interessen und Rücksichten. Wie sollte man etliche Werke und Denkmale anders beurteilen, die manche unternahmen und errichteten, wenn sie diese nicht anders tun wollten als eingehüllt in Ehre und menschliche Rücksicht auf die Eitelkeit des Lebens? Sie verewigen dadurch ihren Namen, Adel und Vorrang und bringen sogar ihre Zeichen und Wappen in den Kirchen an – so als wollten sie gleichsam die Stelle der Bilder einnehmen –, dort, wo jedermann das Knie beugt! Von manchen Urhebern solcher Werke kann man sagen, sie wollten damit mehr sich selbst als Gott verherrlichen. Und dies ist wahr; denn zu diesem Ziel haben sie es vollbracht, und ohne dieses hätten sie es nicht vollbracht.

Doch lassen wir diese ärgsten Vergehen beiseite. Wie viele aber gibt es zudem, die bei ihrem Schaffen dieser Gefahr erliegen? Die einen wollen, daß man sie lobe, die andern, daß man ihnen danke. Wieder andere rechnen damit und freuen sich, wenn dieser und jener und gar die ganze Welt davon erfährt. Manchmal wünschen sie, ihr Almosen oder was sie sonst leisten, möge durch dritte Hand gehen, damit mehr darum wissen. Andere trachten nach alledem zugleich. Dies ist das *Ausposaunen*, von dem der Heiland im Evangelium (Mt 6, 2) sagt, die Eitlen, die solches tun, werden für ihre Werke von Gott keinen Lohn empfangen.

6 Um dieser Gefahr zu entgehen, muß man daher sein Tun verbergen, so daß Gott allein es sieht, und man darf nicht wünschen, daß jemand es bemerke. Und nicht nur vor den andern, auch vor sich selbst hat man es zu verbergen; man darf sich nämlich nicht selbst darin gefallen – so als ob es etwas Beachtliches wäre –, noch darf man sich an alledem ergötzen. Versteht man das Wort unseres Herrn: *deine Linke soll nicht wissen, was deine Rechte tut* (Mt 6, 3), geistig, so bedeutet es: schätze nicht mit zeitlich-leiblichem Auge ab, was du geistig tust.

Auf diese Weise sammelt sich die Willenskraft in Gott und das Werk bringt Frucht vor Ihm. So geht es nicht verloren und gereicht überdies zu großem Verdienst. In diesem Sinne ist der Ausspruch Jobs zu verstehen: *Küßte ich meine Hand mit dem Munde, ein Frevel wäre es und große Sünde, wenn gar mein Herz sich heimlich daran freute* (31, 26–28). Die Hand bedeutet das Werk, der Mund den Willen, der sich daran ergötzt. Und über die Selbstgefälligkeit, von der wir sprachen, sagt er: *Wenn gar mein Herz sich heimlich daran freute, ein Frevel wäre es und Aufruhr gegen Gott*. Er meint damit, daß er sich nicht darin gefiel und sein Herz sich nicht geheim daran ergötzte.

7 Die *fünfte* Gefahr betrifft das Vorankommen auf dem Wege zur Vollkommenheit, das gehemmt wird, wenn man

aus den Werken und Übungen Freude und Trost gewinnen möchte und zu Zeiten nicht findet, was für gewöhnlich bei denen zutrifft, die Gott voranbringen möchte. Da reicht Er ihnen hartes Brot, die Speise der Vollkommenen, und entzieht ihnen die Kindermilch, ihre Kraft zu erproben und ihren weichlichen Geschmack zu läutern, damit sie am Brote der Starken Geschmack finden. Sie aber verzagen nun zumeist und verlieren die Beharrlichkeit, weil ihr Wirken ihnen nicht den erwähnten Genuß bietet. In diesem Sinne ist das Wort des Weisen geistig zu deuten: *Tote Fliegen verderben den Duft der Salbe* (Pred 10, 1). Kaum bietet sich ihnen irgendeine Abtötung, schon sterben sie den guten Werken, unterlassen sie und verlieren die Beharrlichkeit, die dem Geiste innen sanften Trost gewährt.

8 Die *sechste* Gefahr führt gemeinhin zu der Täuschung, die Werke, die man gerne tut, für besser zu halten als jene, die man nicht gerne tut, demnach die einen zu loben und zu schätzen und die anderen zu mißachten. Dieweil doch zumeist solche Werke, die an sich den Menschen mehr abtöten (besonders wenn er noch nicht sehr vollkommen ist), vor Gott angenehmer und wertvoller sind – wegen der Selbstverleugnung, die der Mensch dadurch leistet – als solche, in denen man Trost findet und sehr leicht sich selbst zu suchen pflegt. Michäas sagt davon: *Malum manuum suarum dicunt bonum. – Wirken sie Böses, sie nennen es gut* (7, 3); denn sie möchten sich ihrer Werke erfreuen, nicht aber einzig Gott Freude bereiten.

Wie weit diese Gefahr um sich greift, sowohl bei geistig Strebenden wie auch bei Durchschnittsmenschen, davon wäre viel zu sagen; es findet sich ja kaum einer, der sich rein nur regte, um für Gott zu schaffen, ohne sich auf irgendeinen Trost, eine Freude oder eine andere Absicht zu stützen.

Die *siebente* Gefahr besteht darin, daß der Mensch, der die eitle Freude an sittlichen Werken nicht austilgt, unfähig wird, hinsichtlich der ihm zustehenden Pflichten vernünftigen Rat und Belehrung anzunehmen. Entweder er ist befangen durch die zuständliche Schwäche in seinem Wirken und durch die ihm eigene eitle Freude; oder er hält den fremden Rat nicht für besser oder, er will ihn, wenn er ihn auch für besser hält, doch nicht befolgen, da ihm der Mut dazu fehlt.

Solche ermatten sehr in der Liebe zu Gott und dem Nächsten, denn die Liebe, die sie ob ihrer Werke zu sich selbst hegen, kühlt ihre Hingabe ab.

NEUNUNDZWANZIGSTES KAPITEL

Welcher Gewinn sich für die Seele aus der Abkehr von der Freude an sittlichen Gütern ergibt.

Gar großer Gewinn erfolgt für die Seele, wenn sich der Wille nicht eitler Freude an sittlichen Gütern überläßt.

1 Fürs *erste* entgeht sie vielen Versuchungen und Verführungen des Teufels, die sich in der Freude an solchen guten Werken verbergen. So lassen sich die Worte Jobs verstehen, die besagen: *Im Schatten schläft er, im Rohr versteckt, in feuchtem Sumpf* (40, 16). Er meint damit den Teufel, der durch den Sumpf der Freude und die Hohlheit des Röhrichts, nämlich durch eitles Tun, die Seele betrügt. Vermag der Teufel durch diese Freude heimlich zu betrügen, so ist dies kein Wunder; denn es bedarf gar nicht seiner Suggestion, da ja schon die eitle Freude an sich Betrug ist, besonders wenn man sich ihrer irgendwie im Herzen rühmt. Darum sagt Jeremias: *Arrogantia tua decepit te. – Deine Anmaßung hat dich betrogen* (49, 16). Ist Prahlerei nicht die ärgste Täuschung? Ihrer entledigt sich die Seele durch Läuterung von solcher Freude.

2 Der *zweite* Gewinn ist eine besser abgestimmte und zweckentsprechende Tätigkeit. Spielt die Leidenschaft der Freude und des Genusses mit, so fehlt es daran. Durch leidenschaftliche Freude erlangen nämlich Reizbarkeit und Be-

gierlichkeit so sehr die Oberhand, daß sie dem Ausgleich durch die Vernunft nicht Raum geben; vielmehr wechselt man für gewöhnlich oft Tätigkeit und Absicht, man läßt das eine und ergreift das andere, beginnt viel und vollendet nichts. Man arbeitet ja um der Lust willen, und diese ist wandelbar, in manchen Naturen mehr als in anderen. Ist sie dahin, so ist auch das Werk samt dem Vorhaben dahin, und wäre es noch so wichtig. Bei solchen Menschen ist die Freude Seele und Kraft des Werkes; verlischt die Freude, so ist es aus mit dem Werk, es stirbt, weil sie nicht beharren. Von ihnen sagt Christus, sie nehmen das Wort mit Freuden auf, dann aber nimmt der Teufel es fort, damit sie nicht ausdauern (vgl. Lk 8, 12.13). Sie hatten keine anderen Kräfte und Wurzeln als eben diese Freude. Auf dem Entsagen und Abkehren des Willens von dieser Freude gründet also ihr Beharren und Vollenden. Dieser Gewinn ist demnach sehr groß, wie auch der entgegengesetzte Verlust groß ist. Der Weise richtet den Blick auf Wesen und Nutzen des Werkes, nicht auf Genuß und Wohlgefallen daran. So führt er keine Luftstreiche aus, schöpft aus dem Werk dauernde Freude und muß sie nicht mit Überdruß bezahlen.

3 Der *dritte* ist ein göttlicher Gewinn. Verlöscht man die eitle Freude am Werk, so wird man arm im Geiste, dies aber ist eine der Seligkeiten, die der Sohn Gottes verkündet mit den Worten: *Selig die Armen im Geiste, denn ihrer ist das Himmelreich* (Mt 5, 3).

4 Der *vierte* Gewinn besteht darin, daß jener, der dieser Freude entsagt, im Wirken mild, demütig und klug ist; denn er arbeitet nicht stürmisch und hastig, angespornt durch Begierlichkeit und Reizbarkeit, auch nicht zur Anmaßung bewegt durch Hochschätzung des Werkes, an dem er seine Freude hat, noch töricht verblendet durch die Freude.

5 Der *fünfte* Gewinn ist, daß er sich Gott und den Menschen angenehm macht und sich von geistiger Habgier, Lüsternheit und Trägheit, wie auch von geistigem Neide und tausend anderen Lastern befreit.

DREISSIGSTES KAPITEL

Die fünfte Art von Gütern, an denen der Wille sich erfreuen kann, sind die übernatürlichen. – Ihr Wesen. – Sie unterscheiden sich von den geistigen Gütern. – Die Freude an ihnen ist auf Gott zu richten.

1 Nun ist die *fünfte* Art der Güter zu behandeln, an denen die Seele sich erfreuen kann. Es sind die *übernatürlichen*. Wir verstehen hier darunter alle von Gott verliehenen Gaben und Gnaden, die die natürliche Fähigkeit und Kraft übersteigen und *gratis datae* genannt werden. Dazu gehören etwa Weisheit und Wissen, die Gott dem Salomon verlieh, und die vom hl. Paulus aufgezählten Gnaden (1 Kor 12, 9–10), nämlich: Glaube, Heilkraft, Wunderkraft, Prophetie, Erkenntnis und Unterscheidung der Geister, Wortauslegung sowie Sprachengabe.

2 Diese Güter sind wohl auch geistlich; da wir jedoch von diesen dann eigens reden werden und ein großer Unterschied gegeben ist, behandle ich sie hier getrennt. Ihre Übung hat nämlich unmittelbar den Nutzen der Menschen zum Gegenstand, und auf dieses Ziel hin verleiht Gott diese Güter, wie der hl. Paulus es sagt: *Einem jeden wird die Offenbarung des Geistes zum Nutzen anderer gegeben* (1 Kor 9, 7). Dies ist von solchen Gnaden zu verstehen. Bei Übung der geistlichen aber geht es rein um den Verkehr der Seele mit Gott und Gottes mit der Seele auf dem Wege des Verstandes und Willens usw., wie wir es dann ausführen werden.

Es besteht also ein Unterschied im *Gegenstand*. Bei den geistlichen geht es nur um den Schöpfer und die Seele, bei den übernatürlichen um das Geschöpf. Auch dem *Wesen* nach unterscheiden sie sich, folglich auch in der *Betätigung* und somit notwendigerweise in der *Lehre*.

3 Hinsichtlich der übernatürlichen Gaben und Gnaden, wie wir sie hier verstehen, sage ich: um sie von eitler Freude zu läutern, ist der zweifache Gewinn zu beachten, den diese Art von Gütern bietet, nämlich ein zeitlicher und ein geistlicher.

Zeitlich bewirken sie Heilung von Krankheiten, Verleihung des Augenlichtes an Blinde, Auferweckung von Toten, Austreibung von Teufeln, Voraussage des Zukünftigen zur Warnung und anderes dieser Art.

Geistlich und auf ewig bewirken sie, daß Gott besser erkannt und bedient werde durch diese Taten, durch den, der sie wirkt, und durch die, an denen und vor denen sie gewirkt werden.

4 Hinsichtlich des *ersten* Gewinnes, des *zeitlichen*, sind die übernatürlichen Wunder für die Seele wenig oder gar kein Grund zur Freude; denn ohne den zweiten Gewinn haben sie für den Menschen wenig oder gar keine Bedeutung. Sie sind ja aus sich kein Mittel, die Seele mit Gott zu vereinigen, es wäre denn durch die Liebe. Solche übernatürliche Werke und Gunsterweise können nämlich auch außerhalb der Gnade und Liebe getan werden, entweder durch echte von Gott verliehene Gaben und Kräfte, wie etwa der gottlose Prophet Balaam und Salomon sie besaßen, oder durch falsche, teuflische, wie sie in Simon Magus wirkten, oder durch geheime Naturkräfte. Nur solche Werke und Wunder, die wahrhaft von Gott verliehen sind, bringen dem, der sie tut, einigen Gewinn.

Daß sie ohne den zweiten Gewinn wertlos sind, lehrt der hl. Paulus mit den Worten: *Wenn ich mit Menschen- und Engelszungen redete, hätte aber die Liebe nicht, ich wäre wie tönendes Erz und klingende Schelle. Hätte ich die Gabe der Weissagung, wüßte ich alle Geheimnisse , besäße ich alles Wissen und einen Glau-*

ben, Berge zu versetzen, es fehlte aber die Liebe, so wäre ich nichts usw. (1 Kor 13, 1–2). Darum wird Christus, unser Herr, so manchen, die ihr Wirken in dieser Weise hochgeschätzt haben und die Herrlichkeit dafür erbitten, mit den Worten: *Herr, wir haben in deinem Namen geweissagt und viele Wunder getan*, antworten: *Weichet von mir, ihr Übeltäter* (Mt 7, 22–23).

5 Der Mensch darf sich also nicht daran erfreuen, daß er solche Gnaden besitzt und ausübt, außer er gewinnt die zweite Frucht daraus, indem er dadurch Gott dient in wahrer Liebe, die Frucht bringt fürs ewige Leben. Unser Heiland tadelte auch die Jünger, als sie sich freuten über ihre Teufelsaustreibungen und sagte: *Nicht dessen sollt ihr euch freuen, daß euch die Teufel untertan sind; freuet euch daran, daß eure Namen im Buche des Lebens geschrieben stehen* (Lk 10, 20). Auf gut theologisch besagt dies: «Freuet euch, wenn eure Namen im Buch des Lebens stehen.» Dem ist zu entnehmen, daß der Mensch sich nur daran freuen soll, den Weg des Lebens zu gehen, nämlich Werke der Liebe zu üben. Denn was nützt und was gilt vor Gott außer der Gottesliebe? Diese aber ist nicht vollkommen, wenn sie nicht stark und klug die Freude von allem und jedem läutert, um sie einzig in die Erfüllung des Willens Gottes zu sammeln. So vereint sich der Wille mit Gott mittels dieser übernatürlichen Güter.

EINUNDDREISSIGSTES KAPITEL

Gefährdung der Seele durch die gewollte Freude an dieser Art von Gütern.

1 Es ergeben sich, wie mir scheint, hauptsächlich *drei* Gefahren, wenn die Seele sich der Freude an übernatürlichen Gütern hingibt, nämlich zu täuschen und getäuscht zu werden, Schwächung der Seele im Glauben, Ruhmsucht oder andere Eitelkeiten.

2 Zum *ersten* ist es sehr leicht, die anderen und sich selbst zu täuschen, wenn man sich an dieser Art von Werken freut.

Um nämlich bei solchen Werken das Falsche vom Wahren zu unterscheiden und die rechte Zeit dafür zu erkennen, wie und wann sie zu vollbringen sind, bedarf es großer Achtsamkeit und vielen Lichtes von Gott. Beides aber wird durch Freude und Hochschätzung dieses Wirkens sehr behindert.

Dafür gibt es *zwei* Gründe: einerseits stumpft die Freude das Urteil ab und verdunkelt es; anderseits verlockt diese Freude den Menschen zur Leichtgläubigkeit und sie spornt ihn überdies an, vorzeitig ans Werk zu gehen.

Angenommen, es seien wahre Kräfte am Werk, so genügten doch diese beiden Mängel, sich oftmals zu täuschen oder ihren Sinn nicht richtig zu verstehen oder sich ihrer nicht so zu bedienen und sie so zu gebrauchen, wie und wann es sich geziemt. Wohl gibt Gott mit diesen Gaben und Gnaden immer auch das Licht dazu und die Anregung für das Wie und Wann der Durchführung, doch durch das Mitspielen von Eigenmächtigkeit und Unvollkommenheit kann man sehr irren und die Kräfte nicht so vollkommen gebrauchen, wie Gott es will und nicht in der Weise, wie und wann Er es will. So liest man etwa, daß Balaam solches tun wollte, da er sich aufmachte in der Absicht, gegen den Willen Gottes dem Volke Israel zu fluchen. Gott erzürnte darob so sehr, daß Er ihn töten wollte (Num 22, 22–23). Und die hl. Jakobus und Johannes wollten Feuer vom Himmel auf die Samariter herabrufen, weil diese unserem Heiland die Herberge verweigerten, wofür Er jene tadelte (Lk 9, 54–55).

3 Daraus ist klar ersichtlich, daß irgendeine leidenschaftliche Unvollkommenheit – gehüllt in Freude aus Hochschätzung – sie zu unziemlicher Tat bestimmte. Ohne diese Unvollkommenheit würden sie sich nur bewegen und zur Anwendung dieser Kräfte entschließen, wann und wie Gott sie bewegt; denn früher geziemt es sich nicht. Darum beklagt sich Gott durch Jeremias über gewisse Propheten mit den Worten: *Ich sende die Propheten nicht, und sie laufen; ich rede nicht zu ihnen, und sie künden* (23, 21). Und weiterhin sagt Er:

Sie täuschen mein Volk mit ihren Lügen und ihren Wundern, als wäre nicht mein das Befehlen, nicht mein das Senden (23, 32). Auch sagt Er da von ihnen: *Sie sehen die Visionen ihres Herzens und diese künden sie* (23, 26). Das würde nicht geschehen, wenn sie in diesen Werken nicht so gottlos eigenmächtig wären.

4 Aus diesen Stellen geht hervor, daß diese Freude sie nicht nur in Gefahr bringt, gottverliehene Gnaden ruchlos und verkehrt zu gebrauchen (wie Balaam und jene, die das Volk durch Wunder täuschen, wie hier gesagt wird), sondern sie lassen Kräfte spielen, die nicht Gott ihnen verliehen hat. Dies tun jene, die nach Laune prophezeien und Visionen künden, die sie selbst ersannen oder die der Teufel ihnen eingab. Sieht der Teufel nämlich, daß sie zu solchen Dingen neigen, so gibt er ihnen darin freies Feld und viel Stoff. Er mischt sich auf mancherlei Weise ein. Sie aber spannen die Segel und wagen sich in unverschämter Kühnheit weit hinaus mit ihren Wunderwerken.

5 Und nicht nur dies: die Freude an diesen Werken steigert die Lüsternheit danach so sehr, daß solche, die bisher einen heimlichen Pakt mit dem Teufel hatten (es gibt ja viele, die aus einem solchen Geheimbund wirken), sich nun sogar erkühnen, einen ausdrücklichen und offenbaren Vertrag mit dem Teufel zu schließen und sich ihm durch Übereinkommen als Jünger und Verbündete zu unterwerfen. Daraus gehen die Zauberer, Beschwörer, Magier, Wahrsager und Hexenmeister hervor.

Ihre Freude an solchen Werken treibt sie nicht nur dazu, Gaben und Gnaden für Geld kaufen zu wollen (wie Simon Magus es wollte) (Apg 8, 18), um dem Teufel zu dienen, sondern sie trachten auch, sich geweihte Gegenstände zu beschaffen und sogar, was sich nicht ohne Schaudern sagen läßt, göttliche. Man hat schon gesehen, daß sie sich des Ehrfurcht heischenden Leibes unseres Herrn Jesus Christus bemächtigten für ihre gottlosen Schandtaten. Möge Gott hier sein großes Erbarmen ausweiten und sichtbar walten lassen!

6 Wie verderblich dies für den Täter ist und wie nachteilig für die Christenheit, kann jeder wohl klar einsehen. Man bedenke auch, wieviel Gottlosigkeit und Betrug jene Zauberer und Wahrsager unter den Kindern Israels verübt haben, die Saul aus dem Lande tilgte, weil sie die wahren Propheten Gottes nachahmen wollten.

7 Wer also die übernatürliche Gnade und Gabe hätte, hüte sich vor der Lust und Freude an ihrer Ausübung und sei nicht darauf aus, sie anzuwenden. Gott, der sie ihm in übernatürlicher Weise zum Nutzen seiner Kirche oder deren Glieder verliehen hat, wird ihn auch übernatürlich bewegen, wie und wann sie zu betätigen ist. Er hat seinen Gläubigen geboten, sich nicht zu sorgen um das, was sie reden, noch wie sie reden sollen (Mt 10, 19), denn dies geht übernatürlich im Glauben vor sich. Ebenso will Er (da es sich bei den Werken um nichts Geringeres handelt), daß der Mensch Ihm als dem Wirkenden Raum gebe. Er wird das Herz bewegen, denn in seiner Kraft wirkt jede Kraft. Nach der Apostelgeschichte (4, 29–30) beteten die Jünger, obwohl ihnen diese Gnaden und Gaben eingegossen worden waren, und sie flehten zu Ihm, es möge Ihm gefallen, durch sie seine Hand auszustrecken im Vollbringen von Zeichen und Heilungen, um den Glauben an unseren Herrn Jesus Christus in die Herzen zu leiten.

8 Die *zweite* Gefahr, die aus der ersten erfließen kann, betrifft die Schwächung des Glaubens. Diese ist auf zwei Weisen möglich. Die erste schwächt den Glauben in anderen Seelen. Begibt man sich ans Wunderwirken zur Unzeit und ohne Notwendigkeit, so versucht man damit Gott, was eine schwere Sünde ist, und wird überdies bei Mißlingen in den Herzen das Vertrauen mindern und den Glauben herabsetzen. Zuweilen mag etwas gelingen, weil Gott es aus bestimmten Gründen und Rücksichten so will, wie etwa die Hexe den Auftrag Sauls vollzog (insofern es wahr ist, daß

wirklich Samuel erschien) (1 Sam 28, 8–19); doch es gelingt nicht immer. Und wenn es auch gelingt, so sind die Täter doch im Irrtum und schuldig, weil sie die Gnaden zu Unrecht gebrauchten.

Die *zweite* Weise gefährdet das Verdienst des Glaubens. Macht man nämlich viel Wesen aus Wundern, so schwächt man sehr die wesentliche Haltung des Glaubens, die des Dunkels bedarf. Wo die Zeichen und Zeugen sich mehren, wird der Glaube weniger verdienstvoll. Darum sagt der hl. Gregor, der Glaube sei ohne Verdienst, wenn menschliche Vernunft den Beweis erbringt[1].

Gott wirkt solche Wunder nur, wenn sie zugunsten des Glaubens notwendig sind. Damit seine Jünger als Zeugen seiner Auferstehung nicht des Verdienstes entbehrten, unternahm Er vielerlei, ehe Er sich ihnen zeigte, weil sie glauben sollten, ohne Ihn zu sehen. Maria Magdalena zeigte Er zuerst das leere Grab; dann hörte sie, was die Engel ihr sagten – *der Glaube kommt vom Hören*, sagt der hl. Paulus (Röm 10, 17) –, und sie glaubte, ehe sie Ihn sah. Und als sie Ihn dann sah, erschien Er wie ein gewöhnlicher Mann. So vollendete Er ihre Befestigung im Glauben besser als durch die Glut seiner Gegenwart. Den Jüngern sandte Er zunächst die Frauen, dann gingen sie, das Grab zu sehen. Und denen, die nach Emmaus wanderten, entflammte Er zunächst das Herz im Glauben, indem Er als Fremdling mit ihnen ging (Lk 24, 15). Und schließlich tadelte Er alle, weil sie den Kündern seiner Auferstehung nicht geglaubt hatten, und den hl. Thomas, weil er seine Wunden greifen wollte. Dabei pries Er jene selig, die an Ihn glauben, obwohl sie Ihn nicht sehen (Jo 20, 29).

9 Es liegt Gott nicht, Wunder zu wirken. Er wirkt sie (sozusagen) nur, wenn Er nicht anders kann. Darum tadelte Er auch die Pharisäer, weil sie nur auf Zeichen hin glauben

[1] S. Greg. Homil. 26 in Evang., P. L. 76, p. 1197. *Nec fides habet meritum cui humana ratio praebet experimentum.*

wollten. Er sagte ihnen: *Wenn ihr nicht Zeichen und Wunder sehet, so glaubet ihr nicht* (Jo 4, 48). Man verliert also viel an Glauben, wenn man sich gerne an übernatürlichen Werken ergötzt.

10 Zum *dritten* geraten solche, die sich solcher Werke erfreuen, in Gefahr, der Ruhmsucht oder sonst einer Eitelkeit zu verfallen. Die Freude an Wundern ist schon an sich Eitelkeit, wenn sie nicht, wie wir sagten, rein in Gott und für Gott gemeint ist. Dies ist daraus ersichtlich, daß unser Herr die Jünger tadelte, weil sie sich ob der Unterwerfung der bösen Geister freuten (Lk 10, 20). Wäre diese Freude nicht eitel gewesen, so hätte Er sie nicht getadelt.

ZWEIUNDDREISSIGSTES KAPITEL

Zweifacher Gewinn aus dem Verzicht auf die Freude an übernatürlichen Gütern.

1 Außer dem Vorteil des Freiseins von den genannten drei Gefahren, ergibt sich für die Seele aus dem Verzicht auf diese Freude ein ausgezeichneter zweifacher Gewinn.

Der *erste* besteht darin, daß Gott geehrt und erhöht wird; der *zweite* darin, daß die Seele selbst erhöht wird. Auf zwei Weisen wird Gott in der Seele erhöht. Zuerst durch die Abkehr des Herzens und der gewollten Freude von allem, was nicht Gott ist, um sich einzig Ihm zuzuwenden. Dies wollte David mit dem Vers sagen, auf den wir schon zu Beginn der *Nacht* dieser Seelenkraft anspielten. Er lautet: *Der Mensch erhebe hoch das Herz, und so wird Gott erhöht* (Ps 63, 7). Erhebt sich nämlich das Herz über alle Dinge, so wird Gott in der Seele über alles erhoben.

2 Wenn die Seele das Herz einzig an Gott hingibt, erhöht und verherrlicht sie Gott. Sie bezeugt ja seine überragende Größe, weil sie durch dieses Emporheben der Freude zu Ihm Zeugnis dafür gibt, wer Gott ist. Dies ist nur möglich,

wenn der Wille von Freude und Trost an anderen Dingen entleert ist, wie auch David es aussagt: *Laßt ab und sehet: ich bin Gott* (Ps 45, 11). Und an anderer Stelle sagt er: *In ödem, weg- und wasserlosem Lande kam ich vor dich, um deine Macht und Herrlichkeit zu sehen* (Ps 62, 3). Ist es aber wahr, daß Gott erhöht wird, wenn man sich, abgewandt von allen Dingen, nur an Ihm erfreut, Er wird dann am meisten erhöht, wenn man die Freude vom Wunderbarsten abwendet, um sie allein in Ihm zu suchen; denn übernatürliche Dinge haben die höchste Seinsweise. Läßt man sie also zurück, um sich nur an Gott zu erfreuen, so spricht man Ihm mehr Ehre und Herrlichkeit zu als jenen. Je mehr und je größere Dinge man nämlich um eines anderen willen verachtet, um so mehr Achtung und Ehre erweist man diesem.

3 Überdies wird Gott durch die Abkehr des Willens von Werken dieser Art noch auf eine zweite Weise erhöht. Je mehr die Seele nämlich ohne Zeugnisse und Zeichen an Gott glaubt und Ihm dient, um so mehr erhöht sie Ihn; denn sie glaubt Ihm selbst mehr als den Zeichen und Wundern, die Ihn künden könnten.

4 Den *zweiten* Gewinn aus der Abkehr des Willens von allen wahrnehmbaren Zeugnissen und Zeichen, die Erhöhung der Seele, kommt dadurch zustande, daß sie sich in ganz reinem Glauben erhebt – den Gott ihr zuinnerst eingießt und vermehrt – und zugleich vermehrt Er ihr die beiden anderen theologischen Tugenden, Liebe und Hoffnung. So erfreut sie sich mittels des dunklen und entblößten Habitus des Glaubens göttlicher und erhabenster Erkenntnisse, mittels der Liebe bräutlicher Wonnen und der Sättigung des Gedächtnisses mittels der Hoffnung. All dies ist ein kostbarer Gewinn, der wesentlich und unmittelbar die vollkommene Vereinigung der Seele mit Gott fördert.

DREIUNDDREISSIGSTES KAPITEL

Die sechste Art von Gütern als Gegenstand gewollter Freude. – Ihr Wesen. – Erste Einteilung.

1 Da es unsere Absicht ist, durch dieses unser Werk den Geist mittels der geistlichen Güter bis zur Vereinigung der Seele mit Gott zu führen und wir nun an sechster Stelle von den *geistlichen Gütern* zu sprechen haben, die diesem Vorhaben am besten dienen, so müssen sowohl ich wie der Leser sie mit besonderer Aufmerksamkeit erwägen. Denn es ist so gewiß wie gewöhnlich, daß man sich (wegen des geringen Wissens so mancher) der geistlichen Dinge nur für die Sinne bedient, während der Geist leer bleibt. Es gibt kaum einen, bei dem nicht sinnlicher Überschwang einen guten Teil des Geistes verdirbt. Die Sinne trinken ja das Wasser weg, ehe es zum Geist gelangt, und lassen diesen dürr und leer.

2 Ich komme nun zum Gegenstand und erkläre, daß ich unter geistlichen Gütern alle jene verstehe, die zu göttlichen Dingen anregen und helfen, sowohl zum Reden der Seele mit Gott, wie auch zu Gottes Mitteilungen an die Seele.

3 Beginne ich nun die erhabensten Arten der geistlichen Güter einzuteilen, so benenne ich sie nach *zwei* Weisen: die einen als *freudvoll*, die anderen als *leidvoll*.

Und jede dieser Arten hat wiederum *zwei* Weisen: manche von den freudvollen sind klar und deutlich zu verstehen; andere sind weder klar noch deutlich zu verstehen. Ebenso sind von den leidvollen manche durch klare und bestimmte, manche durch wirre und dunkle Dinge verursacht.

4 Alle diese Weisen können wir auch nach den Seelenkräften einteilen. Denn manche gehören als Einsichten dem *Verstande* zu, andere als Neigungen dem *Willen* und wieder andere als Vorstellungsbilder dem *Gedächtnis*.

5 Die *leidvollen Güter* lassen wir für später; denn sie gehören der *Leidensnacht* an, und wir werden im Zusammenhang mit ihr davon sprechen. Auch die *freudvollen*, insofern sie unklar und unbestimmt sind, lassen wir für später; denn sie gehören zum allgemeinen, undeutlichen, liebevollen Erkennen, in dem sich die Vereinigung der Seele mit Gott vollzieht. Wir haben diesen Gegenstand im zweiten Buche verlassen und auf später verschoben, als wir die Wahrnehmungen des Verstandes einteilten. Hier wollen wir nun von den freudvollen Gütern aus klaren und deutlichen Ursachen sprechen.

VIERUNDDREISSIGSTES KAPITEL

Von den geistlichen Gütern, die von Verstand und Gedächtnis deutlich aufgenommen werden können. – Wie der Wille sich zur Freude an ihnen verhalten soll.

1 Um den Willen zu belehren, wie er sich zur Freude daran verhalten soll, wäre hier ob der Vielfalt von Wahrnehmungen des Gedächtnisses und Verstandes gar viel zu sagen, wenn wir nicht im Zweiten und Dritten Buche ausführlich davon gehandelt hätten. Dort wurde erklärt, wie diese beiden Kräfte sich zu verhalten haben, um zur göttlichen Vereinigung zu gelangen. Da sich nun der Wille auf gleiche Weise zur Freude an den Wahrnehmungen einzustellen hat, so ist es nicht nötig, dies hier zu beschreiben. Es genügt zu sagen, daß alles, was immer dort gesagt wurde hinsichtlich des Leermachens jener Kräfte von sämtlichen Wahrnehmungen, auch vom Willen zu verstehen ist, der desgleichen sich der Freude daran entledigen muß. In derselben Weise, die für Verstand und Gedächtnis angegeben wurde, hat sich auch der Wille gegen solche Wahrnehmungen zu verhalten. Der Verstand und die anderen Kräfte können ja nichts zulassen oder abweisen ohne Mitwirkung des Willens; so ist es klar, daß die gleiche Lehre wie für das eine, so auch für das andere gilt.

2 Man sehe also dort nach, was hier vonnöten ist, denn allen Schädigungen und Gefahren, von denen dort die Rede ist, wird die Seele verfallen, wenn sie die gewollte Freude an all jenen Wahrnehmungen nicht auf Gott zu richten weiß.

FÜNFUNDDREISSIGSTES KAPITEL

Von den freudvollen geistlichen Gütern, die dem Willen deutlich zukommen können. – Ihre Weisen.

1 Sämtliche Güter, die auf deutliche Weise den Willen erfreuen können, lassen sich auf vier Arten zurückführen, insofern sie nämlich *anregen*, *aufrufen*, *anleiten* und *vollenden*. Wir wollen sie nach ihrer Ordnung besprechen, die Anregungen durch Bilder, Bildnisse von Heiligen, Oratorien und Zeremonien an erster Stelle.

2 Was die Bilder und Bildnisse angeht, so kann damit aus törichter Freude viel Eitelkeit getrieben werden. Sie haben große Bedeutung für den Gottesdienst und sind sehr notwendig, den Willen zur Andacht zu bewegen, wie unsere Mutter, die Kirche, es durch Gutheißung und Gebrauch erweist. Darum geziemt es uns stets, unsere Lauheit dadurch aufzurütteln. Doch viele Leute haben ihre Freude mehr an Malerei und Zierrat als an dem Dargestellten.

3 In *zweifacher* Absicht hat die Kirche die Bilderverehrung angeordnet, um nämlich die Heiligen zu verehren und um den Willen anzuregen und Andacht zu ihnen zu erwecken. Dienen sie dazu, so sind sie förderlich und ihr Gebrauch vonnöten. Darum sind solche auszuwählen, die getreuer nach dem Leben gestaltet sind und den Willen mehr zur Andacht anregen. Darauf ist mehr zu achten als auf die wertvolle und sehenswürdige Ausführung und Verzierung. Denn es gibt, wie gesagt, Leute, denen mehr an der Sehenswürdigkeit und dem Wert des Bildes liegt als an dem Dargestellten. Sie sollten die innere Andacht im Geiste dem un-

sichtbaren Heiligen zuwenden und das Bild gleich vergessen, das nur der Anregung dienen soll. Sie aber versenken sich so in das äußerlich Prächtige und Sehenswerte, daß die Sinne sich wohlgefällig daran ergötzen und die Liebesfreude des Willens daran hängen bleibt. So wird der wahre Geist gehemmt, der Vernichtung der Neigung zu Einzeldingen verlangt.

4 Man ersieht dies wohl aus der Unsitte mancher Leute in unserer Zeit. Da sie die weltliche Modekleidung nicht verabscheuen, putzen sie die Bilder mit den Trachten auf, die das törichte Volk zu Zeitvertreib und Eitelkeit erfindet. Mit Gewändern, die man an ihnen tadelt, bekleiden sie die Heiligen auf den Bildern, die doch dergleichen verabscheuten, und mit gutem Grunde. So wollen sie mit dem Teufel ihre Eitelkeiten kanonisieren, indem sie die Heiligen damit behängen, nicht ohne ihnen argen Schimpf anzutun. Die ehrliche und ernsthafte Andacht der Seele, die alle Eitelkeit samt ihren Spuren von sich wirft und ausrottet, verkümmert bei ihnen zum Schmücken von Gliederpuppen. Manche bedienen sich der Figuren, fast als wären sie Götzenbilder, an denen sie ihre Freude haben. So kann man Leute sehen, die nicht satt werden, Bild an Bild zu fügen, und die Bilder müssen in dem und jenem Stil ausgeführt sein und auf diese und jene Weise angebracht werden, damit der Sinn sich vergnüge. Auf die Andacht des Herzens kommt es nicht an. Sie hängen daran wie Micha an seinen Götzenbildern oder wie Laban. Der eine lief schreiend aus seinem Hause, weil man sie ihm gestohlen hatte (Ri 18, 24) und der andere machte ihretwegen voll Ingrimm einen weiten Weg und durchwühlte Jakobs Gepäck, um sie zu finden (Gen 31, 34).

5 Ein wahrhaft frommer Mensch wendet seine Andacht vor allem dem Unsichtbaren zu. Er gebraucht nur wenige Bilder und selten und solche, die sich mehr dem Göttlichen angleichen als dem Menschlichen. Sie sollen die Tracht und

Umwelt jenes Jahrhunderts zeigen und nicht des heutigen; denn Gestalten unserer Tage regen sein Gemüt nicht an, noch gemahnen sie ihn an jene Zeit. Er hat ja vor Augen etwas, das ihm selbst oder seiner Habe gleicht. Und gebraucht er Bilder, so hängt sein Herz nicht daran. Nimmt man sie ihm, so kränkt ihn das wenig. Er trägt ja das lebendige Bildnis in sich, nämlich Christus den Gekreuzigten. Um dessentwillen macht es ihm sogar Freude, wenn man ihm alles nimmt, so daß alles ihm mangelt.

Auch wenn man ihm Motive und Mittel wegnimmt, die nahe zu Gott führen, bleibt er ruhig. Denn es bedeutet größere Vollkommenheit der Seele, Ruhe und Freude in der Beraubung zu bewahren als im Besitz von Dingen, an denen sie begierlich hängt. Ist es auch gut, solche Bilder zu haben, die der Seele zu größerer Andacht verhelfen (weshalb auch stets jene zu wählen sind, die das Gemüt mehr bewegen), so ist es doch keine Vollkommenheit, an ihnen derart zu hängen, daß man sie als Eigentum festhält und traurig wird, wenn sie einem genommen werden.

6 Die Seele sei überzeugt: je mehr sie sich ein Bild oder sonst einen Andachtsgegenstand als Besitz aneignet, um so weniger werden ihre Andacht und ihr Gebet zu Gott emporsteigen. Wohl ist es wahr, daß ein Ding besser als das andere geeignet sein kann, Andacht zu erwecken, und einzig darum darf man, wie ich nun abschließend sage, eines dem anderen vorziehen; doch, wie gesagt, nicht in der Weise des Aneignens und Anhängens. Sonst wird das, womit der Geist ins Jenseits zu Gott emporfliegen soll (unter schnellem Vergessen von dem und jenem), ganz von den Sinnen aufgezehrt, die vollständig eingenommen sind von der Freude an den Mitteln. Sie sollten mir zur Hilfe gereichen und werden durch meine Unvollkommenheit zum Hindernis, und zwar nicht weniger als das anhängliche Besitzen irgendeines anderen Dinges.

7 Magst du auch der Bilder wegen ein wenig widersprechen, weil dir die Forderung nach Blöße und Armut des Geistes zur Erlangung der Vollkommenheit noch nicht gut eingegangen ist, so mußt du doch die Unvollkommenheit zugeben, die gemeinhin durch Rosenkränze verschuldet wird. Kaum wirst du einen finden, der in dieser Hinsicht nicht irgendeine Schwäche hat. Er zieht die eine Machart der anderen vor, diese Farbe oder dieses Metall den anderen; oder er soll so oder so verziert sein. Weder das eine noch das andere ist dafür ausschlaggebend, ob Gott das Gebet auf dem oder jenem Rosenkranz besser erhört, sondern vielmehr das einfältige und wahrhaftige Herz, das nur darauf achtet, wie es Gott besser gefällt und sich aus dem einen Rosenkranz nicht mehr macht als aus dem anderen, es wäre denn um der Ablässe willen.

8 Unsere eitle Begierlichkeit ist derart beschaffen, daß sie sich überall einnisten will. Sie ist wie der Holzwurm, der sich ins gesunde Holz bohrt und Gutes wie Schlechtes zernagt. Oder ist es etwa nicht so, wenn es dich freut, einen besonderen Rosenkranz zu haben, lieber von dieser als von jener Art, als hättest du deine Freude ins Werkzeug verlegt? Und wenn du lieber dieses Bild wählst als das andere, nicht im Hinblick auf die Erweckung größerer Gottesliebe, sondern weil es kostbarer und kunstvoller ist? Würdest du deine Begierde und Freude einzig daran wenden, Gott zu lieben, du machtest dir nichts aus dem und jenem. Es ist betrüblich, geistliche Personen zu sehen, die so erpicht sind auf Form und Ausführung solcher Andachtsgegenstände und an ihrer Erlesenheit eitle Freude haben. Du wirst sie auch nie zufrieden sehen. Immer wieder werden sie das eine für das andere lassen und tauschen und die Andacht des Geistes ob dieser sichtbaren Weisen vergessen. Sie hängen an deren Besitz oft nicht anders als an weltlichen Kostbarkeiten und ziehen sich daraus keinen geringen Schaden zu.

Weiteres von den Bildern und von der Unwissenheit mancher Leute in dieser Hinsicht.

1 Viel wäre zu sagen über den Unverstand mancher Leute hinsichtlich der Bilder. Ihre Albernheit geht so weit, daß manche mehr Vertrauen zu dem einen Bild haben als zu dem anderen, so als ob Gott sie mehr durch dieses erhören werde als durch jenes, obwohl beide dasselbe darstellen, etwa Christus oder Unsere Liebe Frau; und dies, weil ihnen die Ausführung des einen besser gefällt als die des anderen. Darin verbirgt sich ein großer Unverstand hinsichtlich des Umganges mit Gott und des Kultes und der Ehre, die man Ihm schuldet, der nur auf den Glauben und die Herzensreinheit des Betenden achtet.

Verleiht Gott bisweilen mehr Gnaden durch das eine Bild als durch ein anderes der gleichen Art, so geschieht es nicht, weil dieses Bild mehr Wirkung übt als ein anderes (wenn es auch in der Ausführung sehr verschieden ist), sondern weil die Menschen daran mehr als an einem anderen ihre Andacht entzünden. Hätten sie dieselbe Hingabe durch jedes der beiden (oder auch ohne die beiden), sie würden von Gott dieselben Gnaden empfangen.

2 Wirkt Gott Wunder und erweist Er Gnaden durch einige Bilder mehr als durch andere, so geschieht dies also nicht, damit diese Bilder mehr als andere geschätzt werden, sondern damit durch dieses Ereignis die schläfrige Andacht und Liebe der Gläubigen zu neuem Beten aufgerüttelt werden. Wenn sich demnach an jenem Bilde die Andacht entflammt und das Gebet anhält (und dies sind die Mittel, die Gott zum Hören und Gewähren der Bitte bestimmen), dann hält auch Gott an mit den Gnaden und Wundern, die das Bild auf das herzliche Beten hin vermittelt. Gewiß tut Gott es nicht um des Bildes willen, das ja an sich nur Malerei ist, sondern um der Hingabe und um des Glaubens willen, den

man zu dem dargestellten Heiligen hegt. Hättest du ebensoviel Hingabe und Glauben an Unsere Liebe Frau vor diesem Bilde wie vor jenem, das sie ebenfalls darstellt (oder auch ohne Bild, wie wir sagten), du würdest die gleichen Gnaden empfangen. Man weiß sogar aus Erfahrung, daß Gott für gewöhnlich Gnaden und Wunderwerke durch Bilder wirkt, die nicht sonderlich gut geschnitzt noch kunstvoll bemalt oder ausgestaltet sind, damit die Gläubigen nicht einiges der Figur oder Malerei zuschreiben.

3 Sehr oft pflegt unser Herr solche Gnaden durch Bilder zu wirken, die sehr abseits und einsam liegen. Einmal weil die Wallfahrt dorthin die Wirkung verstärkt und die Hingabe verinnigt wird; dann auch, weil man sich so vom Lärm und von den Menschen absondert, um zu beten, wie der Herr es tat.

Wer also eine Wallfahrt unternimmt, tut gut daran, nicht im Schwarm der Leute zu gehen, auch wenn die Zeit ungewöhnlich ist. Mit der großen Volksmenge zu pilgern, würde ich nie anraten; denn für gewöhnlich kehrt man zerstreuter zurück, als man auszog. Und viele suchen dabei mehr das Vergnügen als die Andacht.

Sind Hingabe und Glaube da, so genügt jedes Bild, sind sie aber nicht da, so genügt keines. Was für ein lebendiges Bild war unser Heiland auf Erden, und dennoch: die keinen Glauben hatten, gewannen dabei nichts, wenn sie auch oft mit Ihm gingen und seine Wunderwerke sahen. Darum hat Er in seiner Heimat nicht viele Wunder gewirkt, wie der Evangelist sagt (Lk 4, 24).

4 Hier möchte ich auch über gewisse übernatürliche Wirkungen sprechen, die zuweilen Bilder auf Einzelpersonen ausüben. Es kommt vor, daß Gott manchen Bildern für sie besonderen Geist verleiht, so daß ihnen die Gestalt auf dem Bilde und die durch sie erweckte Andacht eingeprägt bleibt, als sähen sie es gegenwärtig. Und wenn sie sich plötzlich

seiner erinnern, so wirkt es im Geiste wie beim Anblick, manchmal weniger und manchmal auch mehr. In einem anderen Bilde, und wäre es auch vollkommener ausgeführt, findet sich dieser Geist nicht.

5 Auch werden manche Leute durch die eine Malweise mehr zur Andacht gestimmt als durch eine andere. Bei einigen wird es weiter nichts sein als natürliche Neigung und Geschmackssache, so wie einem das Antlitz einer Person auf Grund natürlicher Zuneigung mehr zusagt als das einer anderen und besser im Gedächtnis gegenwärtig bleibt, auch wenn es nicht so schön ist wie andere. Man neigt eben von Natur aus zu dieser Form und Gestalt. So mögen manche Leute meinen, ihre Neigung zu dem oder jenem Bilde beruhe auf Andacht, und es handelt sich vielleicht nur um eine Neigung auf Grund des natürlichen Geschmackes.

Zuweilen geschieht es, daß man beim Anblick eines Bildes sieht, wie es sich bewegt oder ein Mienenspiel und Zeichen wahrnehmen läßt, etwas andeutet oder sagt. Wohl ist es wahr, daß dergleichen Dinge und die übernatürlichen Gunsterweise aus Bildern, von denen wir hier sprechen, oftmals wahre Gunsterweise und gut sind, da Gott sie verursacht, entweder um die Andacht zu mehren oder um der Seele einen Halt zu geben, sich daran zu klammern und in ihrer Schwäche nicht abzugleiten, so wirkt dies doch oftmals der Teufel, um zu täuschen und zu schaden. Darüber wollen wir im nächsten Kapitel eine Lehre geben.

SIEBENUNDDREISSIGSTES KAPITEL

Die gewollte Freude am Gegenstand der Bilder ist zu Gott zu erheben, damit man nicht irre gehe und nicht behindert werde.

1 Wenn auch Bilder sehr nützlich sind, um an Gott und die Heiligen zu erinnern und den Willen auf gewöhnlichem Wege zur Hingabe zu bewegen, wie es sich geziemt, so können sie doch sehr irreführen, falls sich durch sie Übernatür-

liches ereignete und die Seele sich in ihrem Gehen zu Gott nicht richtig zu verhalten wüßte. Denn eines der Mittel des Teufels, unvorsichtige Seelen mit Leichtigkeit zu fangen und auf dem Wege des wahren Geistes zu behindern, sind übernatürliche und außergewöhnliche Dinge, die er an Bildern geschehen läßt, sowohl an den materiellen und greifbaren, wie die Kirche sie gebraucht, wie auch an solchen, die er der Phantasie einzuprägen pflegt in Gestalt dieses oder jenes Heiligen oder seiner selbst, zur Täuschung als Engel des Lichtes verkleidet. Denn der schlaue Dämon sucht sich eben hinter jenen Mitteln zu verbergen, die uns zu Heil und Hilfe gegeben sind, um uns ganz unversehens zu überraschen. Darum muß die gute Seele just im Bereich des Guten mehr auf der Hut sein; das Böse zeugt ohnedies wider sich selbst.

2 Es drohen ihr in diesem Falle folgende Gefahren: entweder sie wird behindert in ihrem Aufschwung zu Gott oder sie bedient sich der Bilder in niedriger, unwissender Weise oder sie wird natürlich oder übernatürlich durch sie getäuscht, wie wir es oben andeuteten. Um dem zu entgehen und auch um die gewollte Freude daran zu läutern und die Seele durch die Bilder zu Gott zu erheben (was ja die Kirche beabsichtigt), gebe ich hier nur eine Anweisung, die für alle Fälle genügt, nämlich diese: da die Bilder uns auf das Unsichtbare hinlenken sollen, so verlegen wir bei ihrem Anblick die Bewegung und Neigung und Freude des Willens einzig auf das Lebendige, das sie darstellen.

Sieht der Gläubige also ein Bild, so achte er darauf, sich nicht den Sinn davon einnehmen zu lassen, handle es sich nun um ein äußeres oder inneres Bild, um schöne Ausführung, reichen Schmuck, um fühlbare oder geistliche Andacht, um übernatürliche Zeichen. Er lege keinen Wert auf diese Zufälligkeiten und verweile nicht dabei, sondern erhebe das Gemüt sogleich zu dem Dargestellten, wende Kraft und Freude des Willens zu Gott mit Gebet und Hingabe des

Geistes oder zu dem Heiligen, ihn anzurufen, damit nicht statt das Lebendige auf den Geist das Gemalte auf die Sinne einwirke. So wird der Gläubige nicht betrogen; denn er macht kein Wesen aus dem, was das Bild ihm sagt, läßt Sinn und Geist nicht einnehmen und hindern am freien Aufschwung zu Gott, vertraut auch nicht dem einen Bilde mehr als dem anderen. Und was ihn übernatürlich zur Andacht bewegt, wird ihm reicher zuteil, da er ja sein Gemüt sogleich Gott zuwendet. Immer, wenn Gott diese und andere Gnaden verleiht, neigt er den Zug der gewollten Freude dem Unsichtbaren zu; und Er will, daß wir diesem Zuge folgen und Kraft und Saft aller Fähigkeiten hinsichtlich der sichtbaren und fühlbaren Dinge vernichten.

ACHTUNDDREISSIGSTES KAPITEL

Weitere anregende Güter. – Oratorien und Stätten des Gebetes.

1 Es scheint mir, als wäre es nun verständlich gemacht, wie unvollkommen der geistlich Strebende sich verhält, wenn er – vielleicht zu größerer Gefährdung – seine Lust und Freude am Zufälligen der Bilder hat und sie so anordnet wie andere körperliche und zeitliche Dinge. Die Gefährdung ist, sage ich, hier vielleicht noch größer. Da es nämlich hier um heilige Dinge geht, fühlt man sich noch sicherer und fürchtet nicht die natürliche Anhänglichkeit und Aneignung. Und so täuscht man sich oft gar sehr in der Meinung, man sei voll Andacht, da man an so heiligen Dingen seine Freude habe, und vielleicht ist es nicht mehr als ein natürlich bedingtes Begehren, das sich, ebenso wie auf andere Dinge, so auch auf diese richtet.

2 So kommt es, daß manche Leute (um nun von den Oratorien zu reden) nicht satt werden, Bild neben Bild in ihrem Oratorium anzubringen. Sie freuen sich an der Ordnung und Aufmachung, mit der sie alles so fügen, daß ihr Oratorium sich in seinem Schmuck gut ausnehme. Gott aber lieben sie dadurch nicht mehr, sondern eher weniger; denn die

Freude, die sie gemaltem Wandschmuck widmen, entziehen sie (wie wir sagten) dem lebendigen Gott. Wohl ist es wahr, daß wir immer noch zu wenig Schmuck und Zier und Verehrung an solche Bilder wenden. (Weshalb jene, die sie nicht mit geziemender Ehrerbietung behandeln, schweren Tadel verdienen, gleich wie solche, die so häßliche Bildnisse schnitzen, daß sie die Andacht eher mindern als mehren. Man sollte einigen Gesellen, die ihre Kunst schlecht verstehen, das Handwerk legen.) Was aber hat dies zu tun mit der Aneignung und Anhänglichkeit und Begierlichkeit, die du diesem äußeren Schmuck und Zierat so zuwendest, daß sie deinen Sinn einnehmen und dein Herz hindern, sich an Gott hinzugeben, Ihn zu lieben und alle Dinge zu vergessen aus Liebe zu Ihm? Wenn du es um der anderen Dinge willen daran fehlen läßt, so wird Er dir dies nicht nur nicht danken, sondern dich vielmehr bestrafen, weil du in alledem nicht seine, sondern deine Freude gesucht hast.

Du kannst dies gut erkennen an der Festlichkeit, die sie dem Herrn zu seinem Einzug in Jerusalem bereiteten. Sie empfingen Ihn mit viel Gesängen und Zweigen, und Er weinte (Mt 21, 9). Ihre Herzen waren fern von Ihm, und sie kauften sich los mit diesen äußeren Zeichen und Zierden. Wir dürfen sagen, sie bereiteten eher sich selbst ein Fest als Gott. So geschieht es heutzutage oft. Findet irgendwo eine große Feier statt, so freut man sich zumeist mehr an dem, was man dort genießen wird durch Sehen und Sich-sehenlassen, durch Festessen und andere Darbietungen, als daran, Gott zu gefallen. Mit solchen Neigungen und Meinungen bereiten sie Gott keine Freude – vor allem nicht die Veranstalter des Festes –, da es ihnen einfällt, profane Possen einzufügen, damit das Volk lache, wodurch es arg abgelenkt wird. Sie bringen lieber, was dem Volk Vergnügen macht, als was es zur Andacht bewegt.

3 Was soll ich sagen von anderen Absichten, mit denen Feste gefeiert werden? Die Veranstalter haben mehr ihr

eigenes Interesse im Auge als den Gottesdienst; sie wissen dies wohl, und auch Gott weiß es, der es sieht. Verhält es sich so, ob nun auf diese oder jene Weise, dann mögen sie überzeugt sein, daß sie das Fest mehr sich selbst bereiten als Gott. Denn was sie sich selbst oder Menschen zuliebe tun, nimmt Gott nicht an. Viele schon sind zusammengekommen, um Gott zu feiern, Gott aber zürnte ihnen, so etwa den Kindern Israels, als sie festlich ihren Götzen besangen und umtanzten in der Meinung, Gott zu feiern. Er tötete ihrer Tausende (Ex 32, 7–28). So erging es auch Nadab und Abiud, den Aaronssöhnen, die Gott schlug, als sie noch die Rauchfässer in Händen hielten; denn sie hatten fremdes Feuer dargebracht (Lev 10, 1–2; Lk 9, 41). Oder jenem, der unziemlich bekleidet zur Hochzeit kam und *auf Befehl des Königs an Händen und Füßen gebunden in die äußerste Finsternis geworfen wurde* (Mt 22, 12–13). Daran läßt sich erkennen, wie übel Gott es aufnimmt, wenn die zu seinem Dienste Versammelten Ihm Unehre erweisen. Wie viele Feste, o mein Gott, bereiten dir die Menschenkinder, an denen der Teufel mehr gewinnt als du! Der Teufel freut sich daran; denn wie ein Händler bringt er hier seine Waren zu Markt. Und wie oft magst du dazu sagen: *Dieses Volk ehrt Mich mit den Lippen, doch sein Herz ist weit von Mir, es dient Mir vergeblich* (Mt 15, 8).

Wir sollen Gott dienen, weil Er ist, der Er ist, und keine anderen Zwecke unterschieben. Dienen wir Ihm nicht einzig als Dem, der Er ist, so ist das Endziel unseres Dienstes nicht Gott.

4 Ich sage also, um wieder zu den Oratorien zurückzukehren, daß manche Leute sie mehr sich als Gott zur Freude ausschmücken.

Um die Andacht geht es ihnen dabei so wenig, daß sie diesen Raum nicht höher halten als ihre weltlichen Gemächer; oder sogar geringer, denn an Weltlichem haben sie mehr Freude als an Göttlichem.

5 Doch lassen wir dies nun und reden wir noch von jenen, die einen feineren Faden spinnen, nämlich von jenen, die sich für fromm halten. Viele von ihnen hängen mit solcher Begierde und Freude an ihrem Oratorium und dessen Ausschmückung, daß ihnen die ganze Zeit, die sie in innerer Sammlung zum Verkehr mit Gott verwenden sollten, mit solchen Dingen hingeht. Und sie sehen nicht ein, daß ihnen dies, wie alles Übrige, nur zur Zerstreuung dient, nicht aber zur inneren Sammlung und zum Seelenfrieden. Diese Liebhaberei beunruhigt sie bei jedem Schritt und wehe, wenn man sie ihnen nehmen wollte!

NEUNUNDDREISSIGSTES KAPITEL

Oratorien und Kirchen sollen den Geist zu Gott wenden.

1 Wollen wir durch diese Mittel den Geist Gott zuwenden, so ist zu beachten, daß es für Anfänger wohl erlaubt und sogar billig ist, etwas fühlbare Freude und Labung durch Bilder, Oratorien und andere sichtbare Andachtsgegenstände zu genießen. Ihr Gaumen ist ja der weltlichen Dinge noch nicht entwöhnt und soll nun durch dieses Vergnügen die anderen lassen. Will man einem Kinde etwas aus der Hand nehmen, so beschäftigt man es mit einem anderen Ding, auf daß es nicht mit leeren Händen weine.

Um jedoch voranzukommen, muß der geistlich Strebende sich all dieser Freuden und Gelüste, an denen der Wille sich ergötzen kann, entblößen. Denn der reine Geist haftet sehr wenig an solchen Dingen, sondern nur an innerer Sammlung und herzlichem Umgang mit Gott. Bedient er sich der Bilder und Oratorien, so nur im Vorbeigehen, um sogleich seinen Geist in Gott weilen zu lassen, alles Sinnenhafte aber zu vergessen.

2 Freilich ist es besser, an einem schicklichen Orte zu beten. Doch dessenungeachtet ist der Ort zu wählen, an dem Sinn und Geist am wenigsten gehindert sind, zu Gott zu

gehen. Wir haben uns hierin an die Antwort unseres Heilandes an die Samariterin zu halten, die Ihn fragte, wo der rechte Ort zum Beten sei, im Tempel oder auf dem Berge. Er antwortete ihr, das wahre Gebet sei weder an den Berg noch an den Tempel gebunden, sondern die Anbeter, die *im Geist und in der Wahrheit* anbeten, gefallen dem Vater (Jo 4, 23–24).

Wenn also auch Kirchen und ruhige Orte für das Gebet bestimmt und geeignet sind (auch sollten die Kirchen zu nichts anderem dienen), so möge man doch für etwas so Innerliches, wie der Umgang mit Gott es ist, jenen Ort wählen, der die Sinne am wenigsten einnimmt und mitreißt, also keinen lieblichen, den Sinnen schmeichelnden Ort (wonach manche zu trachten pflegen), damit er nicht, statt den Geist in Gott zu sammeln, die Sinne bei Vergnügen und Ergötzen und Genießen festhält. Darum ist ein einsamer und auch herber Ort gut, damit der Geist sich ernsthaft und geradewegs zu Gott erhebe, nicht behindert noch aufgehalten durch sichtbare Dinge. Manchmal helfen sie wohl zur Erhebung des Geistes, doch nur um sogleich vergessen zu werden im Verweilen bei Gott. Darum wählte unser Heiland (um uns ein Beispiel zu geben) einsame Orte zum Gebet, und solche, die die Sinne nicht sehr ansprachen, sondern die Seele zu Gott erheben, wie ja die Berge es tun, die aus dem Lande emporragen und für gewöhnlich kahl sind, ohne Anreiz für die Sinne.

3 Einem wahrhaft geistlich Strebenden liegt also nichts daran, und er sieht nicht darauf, ob die Stätte des Gebetes diese ohne jene Bequemlichkeit biete; denn so würde er noch am Sinnlichen haften. Er achtet vielmehr auf die innere Sammlung im Vergessen der Dinge, wählt dazu einen von Dingen und Reizen freieren Ort und zieht seine Aufmerksamkeit von alledem ab, um in größerer Abgeschiedenheit von den Geschöpfen sich seines Gottes erfreuen zu können. Es ist ja merkwürdig, manche Geistesmenschen zu sehen, die ganz

darin aufgehen, sich Oratorien einzurichten und liebliche Orte ihrer Veranlagung und Neigung anzupassen, an innerer Sammlung aber, um die es vor allem geht, wenig aufweisen und auch nicht viel davon halten. Täten sie dies nämlich, so könnten sie nicht ihre Lust an diesen modischen Stilarten haben, vielmehr würden sie deren überdrüssig.

VIERZIGSTES KAPITEL

Weiterführung des Geistes zu innerer Sammlung im Sinne des Gesagten.

1 Die Ursache dafür, daß so manche geistlich Strebende nie so weit kommen, in die wahren Freuden des Geistes einzugehen, liegt also in ihrer Unentschlossenheit, das Verlangen nach Freude über diese äußeren und sichtbaren Dinge zu erheben. Sie mögen Folgendes beachten: wenn auch Kirche und Oratorium geziemend dem Gebet geweihte sichtbare Stätten sind und ein Bild der Anregung dient, so darf doch die Seele nicht Kraft und Genuß aus dem sichtbaren Bau und Bild ziehen und darüber vergessen, im lebendigen Tempel zu beten, nämlich in der inneren Sammlung der Seele.

Um uns darauf hinzuweisen, sagt der Apostel: *Wisset ihr nicht, daß ihr Tempel Gottes seid und der Heilige Geist in euch wohnt?* (1 Kor 3, 16.) Dieser Erwägung dient auch das schon angeführte Wort Christi von den wahren Anbetern *im Geist und in der Wahrheit* (Jo 4, 24). Denn Gott wird auf deine Gebete und behaglichen Räume wenig Wert legen, wenn du deine Lust und Freude daran hast, dadurch aber weniger innere Blöße, nämlich weniger Armut im Geiste durch Verzicht auf alles, was du besitzen könntest.

2. Um also den Willen von der eitlen Freude und Lust daran zu läutern und im Gebet Gott zuzuwenden, sollst du einzig darauf achten, ob dein Gewissen rein ist, dein Wille ganz Gott gehört und dein Gemüt wahrhaft an Ihn hinge-

geben ist. Und wähle dir, wie gesagt, eine Stätte so abgeschieden und einsam wie möglich, und wende deine ganze gewollte Freude daran, Gott anzurufen und zu preisen. Um all die kleinen äußeren Liebhabereien kümmere dich nicht, trachte vielmehr, ihnen zu entsagen. Hält sich nämlich die Seele an den Genuß fühlbarer Andacht, so wird es ihr nie gelingen, in die Kraft geistiger Wonnen einzugehen, die sich durch innere Sammlung in der Blöße des Geistes finden lassen.

EINUNDVIERZIGSTES KAPITEL

Einige Gefahren, denen jene erliegen, die sich in der besagten Weise der fühlbaren Freude an Gegenständen und Orten der Andacht hingeben.

1 Viele Gefahren ergeben sich für den geistlich Strebenden, wenn er auf den fühlbaren Genuß an den genannten Dingen ausgeht. Sein Geist wird nie zu innerer Sammlung kommen, die darin besteht, über all dies hinwegzugehen, damit die Seele alle Sinnengenüsse vergesse, eingehe in das Lebendige der Sammlung und kraftvoll die Tugend erwerbe. Vermögen sie sich, dem Äußeren nach, nicht allen Orten anzupassen, um dort zu beten, sondern nur nach ihrem Wohlgefallen, so werden sie das Gebet oft unterlassen. Sie sind, wie man sagt, nur im eigenen Dorf daheim.

2 Überdies werden sie durch diesen Trieb sehr wankelmütig. Es gibt unter ihnen solche, die nie am gleichen Ort bleiben, manchmal sogar nicht im gleichen Stand. Bald sieht man sie hier, bald dort; bald wählen sie diese Einsiedelei, bald jene; bald richten sie sich ein Oratorium ein, bald wieder ein anderes.

Zu diesen gehören auch solche, die ihr Leben damit zubringen, Stand und Lebensweise zu ändern. Sie hegen ja nur sinnliche Lust und Liebe zu geistlichen Dingen und tun sich niemals Gewalt an, um durch Verleugnung des Willens und durch Ergebung in das Erleiden von Dürftigkeit zur

Geistessammlung zu gelangen. Sowie sie einen nach ihrer Meinung zur Andacht stimmenden Ort sehen oder eine Lebensweise oder einen Stand, der ihrer Veranlagung und Neigung zusagt, gleich gehen sie dazu über und lassen, was sie eben taten. Weil fühlbare Freude sie antreibt, suchen sie bald wieder etwas anderes. Fühlbare Freude ist ja unbeständig und vergeht sehr schnell.

ZWEIUNDVIERZIGSTES KAPITEL

Drei Arten von Andachtsstätten. – Das Verhalten des Willens ihnen gegenüber.

Durch dreierlei Örtlichkeiten pflegt Gott die Seele zur Andacht zu bewegen.

1 *Erstens* durch ländliche Gegenden, die ihrer Anordnung nach mancherlei lieblichen Anblick bieten, bald durch die landschaftliche Lage, bald durch Bäume, bald durch einsame Ruhe, so daß sie ganz natürlich Andacht erwecken. Es ist sehr nützlich, sich ihrer zu bedienen, wenn man sogleich den Willen Gott zuwendet und die geschilderte Gegend vergißt. Will man nämlich das Ziel erreichen, so darf man sich bei den Mitteln und Antrieben nicht mehr als nötig aufhalten. Wollte man das Begehren ergötzen und Sinnengenuß gewinnen, so würde man eher Trockenheit und Zerstreuung des Geistes ernten. Denn Sättigung und Freude des Geistes finden sich nur in der inneren Sammlung.

2 Weilt man also an einem solchen Ort, so trachte man, ihn zu vergessen und innerlich so bei Gott zu sein, als ob man sich nicht an diesem Ort befände. Wandelt man zu freudvollem Genuß der Gegend dahin und dorthin, so sucht man eher sinnliches Vergnügen und findet schwankende Stimmungen statt Geistesfrieden.

Die Anachoreten und andere heilige Einsiedler haben sich in sehr weitläufigen und lieblichen Einöden den mindesten Ort ausgesucht, der ihnen eben genügte, und sich dort die engsten Zellen und Höhlen zugerichtet, in denen sie sich einschlossen. So verbrachte der hl. Benedikt drei Jahre, und der hl. Simon band sich mit einem Strick fest, um nur so weit greifen und gehen zu können, als der Strick es zuließ. Und so hielten es viele; ich käme an kein Ende, sie aufzuzählen. Diese Heiligen begriffen es wohl, daß sie nicht vergeistigt werden könnten, ehe sie nicht den Trieb und Wunsch nach geistigem Genuß ertötet hätten.

3 Die *zweite* Weise ist mehr persönlich; denn es gibt Orte – seien sie nun einsam gelegen oder nicht – an denen Gott einzelnen Personen sehr köstliche geistliche Gnaden in solcher Weise zu gewähren pflegt, daß für gewöhnlich im Herzen der begnadeten Person ein Zug nach dem Orte verbleibt, an dem sie die Gnade empfing, und es kommt ihr zuweilen ein gar sehnsüchtiges Verlangen, an diesen Ort zu gehen. Wohl findet sie ihn, wenn sie hingeht, nicht so wie einst; denn dies hat sie nicht in der Hand. Gott erweist ja diese Gnaden wann und wie und wo Er will, ohne an den Ort oder die Zeit oder die Einwilligung des Begnadeten gebunden zu sein.

Dennoch ist es gut, hinzugehen – wenn man nur frei ist von Begierde und Anspruch – und dort manchmal zu beten, und dies aus *drei Ursachen:* die *erste* ist diese: wenn auch Gott, wie wir sagten, nicht an den Ort gebunden ist, so scheint Er doch zu wünschen, von jener Seele, die Er hier begnadet hat, auch hier gelobt zu werden. Die *zweite:* die Seele wird hier mehr daran erinnert, Gott für das zu danken, was sie hier empfing. Die *dritte:* durch dieses Erinnern wird die Hingabe sehr angefacht.

4 Aus diesen Gründen darf man hingehen, nicht aber im Gedanken, Gott sei gehalten, ihr hier Gnaden zu erweisen, so als ob Er dies nicht könnte, wo immer Er wollte. Der angemessenste Ort dafür ist ja die Seele, die sich besser dazu

eignet als jede Räumlichkeit. In der Heiligen Schrift lesen wir, daß Abraham an dem Orte, an dem Gott ihm erschienen war, einen Altar baute und Gottes heiligen Namen anrief; als er dann von Ägypten heimkam, kehrte er auf dem gleichen Wege dorthin zurück, wo Gott ihm erschienen war, und er rief Gott abermals an dem hier erbauten Altar an (Gen 12, 8; 13, 4). Auch Jakob bezeichnete den Ort, an dem Gott ihm erschienen war und die Leiter gestützt hatte, indem er einen Stein aufrichtete und mit Öl salbte (Gen 28, 13–18). Hagar schätzte sehr den Ort, an dem ihr der Engel erschienen war, und sagte von ihm: *Wahrhaftig, hier sah ich den Rücken dessen, der mich sah* (Gen 16, 13).

5 *Drittens* erwählte Gott einige besondere Orte, damit man Ihn hier anrufe und Ihm diene, so etwa den Berg Sinai, auf dem Er Moses das Gesetz gab (Ex 24, 12), sowie den Ort, den Er Abraham für das Opfern seines Sohnes bestimmte (Gen 22.2) und auch den Berg Horeb, auf dem Er unserem Vater Elias erschien (3 Kg 19, 8). Auf dem Berge Gargano bezeichnete der hl. Michael einen Ort zu seinem Dienste, indem er dem Bischof von Siponte erschien und ihm sagte, er hüte diesen Ort, weil hier ein Gotteshaus zu Ehren der Engel errichtet werden solle. Die glorreiche Jungfrau bezeichnete sich in Rom in einzigartiger Weise mit Schnee den Ort für eine Kirche ihres Namens, die Patricius erbauen sollte.

6 Warum Gott gerade diese Orte erwählt hat, dort gelobt zu werden, und nicht andere, das weiß Er selbst. Wir brauchen nur zu wissen, daß es zu unserem Heile geschah und daß Er dort wie überall unsere in vollem Glauben verrichteten Gebete erhören will. Sind sie aber seinem Dienste geweiht, so ist der Anlaß zur Erhörung noch reicher, da die Kirche sie eigens dafür bezeichnet und bestimmt hat.

DREIUNDVIERZIGSTES KAPITEL

Viele Leute beleben ihr Gebet durch allerlei Zeremonien.

1 Vielleicht sind die törichten Freuden und das unvollkommene Besitzen der genannten Dinge bei vielen Personen noch erträglich, da sie es in unschuldiger Weise tun. Doch unleidlich ist es, wenn manche großen Wert auf allerhand Zeremonien legen, von wenig erleuchteten Leuten eingeführt, denen die Einfalt des Glaubens mangelt.

Lassen wir hier beiseite, was es mit sich bringt, wenn alberne Menschen mit groben, abergläubischen Seelen in ihre Gebete außergewöhnliche Namen und Ausdrücke einfügen, die nichts bedeuten; davon rede ich hier nicht; denn dies ist offenbar böse und sündhaft und oftmals durch geheimen Pakt mit dem Teufel begründet, so daß Gott zum Zorn gereizt und nicht zur Barmherzigkeit bewegt wird.

2 Ich möchte nur sagen, daß heutzutage viele Leute – wenn sie auch keine abergläubischen Einfügungen anwenden – doch eine unkluge Frömmigkeit pflegen. Sie glauben stark an die Wirksamkeit umständlicher Weisen bei Verrichtung ihrer Andachten und Gebete und meinen, wenn ein Punkt daran fehle oder die Vorschrift nicht genau eingehalten werde, so nützte es nichts, weil Gott es nicht erhört; denn sie setzen mehr Vertrauen in diese umständlichen Weisen als in das Lebendige des Gebetes, nicht ohne große Verunehrung und Beleidigung Gottes. Bei der Messe etwa muß eine bestimmte Zahl von Kerzen brennen, nicht mehr noch weniger; und der Priester muß die Messe in bestimmter Weise lesen, zu bestimmter Stunde, nicht früher und nicht später, auch am bestimmten Tage, nicht früher und nicht später. Gebete und Bittgänge sind so und so und zu gewissen Zeiten mit den und jenen Zeremonien und Haltungen zu verrichten, auch nicht früher oder später und auf keine andere Weise. Und die Person, die sie verrichtet, muß so und so beschaffen sein. Und sie meinen, wenn etwas an die-

sen Vorschriften mangle, so gelte es nicht. Und noch tausenderlei Übungen kommen vor und sind gebräuchlich.

3 Noch schlimmer und unerträglich ist es, daß sie die Wirkung davon an sich erfahren oder das Erbetene erfüllt sehen oder wissen wollen, daß es sich am Ende ihrer umständlichen Gebetszeremonien erfüllen wird. Dies heißt nicht weniger als Gott versuchen und Ihn so schwer erzürnen, daß Er manchmal dem Teufel erlaubt, sie zu betrügen, indem Er sie Dinge fühlen und hören läßt, die durchaus ihrer Seele nicht zum Heil gereichen. Sie verdienen dies ob ihres Eigensinns beim Gebet; denn es geht ihnen mehr um ihre Ansprüche als um die Erfüllung des göttlichen Willens. Weil sie so nicht ihr ganzes Vertrauen auf Gott setzen, gereicht es ihnen nicht zum Guten[1].

VIERUNDVIERZIGSTES KAPITEL

Wie man Freude und Kraft des Willens bei solchen Andachtsübungen Gott zuwenden soll.

1 Solche Leute mögen wissen, daß ihr Gottvertrauen um so geringer ist, je mehr sie sich auf diese umständlichen Zeremonien verlassen. Sie werden das Erwünschte von Gott nicht erhalten. Manche beten mehr aus eigener Anmaßung als zu Gottes Ehre. Sie schicken wohl voraus, daß es nur geschehen solle, wenn Gott damit gedient ist; doch in ihrem Eigensinn und aus der eitlen Freude, die sie daran haben, vermehren sie zu sehr ihre Bitten um Erhörung. Es wäre besser, Dinge von größerer Bedeutung zu erflehen, etwa die wahre Gewissensreinheit oder das rechte Verständnis für die Angelegenheiten ihres Heiles, die anderen Bitten aber, die damit nichts zu tun haben, zurückzustellen. Wenn sie so das Wichtigere erreichen, so wird ihnen das andere, soweit es

[1] Hier endet die Handschrift des P. Juan Evangelista im Kodex von Alcaudete mit Folio 346 v. Der Schluß ist ergänzt nach dem im Auftrag des P. Andrés de la Encarnación hergestellten Kodex von Duruelo.

für sie gut ist (auch wenn sie nicht darum bitten), mitgegeben, und zwar viel besser und früher, als wenn sie alle Kraft dafür eingesetzt hätten.

2 So hat es ja unser Herr durch den Evangelisten verheißen mit den Worten: *Suchet zuerst das Reich Gottes und seine Gerechtigkeit, und alles Übrige wird euch hinzugegeben werden* (Mt 6, 33); denn dieses Streben und Bitten gefällt Ihm besser. Um aber zu erlangen, was unser Herz ersehnt, gibt es kein besseres Mittel, als die gesamte Kraft unseres Betens an das zu wenden, was Gott am besten gefällt. Dann wird er uns nicht nur das Erbetene, nämlich unser Heil, verleihen, sondern auch das, was Er für uns als geziemend und gut erkennt, auch wenn wir nicht darum bitten. David gibt dies in einem Psalm gut zu verstehen mit den Worten: *Nahe ist der Herr denen, die Ihn anrufen in Wahrheit* (144, 19), die Ihn nämlich um die wahrhaft höchsten Dinge, um das Nötige zum Heile, bitten. Darum sagt David weiter: *Der Herr erfüllt die Wünsche derer, die Ihn fürchten, vernimmt ihr Flehen und rettet sie; denn Gott behütet alle, die Ihn lieben* (19–20). Dieses Nahesein, von dem David hier spricht, ist nichts anderes als das Bereitsein, sie zu befriedigen und ihnen auch das zu gewähren, was zu erbitten ihnen gar nicht in den Sinn kam. Darum lesen wir, daß Gott dem Salomon, der mit der Gott wohlgefälligen Bitte um die Weisheit zur gerechten Regierung seines Volkes das Rechte traf, darauf antwortete: *Weil deinem Herzen die Weisheit mehr gefiel als alles andere und du nicht um den Sieg und um den Tod deiner Feinde, noch auch um Reichtum und langes Leben gefleht hast, gebe ich dir nicht nur Weisheit und Erkenntnis, mein Volk gerecht zu regieren, sondern auch das, um was du nicht gebeten hast, will ich dir geben, nämlich Reichtum, Macht und Ruhm, so daß kein König dir gleichkommen soll, weder vorher noch nachher* (2 Par 1, 11–12). Und dies bewirkte Gott. Er besänftigte auch seine Feinde im Umkreis, so daß alle Salomon Tribut leisteten und ihn nicht bedrängten. Ähnliches lesen wir im Buche Genesis. Gott versprach Abra-

ham auf dessen Bitte hin, die Nachkommenschaft seines rechtmäßigen Sohnes zahlreich zu machen gleich den Sternen des Himmels, und Er fügte noch hinzu: *Auch dem Sohne deiner Magd will ich sie vermehren, weil er dein Sohn ist* (21, 13).

3 Auf diese Weise also soll man die Kraft des Willens und seine Freude ins Bitten verlegen und nicht suchen, sich auf erfundene Zeremonien zu stützen, die in der katholischen Kirche nicht Brauch und nicht gutgeheißen sind. Die Art und Weise des Messelesens überlasse man dem Priester, der hier die Kirche vertritt, damit er die rechte Ordnung einhalte. Man führe nicht neue Gebräuche ein, als wäre man klüger als der Heilige Geist und seine Kirche. Sollte Gott ein einfältiges Bitten nicht erhören, so seien sie überzeugt, daß Er es trotz all der Erfindungen auch nicht erhören wird.

Denn so, wie Gott ist, werden sie, falls Er es für gut und angemessen findet, von Ihm erlangen, was sie begehren; ist es aber schädlich, so läßt Er nicht mit sich reden.

4 Auch bei den übrigen Gebeten und Andachtsübungen hänge man den Willen nicht an Zeremonien und Gebetsweisen, die Christus nicht lehrte (Lk 11, 1–2). Als die Jünger Ihn baten, Er möge sie das Beten lehren, hätte Er ihnen sicher alles in Betracht Kommende gesagt, auf daß der Ewige Vater uns erhöre – dessen Wesen Er doch so gut kannte –; Er aber lehrte sie nur die sieben Bitten des *Vater unser*, in denen alle unseren geistlichen unf zeitlichen Bedürfnisse eingeschlossen sind, und Er fügte nicht allerlei weitere Worte und Gebärden hinzu; vielmehr sagte Er ihnen an anderer Stelle, sie mögen beim Beten nicht viele Worte machen, da der himmlische Vater wisse, wessen wir bedürfen (Mt 6, 7–8). Er trug nur dringend auf, im Gebete auszuharren, nämlich im Beten des *Vater unser*. Anderswo sagt Er, man müsse *allezeit beten und nicht nachlassen* (Lk 18, 1). Abwandlungen der Bitten aber lehrt Er uns nicht. Es sollen also die gleichen oftmals eifrig und sorgfältig wiederholt werden,

denn, wie gesagt, sie enthalten alles, was Gott will und uns geziemt. Als unser Herr sich dreimal an den Ewigen Vater wandte, betete Er dreimal das gleiche Wort aus dem *Vater unser*, wie die Evangelisten berichten. Er sagte: *Mein Vater, wenn es möglich ist, so gehe dieser Kelch an mir vorüber! Doch nicht mein, sondern dein Wille geschehe!* (Mt 26, 39.)

Als näheren Umstand des Betens lehrte Er nur das Einsamsein, und dies auf zwei Weisen: entweder in der Verborgenheit unserer Kammer, wo wir es fern von Getöse und ohne jemand Rechenschaft geben zu müssen aus ganzem und reinem Herzen tun können. Er sagte: *Wenn du betest, geh in deine Kammer, schließ noch die Türe zu und bete* (Mt 6, 6); oder aber, wenn nicht so, dann in Einöden, wie Er es tat zur besten und ruhigsten Zeit der Nacht. Es sind also nicht die Stunden oder Tage abzugrenzen, und nicht diese mehr als jene für unsere Andachten festzusetzen. Auch ist nicht in fremden Redensarten und Wortspielen zu beten, sondern in der Weise der Kirche, deren Gebete sich alle auf das zurückführen lassen, was wir vom *Vater unser* sagten.

5 Damit verurteile ich es keineswegs, heiße es vielmehr gut, wenn manche Leute sich zuweilen bestimmte Tage für Andachten, etwa für Novenen festsetzen oder für Fasten oder Ähnliches. Sie sollen nur nicht ihr Vertrauen auf die Zeiten und Umstände setzen, die sie bestimmen. Judith tadelte ihre Mitbürger zu Bethulia, weil sie Gott gegenüber die Zeit begrenzten, in der sie seine Barmherzigkeit erhoffen wollten. Sie sagte: *Ihr habt Gott eine Zeit bestimmt zur Erbarmung? Nein*, so sagt sie, *dies wird Gott nicht zur Milde bewegen, sondern seinen Zorn erregen* (8, 11–12).

FÜNFUNDVIERZIGSTES KAPITEL

Die zweite Art deutlich bestimmter Güter, an denen der Wille eitle Freude haben kann.

1 Die zweite Art deutlich bestimmter angenehmer Güter, an denen der Wille sich eitel erfreuen kann, sind Einflüsse,

die uns ermuntern und überreden, Gott zu dienen. Wir nennen sie *Aufrufe*. Sie gehen aus von den Predigern, von denen wir in zweifacher Hinsicht sprechen können, nämlich von ihnen selbst und von den Hörern; denn sowohl diese wie jene sind darauf hinzuweisen, daß die gewollte Freude sich bei dieser Übung zu Gott erheben muß.

2 *Erstens* ist dem Prediger zu sagen: soll er dem Volke nützen und sich selbst nicht durch eitle Freude und Anmaßung behindern, so muß er beachten, daß dieses Amt mehr geistlich als stimmlich auszuüben ist. Mag einer auch in äußeren Worten gewandt sein, ihre Kraft und Wirksamkeit haben sie doch vom inneren Geiste. Wäre die Lehre, die er kündet, noch so erhaben und mit kunstvoller Rhetorik und feinstem Stile umkleidet, sie nützt an sich für gewöhnlich nur, soweit sie von Geist beseelt ist. Wohl ist das Wort Gottes an sich wirksam, wie David sagt: *Seine Stimme wird erschallen, Stimme von mächtiger Kraft* (Ps 67, 34). Doch wenn auch das Feuer die Macht hat zu brennen, so wird es nur brennen, wo der Stoff ihm bereitet ist.

3 Soll die Lehre kraftvoll zünden, so bedarf es zweier Vorbedingungen: einer beim Prediger, einer anderen beim Hörer. Für gewöhnlich hängt der Nutzen von der Verfassung des Lehrenden ab. Darum sagt man: wie der Lehrer, so der Schüler. Die Apostelgeschichte erzählt von den sieben Söhnen des Hohenpriesters der Juden, die sich angewöhnt hatten, die Teufel in der gleichen Weise wie der hl. Paulus zu beschwören. Da geriet der Teufel wider sie in Wut und schrie: *Jesus kenne ich, auch Paulus ist mir bekannt; wer aber seid denn ihr?* (19, 15.) Er fiel sie an, riß ihnen die Kleider vom Leibe und verwundete sie. Dies geschah nur, weil ihnen die erforderliche Verfassung fehlte, und nicht, weil Christus nicht gewollt hätte, daß sie dies in seinem Namen täten. Ein anderes Mal nämlich trafen die Apostel einen dabei an, der im Namen unseres Herrn Jesus Christus einen Teufel aus-

trieb, ohne ein Jünger zu sein. Sie wehrten es ihm und der Herr tadelte sie mit den Worten: *Wehret es ihm nicht; keiner kann in meinem Namen Wunder wirken und gleich nachher von mir Böses reden* (Mk 9, 38). Doch er grollte jenen, die das Gesetz Gottes lehrten und nicht beobachteten, den guten Geist predigten und ihn selbst nicht hatten. Darum sagt er durch den hl. Paulus: *Du lehrst andere und lehrst nicht dich selbst; du predigst, nicht zu stehlen, und stiehlst selbst* (Röm 2, 21). Und durch David sagt der Heilige Geist: Zum Sünder spricht Gott: *Warum zählst du meine Satzungen auf und nimmst mein Gesetz in den Mund, hassest aber die Zucht und wirfst meine Worte hinter dich?* (Ps 49, 16–17.) Damit ist zu verstehen gegeben, daß Er ihnen auch nicht den Geist verleihen wird, auf daß sie Frucht bringen.

4 Wir sehen allgemein – soweit wir es hier beurteilen können –, daß der Prediger um so mehr Frucht bringt, je besser er lebt, mag sein Stil auch einfach sein, seine Rhetorik gering und seine Lehre schlicht; denn vom lebendigen Geist geht die Wärme aus. Der andere hingegen wird sehr wenig nützen, so erhaben sein Stil und seine Lehre sein mögen. Freilich ist es wahr, daß feine Form und Gebärde, erhabene Lehre und gute Sprache bewegen und mehr Wirkung üben, falls sie von gutem Geiste begleitet sind; ohne diesen aber wird wenig oder keine Kraft den Willen anfeuern, mag auch die Predigt auf Sinn und Verstand köstlich und erfreuend einwirken. Für gewöhnlich bleibt man nachher so lau und flau zum Werke wie zuvor, wenn auch wunderbare Dinge wunderbar gesagt wurden. Sie entzücken nur das Ohr wie Konzertmusik und Glockengeläute. Der Geist aber wird, wie gesagt, nicht aus den Angeln gehoben, er bleibt wie zuvor; die Stimme hat ja nicht Macht, einen Toten aus dem Grabe zu erwecken.

5 Es liegt nichts daran, ob die eine Musik besser klingt als die andere, wenn sie mich nicht mehr als diese bewegt, ans

Werk zu gehen. Denn, haben sie auch wundervoll geredet, es wird doch sogleich vergessen, da es nicht im Willen gezündet hat. Was die Sinne aus solcher Lehre erbeutet haben, bringt an sich nicht viel Frucht, hindert aber überdies das Eindringen in den Geist. Es verbleibt nur das Gefallen am Zufälligen der Redeweise. Die Leute loben den Prediger wegen dem und jenem und hangen ihm mehr deshalb an als wegen des Ansporns zur Besserung.

Diese Wahrheit gibt der hl. Paulus den Korinthern gut zu verstehen mit den Worten: *Als ich, meine Brüder, zu euch kam, wollte ich nicht mit hoher Rede und Weisheit Christus verkünden; ... ich sprach und predigte nicht mit überredender Menschenweisheit, sondern im Erweis des Geistes und der Wahrheit* (1 Kor 2, 1.4).

Es war nicht die Absicht des Apostels und ist auch nicht die meine, guten Stil und Rhetorik und treffenden Ausdruck zu verurteilen; diese sind sogar für den Prediger sehr wichtig, wie für alle Unternehmungen; denn guter Ausdruck und Stil richten auch Verfallenes und Verfahrenes wieder auf zu neuem Bau, während schlechter Ausdruck das Gute verderbt und vernichtet[1].

[1] So endet das Manuskript. Mit anderer Hand ist beigefügt: *Darüber schrieb der Heilige nichts.* Der Kodex von Alcaudete-Duruelo fügt noch die Kapitel 46 und 47 an. P. Silverio und wir mit ihm lehnen diese Fortsetzung als unecht ab. Die *Subida* blieb unvollendet.

GRUNDLEGENDE BIOGRAPHIEN UND GESAMTAUSGABEN

José de Jesús Maria (Quiroga), O.C.D.: Historia de la vida y virtudes del Venerable P. Fr. Juan de la Cruz, primer Religioso de la Reformación de los Descalzos de N. Señora del Carmen etc. *Brüssel bei Meerbeck, 1628. Drei Bücher in einem Bande, 1014 Seiten.*

Jerónimo de San José, O.C.D.: Historia del Venerable Padre Fr. Juan de la Cruz, primer Descalzo Carmelita, Compañero y Coadjutor de Santa Teresa de Jesús en la fundación de su Reforma... Dedicase al la misma Santa Madre. Ano 1641. Con privelegio en Madrid. Por Diego Díaz de la Carrera.

Francisco de Santa Maria (Pulgar), O.C.D.: Reforma de los Descalzos de Nuestra Señora del Carmen de la Primítiva Observancia, hecha por Santa Teresa de Jesús... Tomo Segundo. Madrid. Por Diego Díaz de la Carrera, 1655.– *Neu aufgelegt 1747, in französischer Übersetzung erschienen 1666 und 1890, in italienischer 1662. 37 Kapitel sind dem hl. Johannes vom Kreuz gewidmet. Sie wurden in der französischen Übersetzung als gesondertes Buch gedruckt, Brüssel 1647.*

Bruno de Jésus Marie, O.C.D.: Saint Jean de la Croix. Préface de Jacques Maritain. Avec 21 gravures hors texte et un facsimile. Paris, Librairie Plon Les Petits-Fils de Plon et Nourrit imprimeurs-éditeurs. 8, rue Garancière, 6. Paris, 1929. *Ein Band mit 34 und 482 Seiten. Neuauflage Paris 1932. Ins Englische übersetzt von P. Zimmermann O.C.D., London 1932, ins Spanische von P. Eleuterio de la V. del C., Madrid 1943 und Buenos Aires 1947.*

Silverio de Santa Teresa, O.C.D.: Historia del Carmen Descalzo en España, Portugal y America. Tom V. San Juan de la Cruz (1542-1591). Burgos, Tipografía Burgalesa (El Monte Carmelo) 1936. *Ein Band von 810 Seiten, fast zur Gänze dem Leben des Heiligen gewidmet. Überdies hat er in seiner kritischen Ausgabe der Werke des Heiligen eine ausführliche Zusammenfassung der Lebensgeschichte vorausgeschickt. Band 10 der Biblioteca mística carmelitana.*

Crisógono de Jesús Sacramentado, O.C.D.: Vida de San Juan de la Cruz. Obra póstuma del R. P. Crisógono de Jesús Sacramentado, O.C.D. Edición preparada y anotada por el R. P. Matías del Niño Jesús, O.C.D., prior del convento de San Juan de la Cruz de Segovia. Biblioteca de Autores Cristianos, Madrid 1955.

Neuere Werke zu Johannes vom Kreuz:

EDITH STEIN, UNBESCHUHTE KARMELITIN: Kreuzeswissenschaft, Studie über Johannes a Cruce. *Editions Nauvelaerts-Louvain, 1950, 300 Seiten.*

HILDEGARD WAACH: Johannes vom Kreuz. *Verlag Herold, Wien-München, 1954, 330 Seiten.*

IRENE BEHN: Spanische Mystik. Darstellung und Deutung. *Patmos-Verlag Düsseldorf 1957, 792 Seiten.* – Juan de la Cruz *von Seite 436 bis 742.*

P. CRISÓGONO DE JESÚS SACRAMENTADO, O.C.D.: Doctor Mysticus. Leben des hl. Johannes vom Kreuz. Herausgegeben und aus dem Spanischen übertragen von Oda Schneider. *Verlag Ferdinand Schöningh, Paderborn, 1961, 400 Seiten.*

CAMILLUS LAPAUW: Johannes vom Kreuz, Glut der Liebe: Kommentar zu den Werken Geistlicher Gesang, Lebendige Liebesflamme. *Tyrolia-Verlag, Innsbruck-Wien, 1989, 275 Seiten.*

MATHIAS BEHRENS: Analogie und Mystik: ein philosophisches Gespräch mit dem heiligen Johannes vom Kreuz. Münchener theologische Studien. *Eos-Verlag, St. Ottilien, 2000, 301 Seiten.*

Andere deutsche Ausgaben:

Des heiligen Johannes vom Kreuz Sämtliche Werke in fünf Bänden. Neue deutsche Ausgabe von P. Aloysius ab Immaculata Conceptione O.C.D. und P. Ambrosius a Sancta Theresia O.C.D. *Kösel-Verlag, München und Kempten.*

Erster Band: Aufstieg zum Berge Karmel, *[10]1997, 425 Seiten.*
Zweiter Band: Dunkle Nacht, *186 Seiten, vergriffen.*
Dritter Band: Lebendige Liebesflamme, *[8]1991, 141 Seiten.*
Vierter Band: Geistlicher Gesang, *[6]1993, 308 Seiten.*
Fünfter Band: Kleinere Schriften, *1993, 379 Seiten.*

Johannes vom Kreuz. Herausgegeben, eingeleitet und übersetzt von Johannes Boldt. *Walter Verlag, Olten-Freiburg i.Br., 1980, 231 Seiten (dt., span.).*

Johannes vom Kreuz. Sämtliche Werke. Herausgegeben, übersetzt und eingeleitet von Ulrich Dobhan. *Verlag Herder, Freiburg.*

1: Die dunkle Nacht. Mit einer Einleitung von Ulrich Dobhan und Reinhard Körner. *²1995, 223 Seiten.*

2: Worte von Licht und Liebe. Briefe und kleinere Schriften. *1996, 237 Seiten.*

3: Der Geistliche Gesang. *1997, 267 Seiten.*

4: Aufstieg auf den Berg Karmel. *1999, 495 Seiten.*

Überdies verweisen wir auf:

Juan de la Cruz, Obras completas. Ed. critica, notas y apendices por Lucino Ruano de la Iglesia. *Biblioteca de Autores Cristianos 15, Madrid ¹¹1982, LXXV + 1016 Seiten.*

INHALTSÜBERSICHT

ZUR EINFÜHRUNG

EMPOR DEN KARMELBERG

DER GESANG DER SEELE

ERSTES BUCH

Aktiv erstrebte Nacht der Sinne

ZWEITES BUCH

Aktiv erstrebte Nacht des Geistes

Verstand

Zweite Strophe

DRITTES BUCH

Aktiv erstrebte Nacht des Geistes

Fortsetzung – Gedächtnis und Wille